U0514472

福州大学哲学社会科学文库

创业学习与创业能力：
理论与实证研究

Entrepreneurial learning and entrepreneurial competence:
a theoretical and empirical study

谢雅萍　著

中国财经出版传媒集团

经济科学出版社
Economic Science Press

·北京·

图书在版编目（CIP）数据

创业学习与创业能力：理论与实证研究／谢雅萍著
. -- 北京：经济科学出版社，2023.8
（福州大学哲学社会科学文库）
ISBN 978 - 7 - 5218 - 5057 - 4

Ⅰ.①创… Ⅱ.①谢… Ⅲ.①创业 - 研究 Ⅳ.
①F241.4

中国国家版本馆 CIP 数据核字（2023）第 161220 号

责任编辑：杜 鹏 武献杰 胡真子
责任校对：王苗苗
责任印制：邱 天

创业学习与创业能力：理论与实证研究
谢雅萍 著
经济科学出版社出版、发行 新华书店经销
社址：北京市海淀区阜成路甲 28 号 邮编：100142
编辑部电话：010 - 88191441 发行部电话：010 - 88191522
网址：www. esp. com. cn
电子邮箱：esp_bj@163. com
天猫网店：经济科学出版社旗舰店
网址：http://jjkxcbs. tmall. com
固安华明印业有限公司印装
710×1000 16 开 20.75 印张 360000 字
2023 年 8 月第 1 版 2023 年 8 月第 1 次印刷
ISBN 978 - 7 - 5218 - 5057 - 4 定价：118.00 元
（图书出现印装问题，本社负责调换。电话：010 - 88191545）
（版权所有 侵权必究 打击盗版 举报热线：010 - 88191661
QQ：2242791300 营销中心电话：010 - 88191537
电子邮箱：dbts@esp. com. cn）

前　　言

　　培养和提升创业者创业能力是实现以创业带动就业，推进创业型经济发展的关键。正如曼等（2002）所言提升创业者创业能力比为创业者提供资源和积极的环境更为有效，但如何提升却是目前创业实践中亟待解决的问题（张玉利，2011）。创业能力是可通过学习获得的（彼尔德，1995；雷，2000；曼，2006），进一步厘清通过创业学习提升创业能力的有效路径是破解创业能力提升困境的核心所在。

　　通过系统的文献梳理和深度探索性案例研究，发现创业能力形成的过程本质上是一个学习的过程，经验学习、失败学习、网络学习、创业行动学习是四种主要的创业学习方式，挖掘四种创业学习方式之间的关系以及创业能力形成的作用机制，建立新的"创业学习—创业能力"机制模型，进行大样本的实证研究，力图揭开创业能力形成的"黑箱"。

　　以理论模型和样本数据为支撑，本书将创业学习与创业能力间的关系模型付诸检验，实证结果显示：（1）从整体上来讲，创业学习的三种学习方式（经验学习、失败学习和网络学习）对创业能力都具有显著正向影响，创业行动学习在上述三种学习方式和创业能力之间发挥着中介作用。（2）将经验学习分为经验获取、反思观察和抽象概念化，以直观推断作为调节变量、创业行动学习作为中介变量，实证分析结果表明经验学习的三个维度对创业能力各维度基本上都具有正影响，其中，反思观察和抽象概念化对创业能力产生的正向影响较为显著。并且，直观推断在经验学习与创业能力间具有调节效应，创业行动学习在经验学习与创业能力之间发挥中介效应。（3）将失败学习分为日常生活失败学习、职业失败学习以及创业失败学习三个维度，以创业行动学习作为中介变量、悲痛恢复取向作为调节变量，研究结果表明，失败学习三维度对创业能力各维度的显著性影响具有一定的差异，日常生活失败学习仅对承诺能力具有显著正影响；职业失败学习对机会能力没有显著性影响，对其他几个维度具有显著正影响；创业失败学习对创业能力各维度均具有显著正影响，同时悲痛恢复具有调节效应，创业行动学习的中介效应较为显著。（4）将网络学习方式分为模仿学习、指导学习和交流学习三个维度，构建了学习网、网络学习、创业能力三者之间的关系模型，实证结果验证了网络学习有助于创业能力的提升，并且网络学习在学习网与创业能力之间有中介作用，适度的乐观情绪起到正向调节作用。在此基础上，本书还构建了由"网络学习、内化学习、创业行动学习"构成的三环链式学习模型，通过结构方程模型验证了内化学习和创业行动学习在网络学习与创业能力之间发挥多重中介作用，网络学习通过内化学习影响创业行动学习，进而影响创业能力。最后，进行理论总结，深入剖析不同学习方式与创业能力之间的具体路径，结合创业情绪管理等内部支持因素以及创业教育、政府以及家庭等外部支持因素来构建创业能力的提升机制，以期真正促进创业能力的形成与发展。

谢雅萍

2023 年 6 月

目　录

第 1 章

绪　　论

大众创业、万众创新被视作推动中国经济继续前行的"双引擎"之一，2018年国家更是致力于打造"双创"升级版。创业是高风险、高失败率的活动，创业能力是驱动创业活动顺利开展并取得成功的关键因素。正如曼等（2002）所言，帮助创业者提升自身的创业能力比提供外部的创业资源更加有效，但如何提升创业能力却是目前创业实践中亟待解决的突出问题（张玉利，2011）。学术界普遍认为创业能力是可以通过学习获得的（彼尔德，1995；雷，2000；曼，2006），创业能力形成的过程本质上就是一个学习的过程。但是，究竟如何开展创业学习才能有效地提升创业能力目前尚不清晰。基于此，系统挖掘通过创业学习提升创业能力的有效路径是破解创业能力提升困境的关键所在。

1.1　研究背景及研究意义

1.1.1　研究背景

（1）国家政策的支持与引导。中国大地正在掀起"大众创业""草根创业"的新浪潮，形成"大众创新""人人创新"的新态势。创业日渐成为全球经济发展的新动力，不仅是科技成果商业化的重要方式，也是连接技术发明、创新与新产品或新服务的桥梁，日益成为经济发展的引擎和重要推动力。随着新企业的创业活动在促进经济增长、增加就业机会、提升生活质量和水平方面发挥的作用日益增强，创业的重要性日益受到业界和学界的广泛关注。

政府为了保护和促进创业出台了许多创业扶持政策，例如，创业培训政策，具有创业意愿的创业人员可以免费参加就业部门组织的创业培训；创业场地政策，例如创业孵化基地等；创业贷款政策，针对贷款的支持政策，将贷款所需要提供的条件以及审批程序进行了简化与政策性的放宽；创业税收的减免政策等一系列的创业扶持政策，为创业者提供服务与支持。2018 年政府工作报告明确提出要促进"双创"上水平，提供全方位创新创业服务，推进"双创"示范基地建设，鼓励大企业、高校和科研院所开放创新资源，发展平台经济、共享经济，形成线上线下结合、产学研用协同、大中小企业融合的创新创业格局，打造"双创"升级版。设立国家融资担保基金，支持优质创新型企业上市融资，将创业投资、天使投资税收优惠政策试点范围扩大到全国。深化人才发展体制改革，推动人力资源自由流动，鼓励海外留学人员回国创新创业，拓宽外国人才来华绿色通道。基于此，以国家政策作为引导，研究提升创业者的创业能力，降低创业失败的几率，提升创业者的创业信心，以及优化创业者在创业过程中的创业学习方式与方法，有助于创业者的创业活动顺利开展。

（2）创业能力匮乏是导致创业失败的关键因素。在创业浪潮的持续推动下，国内创业者的创业热情空前高涨，但是，创业失败率仍然居高不下。创业者们一边享受着最好的"时代红利"，一边面临着巨大的挑战。虽然，越来越多的新创企业如雨后春笋般涌现，但是大部分企业举步维艰，其生存和发展状况不容乐观。我国的经济学家曾解释了出现成千上万的中小民营企业破产现象的原因，主要包括外部制度的原因和企业的内部原因，特别是，创业者创业能力的匮乏阻碍了企业的增长。同样地，美国百森商学院 2015 年的一份针对美国 1000 家失败企业的调研也发现创业者或者创业企业的创业能力不足是导致创业企业增长缓慢甚至是破产倒闭的主要因素。学者王加青和钟卫（2020）也指出创业者的创业能力是驱动创业活动顺利开展并取得成功的关键因素。

可见，虽然创业活动日益活跃，但是创业成功与否，在很大程度上取决于创业者创业能力的高低。在同样的环境下，创业能力越强的人越容易抓住机遇，创业成功的可能性也就越大。然而，创业者创业能力的不足已经严重制约了创业企业的持续生存与发展壮大，创业能力的匮乏已成为导致创业失败的关键因素。因此，如何提升创业者的创业能力是目前创业实践中亟待解决的问题（张玉利和王晓文，2011；谢雅萍等，2014）。本书认为应该通过开展广泛的创业能力理论研究来提升创业者在实践中的创业能力，以便于从根本上降低创业失败的概率。

（3）开展创业学习是破解创业能力提升困境的关键。创业能力的形成和提升本质上是一个学习的过程。彼尔德（1995）首次提出创业能力是可习得的，后期学者的研究也强调了这一点（托马斯等，2008）。日益变革的转型经济背景及不确定的创业环境对创业者自身的素质与能力提出了新的要求和挑战，创业者需要通过持续不断的学习来提升其建立与管理新企业所必需的创业能力。

创业者的创业学习研究具备深厚的现实土壤。首先，处于初创期的新企业组织结构并不完善，组织内部的学习体系和文化尚未建立，创业学习主要以创业者个体学习为主（蔡莉等，2012），而创业者个体通过持续不断的学习才能促进素质与能力的提高和创业知识的获取。其次，创业者会利用自身储备的先前经验和社会关系进行主动学习，以提升机会识别能力、信息吸收利用能力以及增加新技术、新知识的积累，进而降低企业生存风险，提高企业生存与成长的可能性（杨双胜，2011）。然而，在创业学习的过程中，为什么有些人学习得好，有些人的学习结果却不尽如人意？创业者究竟怎样学习，采用何种方式和渠道进行学习，不一样的创业学习方式对创业能力的影响是否存在差异，多种学习方式间存在怎样特殊的相互作用关系，不同创业者接受同种创业学习产生的学习结果又是否相同，这些都是摆在创业者面前迫切需要解决的现实问题。

目前，有关创业学习的理论主要从经验学习方面解释创业能力的形成，强调从先前经验，如创业经验、行业经验、管理经验中学习以形成创业能力。经验学习的确是获得创业能力的重要途径，然而，创业实践中客观存在着大量缺乏先前经验的创业者，他们需要借助社会网络以汲取他人的经验进行学习，通过观察、模仿创业成功者的行为，与家人、朋友、客户、供应商、银行、政府部门、竞争对手等进行互动和交流，接受导师的指导与建议等方式来促进创业能力的发展。因此，社会网络学习越来越被认为是创业学习的关键组成部分（甘士达和科佩，2010），在创业能力的提升过程中发挥着重要的作用。此外，创业是一项高风险、高失败率的活动，失败蕴含着大量有价值的信息，给创业者带来极大的学习机会。可见，创业学习的机会无处不在，创业学习的方式也各有千秋，不同的创业学习方式能够通过不同途径来促进创业能力的提升，但是，现有研究往往局限于单一的创业学习方式对创业能力的影响。因此，本书认为应当构建一个更具包容性的创业学习理论框架，系统地解析不同的创业学习方式与创业能力的关系，以便于采取多样化的创业学习方式来破解创业能力的提升困境。

基于上述研究背景，在创业研究的前沿趋势下，本书融合了现有的主流研究成果，围绕创业活动的主体——创业者，将创业学习划分为经验学习、失败学习、网络学习和行动学习，构建了理论模型并深入探讨了创业学习与创业能力之间的作用机制，比较不同创业学习方式对创业能力的影响。并且，在理论模型的基础上，对创业学习与创业能力之间的关系展开了实证研究，以便于更加准确地构建创业能力的提升机制。

1.1.2 研究意义

随着"大众创业""草根创业"浪潮的兴起，开展创业学习与创业能力之间的关系研究，无论是对于填补国内创业能力、创业学习理论研究的不足，还是对于指导创业实践、提高创业成功率，都将大有裨益。具体而言，研究创业学习与创业能力的理论意义与现实意义体现在以下几个方面。

（1）理论意义。

第一，深化创业能力理论研究。目前有关创业能力的理论研究主要来源于创业、中小企业管理文献和创业教育文献。在创业教育文献中，主要聚焦于识别学生应掌握的创业能力类型以及在创业教育中应该注意的问题与需要采取的措施。创业教育是提升创业能力的有效途径，但是大多数研究侧重于大学生群体的创业教育课程设置及创业实践机会的提供，对于那些潜在的以及正在创业的创业者提供的创业教育甚少。在创业、中小企业管理文献中，主要围绕创业能力属性、维度划分及其与企业绩效关系展开，对如何形成和提升创业者能力这个创业实践急需解决的问题研究较为缺乏，而且定性研究居多，定量、案例研究缺乏。因此，基于中国创业情境，本书展开了有关创业能力形成机理与提升机制的研究，以期深化创业能力理论研究，为创业能力的形成与发展提供一些参考与建议。

第二，丰富创业学习理论研究。学习论融合了创业研究的个体论与过程论，创业学习研究的兴起是理论发展的必然要求。以米歇尔、库伯、波利蒂斯、科佩、雷和曼等为代表的一批学者分别从认知、经验、网络、能力等视角对创业过程中的学习问题开展了一系列卓有成效的基础研究，各视角间有所交融，但各有侧重。认知视角认为创业学习是创业者形成和发展认知结构的过程；经验学习视角认为创业学习本质上是经验学习，是通过转化经验来创造知识的过程；网络视角将社会网络视为重要的学习系统，认为创业学习是创业者在具体网络背景下的社会互动与学习活动；能力视角将创业学习概念化为一种涉及多维构建的能力，包括投入、过程、产出与环境四个层面，强调创业者通过哪些行为进行有效学习。现有研究仍然是百家争鸣，尚未形成完整的理论体系。哪一种视角对创业过程中的学习问题更有解释力度，不同视角之间是否相互影响，是否可以共同解释学习问题，是否还有其他新的视角，都值得深入探讨。同时，关于创业者"学什么"的研究，四个视角似乎都忽略了这一点，关于创业者"怎么学习、从何学、影响因素、学习结果"方面的主题已有相关探讨，但对于创业者到底如何学习的理解依然是模糊的，关于创业学习研究的方法，定性研究多，定量研究少。本书拟尝试系统解析不同的学习方式对创业能力产生的影响，开发基于中国创业情境的创业学习量表，进而完整构建创业学习推进创业能力形成的作用机制链条，为创业学习理论的发展添砖加瓦。

（2）现实意义。成功是所有创业者的渴望，但是真正能"笑傲江湖"的毕竟是少数，更多的创业者是以失败而黯然离场。诚然，导致失败的因素是多重的，但是创业能力的匮乏一定是其中的关键因素。本书将系统揭示创业学习对创业能力形成的作用机理，提出有效的创业学习组合策略，进而开发出一套提升创业者创业能力的方法体系，有助于为创业者提升创业能力提供理论指导，使其进行有效的创业学习，实现创业能力的自我跃进，进而提高创业成功的可能性；有助于教育工作者明晰创业能力形成机理，为其设计有针对性、有效的创业能力培养方案提供参考，促进创业教育的普及化和高级化；有助于为政府部门开展有效的创业能力培训项目，出台相关的创业促进政策提供对策建议，实现以创业带动就业的发展战略，繁荣创业经济。

1.2　研究思路和研究内容

1.2.1　研究思路

首先，通过创业环境的分析以及创业相关理论的梳理，提出本书的研究问题：创业学习如何开展并影响创业者创业能力的形成；其次，结合深度访谈，进行相关核心概念的提取、辨析及关联性分析，从而明确创业能力的概念界定和维度划分；再次，在理论研究与深度访谈的基础上，构建概念模型并提出研究假设，探究不同类型的创业学习方式与创业能力的关系，其中，具体分析经验学习与创业能力、失败学习与创业能力、网络学习与创业能力间的关系；然后，通过问卷调查和实证分析，检验概念模型和理论假设是否成立；最后，进行理论总结，深入剖析不同学习方式与创业能力之间的具体路径，结合创业情绪管理等内部支持因素以及创业教育、政府以及家庭等外部支持因素来构建创业能力的提升机制，以期真正促进创业能力的形成与发展。

1.2.2　研究内容

本书围绕"创业学习如何开展并影响创业者创业能力的形成"这个核心问题进行系统性研究。主要研究内容如下：

第1章，绪论。基于国内创业情境，阐述本书的研究背景和研究意义，系统回顾国内外创业能力、创业学习理论的研究现状，提出从创业学习角度探讨创业能力提升机制的重要研究议题，并且清晰阐述本书的研究思路、研究内容、技术路线以及研究方法。

第2章，创业能力概述。本章系统梳理创业能力的相关文献，主要从创业能力的内涵、特征、影响因素、维度和测量、形成条件等方面进行理论回顾，在此基础上明确创业能力定义的界定，并结合深度访谈的结果，对于中国创业情境下的创业能力进行维度划分。此外，本章对创业学习与创业能力的关系进行了初步探讨，为后续章节的研究预先做好理论铺垫。

第3章，经验学习与创业能力。基于经验学习相关文献的理论回顾以及深度访谈的结果，阐明经验学习、创业行动学习、直观推断等相关变量的定义和维度，构建经验学习与创业能力的关系模型，提出研究假设并实证检验经验学习与创业能力之间的关系，以及创业行动学习的中介作用和直观推断的调节作用。基于理论研究和实证分析的结果，对经验学习与创业能力之间的路径进行深度解析，以期探明经验学习对创业能力产生影响的内部作用机理。

第4章，失败学习与创业能力。在失败学习理论综述和深度访谈的基础上，分析失败学习、悲痛恢复取向等相关变量的定义、维度，构建失败学习与创业能力的理论模型，通过实证研究检验失败学习与创业能力之间的关系，悲痛恢复取向的调节作用以及创业行动学习的中介作用。并且，根据理论研究和实证分析的结果，尝试构建"失败学习—创业能力"的学习过程框架，以期揭示通过失败学习促进创业能力提升的有效路径。

第 5 章，网络学习与创业能力。本章对网络学习的理论进行系统回顾，构建社会网络与创业能力的关系模型，以及网络学习—内化学习—创业行动学习三环链式学习模型。在理论分析和实证研究的基础上，深度解析社会网络与创业能力之间的具体路径，论述在学习网平台中，多重链式的创业学习过程如何影响创业能力的形成与发展以及创业乐观情绪在创业过程中如何发挥调节作用。

第 6 章，创业能力提升机制。从创业者的内部和外部支持两个方面提出相应的创业能力提升策略。在内部支持方面，主要关注创业者如何通过经验学习、失败学习和网络学习等创业学习方式来构建完善的创业学习机制；创业者如何做好创业积极情绪和创业消极情绪的自我管理。在外部支持方面，主要关注创业教育、政府以及家庭的重要支持作用。基于内外部的影响因素，提出相应的对策，以期能够更好地促进创业能力的提升。

第 7 章，结论与展望。梳理全书的重要结论，并指出研究的局限性与未来展望，以期为未来研究提供方向指引。

1.3 技术路线与研究方法

1.3.1 技术路线

本书技术路线如图 1.1 所示。

1.3.2 研究方法

本书主要采用文献研究法、深度访谈法、问卷调查法和数据处理分析法等研究方法。首先，本书在文献研究、深度访谈的基础上，提出初步的研究模型与理论假设；其次，通过小样本预调研，不断调整量表题项，完善问卷量表，形成最终的正式问卷；再次，开展大样本问卷调查；最后，根据问卷调查获取的有效数据，运用数据处理分析方法开展实证研究，进一步检验概念模型与研究假设的合理性和有效性。具体的研究方法主要包括以下四种。

（1）文献研究法。文献研究是进行前期基础研究的重要途径。本书深入贯彻扎根理论所提倡的从现有数据和资料入手来建构理论的核心思想，收集了国内

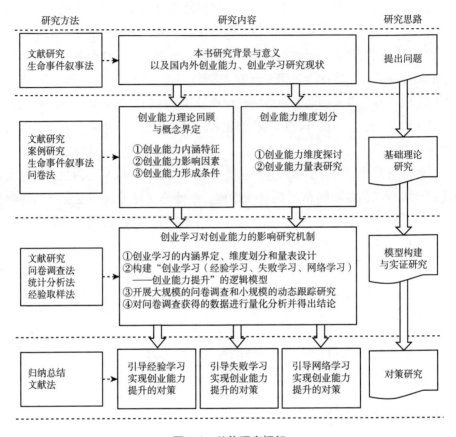

图 1.1　总体研究框架

外创业相关研究领域的大量文献，在系统梳理理论文献的基础上，掌握该领域的最新研究现状与趋势，界定相关概念的内涵和理论测量的维度，为后续开展深入研究奠定夯实的理论基础。本书主要在第 2 章、第 3 章、第 4 章、第 5 章和第 6章运用了文献研究法，对于相关概念进行了系统回顾与理论梳理。

（2）深度访谈法。定性方法中的深度访谈非常适合于对那些不容易从外表观察，时间跨度较长且概念数目较多的事件和现象进行研究，主要是通过与访谈对象就特定研究内容进行交流以获得访谈对象心理特征或行为方面的数据。本书在第 2 章、第 3 章、第 4 章和第 5 章运用了深度访谈法，为相关变量的概念界定和维度划分提供参考。

为了深度访谈能够实现最佳效果，本书在深度访谈中主要运用了行为事件访谈法（behavior event interview, BEI）和生命事件叙事法（life story narrative approaches），以便于在深度访谈中获取更多有价值的数据和信息。具体方法如下：

一是行为事件访谈法，又称为关键事件访谈法（CRI），是由麦克莱兰（Mc-Clelland）提出的一种开放式行为回溯方法，是揭示胜任特征的主要工具。它是一种结合弗拉纳根（Flanagan）的关键事例法（critical incident technique，CIT）与主题统觉测验（thematic apperception test，TAT）的访谈方式。此方法要求被访谈者列出他们在工作中遇到的关键情境及在这些情境中发生的事情，是揭示个体能力情况的主要方法，不少学者运用这种方法对创业能力和创业学习进行研究，如，曼（2000，2006，2012）用行为事件访谈法对创业能力的维度及创业学习行为进行了相关研究。因此，为了探究创业学习与创业能力之间的关系，本书在深度访谈中采用了行为事件访谈法，引导受访者回忆过去半年（或一年）在创业中感到最具有成就感（或挫折感）的关键事例，其中包括：情境的描述、有哪些人参与、实际采取了哪些行为、个人有何感觉、结果如何，即受访者必须回忆并陈述一个完整的关键事例。在具体的访谈过程中，需要受访者列出他们在管理工作中遇到的关键情境，包括正面结果和负面结果各 3 项。访谈一般需 2～3 个小时，需收集 3～6 个行为事件的完整、详细的信息。并且，要求访谈者必须经过严格的培训，一般不少于 10 个工作日。

二是生命事件叙事法。生命叙事是指叙事主体表达自己的生命故事。生命故事是指叙事主体在生命成长中所形成的对生活和生命的感受、经验、体验和追求。它包括叙事主体自己的生命经历、生活经验、生命体验和生命追求以及自己对他人的生命经历、经验、体验与追求的感悟等。生命叙事既属于叙事范畴，又不同于一般叙事。也就是说，并非任何形式的叙事都属于生命叙事的范畴，它的构成具有一定的条件，而且它的特征也体现其中。①自我性。生命叙事强调的是叙事主体对自己的生命故事，以及对他人的生命故事之自我感悟的个性化表达。个性化表达是指叙事主体用自己的语言或其他方式，表达自己的经历、经验和体验，而非泛泛地叙事，以及说他人所说之话或社会性的话语，讲述、解说他人的事迹。因个体生命的经历、经验不同而形成了不同的生命故事，而生命叙事正是这些不同特性的表达，这是生命叙事区别于其他叙事的最主要特征。②日常生活性。日常生活是与每一个生命个体的生存息息相关的领域，是每一个个体生命都以某种方式从事的活动，是每一个个体生命成长的根基与主要领域。当然，生命叙事强调日常生活性，并不排斥非日常生活，而是将其融入日常生活之中，融入整个生命的成长中。③生成性。生命叙事不是一种对过去发生的事情的简单再现，而是借助所发生的事情，来理解生命、自己、他人或社会。这种理解是一个动态生成的过程。可以说，生成性是生命叙事最具有意义的一个特征。

因此，生命事件叙事法是理解人的行为并赋予其意义的解释性表达形式。近年来，雷（2000a，2000b，2001，2002，2004，2005）在其系列研究中创造性地将生命事件叙事法运用于创业领域的研究，通过对不同行业的创业者进行调查，分析受访者的生活故事得出了与创业学习相关的主题，并提出创业学习的过程模型。然而，就掌握的文献来看，国内学者尚未很好地结合该方法进行创业研究。本书采用该方法研究中国创业情境下的创业学习与创业能力的关系。在福建、长三角、珠三角等创业活跃的区域，根据企业成立的年限、创业者情况、行业三大标准确定访谈对象，设计访谈提纲，围绕创业者的生活故事进行深度访谈，充分挖掘访谈对象在创业过程中的创业学习经历及其与创业能力形成的关系，基于扎根理论的核心思想对所收集的资料根据本书的需要进行归类、编码，形成较完整的创业学习与创业能力的叙事深度访谈案例库，并深入分析创业学习如何影响创业者创业能力的形成，为构建理论框架和设计调研量表奠定基础。

本书通过运用文献研究、深度访谈法，明确相关变量的概念，厘清创业学习的各种学习方式与创业能力间的关系路径，揭示影响创业能力的关键因素及其作用机理，构建理论模型并提出研究假设。

（3）问卷调查法。本书在文献资料、访谈资料的基础上，梳理相关变量间的关系并构建理论模型，从而设计相关量表完成问卷编制；在进行正式大样本问卷调查之前，先依托福建省企业与企业家联合会以及项目组成员个人网络选择不同背景的创业者进行小范围探索性预调研，了解问卷中存在的问题并修改、完善量表；在问卷完善之后，开展正式的大样本问卷调查，对问卷进行数据的收集与处理。本书主要在第 2 章、第 3 章、第 4 章和第 5 章运用了问卷调查法，为后续实证研究提供数据支撑。

（4）数据处理分析法。在问卷调查之后，本书将采用 SPSS 20.0 和 LISREL 8.70 分析软件对问卷调查得到的数据进行统计分析，从统计意义上检验理论假设，并对理论模型进行修正。本书在第 2 章、第 3 章、第 4 章和第 5 章均有使用数据分析方法以验证维度划分和理论模型的合理性，其中，主要包括以下数据处理分析法：描述性统计分析、信度分析、效度分析、方差分析、相关分析、多元回归分析、结构方程模型分析。

创业能力概述

创业者是创业研究的中心，但是，究竟什么样的人才能成为创业者，或者究竟什么样的人才能取得创业成功？对于这个问题，致力于研究创业的学者，首先是以人格特性为切入点，尝试从人格特性视角来区分创业者和非创业者。尽管这种方法非常简单，但是其作用却非常有限，难以得到一致性的结论。由于研究人员发现在识别创业者的人格特征方面存在着很大的困难，于是，从20世纪90年代开始，创业者特质论逐渐淡出创业研究者的视野，学者更侧重于从行为视角出发，借鉴相关管理能力的研究范式，认为创业者的创业能力有助于更为深入地理解创业者与企业绩效间的关系，并纷纷从输入—过程—结果以及环境层面展开研究。输入端主要是强调不同类型的个人特征，包括态度、心理特征、心态、意愿、知识、经验、技能和才能；过程端则从创业行为、任务的角度进行分析，识别创业能力的具体行为表征；结果端强调的是创业能力与企业绩效的关系及创业能力在创业教育及培训中的运用；环境维度方面，提出在不同管理层次、不同环境背景下，创业能力可能会有所不同。以曼为代表的一批创业学者已经对创业能力开展了一系列卓有成效的基础性理论研究，深入探讨了创业能力四个研究层面的诸多问题，研究取得了一定成果，但创业领域对创业能力的研究仍处于早期阶段（朱秀梅等，2019）。

2.1 能力及创业能力的内涵

2.1.1 能力的内涵

对能力内涵的理解是探讨创业能力的重要前提（米切尔莫尔，2010）。为了全面理解创业能力的内涵，需要先从能力入手，充分了解何谓能力，进而深化对于创业能力的认知。

（1）心理学视角下能力的内涵。"能力"一词，在西方心理学的研究中，其对应的英文单词是 ability。例如，英国著名心理学家斯皮尔曼（Spearman）的里程碑性著作《人的能力：它们的性质与度量》（*The Ability of Man*：*Their Nature and Measurement*）。但究竟什么是能力，主要形成了三种不同的观点。

一是潜能说。这种观点认为能力就是潜能，是人在特定情境中无数可能行为的表现。该观点的代表人物有美国心理学家奥图等。

二是动态知识技能说。这种观点认为能力不是表现在知识、技能本身上，而是表现在掌握知识、技能的动态上，即操作的速度、深度、难度和巩固程度。该观点的代表人物有苏联心理学家彼得罗夫斯基等。

三是个性心理特征说。这种观点认为能力是作为成功地完成某些活动的那些个性心理特征，或能力是符合活动要求、影响活动效果的个性心理特征的综合。该观点的代表人物有苏联心理学家斯米尔诺夫（Smirnov）和我国学者李孝忠、叶弈乾等。该观点相较于之前两种观点具有较大的影响力，其对能力概念的解释主要包括两个要点：首先，能力是和活动紧密相连的，离开了具体活动，能力就无法形成和表现，这充分体现了能力的情境依赖性；其次，能力是顺利完成某种活动直接有效的心理特征，而不是顺利完成某种活动的全部心理条件，这说明该观点的持有者没有把不直接影响活动效率与不直接决定活动完成的心理特征纳入能力的范畴。

（2）管理学视角下能力的内涵。在管理学视角下，"能力"一词对应的英文是 competency。在当代简明牛津英文词典中，competency 被定义为：能够（做某事或完成某项任务），足够的手段和方式，法律能力。在管理学视角之下，主要形成了两种能力观：一是通用能力观；二是专用能力观。通用能力观将能力视为具有普遍适应性的一般素质，他们认为能力是通用的，能够在不同工作、组织之间和不同情境下转移而不损失其有效性，能够满足多种工作需要，因此能力研究的出发点是寻找具有共性的通用能力。例如，博亚兹（1982）认为，能力是一种潜在的特性，具有通用性，这种通用性可以出现在不同的工作活动中。施罗德（1989）认为所有管理者都拥有一系列基本共同的能力，这些基本能力代表了在任何组织中从事管理任务所需要的技能。美国的一些工商管理学院较普遍地采用了这种能力观，他们通过选择一些优秀管理人才作为研究对象，鉴别成功的管理人才所应具备的个体素质，以此为基础来确定能力标准和开发课程。

专用能力观与心理学视角下的个性心理特征说有类似之处，强调能力的情境依赖性，认为能力是专用的，只适用于特定的工作，在不同工作、组织或情境下是难以转移的。不过，在管理学的视角之下，这里的能力不仅仅指个体的心理特征，其内涵远远超出了这个范畴，这是与个性心理特征说的不同之处。在这种能力观之下，能力与工作任务、工作岗位密切相连，以具体任务与岗位推演出与之对应的能力。例如，斯宾塞（1993）认为，能力是个体的内在特征，这一内在特征同工作和情境中相关绩效之间存在某种程度的因果联系。事实上，两种能力观从不同的视角给出了对能力的理解，有各自的合理之处，但也存在一定的不足。通用能力观的缺陷主要体现在：脱离具体的工作情境来评价学习者的一般素质，显然较缺乏效度，而依据这种能力观鉴别出来的一般素质对为特定专业开发设计的课程并无太大帮助。专用能力观的缺陷主要体现在：以具体任务与岗位推演出来的能力忽视了作为操作性任务技能之基础的基本素质的重要性，忽视了在真实的职业世界中人们工作表现的复杂性以及在智能操作中判断力所起的重要作用。

2.1.2　创业能力的内涵

创业能力对个体创业及其创业成功与否具有显著作用，同时对新创企业的绩效和发展也有重要影响。与能力的概念相类似，创业能力是一个复杂的概念，目前尚未有一个统一的定义。创业能力不同于创业者的能力，创业者的能力范围要宽于创业能力，能力水平高的主体并不一定拥有高水平的创业能力，创业能力强调其在创业成功和创业企业成长中所发挥的促进作用。创业能力也不同于创业胜任力，创业胜任力强调其对创业绩效的强正关联性，创业能力仅强调与创业绩效的关联性，二者与创业绩效的关联性程度不同。根据创业主体的不同，可以将创业能力分为个体创业能力、团队创业能力和企业创业能力，在此我们主要研究的是个体层面的创业能力。

（1）国外文献对创业能力的界定。钱德勒和汉克斯（1992）在研究中首次运用创业能力术语，并将其定义为"识别、预见并利用机会的能力"。在此之后，不少学者从不同的研究视角对创业能力进行了界定和研究，但从行为视角对创业能力的界定得到了众多学者的认可。大多数学者主要以曼等（2002）的定义为基础，认为创业能力是一组与创业成功行为有关的特定的属性，除了铸就创业者持续成功所需要具备的一系列相关知识（知道是什么）和技能（知道怎么做）外，还需要适当的态度和动机（知道为什么），并最终通过具体的创业行为来进行表征。主要学者的观点如表 2.1 所示。

表 2.1　　　　　　　　　　国外学者对创业能力的概念界定

主要学者	创业能力概念
钱德勒和汉克斯（1992）	创业能力是识别、预见并利用机会的能力
彼尔德（1995）	创业能力被认为是一种包含了个性特质、技能和知识的高水平综合特征，是创业者成功实现其角色的全部能力
特蕾莎·刘等（1999）	创业能力可理解为特征、技能和知识
鲍姆等（2001）	创业能力是个人所拥有的特性，如执行一项特殊工作的知识、技能、才能
凯贡杜（2002）	创业能力是创业者的一系列属性：态度、信仰、知识、技能、才能、个性、创业成功的专门知识与行动意向
曼等（2002）	在彼尔德研究的基础上，将创业能力定义为创业者拥有的关键技能和隐性知识，是个体拥有的一种智力资本，它作为高层次的特征，其中包含个性、技能和知识，被视为创业者能成功履行职责的整体能力。它最终表现为个体的行为，是动态的
艾哈迈德（2007）	将创业能力界定为个人的特征，包括能使创业者获得并维持企业成功的态度和行为，包括：创业者的动机、特征、自我意象、行为、态度、技能和知识
兰斯和比尔曼斯（2008）	创业能力是可以学习的（而不是天生的），是一种需要解释和理解的结构，不仅仅局限于能力的行为因素（知道如何实施行为），也包括认知（理解）和功能因素（技能，或者知道怎样做）
吉布塔（2010）	创业能力作为一个综合的形成过程，是一种融合而不是各因素（知识、技能、态度）的简单相加。通过一体化及协调的作用能够形成具有新意的整体，在融合的过程中，会受到内部、外部限制性或破坏性的各种形式的影响
兰斯和比尔曼斯（2010）	创业能力一方面是实现与创新相关的商业目标的新途径，另一方面是所有者和经理人去识别和追求机会的一系列知识、技能和态度
莫杰布等（2010）	创业能力是铸就创业者持续成功与创业的所有基本特质的总和，包括：态度、价值观、信念、知识、技能、能力、特征、智慧、专长（社会的、技术的、管理的）以及思想与行为倾向
刘易斯和希拉里（2011）	创业能力是创业者在追求创业生涯中所需要的属性，而这些属性会受到个人背景（如年龄、教育情况及工作时间）的影响
阿布德尔加沃德等（2013）	创业能力是一种动态能力，包含企业识别、创造、选择和实现机会的能力

从表2.1可知，学者们从能力的不同运用层面对创业能力展开了研究，主要包括输入（能力的前因变量：技能、知识、个性）、过程（导致能力的行为或任务）、结果（在某一功能领域的标准，不同水平的能力会有不同的行为结果）及环境（不同的环境证明不同的能力）这四个层面。第一，输入层面主要强调创业者不同的个人特征类型，如个性、态度、知识、技能，并基于此对创业能力进行了定义。例如，特蕾莎·刘等（1999）认为创业能力可以理解为特征、技能和知识。凯贡杜（2002）也将创业能力定义为创业者的一系列属性、态度、信仰、知识、技能、才能、个性、创业成功的专门知识与行动意向。兰斯和比尔曼斯（2010）认为创业能力一方面是指实现创新及相关商业目标的新途径，另一方面是企业所有者用于识别和追求这些商业及创新机会的知识、技能和态度。第二，在过程层面关注的是个人实施的任务或行为，不少学者（彼尔德，1995；曼等，2002）纷纷从行为视角研究创业能力，认为创业能力最终通过具体的创业行为来进行表征，从行为过程角度能更好地理解创业能力与绩效的关系。第三，在结果层面强调在管理功能领域达到能力的标准，不同的创业能力水平意味着不同的行为结果或绩效（戴斯特，2005），而能力水平是可以通过教育、培训而获得改变的（兰斯和比尔曼斯，2008；米奇琴科和萨伊，2004）。第四，在环境层面，主要强调个人角色特点和具体环境的结合（亨格和惠伦，1996）及环境因素对创业能力与绩效关系的调节作用（曼和特蕾莎·刘，2008；艾哈迈德，2010）。虽然，在过去的研究中对创业能力概念存在多种界定，但从目前研究可总结出，创业能力是创业者成功识别和追求机会的一系列知识、技能和态度的集合（兰斯等，2010），是一组与创业成功行为有关的特定的属性，通过行为过程来表征，而创业能力的高低取决于行为的程度。

（2）国内文献对创业能力的界定。国内最早使用创业能力一词主要是在创业教育领域，最初将它译为"事业心和开拓技能"（王一兵，1990）。自2003年后，国内学者在创业和中小企业管理研究中逐渐引入创业能力的概念，主要从创业行为或过程角度，基于国外学者提出的创业能力的定义进行分析，具体情况如表2.2所示。

表 2.2　　　　　　　　　国内学者对创业能力的概念界定

主要学者	创业能力概念
杨俊（2006）	创业能力是创业者完成和衔接感知并评价创业机会，整合资源以创立新企业，以及谋求新企业生存和成长的过程

主要学者	创业能力概念
倪锋和胡晓娥（2007）	创业能力是创业认知功能在创业行为结果上的反映
唐靖和姜彦福（2008）	创业能力是创业者创业的自我效能，即创业者自我评估完成具体创业行为所具备的能力
龙勇和常清华（2008）	创业能力是与创业者精神紧密相关的概念，创业能力表明了在创业者精神指引下管理企业的方法、实践以及决策风格等，是创业者精神在更为一般的管理过程中的具体表现
郭海（2010）	创业能力是一种典型的动态能力，即在动态变化的市场环境下，创业者通过洞察与分析，积极主动地识别和利用商业机会的能力
张广花和苏新林（2010）	创业能力是顺利完成创业活动的具有个体和社会双重属性的基本心理特征，围绕创业行为发生并具有一定心理特征的能力综合系统，其本质是社会实践活动
张玉利和王晓文（2011）	创业能力是创业者在创业活动中的专门技能，反映在行为层面
张霞等（2011）	创业能力是指个体创业者所拥有的利于创业成功和创业企业成长，带来创业绩效的综合能力
叶春霞（2012）	创业能力不是一种孤立的心理能力，它是围绕创业行为发生并具有一定心理特征的能力综合系统
马鸿佳等（2014）	创业能力是创业者捕捉和迎合市场机会以提升企业竞争优势，实现成功创业所应具备的能力
郭钢（2016）	创业能力是把握市场机会和资源，协调资源和环境一致性的能力
宁德鹏（2017）	创业能力是创业者在从事创业行为时应该具备的相关综合能力
尹苗苗（2018）	将创业机会与创业资源进行有机一体化的能力
吕强（2020）	创业能力是组织通过获得资源和信息等不断演化出的有利于实现创业成功的各种因素的总和

目前对创业能力的概念描述大多从静态结果和动态过程两个研究视角进行。静态层面，张霞等（2011）提出个体创业能力指个体创业者所拥有的利于创业成功和创业企业成长，带来创业绩效的综合能力，而倪锋和胡晓娥（2007）认为创业能力是创业认知功能在创业行为结果上的反映；动态层面，龙勇和常清华（2008）认为创业能力是与企业家精神紧密相关的概念，创业能力表明了在企业家精神指引下管理企业的方法、实践以及决策风格等，是企业家精神在更为一般的管理过程中的具体表现。杨俊（2006）从创业逻辑进程出发指出创业能力实质上是企业家完成和衔接感知并评价创业机会，整合资源以创立新企业，以及谋求

新企业生存和成长的过程。此外，郭海（2010）指出企业家的创业能力是一种典型的动态能力，这种能力的作用在转型时期表现得更加明显，即在动态变化的市场环境下，企业家通过洞察与分析，积极主动地识别和利用商业机会的能力。

创业能力作为能力结构中的一个组成部分，是从属于个性心理这一大系统的，很多学者结合能力在创业情境中的运用从这一视角对创业能力进行定义，严强（1991）、韩力争（2004）和陈秀珍（2007）将创业能力概括为直接影响创业实践活动效率，促使创业活动顺利进行，并能够创立和发展一项或多项事业的主体心理条件。这种主体心理条件虽然与其先天带来的某些性格、气质有关，但主要靠后天的学习、锻炼，特别是要靠教育和培养来获得，是具有较强综合性和创造性的心理机能，是知识、经验、技能经过类比、概括而形成的并在创业实践中表现出来的复杂而协调的行为活动。不少学者如董文奇（2002）引用曼（2002）的观点，认为创业能力是创业者拥有的关键技能和隐性知识，是个体拥有的一种智力资本，它作为高层次的特征，其中包含个性、技能和知识，被视为创业者能成功履行职责的整体能力；唐靖和姜彦福（2008）认为创业能力是创业者创业的自我效能，即创业者自我评估完成具体创业行为所具备的能力；肖红伟和晏红洁（2008）将创业能力定义为目标人口为了能从事承担风险的开拓性活动应具备的一系列心理特征，并认为创业能力本质上是一种创新能力，是一种社会实践能力；周劲波和韩剑义（2008）认为创业能力是完成创业活动所必需的心理指标的总体，是创业活动的保障系统；张广花和苏新林（2010）认为创业能力是顺利完成创业活动的具有个体和社会双重属性的基本心理特征，围绕创业行为发生并具有一定心理特征的能力综合系统，其本质是社会实践活动。

同时，不少学者从创业能力视角中所涉及的相关能力进行定义，如罗志恒（2009）认为创业能力是指从创业中获得利润并承担风险的开拓性活动，目标人口应具备的一系列能力包括：激发行动的能力，能够行动的能力，继续行动的能力，操作行动的能力。此外，国内学者如王晓丽（2007）、陈书成（2008）对大学生创业能力的内涵从创业能力的特征进行描述，基本是引用毛家瑞、彭刚、陈敬朴（1992）、彭刚（1995）等的观点，认为创业能力是带有浓厚的个性色彩，需要创造性思维的参与并在创业实践活动中形成的多种知识和条件能力系统的组合。

可见，学者从不同的视角对创业能力进行了定义，大多数国内学者认为创业能力是促使创业者创业实践活动顺利进行的主体心理条件，是创业认知功能在创业行为结果上的反映，是智力因素和非智力因素的总和。它既可能是一种静态的结果，也可能是一种动态的过程。

（3）创业能力的概念界定。创业能力的定义有广义和狭义之分。广义的创业能力包括智力（又称认知能力）和创业的特殊能力，创业能力本质上是一种成功智力，创业能力不仅仅是认知活动的范畴，也是情感意志活动的范畴，是认知智力、情感智力和意志智力的整合，是传统意义上的智力因素与非智力因素的有机综合。狭义的创业能力则是侧重于能够提高创业绩效的相关技能，是创业者在创业活动中的专门技能，反映在行为层面。

基于国内外文献对创业能力的定义，本书主要从狭义层面来把握创业能力，认为对创业能力内涵的理解应该立足创业这一情境，从创业能力具体表征的行为方面来进行把握，同时应结合能力概念，即知识、技能、态度的集合。创业能力是创业者所拥有的，促使创业成功和企业成长的一系列知识、技能、态度的集合，它是变化的、可以习得的，并且可通过创业者的行为进行观察。创业能力只有在创业实践活动提供的特定情境中，才能从无到有、从不成熟到成熟，创业者先前所具备的创业能力如果没有进行相应的创业活动，则是不完备的。

2.2　创业能力的影响因素

创业者的创业能力水平及表现的行为之所以会有所差异，是因为受到诸多因素的影响。现有的研究发现，主要受到三方面的因素影响：一是创业者个体；二是外部环境；三是创业学习。

2.2.1　创业者层面

（1）人口特征。在企业成立与发展的每个时期，创业者的年龄、性别都可能影响创业能力的发展。性别因素带来的影响主要是因不同性别个体所具有的不同特质。女性创业者在关系能力和组织能力上比男性创业者更有优势（米切尔莫尔和罗利，2013），女性企业家有较大的社会网络寻求建议和资源，而男性有较大的情感网络来获取温馨、表扬和鼓励（哈桑，1997）。年龄因素的影响很大程度上来自阅历的不同，巴伦和恩斯利（2006）发现，老练的创业者要比新手更好地认识那些看似不相关却是真实反映创业活动的行为模式。原生家庭对人的影响是非常深刻的，如果创业者的父母或者其他主要家庭成员是创业者会对其早期创业能力产生影响，那些在青少年时有创业能力的创业者，进入创业的时间较早（施密特·罗德穆德，2004），企业家的兄弟姐妹的数量和企业家的性别都会对创业能力中的机会识别能力的变化产生积极影响，有研究甚至指出处于兄弟姐妹中的老大的创业概率会高些（焦豪等，2010）。

（2）心理特征。在创业中有一些稳定的心理意向如成就动机（力争优秀、出类拔萃，努力追求成功）、内控（相信自己能够对事情发展与结果进行控制）和风险承担（有承担风险的心理素质），是作为促成创业能力的先决条件，而不是作为能力的组成元素（兰斯，2008）。创新精神会增强创业者战略能力和机会能力，外控制点（即认为事件的结果超出个人的控制）与战略能力是负相关的关系，风险避免意识与战略能力和信息搜索能力则是正相关关系（胡瑞，2005）。创业者的毅力和激情将会增加企业家资源获取能力（鲍姆，2004）。曼（2005）通过对中国香港的小企业家的研究，发现他们内在的动机、目标、努力、自信等心理特征因素会影响他们创业能力深层次部分的塑造。马卡洛斯卡（2011）的研究指出创业者的目标导向会影响创业能力，与那些以结果为导向的创业者相比，以学习目标为导向的创业者更可能成为专业的创业者，而且会获得更多的创业能力。对模糊的忍受是心理特征的形式之一，它会影响创业者的行为（孙德良等，2019），那些忍受度较低的创业者更加喜欢去控制环境，不愿意去接受这样的情况，拥有高容忍度的创业者的创业能力也会更高。当一个人对自身创业角色的认知越明显时，其越可能投入一定的时间在创业工作上，其对企业的承诺也会更高，即创业能力中的承诺能力更高。

2.2.2　外部环境层面

环境对个人能力的形成的影响方面得到了共识。曼（2008）认为环境是影响创业能力一个关键而又复杂的维度。环境会通过影响属性、技能和知识领域来对创业能力形成和能力用途确定等方面发挥重要的作用。文化环境、商业环境、政策环境是影响创业能力的关键环境因素。

（1）文化环境。文化会影响个人的行为和特性（个人的态度、价值观、自我意象）（辛格尔，1995），会塑造一个人的认知结构，进而影响个体的行为和选择。理解个人层面的文化偏好能更好地理解文化与个人行为间的关系。阿德勒（1997）指出文化价值观在形成一个人的行为和行动上有重要的作用，由此可见，文化通过影响创业者的创业行为，进而影响所划定的创业能力，因为能力通过一个人的行为来展现（彼尔德，1995），文化导向会影响个人的行为，进而影响能力的划定。艾哈迈德（2007）的实证研究结果显示，创业者的文化导向会显著地影响行为进而影响不同环境下能力的划分；高度的个人主义文化倾向对澳大利亚的创业者创业能力的积极影响要高于集体主义文化倾向对马来西亚创业者创业能力的影响；个人的集体主义文化导向，对马来西亚创业者的创业能力形成有积极的影响，但是在澳大利亚则没有这样的结果，因为澳大利亚创业者偏向于个人主义的文化导向。

（2）商业环境。对环境的观察会塑造一个人的态度和信仰，改变人的认知进而影响之后的行为。目前对环境的变量主要考虑的是良性和敌对的环境及稳定和动态的环境（卡文，1989，1999；斯勒宾，1993；扎赫拉，1993），创业者个人的成长、创业的过程和企业的发展过程都不能与环境相脱离，如果创业者具备良好的能力，则环境对其的影响将不会很大，甚至能使他们将威胁的环境变为机会。瓦西克泽克（2000）指出，未来减轻商业环境所带来的消极影响，创业者应该通过提升相应的能力来应对。艾哈迈德和拉马亚（2010）验证了可感知的马来西亚商业环境在创业能力与企业成功间的调节作用，在不利、动态的环境下的创业能力与企业成功的关系强度要比在友好的、稳定的环境更高。当创业者配备适当的能力时，能够最大限度地减少商业环境的负面影响；当环境是敌对而动态变化时，创业能力是决定企业成功的最重要的因素。

（3）政策环境。政策环境往往是探讨政府在营造有利创业及企业发展的环境方面的作用，包括政府资金、基础设施、反垄断措施（优素福，1995）；教育、培训项目（罗伯逊等，2003）；贷款、政府帮助（马哈甲和尤纳斯，2006），这种外部支持除非促进了社会的包容进程并构建了人力资本和社会资本（利特等，2008），才能发挥应有的作用。从能力视角出发更有利于政策制定者作出更好的决策，而皮查多（2010）的实证研究发现，通过创业发展机构的介入（通过一系列的政策、制度和教育与培训活动，旨在改善创业者及雇员的心态，提高其人力资本和社会资本及其创业技巧并帮助获取关键的资源，从而使小企业变得更具有竞争性），对新兴经济体的低收入微型企业创业者的创业能力及企业绩效的提高是有益的。

2.2.3 创业学习层面

近年来，将创业学习作为影响创业能力的因素加以研究成为理论热点。学者们发现，创业能力是可变的、可习得的（彼尔德，1995；雷，2000；托马斯等，2008），创业者无须在创业前知道所有的事，创业的大部分能力可以通过在创业过程中不断地学习来获得（钱德勒和里昂，2009），创业学习对创业能力有直接的作用，对企业增长有间接的影响，学习过程就是一个能力发展的过程（普瑞扬尼奥和桑德乔乔，2005）。对创业能力进行深入分析，发现其具有双重起源：一是根植于创业者的背景（如个性特征、社会角色、自我形象、态度），二是通过工作和学习能够获得的部分（如技能、知识）（曼和娄，2005）。前者被认为是内化因素，后者是能通过学习和训练获得的外化因素（米奇琴科和萨伊，2004）。内化方面的因素不容易改变，但是依然能在社会化学习过程获得发展，外化的因素则能通过适当的培训、教育、持续的实践获得积极有效的改善（加拉万和麦圭尔，2001；曼和娄，2005）。国内学者张玉利等（2011）认为从创业学习的视角出发更利于揭示创业者先前经验对创业能力的影响作用关系，也顺应了创业研究理论发展的趋势。葛宝山等（2013）指出未来研究必须明确创业学习对创业能力的影响。

可见，创业学习是影响创业能力形成和发展的关键因素，学习过程就是一个能力发展的过程，挖掘创业学习过程是揭开创业者创业能力形成"黑箱"的关键。

（1）创业学习的研究视角。创业过程是一个连续的学习过程（波利蒂斯，2008），学习对于创业成功的重要性已经得到主流观点的认可（王和丘格，2014），先前学者基于不同的理论基础对创业学习进行了研究，可以分为认知、经验、能力、网络等视角（曼，2006，2012）。

认知视角认为创业学习就是一个认知过程，关注学习者内部认知结构，将创业学习视为创业者在创业过程各个阶段的活动中获取、储存和运用创业知识，更新、构建知识结构（扬和塞克斯顿，1997），进行认知和决策的心理活动过程（米歇尔等，2007），这个过程会受到态度、情绪、动机和个性等因素的刺激和影响（雷和卡斯韦尔，2001；巴伦，2008）。类似地，国内学者袁安府等（2001）也指出企业家的学习是企业家获取、保存、使用企业家知识的活动过程与认知过程。

经验视角的支持者基于经验学习理论的成果，将经验放在个人学习和发展理论的中心（库伯等，2008），认为创业学习是一个从经验中不断获得和修正的过程（科佩，2003，2005；波利蒂斯，2005），经验是学习的主要来源，但从经验中学习，不是简单地重复过去，而是感知经验（雷，1999），或对特定事件的批判性反思过程（科佩，2003，2005；迪金斯和怀珀，2010），让更高级别的学习发生。学者基于经验视角提出了一系列概念模型以解析创业者的学习过程（波利蒂斯，2005；科贝特，2005，2007；霍尔库姆等，2009）。在最近的研究中强调把失败经历作为切入点来探讨创业学习问题，关注不同创业者对失败的态度（雅克巴萨兰等，2010）及从失败中怎么学，学什么的问题（波利蒂斯和加比利尔森，2009；科佩，2011；于晓宇等，2013；谢雅萍和梁素蓉，2016）。经验和认知视角是目前创业学习研究中的主流。

能力视角将创业学习概念化为一种学习能力，认为该能力是获得其他创业能力的基础，强调创业者通过哪些行为进行学习，以及哪些影响因素对创业学习发挥作用（曼，2006），并构建了一个以学习行为为中心的创业学习模型（曼，2012）。曼（2006，2012）在相关研究中，分析创业者在企业生成前和过程中的重大事件中的学习，发现存在六种创业学习的行为模式：积极寻找学习机会，有选择和有目的性地学习，有深度地学习，持续学习，对经验进行提炼和反思，成功地将经验应用到实践中。提倡通过矫正创业者的学习行为模式来提升创业学习能力。

网络视角认为创业学习是发生在个人所结成的关系网络中的互动，是一个由创业者个人社会角色的转变到进行情境化学习，再到创业实践的过程（雷，2002，2004，2005）。创业者在社会网络背景下通过相互沟通和合作进行创业学习，可以补充知识和技能（拉瓦西和图拉蒂，2005），得到导师的支持和指导（圣·让和奥代特，2012；基尔吉杜和彼得里杜，2013），更好地作出决策（泰勒和索普，2004），甚至可以影响家族企业跨代企业家的创业选择（陈文婷，2011）。但很少有理论和实证研究分析各类社会网络对学习的作用，创业过程中创业者在各类网络中到底如何学习有待进一步研究（张和汉密尔顿，2009）。

总而言之，认知视角认为学习是一个认知上的改变；经验视角从经验出发探讨学习的过程，也强调个体认知结构的变化；网络视角则突出了创业者参与社会互动的重要，关注的是个体与所嵌入的网络情境之间的动态联系；能力视角则对创业者的具体学习行为进行了分析。认知和经验视角的理论家关注社会经济文化背景下相隔离的个体创业者。网络视角和能力视角则强调了社会互动和外部环境的重要性。尽管从不同视角对创业学习过程进行了解析，且对创业学习的理解与解释存在一定的分歧，但没有本质上的差异，都是研究创业者创业过程中如何学的问题。

（2）创业学习的主要方式。创业者在创业过程中如何有效地进行创业学习在很大程度上决定着创业活动的成败。如何学习，通过什么途径或方式来习得创业能力是创业者必须面对的现实问题。教育学领域的相关研究表明学习是一项复杂的活动，正如雷和卡斯韦尔所说，创业学习包括了解、采取行动和理解等一系列过程，关注的是个体（即创业者）如何在识别和开发机会中构建新想法，并组织和管理新企业。

在这个复杂的过程中，创业者往往要对自身经验进行反思、转换，对他人经验进行观察、反思和转换。同时，创业学习不可能仅仅靠自己，而是与组织内外部成员的互动合作过程（泰勒和索普，2004；陈逢文，2020），创业学习也是一个社会化过程。尤其是现实中不仅客观存在着大量缺乏先前经验而"无经验可学"的创业者，而且，从实践来看，观察、模仿创业成功者的行为，与家人、朋友、客户、供应商、银行家、政府部门、竞争对手等的讨论和谈判，接受导师的指导等都对创业能力的形成和发展有重要作用，而它们无不来源于社会网络，社会网络学习越来越被认为是创业学习的关键（巫程成等，2018）。另外，创业是一项高风险、高失败率的活动，失败是创业学习的特殊情境，失败经验是一种非常特殊的先前经验，但是它与一般的先前经验具有非常显著的区别，蕴含着大量比成功经验更有价值的信息，需要花费时间来进行失败学习，这对于日后取得创业成功至关重要。失败被视为一个重要的"学习之旅"，有必要单独对失败学习进行深入的解析。未来的不可预知性和情境的独特性是创业活动的重要特征，创业没有标准化的流程和过程，需要创业者在创业实践中不断改变或者纠正已有的知识结构，这种嵌入创业实践的"边走边看边干"的行动学习方式有助于创业者在行动中不断成长。基于此，本章将重点探讨经验学习、网络学习、失败学习、创业行动学习这四种学习方式。

第一，经验学习方式。经验学习是目前创业学习的主流，国内外的学者对此进行了较为深入的研究。对经验学习的理解，首先，要明确经验的含义。陈佑清（2010）指出：经验是指人与环境、主体与客体之间相互作用的过程及由此产生的结果。在这个结果中它包括了主体的客体化和客体的主体化两个方面。赵文红和孙万清（2013）认为对于经验的定义主要是从两个角度展开：一是来自直接的经历，即对于某个事件进行亲身经历或者对其进行直接观察；二是间接获得，即通过参加的事件或者对其进行观察而得到的一些经验知识。杜威（Dewey）认为在经验中包含两个因素，即主动和被动的因素，这两个因素之间以某种特有的形式相互结合。从当前管理创业领域的相关研究来看，相关研究主要是以直接经验作为对经验的理解为主，并以所经历的次数和时间来衡量经验的程度。但是，学习的途径有两条：一是学习自身的经验；二是利用前人所获得的经验进行学习。因此，对经验的学习应当两者兼顾。

第二，网络学习方式。社会网络学习越来越被认为是创业学习的关键。社会网络是创业者进行学习的重要平台和途径，创业者的技能和知识主要是通过企业内外部社会关系获得的，向企业顾问、组织的同事、顾客、供应商、竞争者、金融机构、亲朋好友等成员学习（迪金斯等，2000）。多数创业者由于时间和资金上的缺乏几乎不参加正式的学习活动，很大程度上依赖于与外界的接触、支持、指导等相关的学习（科泰和福尔克，2007），也包括在特定网络关系下对他人的行为作出反应，与他人进行交流、合作和争论等的学习（泰勒和索普，2004）。通过这些学习方式，能够给创业者提供补充性的知识与技能、师友的支持，促进创业任务完成。奥兹根和巴伦（2007）通过研究指出，社会网络中的学习和知识是十分丰富的，创业者可以通过观察、模仿别人的创业活动、创业行为，或者通过与他人的接触和交流来获得他人创业的经验或相关创业和企业管理的信息；创业者可以向不同的专业机构学习，可从这些结果中获得所需要的企业管理或运营的专业知识；创业者也可以向其所属行业的上下游企业进行学习，进而获得所需的技术知识、市场知识。

第三，失败学习方式。失败是指行动结果偏离预期目标，或者是终止（中止）没能达到目标价值的行动。失败经验是学习的特殊内容来源，现有研究主要将其分为两类：一是根据失败的严重程度分为大失败、小失败；二是根据失败发生的情境，分为创业失败和职业失败，当前研究主要聚焦于如何从创业失败中学习。失败学习是个体对失败进行反应，追究失败的根源，厘清行为和结果之间的关系及其对工作环境的影响，旨在获取能避免重蹈覆辙的知识和技能。失败学习本质上是双环学习行为，即个体面对问题，不但解决问题达成目标，还能发现问题发生的根本原因，是一个既要"亡羊补牢"又要"追根究底"的二阶段解决问题行为。创业者的失败学习高度依赖于其先前来自自身和他人的日常生活、职业、创业等各种失败经验和对经验的反思与重构，而失败往往会触发创业者产生反事实思维，即在心理上对过去已经发生的事件进行否定，进而建构一种可能性假设的思维活动，这是一种非常有效的心理模拟，在创业者反思和重构既有经验的学习过程中发挥着重要作用，能从失败中很快恢复过来的成功创业者往往是使用反事实思维的人。现有的研究都把获取创业知识看作是创业学习的结果，失败是创业学习的特殊情境，往往蕴含"以为是对的但却是错的"和"以为是错的但却是对的"两类不同的知识，通过失败学习行为获取的这两类知识对于今后创业具有显著影响。

第四，创业行动学习方式。创业没有标准化的流程和过程，需要创业者在创业实践中通过采取行动来理解和摆脱创业困境，不断改变或者纠正已有的知识结构（雷，2001）。行动学习是瑞文斯教授提出的，是由几个人（通常是 6 到 8 人）组成一个行动学习集，共同解决组织实际存在的问题（Q），获取与该问题相关的知识（P），在针对问题的学习过程中会引发新的质疑和反思（R），从而得到更有深度和多样化的见解，并付诸有效的执行（I），即行动学习可以概念化为"程序性知识 + 质疑 + 反思 + 执行"（AL = P + Q + R + I），行动是学习的基础，学习的结果是要应用到行动中检验。有关行动学习的研究大多数集中于教育培训领域，较少运用于创业领域，以定性研究为主，缺乏实证检验；强调以小组为学习主体，缺乏个体行动学习的研究。

本书尝试用行动学习理论来解释创业者如何通过创业实践来进行更好的学习，认为创业行动学习是创业过程中的特殊学习行为，是指创业者以解决创业问题、完成创业任务为目的，通过批判反思常规模式进入行动学习的"行动—反思—再行动—再反思"的循环路径中，个体学习到的知识和经验得以内化、升华，然后将内化的知识指导下一轮实践以解决创业问题，如此循环往复，实现创业能力的螺旋式上升。

行动学习理论强调以小组为学习单元，主要是认为个体需要在与其他成员讨论、分享的互动过程中获得支持以有效地开展批判反思，检验自身所持有的价值观和信念，从而推动学习的开展。虽然个体的行动学习缺少固定的行动学习集，却不缺乏互动与支持。创业行动学习发生在社会网络中，创业者与学习网成员相互学习、相互支持（谢雅萍和黄美娇，2014），两者之间无形中形成了一个较为宽松、自由的"行动学习集"。创业者从"学习网"中源源不断地获得"行动—

反思"的力量，从而更好地推动行动学习，这种角色清晰、关系质量融洽以及知识共享交流的情境，正是创业学习基础的重要因素（格雷斯加尔和汉森，2015）。基于此，创业行动学习是一个认识、反思、联系和应用的动态过程。

（3）创业学习与创业能力的形成。创业能力的形成和提升本质上是一个学习的过程。先前文献也已经表明创业学习是创业能力形成的重要因素之一，创业能力的形成离不开创业学习的过程。因此，本书认为创业学习与创业能力的形成紧密相关。基于前面阐述的创业学习相关理论，可以发现创业学习方式主要包括经验学习、网络学习、失败学习、创业行动学习四个方面。不同的创业学习方式可以通过不同的途径获取和吸收创业知识，有助于促进创业知识向创业能力的有效转化，从而对创业能力的形成产生重要影响。

首先，经验学习在创业能力的形成过程中发挥了至关重要的作用。丰富的行业、职能、创业等经验能够使创业者具有更强的创业能力，有着更高质量先前经验的创业者往往表现出更强的创业能力，不同类型的创业经验会对不同维度的创业能力发挥促进作用。经验学习强调的是创业者基于其个体本身的经验，或者通过观察他人的经验，通过一系列的转化方式运用或创造新知识。经验学习作为一种学习方式，通过反思性观察将先前积累的经验内化为自身的认知体系，并通过心智模式实现内部转换，将头脑中的经验进行抽象概括，形成有助于创业实践活动的知识成果，从而提升创业者的创业能力。

其次，失败学习对创业能力的形成产生影响。失败学习作为巨大的创业学习资源（沃伦，2004；王华峰等，2017），对失败的学习与探索是成为一个创业专家的关键步骤（霍文和狄胡拉，2008）。通过对他人失败或者自身失败进行学习，可以提升自身反思性能力，这对于其创业能力的形成产生正向影响。创业学习者有可能会通过对失败的回顾与思考而发现其在创业过程中所犯的错误以及自身能力的缺陷，这对于以后在企业发展的过程中的机会识别具有积极作用。通过失败学习，明确他人失败的原因，为未来怎样去有效运营一个企业获得成功奠定了基础。

再次，网络学习与创业能力的形成紧密相关。在网络学习的过程中，创业者通过模仿学习、交流学习、指导学习不断获得新的创业知识和技能，通过转变心智模式促进创业能力的形成和拓展。创业者在模仿过程中复制他人的行为并将其内化，使之成为自我概念的一部分。创业者可通过讨论、交流等互动活动，把从不同渠道所获得的事实知识运用到实践中，激发创业者的思维，满足情感需求，将各种信息内化为其知识和能力。随着交互程度的深入，与创业导师的互动可以进行快速有效的学习，得到有效解决问题的方案建议，促进创业者心智模式的转变，发展创业所需的能力。

最后，创业行动学习对创业能力的形成产生积极作用。创业行动学习强调的是一种从行动的结果中获得学习的过程，在这个过程中实现创业知识向创业能力的转化。行动是知识转化为能力的主要途径，将先前学习任务中获得的特定知识应用于新的任务中，才能实现知识的有效迁移、运用，使得所学的知识达到自动化的熟练程度，从而升华为能力。创业者采取创业行动学习来解决问题以验证通过经验学习、网络学习、失败学习建立的认知、知识体系是否正确，从而引发新的质疑，检测所提供的解决问题的方法的有效性，产生新颖的方法和确定可供选择的视角，使得认知图式在实践中不断被推翻和重建，最终促进创业能力的形成和提升。

总而言之，创业学习伴随整个创业实践过程中。创业实践过程具有高度不确定性，环境的快速变化要求创业者具备应对的能力和策略。尤其在目前情境下，制度和市场环境快速变化带来大量机会的同时也极大地考验着创业者的智慧与能力。因此，在这种复杂的市场环境下，创业者需要持续采用合适的创业学习方式来不断提高创业能力，以抵抗外部环境的冲击。

为了进一步验证创业学习与创业能力的内在关系，以解析创业能力的形成路径，本书采用大样本的问卷研究方法和实证分析方法来检验两者之间的关系。在文献研究和深度访谈的基础上，设计调查问卷并在福建省内开展预调查，进而修正和完善调查问卷。然后，在福建省、浙江省、江苏省、广东省等创业活跃地区展开大范围的问卷调研，采用 SPSS 20.0 和 LISREL 8.70 分析软件对收集的数据进行统计分析，运用实证分析方法验证了创业学习与创业能力之间存在的正向关系，这些内容将在后面的章节予以详细论述。

2.3　创业能力的维度与测量

2.3.1　创业能力的维度

在不同的情境下，已经有大量的研究试图列出创业能力及其不同的分类。不同的学者从不同的角度，通过定性或定量研究，识别了创业能力的不同维度。由于在以往的很多文献中，不少学者主要研究的是与创业能力有关的创业技能、创业知识等内容，因此，对创业能力的维度划分很难达成统一共识。

（1）国外创业能力维度研究。创业能力反映了个体在创业过程中的综合性能力，已经被认定为是一组与创业成功行为有关的特定的能力（米切尔莫尔和罗利，2010），是一个多维度的概念。在不同的情境下，已经有大量的研究试图从不同的角度，通过定性或定量研究，识别出创业能力的不同维度，如表 2.3 所示。

表 2.3   国外学者对创业能力维度的划分

主要学者	研究方法	创业能力的维度分类
钱德勒和詹森（1992）	定性研究（自我报告系统）	共归纳为五种能力：概念能力、识别机会的能力、驱动能力、技术能力、政治能力
钱德勒和汉克斯（1994）	定性研究（自我报告系统）	发现一部分能力与机会识别有关，其他能力与公司运营有关，并发现这些能力与企业绩效显著相关
鲍姆（1994）	定性研究（文献回顾）	形成了九种创业能力，分别是：知识、认知能力、自我管理、行政管理、人力资源、决定技能、领导能力、机会识别、机遇发展
曼和特蕾莎·刘（2000）	定性研究，在（曼和特蕾莎·刘，2008）进行了验证	机会能力、关系能力、概念能力、组织能力、战略能力和承诺能力，分别代表不同领域的创业行为
温特（2002）	通过文献综述等定性研究	提出了创业能力的多维框架，主要包括四个能力维度：认知能力、功能能力、个人能力、元能力，但有待进一步验证
普瑞扬尼奥和桑德乔乔（2005）	定量研究（在曼等提出的六因素模型的基础上进行统计分析）	将创业者的机会能力、关系能力、战略能力归为竞争能力；概念能力、组织能力、承诺能力归为执行能力
艾哈迈德等（2010）	定性与定量相结合	战略、概念、机会、人际、学习、个人、伦理、家庭八个创业能力维度
米切尔莫尔和罗利（2010）	通过整合以往文献中引用的创业能力维度，给出了创业能力维度的框架	其中包括管理能力、创业能力、人力资源相关能力、概念和关系能力四个大类，共41项能力

续表

主要学者	研究方法	创业能力的维度分类
兰斯等（2011）	定性与定量（对现有的创业能力分类进行阐述和实证验证）	为小企业部门建立创业能力框架，包括：管理技能、创新能力、概念和分析能力、客户管理技能、授权和激励技巧、识别和利用机遇的能力、招聘能力、决策能力、领导能力、承诺能力
杰林等（2011）	定量研究（实证的因子分析）	将效率导向能力、规划能力、说服能力、自信、组织意识、指导他人、团队合作、领导和标杆管理等能力归为创业能力
米切尔莫尔和罗利（2013）	定性与定量相结合	通过问卷和访谈，确定了女性创业者应该具备个人魅力、商业与管理能力、企业家能力及人际关系能力等四个方面的创业能力

目前创业能力维度划分主要以曼和特蕾莎·刘（2000）等提出的反映各种创业行为的六维度（机会能力、关系能力、概念能力、组织能力、战略能力、承诺能力）为代表（见表2.4），得到学者的广泛引用（普瑞扬尼奥和桑德乔乔，2005；艾哈迈德等，2010）。尽管存在跨部门、跨行业的现象，但创业能力具体属性基本一致，只是对部分维度的侧重有所不同（曼和特蕾莎·刘，2005）。但随着管理实践的发展，一些创业成功所需的新能力不断出现，程（2005）也指出，能力是动态的，而不是静止的，会随着管理趋势而不断改变。比如，在先前文献基础上新增了道德实践（罗马，2005；亚瑟多，2006）、社会责任（扎伊里，2002）等因素，可见对创业能力维度的重新考虑已经逐渐进入议程。

表2.4　　曼和特蕾莎·刘（2000）研究中创业能力维度具体划分

能力领域	定义	典型的行为
机会能力	通过各种手段识别市场机会的能力	能够采用种种手段来寻找、识别、评估、开发市场机会
关系能力	能够建立个体对个体，或个体对群体的良好互动关系的能力	建立、维护、利用各种网络与关系；建立、维护、利用顾客和员工的信任；与媒体的有效接触；有效的沟通，采纳他人的意见；与商业伙伴的谈判；管理冲突；建立一致性
概念能力	反映创业者行为的各种不同的概念能力	直觉思考；从不同的角度看待问题；创新、革新；评估风险
组织能力	组织内外部人力、物质、资金和技术资源	计划；组织（组织多种内外部资源，如人力、物质、资金和技术资源）；领导；激励；分权；控制

能力领域	定义	典型的行为
战略能力	能够制定、评价和执行企业战略的能力	有远见；设立和评估目标；利用组织内外部的资源与能力来应对环境的变化；根据环境变化来改变战略；设立和评估公司的位置（定位）；系统和目的性地设定前进的目标；善于运用战术来面对消费者和竞争者；对战略的预算；对战略实施过程及结果的监督
承诺能力	驱动着创业者为了企业潜在的能力	持续的努力；致力于长远目标；将时间奉献给工作，且努力工作；对员工负责；致力于个人信仰和价值观；致力于个人目标；失败后重新站起来

（2）国内创业能力维度研究。在以往的研究中，创业能力也被译为"企业家能力""企业家胜任力"，本书统一称为"创业能力"。有关大学生创业和农民创业的相关文献较多，其维度划分五花八门，缺乏研究深度，很少有实证数据予以证明，本章不做分析。在此仅列举相关主流学者的观点进行整理（见表2.5）。可见，国内文献主要在曼（2000）研究的基础上展开（杨俊，2005；唐靖和姜彦福，2008；贺小刚和李新春，2005；冯华杜红，2005），且基本是定性研究。

表2.5　　　　　　　　　　国内学者对创业能力的维度划分

主要学者	维度划分
苗青和王重鸣（2003）	依托曼的研究，将关系能力、机会能力和战略能力归为形成竞争力的能力范围，而将概念能力、组织能力、承诺能力归为组织能力的范围
贺小刚（2005）	通过定性研究发现企业家能力的六个能力因子，即战略能力、管理能力、关系能力、学习能力、创新能力和机会能力
冯华和杜红（2005）	将曼（2000）研究中的支撑能力（即学习能力与情绪能力）作为持续改进能力的维度，关系能力、机会能力、战略能力属于创业者的竞争能力维度，概念能力、组织能力、承诺能力属于执行能力
唐靖和姜彦福（2008）	认为创业能力由机会识别与开发能力（机会识别能力、机会开发能力）及运营管理能力（组织管理能力、战略能力、关系能力和承诺能力）构成
张玉利和王晓文（2011）	在唐靖等的研究基础上进行一定修正，将机会能力、关系能力和承诺能力归为一个维度，称为机会相关能力；将组织能力、概念能力和战略能力归为一个维度，称为管理相关能力
叶春霞（2012）	个体经营者这种小规模创业者的创业能力的评价指标体系包括：创新性、坚韧性和合作性维度

续表

主要学者	维度划分
蔡莉等 （2014）	认为创业者需要感知环境变化和有效的管理和配置资源以成功利用角色，所以认为创业能力由机会识别能力和机会利用能力构成
王巧然和陶小龙 （2016）	创业能力分为机会相关能力和管理相关能力。机会相关能力包含机会能力、关系能力和承诺能力，管理相关能力包含组织能力、概念能力和战略能力
谢雅萍和黄美娇 （2016）	认为创业能力主要由机会能力、承诺能力、构想能力、运营能力、融资能力构成
苏岚岚等 （2016）	根据创业获得感概念，将创业能力分为经营发展能力、创新坚持能力和人际交往能力
刘畅等（2018）	认为创业能力由机会识别和利用、创业学习、组织运营、构想和承诺构成

总而言之，创业能力是一个多维度的概念，上述国内外学者提出的能力框架既有重叠，又有不同之处。但是，无论学者对创业能力以何种方式进行细分，有几项能力得到了较为普遍的认同，比如，与机会相关的能力（包含机会的识别、开发与运用）和与组织经营管理相关的能力（包含组织能力、战略能力、管理能力等）。在当前中国的创业情境下，创业者的创业能力应该是什么样的？本书将在后面部分通过进行深度探索性案例研究予以阐述。

2.3.2　创业能力的测量

创业能力的测量问题是研究和实践的核心。创业能力在不同的情境下会有所不同，而且会随着时间的变化而发生变化，并且难以直接观察到。然而，创业能力主要表现在其行为，当我们判断一个人是否具备某项能力时，可以通过观察其行为来测量。有关创业能力的测量可以采用两个步骤来进行：一是创业能力的识别；二是创业能力的评估。

（1）创业能力的识别。从创业能力的识别方面，主要是基于已有文献以及采取行为事件访谈法或生命事件叙事法对创业者的创业能力进行识别和修正。首先，通过系统地查阅、整理有关创业能力的相关文献，收集文献中相关研究的主要观点，形成有关创业能力的访谈提纲。其次，根据访谈提纲选择合适的创业者，采用行为事件访谈法或者生命事件叙事法进行深度访谈，充分挖掘访谈对象在创业过程中的创业能力。最后，基于扎根理论的核心思想，根据研究的需要对所收集的资料进行归类、编码，提炼出创业激情的维度，最终完成对创业能力的识别。

访谈的方法直接影响访谈的效果，进而影响到对创业能力识别的有效性。因此，选择正确、合适的深度访谈方法是创业能力识别的关键步骤。由于行为事件访谈法已在深度探索性案例研究中被广泛运用，科学性和可信度较高。并且，近年来，雷（2000a，2000b，2001，2002，2004，2005）在其系列研究中创造性地将生命事件叙事法运用于创业领域的研究，通过分析受访者的生活故事得出了相关的创业学习主题并提出了创业学习的过程模型，此方法同样适用于创业能力研究。由于创业能力的形成和发展不是一蹴而就，是一个不断发展、不断成熟的过程，在这个过程中日常的生活经历，以往职业生涯中的各种经历，乃至于创业过程中取得的成功或者遭遇到的困难和失败都会对创业能力的形成和发展产生影响。所以，运用生命事件叙事法对创业者进行访谈能更好地了解创业者在创业过程中的行为和活动。因此，本章主要采用行为事件访谈法或者生命事件叙事法进行深度访谈，从而识别出创业者的创业能力。

（2）创业能力的评估。创业能力的水平、质量，通常与个体所展现的活动和行为相关，要判断创业能力的高低，可通过创业者所进行的创业行为或活动来界定（兰斯等，2011），主要采取自我效能、自我评估法和多维评估法来评估创业能力的概念，目前自我评估法运用得最为广泛。

创业自我效能是指个体在创业过程中需要完成多种任务，承担多种角色，个体对是否有能力成功完成这些活动的信念程度（陈，1998）。陈等（1998）构建了创业自我效能结构来预测个体成为创业者的可能性。他们认为，创业自我效能体现在五个维度上：市场、创新、管理、风险承受、财务控制。而诺布尔（2000）等发现，正在实施创业活动的个体面临着几个特定的情境，于是修改了陈等的创业自我效能以更全面地理解创业者。他们认为，创业自我效能体现在六个技能维度：风险和不确定管理技能维度、创新和产品开发技能维度、人际关系和网络管理技能维度、机会识别技能维度、处理和配置关键资源的技能维度、发展并保持一个创新环境的技能维度。通过创业自我效能的六个维度实现对于创业者创业能力的评估。

自我评估法是指创业者评估自身完成具体创业行为所具备的能力水平，创业者根据测量量表进行自我评价。该种方法方便、快捷，因此，成为目前研究所采用的主要方法。钱德勒和詹森（1992）以及钱德勒和汉克斯（1994）最先运用自我评估法对创业能力进行了较为严谨的研究，在他们的第一次研究中，主要通过对 134 名所有者进行研究，在生成的自我报告系统中有 21 种能力，共归纳为 5 类能力：人力和概念能力、识别机会的能力、驱动能力、技术能力、政治能力。在第二次研究中，应用自我评估方法，对 155 个样本的能力进行研究，一部分能力是关于机会识别的，其他的是关于公司运营的。从此，学者纷纷效仿这种方法来测量创业能力（马克曼，2002；兰斯，2008；艾哈迈德，2010），试图描绘出创业、管理的关键知识或技能，然后让受访者对他们自己相关的能力水平进行自我报告（史密斯和莫尔斯，2005），并最终对关键能力与技能达成一致看法。

然而，自我评估法不可避免地存在主观局限性，为了更翔实、准确地测量创业者的创业能力水平，可以对创业能力展开多维评估。多维评估是以人力资源管理中的 360 度绩效考核方案来展开，采取创业者自我评估、员工内部评估、合作伙伴评估、投资机构评估、外部咨询机构评估等多种评估方式，共同测评创业者的创业能力水平，通过"旁观者清"的多角度，考核创业者自我评估所导致的"当局者迷"的困境。

在进行多维评估的过程中，有两个问题需要特别注意：一是各个评估维度的权重问题，考虑到创业能力是通过创业行为来进行观察，而且来自不同群体的评估者所能观测到的创业者的行为往往是不同方面的，只有综合各家的观点才能更好地体现多元评估的优势，以便更好地全面了解创业者的能力。因此，在实践操作中，主要采取平均权重的方法，通过实证研究可以发现创业者对自己的评分低于他们的同事和顾问对他们的评分，且自我评估和同事及顾问评估之间，以及同事与顾问评估之间存在着低度关联。二是评估者的选择问题，判断一个人是否具备某项创业能力，往往需要对其行为进行细致的观察和了解，因此，在选择评估者的时候，要选择与创业者有过较深入接触的人。

2.4 基于中国创业情境的创业能力的维度与测量

本章为了更好地剖析基于中国创业情境的创业能力究竟是什么，应当包含哪些维度，在结合已有的文献资料的基础上，对 10 位创业者进行了半结构访谈，以构建创业能力的维度，深入解析创业能力的不同维度的能力含义，为后续的量表设计、概念模型构建和研究假设奠定基础。

2.4.1 访谈原因及访谈方法的选择

为了达到研究目的，本章采用深度访谈法。定性方法中的深度访谈非常适合于对那些不容易从外表观察，时间跨度较长且概念数目较多的事件和现象进行研究，主要是通过与访谈对象就特定研究内容进行交流以获得访谈对象心理特征或行为方面的数据。

2.4.2 访谈设计

（1）访谈对象的选择。本章主要考虑以下几个因素来选择创业者作为受访对象：一是样本选择方面会考虑正在筹建或者正在运营企业的创业者；二是研究的易获得性，在有限的实践和费用内完成研究。因此，本章的访谈是以福建省的10位创业者作为深度访谈对象（见表2.6）。

表2.6　　　　　　　　　　受访者的基本情况

姓氏	性别	年龄	学历	注册时间	行业	地点	工作经验（年）	企业人数（人）
刘	男	42	本科	2007	软件开发	福州	10	346
陈	女	39	大专	2000	餐饮	泉州	5	211
杜	男	25	初中	2010	美容、化妆品	厦门	0	45
章	男	34	本科	2006	教育培训	福州	4	208
谭	男	29	本科	2012	母婴产品生产销售	泉州	3	89
林	男	48	硕士	2006	电力服务	福州	12	506
冯	女	27	大专	2013	汽车租赁	泉州	2	56
牛	女	35	大专	2009	无公害农业	漳州	7	109
雷	男	33	本科	2013	传媒业	福州	4	63
谢	男	52	本科	2007	纺织	泉州	9	234

（2）设计访谈提纲。目前，中国情境下创业能力的维度划分尚不清晰，而且随着管理实践的发展，曼（2000）在二十多年前确定的维度未必适用于目前国内的实际情况。通过针对创业者半结构的深入访谈，可以较为客观地了解其创业过程及企业早期运营中最需要的能力有哪些。通过提高访谈的质量来获得本章内

容的准确信息，笔者在完成访谈提纲的初稿后，与创业导师和同行专家进行了交流和讨论，主要按照预先编制好的由开放式问题和追问问题两部分构成的半结构式访谈提纲来进行深度访谈。

访谈第一部分：了解创业经历和企业总体经营情况。访谈开始会让访谈对象分享他们的创业故事，了解其创业的经历和总体经营情况，这对于获得他们独特的经验是非常有用的。例如：首先，您能简单描述下您的企业吗？追问：什么时候/如何开始创业的？您所提供的是一种什么样的产品或服务？其次，是什么促使您进行创业？追问：您计划了很长时间吗？您为什么没有从事其他的工作？最后，您目前遇到的创业困难主要有哪些？您个人能够解决上述困难吗？

这一部分问题可以更好地拉近与访谈对象的关系，使访谈能够顺利开展，并能够初步了解访谈对象的创业和企业的一些基本情况，也能清晰地把握创业者在创业过程中迫切需要解决哪些问题，创业者是否具备解决这些问题的能力。

访谈第二部分：创业过程中的关键事件，以识别创业者创业能力。首先，自从创业以来，您的公司发展如何？其次，您觉得什么特征、知识、技能或能力是您成功所必需的？最后，在您创业的过程中，有哪些关键事件？（涉及积极和消极方面的两三件事情），追问：您是怎么面对的，您从这些事件中学到了什么？

第二部分问题是为了识别创业者在创业和早期企业运营中的行为以反映创业能力所需的能力类型、创业能力的水平。访谈内容分析过程：第一，识别反映能力的行为，这是分析的主要部分，以开发一些反映能力的编码；第二，识别那些不能胜任的行为，从这部分可以知道创业者所缺失的能力；第三，创业者自我感知的能力水平，这部分内容可以与之前所展现的行为进行补充，可以识别哪些能力是更重要的。

（3）访谈的基本过程与受访者的基本情况。访谈对象都是企业的主要创立者，从行业分布上看，包括电子、服务、制造等行业，从年龄分布看从25岁到52岁。在之前文献分析的基础上，有针对性地就企业目前的发展现状，企业创业者获得成功所需的创业能力及其水平等几个方面提出了开放式问题，以明晰企业发展现状、创业者能力情况。访谈是半结构的，由一系列的开放式问题组成，主要关注于一些事件所展现的行为。在进行每一个访谈之前，都有将访谈的主要内容进行了提前告知，以确保被访谈者有足够的时间对相关主题进行思考，甚至还能为我们访谈的顺利开展提供一些书面材料；此外，访谈前还解释了数据如何使用，及获得录音的许可。每次访谈均进行了详细的记录，时间控制在1~2个小时。

2.4.3　访谈结果的初步处理

（1）访谈内容分析方法。每次访谈都进行录音，并誊抄以让应答者核对。访谈结束后，收集访谈资料。为了对深度访谈的数据进行更加细致深入的分析和提炼，从访谈资料中抽象出本书所需的关键理论概念和内容，具体操作过程如下。

第一，访谈资料的导入和转化：使用 Nvivo 8.0 这一有效的定性数据分析软件工具就访谈所获得的书面和录音材料进行导入和转化。

第二，访谈结果的编码。编码作为定性研究中的一个主要环节，可通过编码获得企业创业者创业能力的关键要素，从而为之后章节的主要潜变量测量打下基础。

编码的第一个步骤是建立相关的分析类目。在这次访谈结果的编码上，我们主要是运用理论驱动法，即在已有的文献研究的基础上，基于本书的需要，在访谈之前就已初步建立了相关的分析类目，而非采用数据驱动法（需对访谈材料进行详细分析后才建立分析类目）。于是，笔者在访谈之前，根据文献研究的研究结果和本书的需要，初步确定了创业能力的编码系统，但在具体的编码过程中，使用了由 Nvivo 8.0 软件对访谈材料所进行的数据的预编码，从而修正和调整了分类系统。最终的编码系统包含创业能力下的 5 个类目：机会能力、构想能力、承诺能力、融资能力、运营能力。

编码的第二个步骤是构建量化体系。本书将根据 5 个类目的具体含义，对访谈资料进行分析，确定 5 个类目下的各自子类目并统计出各个类别所出现的频率。

编码的第三个步骤是培训编码人员进行编码。本书邀请了 2 位不同背景的人员（企业创业者 1 名、创业管理研究生 1 名），通过进行编码方法的培训和编码类别描述的解释后，让他们对材料进行独立编码。

通过对访谈资料的编码和分析，可以对访谈的内容有了一个初步的了解，根据访谈的类目，通过反映各类目的关键事件，获得创业能力的分类与关键要素，并一定程度上通过定性分析梳理各个变量间的初步关系。

（2）创业能力的维度划分。

第一，创业能力的编码方案。以往文献对于创业能力的研究相对丰富和成熟，主要以曼（2000）对中国香港小企业者们的行为事件访谈结果所获得的 6 大创业能力（机会能力、关系能力、概念能力、战略能力、组织能力、承诺能力）为代表，我国学者贺小刚运用访谈法也分析了创业者能力的维度划分，学者姜彦福（2008）基于在创业过程中创业者需要完成两大任务（感知、发现和开发机会；运营管理新企业，构建组织能力并获得企业成长）的考虑，将创业能力划分为机会能力和运营管理能力两个维度，并通过实证研究验证了该分类结果的可行性。本章通过对企业创业者的访谈验证了机会能力和运营能力的重要性。但不少企业创业者更加强调了融资困难问题严重阻碍了企业的创建和发展，突出了对自己创业及相关利益者的承诺，以及获得企业成功与长远发展的战略概念方面能力的重要性。以下列举了部分访谈内容。

林：我是从国家电网辞职出来创业的，因为在电力行业干了很多年，我自己创业的时候还是选择了我熟悉的行业，恰逢国家电网三产改革，我就和几个同事一起创业，经过这么多年的奋斗，企业取得了不错的发展，我觉得战略眼光很重要，要及时把握政策洞向，整合各种资源，这对创业成功很重要。但是，我现在遇到的一个问题是，我是做技术出身，在企业规模小的时候我主要抓技术，技术好了，市场也慢慢打出来，但是随着企业越来越大，在企业管理方面觉得力不从心，到底针对技术人员要怎么管才是合适的？

牛：国内的食品安全问题挺严重的，我就想利用当地资源发展无公害农业，但是，农产品从种植到上市是一个比较长的过程，经常会出现预想不到的困难，但是，我会坚持，我不会轻易放弃，我自己也是个母亲，我想让我自己的孩子和其他孩子都能吃上放心的农产品。

谢：泉州的纺织业曾经有着很好的发展时期，但是现在原材料价格一直在涨，人工成本也在不停的涨，资金很紧张，向银行贷不到款，亲戚朋友借不到钱，而合作伙伴这几年也都比较困难，而且纺织是传统行业，想进行创新，就得加大研发投入，但是研发是个无底洞……

章：我觉得一个人的远见很重要，无论是选择创业项目还是未来创业成功后企业的走向，我原来是程序员，后来我发现教育培训，尤其是 K12 的培训市场非常大，我觉得这是机会，就出来创业了。创业眼光很重要，不应该是走一步看一步，而是要有规划，有长远打算……

从访谈中可以发现，企业发展并不顺利，资金不足成为企业面临的严重问题之一。尽管还存在许多其他问题，但是企业创业者的融资能力是非常重要的问题之一。虽然，政府出台了大量的扶持政策，但是企业创业者并不熟知，融资渠道仍然主要立足于亲戚朋友方面的借款，融资能力的欠缺在很大程度上影响了企业的创建和发展；同时，访谈中不少创业者指出就算他们遇到问题，他们还是会坚持下去，可见这些创业者对创业的承诺；此外，访谈者也不断强调了机会能力、运营、战略构想等能力的重要性。因此，我们依托曼（2000）及姜彦福（2008）的研究，在此基础上加入创业融资能力作为企业创业者的创业能力之一，且对其他能力进行归并和修改。根据访谈结果，本书得出创业能力的分类要素统计，具体如表 2.7 所示。

表 2.7　　　　　　　　　　企业创业者创业能力分类要素

关键要素 I	关键要素 II	累计频数（次）
机会能力	机会的识别：对机会的扫描、定位、识别和反应	7
	机会开发：将识别出来的机会予以落实	8
融资能力	融资渠道拓宽：通过不同手段不断拓宽融资渠道	8
	融资资金充足：融到创业及运营所需的充足资金	7
运营能力	组织管理：组织多种内外部人力、物质和技术资源的能力，包括团队建设、领导和激励员工	6
	关系能力：能够建立起个体对个体或个体对群体的良好互动关系的能力	8
构想能力	战略能力：制定、评价和执行企业战略的能力	7
	概念能力：直觉思考，从不同的角度看待问题，创新、革新，评估风险	8
承诺能力	创业承诺能力：新生创业者对自身创业项目的高度认同和自信、坚持	6
	利益相关者的承诺：实施对供应商、员工、顾客、风险投资商等各种利益共同体的承诺的能力	4

第二，创业能力的维度解析。机会能力。创业机会的识别与获取是创业活动开始的地方，生活中不乏有识得商机，成就商业传奇的故事，当年的吴鹰就是抓住"风口"，凭借 UT 斯达康成就小灵通的创业传奇。因此，机会能力成为创业能力中必不可少的组成部分。它能够采用各种手段来寻找、识别、评估、开发市场机会，采用新的概念并理解它；识别消费者所需要的产品和服务，预知消费者的尚未满足但又必须得到满足的需要；寻找满足需要的产品和服务。

融资能力。创业是从无到有的过程。创业活动是以初始资源为导向，动员并整合其它的后续资源，从而形成新的生产能力的过程。技术、市场与资本资源作为企业最基本的成长元素，是创业者抓住创业机会，组建新企业的关键驱动力量。创业者往往深受创业资源的约束，首先就是资金的匮乏。在有关创业能力的研究中，本书发现鲜有研究将融资能力单独作为创业能力的一个维度来考虑，很有可能是有关创业能力的研究主要基于国外的创业情境，国外的资本市场相对成熟，风险投资体系较为完善，创业者可以通过多种渠道获得资金。因此，国外创业者对于资金获取的困难性相对低于国内创业者。然而，在本书的研究中发现，很多创业者有好的创业机会却没有第一桶金来启动创业项目。因此，能否有效地融资将成为创业机会落地实施、开启创业之旅的关键步骤。

运营能力。当创业者找到了合适的创业机会，并且具备技术、市场与资本等初始创业资源后，创业者通过建立组织机构，组织多种内外部资源，采取有效的手段，规定职务或职位，明确责权关系，进行团队建设，建立、维护、利用各种网络与关系，使组织中的成员互相协作配合、共同劳动，有效实现创业目标。

构想能力。作为一个创业者需要有远见，能够设立和评估目标，利用组织内外部的资源与能力来应对环境的变化，根据环境变化来改变战略，设立和评估公司的位置（定位），系统性和目的性地设定前进的目标，善于运用战术来面对消费者和竞争者，对战略的预算、实施过程及结果进行监督。创业者还应当从不同的角度看待问题，锐意创新、革新。创业者根据现有问题能进行深入的思考、观察和理解；根据环境转变想法，承担与工作相关的风险；根据风险，监控实现目标的过程，用新的方式思考问题，探索新的想法，把问题当成是机会，对变化作出反应，寻找商业化的点子和路子，迅速地作出决策。

承诺能力。创业激情源自创业者参与身份认同相关的活动中，创业激情被唤起，并不是因为创业者倾向于这些感受，而是因为他们参与某些与他们自身身份的意义具有显著相关性的活动。创业者对自己的创业者身份，对自己的创业项目充满认同和信心，才能推动创业者直面创业的艰难困苦直至创业成功。创业从来就不是创业者的独角戏，需要吸引员工来一起为创业事业奋斗，需要与供应商、政府部门、风险投资机构等其他利益相关者合作。如果创业者能得到利益相关者的支持，将会有力地推动创业活动的展开。如果创业者能够长期致力于创业事业，并为之持之以恒地奋斗，即便遭遇失败依然能够重新继续创业的这种决心有效地传递给利益相关者，以便得到其认同与支持，将会对创业成功产生积极影响。

通过对 10 位创业者的访谈，本书发现：企业创业者的创业能力与之前的研究中创业能力维度划分有相同之处，也有所区别。通过访谈，发现企业创业者十分重视融资能力在企业的创建和发展中起到的重要作用。因此，本书将创业融资能力作为创业能力的维度之一；同时，根据访谈的结果，还拓展了以往承诺能力的行为表征，以往承诺能力更多指向创业者自己对创业生涯及企业的承诺而忽视了对利益相关者的承诺；此外，通过访谈，本书将概念能力和战略能力的相关内容合并为构想能力，更具有说服力；而机会能力、运营能力则直接沿用以往的研究；并且，借鉴唐靖和姜彦福（2008）的研究，把关系能力并入运营能力中。基于以上访谈结果及现有研究，本书将企业创业者的创业能力划分为机会能力、承诺能力、融资能力、构想能力、运营能力。

（3）创业能力的量表设计。

第一，问卷设计过程。首先，尽量通过对国内外文献的检索，选择那些已经通过验证而且相对成熟的量表或条款。针对理论建构的测量条目，遵循尽量采用比较成熟量表的原则，并结合中国情境和前面的访谈结果进行修正和综合，形成了问卷雏形。其次，向创业导师、创业研究专家征求问卷的修改意见，促进问卷的不断修改完善。最后，探测性调研阶段。面向 70 位创业者进行了探测性调研，根据他们的反馈和建议，对一些测量条目的语言和表达方式做了进一步修改，将问卷不断完善。

第二，创业能力量表。创业能力是一个多维度概念，采用主观测度指标（自我评估为主），利用李克特 5 点量表进行测度。在问卷中要求被试者评价机会能力、承诺能力、构想能力、融资能力、运营能力 5 个方面的行为表现，测量题项从曼等（2000）、艾哈迈德和哈兹利纳（2007）、李翔（2009）开发的创业能力量表中选取，并结合本章的构思和访谈结论编制而成。其中 5 个维度共 16 个题项，见表 2.8。

表 2.8　　　　　　　　　　变量度量——创业能力量表设计

测量变量	题号	测量题目
机会能力	Q1	我可以识别出具有潜力的市场领域
	Q2	我能够评估潜在商业机会的优势和劣势
	Q3	我能够抓住高质量的商业机会并进行实施

续表

测量变量	题号	测量题目
承诺能力	Q1	我可以忍受工作中的各种压力和意想不到的变动
	Q2	即使面临逆境我也会坚持下来
	Q3	我将遵守诺言，在市场活动和企业管理中做到公平、开明、诚实
构想能力	Q1	我能将相关想法、问题和从不同资源中的观察连结在一起
	Q2	我会及时调整公司的战略目标和经营思路
	Q3	我能准确对企业在市场中的地位进行再定位
融资能力	Q1	我能够开发有效途径进行融资
	Q2	我能够利用各种方式进行融资
	Q3	我能够顺利获得政府政策的财务扶持
运营能力	Q1	我能有效地领导、监督、激励员工
	Q2	我能合理配置企业内部人、财、物等各种资源
	Q3	我能与有关键资源的人物建立并维持关系
	Q4	我能够及时采取补救措施来解决公司运营的问题和困难

（4）创业能力量表的信效度检验。为了更有效地开展问卷调查，保证问卷设计的信度和效度，在问卷量表设计完成后，先进行小规模试调查，进而修改、完善问卷。首先，笔者将问卷量表发给相关创业领域的专家以及笔者的师兄师姐对问卷的内容、指标进行评价修改。其次，遵循科学严谨的研究态度在问卷设计完成之后，将问卷发放给已创业和正在着手创业的近 70 名创业者进行预调查，预调查问卷一共发放 70 份，回收 56 份，其中 53 份为有效问卷，最后进行信度和效度分析。

第一，信度分析。由于采用的是横向数据，不存在外部信度问题，因此本章采用内部信度方法检测问卷设计的一致性，以 Cronbach's Alpha 系数来检测实验中的题项，其中 Alpha 系数值越高，信度越高，则代表其检测的因子内部一致性越大。本章的各量表信度分析结果如表 2.9 所示。

表 2.9　　　　　　　　　　调查问卷信度分析统计结果

相关表项	测量题目	剔除该条目后的克隆巴赫系数	克隆巴赫系数
机会能力	E1	0.705	
	E2	0.622	0.749
	E3	0.710	

续表

相关表项	测量题目	剔除该条目后的克隆巴赫系数	克隆巴赫系数
承诺能力	E4	0.775	0.856
	E5	0.746	
	E6	0.625	
构想能力	E7	0.765	0.828
	E8	0.813	
	E9	0.619	
融资能力	E10	0.654	0.813
	E11	0.675	
	E12	0.703	
运营能力	E13	0.689	0.821
	E14	0.672	
	E15	0.746	
	E16	0.732	

根据所得的信度分析结果可以看出，各量表的相应变量的测量题目 Cronbach's a 值均高于 0.7，这表明该创业能力量表具有良好的一致性，数据可信度较高。

第二，效度分析。效度分析主要是测量量表是否会真正度量研究者想要测量的内容，其中，内容效度和结构效度最具有代表性。本章所用的调查问卷是笔者通过大量文献阅读，借鉴以往学者丰富的研究成果，并在访谈及与专家学者的反复商讨的基础之上初步编制的，有一定的内容效度。因此，本章主要采用因子分析法中的主成分分析方法，并利用 Varian 正交旋转来检验创业能力量表的结构效度。

首先，本章采用 KMO 和 Bartlett 检验对量表数据进行检验，统计分析结果显示，KMO 值都在 0.7 以上水平，Bartlett 球形度检验值的显著性水平为 0.000，说明样本数量较为充足，各指标间共享因素的可能性较大，适宜进行因子分析。

其次，进一步探究各量表的结构效度。创业能力由 15 个测量题项表征，前 5 个因子的解释力度达 76.077%，足以概括绝大部分数据特征，进一步方差最大旋转后发现五维结构探索性因子分析结果与理论设想拟合（见表 2.10），析出的 5 个因子分别概括了机会能力、承诺能力、构想能力、融资能力、运营能力的测度项，共同构成了创业能力的五维结构模型。

表 2.10　　　　　　　　　创业能力量表因子分析

题项	1	2	3	4	5
E1	0.802				
E2	0.743				
E3	0.813				
E4		0.798			
E5		0.759			
E6		0.782			
E7			0.887		
E8			0.831		
E9			0.882		
E10				0.717	
E11				0.726	
E12				0.723	
E13					0.853
E14					0.906
E15					0.896
E16					0.903
方差解释比例	20.003%	16.673%	13.990%	13.292%	12.119%
总方差	76.077%				

　　总体而言，本章的信效度结果表明创业能力的测量指标体系构建总体上比较科学合理，符合了量表设计的信度要求，说明本章问卷具有较高的一致性，可以正式发放问卷。

　　创业能力的高低直接关系到创业的成败，日益成为创业研究领域的重点。创业能力是个体创业者所拥有的利于创业成功和创业企业成长，带来创业绩效的潜在知识、技能、态度的综合，是可以通过创业者的行为来观察的，是变化的，是可以习得的。创业能力是多维度的，本章通过深度探索性案例研究，构建基于中国创业情境的创业能力维度，包含机会能力、承诺能力、构想能力、融资能力、运营能力五个维度。创业者创业能力的形成和发展的过程也是创业者个人的成长过程。创业能力并非是自然而然形成的，也不完全只是经验积累的结果，创业者创业能力形成过程中的每一环节既有共性的影响因素，也有反映各自个性的影响因素。创业学习是影响创业能力形成与发展的关键因素，创业学习是一个复杂和动态的过程，在这个过程中能发展创业者的创业能力，解析创业学习的过程是破解创业能力形成"黑箱"的关键。

2.5　小　结

本章对创业能力的内涵、影响因素、维度、测量等方面进行了系统的理论梳理，在借鉴前期研究的基础上，通过深度访谈、问卷调查和统计分析，划分了创业能力的维度，即机会能力、构想能力、承诺能力、融资能力以及运营能力。此外，系统回顾了创业学习的相关理论知识，分析了本书所探讨的四种主要创业学习方式的内涵，初步探讨了创业学习与创业能力的关系。后续章节将针对不同的创业学习方式与创业能力的关系展开深入探讨。

第 3 章

经验学习与创业能力

创业能力对创业成功的关键作用日益获得业界和学界的认同，目前亟待解决的问题是如何有效地提升创业者的创业能力。创业能力是可以习得的，尽管创业者先前经验对创业能力的作用价值已得到研究的证实（张玉利和王晓文，2011），但是现有研究更多地关注经验的来源、类型以及通过怎样的学习风格可以转换为创业能力。创业能力形成的过程本质上是一个学习的过程，面对纷繁复杂的经验来源，创业者的思维和行为如何展开？从经验学习到能力输出的具体过程是怎么样的？上述问题尚缺乏成熟的理论解释。

3.1 经验学习的理论回顾及研究视角

3.1.1 经验与经验学习的内涵

（1）经验的内涵。知识是经验的转化，当人们在利用自己所具有的知识处理问题之时，无不是在利用过去的经验来解决现有的问题。在创业研究中，企业家从过去的经验中得到的知识，对他们在随后的创业中所作出的战略选择会产生一定的影响，以及对公司未来业绩也会有一定的影响（易朝辉等，2019）。因此，对于经验的概念界定，是经验学习研究的第一步。陈佑清（2010）从两个方面阐述了经验的定义，即人与环境、主体与客体之间相互作用的过程及由此产生的结果，在这个结果中包括了主体的客体化和客体的主体化两个方面，也说明了经验从活动中产生，同时也在影响着活动的结果。赵文红和孙万清（2013）对于经验的定义也是从两个角度展开：一是来自于直接的经历，即对于某个事件进行亲身经历或者对其进行直接观察；二是间接地获得，即通过参加的事件或者对其进行观察而得到的一些经验知识。

（2）经验学习的内涵。经验学习作为一种学习方式，国内虽然没有在名词上给予一个确定的解释，但是在思想上早已产生并运用在我们的生活中，例如，孔子早就提出："不观巨海，何以知风波之患"，等等，都是在强调经验对于人们在理解上和学习上的指导。国外对于经验学习的研究较为成熟，关于经验学习的概念界定，许多学者都从不同的方面提出了自己的看法，在经验学习的维度划分方面也已经进行了较深入的研究。

经验学习首先注重的是直接经验的获取对行为的指导，在 20 世纪初，杜威在针对间接经验的获取以及学习的弊端上，阐述了经验学习的本质。在杜威的经验学习中体现了一个"反思"的过程，经验学习是"反思＋直接经验"（庞维国，2011）的结果。20 世纪 40 年代，强调了经验学习的四个突出特征：个性化渗入、学习动机内发、学习者的自我评价以及对学习者产生渗透性影响。经验学习等同于个性化的发展与完善，旨在满足学习者的愿望，因此经验学习由"直接经验＋反思"转向了"情意体验＋直接经验"（庞维国，2011）。20 世纪 60 年代，过分强调直接经验存在一定程度的弊端，经验学习的个性化回归成为了重中之重，并且在当时经验学习的重要性降低，并沦为了一种学习的补充。20 世纪 80 年代，建构主义的兴起使人们对经验学习的看法发生了一定的转变。库伯在杜威和罗杰斯等思想的基础上，提出了"库伯学习循环模型"，使得经验学习更加完善。

为了更好地掌握经验学习的内涵，本章在对已有的国内外文献梳理的基础上，进行了系统的分析，对代表性学者关于经验学习的观点进行了总结（见表 3.1 和表 3.2）。

表 3.1　　　　　　　　　**国外学者对经验学习的定义**

代表性学者	定义
库伯（1984）	经验学习是一个反复试错的尝试过程，是个体通过自己过去的经历来积累并创造知识的过程
胡伯（1991）	经验学习是获得、理解、传播、拓展和运用其经验的过程
刘易斯和威廉姆斯（1994）	经验学习是指从经验中学习，或边做边学

代表性学者	定义
爱丽丝·库伯和大卫·库伯（2005）	经验学习定义为："由此通过经验的转换的创造知识的过程。知识来自于把握和转化经验相结合"
奥尔森等（2008）	经验学习是个人之间的关系和相互作用产生的，从日常工作任务中所获得的个人学习需求被转移到组织中的其他人，以为整个系统创建学习
德斯蒙德和安吉拉（2011）	经验学习是一个建设性的、主观的、现象学的过程，在那里学习对个人来说是独有的。它是一个内部和外部的过程
拉敦弗贝瑞和雷迪恩科勒特（2013）	根据库伯（1984），个人学习通过具体经验，反思观察，抽象的概念，并积极实验，以"经验学习"定性为"知识的把握和转化经验的组合的结果"
李明和阿姆斯特朗（2015）	经验学习是通过经验的转换创造知识的一个过程
兰布（2015）	经验学习是一个涉及不同经验的决策过程，在不同程度上充当学习的源泉

表 3.2　　　　　　　　　　国内学者对经验学习的定义

代表性学者	定义
陈佑清（2010）	经验学习是指学习者以实际存在的自然、他人（社会）、环境以及自我为对象，并以动手操作、人际交往、实地观察、自我反思以及综合性的实践等实际活动为学习的展开形式
王艳双（2010）	库伯提出的经验学习是指改造经验产生知识的过程，强调经验在学习过程中所发挥的中心作用
郭爱芳和陈劲（2012）	经验学习是指在企业和工作期间发生的学习，它将基于经验的学习作为主要的创新源，主要依赖于 Know – How 和 Know – Who 等经验知识，消除职能部门之间的严格界限、分权给基层员工、与客户和供应商进行交互等都属于通过有意识努力以获得经验知识的经验学习行为
房慧（2013）	经验学习是指为了获得并提升直接经验，学生在教师指导下，通过具体活动，改造自身经验并建构知识的社会过程
陈彪，蔡莉等（2014）	经验学习主要是指创业者依赖已有的经验转化为创业相关知识

从表 3.1 和表 3.2 中可以看出，学者对于经验学习的理解主要基于四点：第一，学习是一个亲历实践的过程，在经验学习中，无论经验来自哪里，都需要学习者亲历，通过经验的转换从而创造知识进行学习的一个循环过程；第二，学习是一个创造及运用知识的过程，经验学习是个人之间相互作用以及在日常任务中

所获得的，知识是个体知识和社会知识之间相互作用的结果，前者来源于个体经验的积累，具有主观性，而后者是在社会化的大环境下的经验积累，具有客观性的特点；第三，学习是一个反复过程，通过不断地对成功的和失败的经历进行认知和积累从而达到学习的目的；第四，经验学习是一个链接内部和外部的过程，通过学习可以修正自己以往的观点和看法。

3.1.2　经验学习的特征及维度

（1）经验学习的特征。亚伯（Abe，2011）指出，经验学习计划的主要目标之一就是培养人格的成长和发展。反思在经验学习活动中是一个重要的组成部分，在思考的过程中它提供了思考实践的一种手段。在成长、发展和反思的过程中，经验学习也就出现了其独有的特征。学习者在学习的过程中并不是间接作用于实际事物，而是对实际事物直接作用，并在此过程之中得到学习。因此，学者陈佑清（2010）认为经验学习的主要特征是：现实可感性、亲身体验性、过程与结果的统一性等。现实可感性就要求学习者对于经验的学习要在现实生活中能够出现；亲身体验性就要求经验学习者必须要亲力亲为，这样才能在实践中获得经验并学习；过程与结果的统一性要求在经验学习的过程中，所经历的过程和所想要得到的结果相统一。

郭爱芳和陈劲（2012）指出，经验学习在学习形式、生产和使用知识的类型或特性、知识政策、社会网络特征上具有一定的特征。在学习形式上，经验学习主要关注组织内部或者组织间的非正式的学习能力的构建，包括团队内和团队间的交互、在行动中和使用中进行有效的学习；在生产和使用知识的类型或特性上，关于 Know – How 和 Know – Who 的经验知识，不具有言传性并且也不易被转移；在知识政策上，经验学习在一定程度上促进了学习型组织和网络之间的构建；在社会网络特征上，经验学习主要是基于某种价值链以及为了迎合客户的需求而产生的。

钱贤鑫（2014）对库伯的经验学习理论进行了分析，并指出经验学习的六个特征：第一，学习是一个过程而不是一个结果，在经验学习过程中，知识的获得来源于经验，并在经验中不断得到修正；第二，学习是以经验为基础的连续过程，学习是一个反复连续的过程，是以已经建立的经验为基础的再学习；第三，学习是一个适应环境的完整过程，知识的获得是人与环境相互作用的结果，学习要在环境条件的限制之下完成；第四，学习是个体与环境交互作用的过程，在个体与环境间的相互作用之下，个体才能运用现有的条件进行学习；第五，学习是一个创造及运用知识的过程，在学习的过程中运用所学的知识，并且在这个过程中新的知识经验也在不断地被积累和发现；第六，学习是辩证对立的矛盾解决的过程，学习的过程就是在领悟与改造中不断地创新产生新的知识，在矛盾解决的过程中得到知识。

（2）经验学习的维度。在企业创业能力提升的过程中，学习过程除了跨越不同的知识边界，还有对知识经验的转移。在知识经验转移过程中的重新认识和理解，以及在新环境的相互作用下产生新的认知知识。从企业网络学习的角度，张毅和张子刚（2005）指出，经验学习的维度就是积累和学习经验知识的过程，企业网络为组织间学习提供了重要环境，提出了组织间学习过程的二维模型。该模型包括两个维度：知识转移维度和经验积聚维度。知识转移维度是企业获取、吸收和内化知识的过程，而经验积聚维度是企业在不断的知识转移过程中积累学习经验，并对后期的知识转移过程具有正反馈作用。房慧和张九州（2013）提到经验学习的四个维度：经验、反思、思考、行动。一是经验的获得，除了直接参与其中而获得经验，对经验的分享也是间接获取经验的方式；二是对经验进行观察和反思，在一定程度上会形成一个共同的认识；三是对经验的反思以及思考后，学习者就会采取行动而获得更进一步的经验。

3.1.3　经验学习的内容分类

学习是一个积极和具体的过程，学习的过程要伴随着反思的进行，没有反思的学习，就没有新知识的生成。在反思的过程以及学习的风格特征上反映出了经验学习的类型。陈佑清（2010）认为学习具有两种不同的类型，一种是符号学习，一种是经验学习。对于经验的分类从总体上讲主要是直接经验和间接经验。因此当前对经验的研究，更多是把经验作为一种"存量"静态地看待。经验的关键属性表现为深度和广度，经验深度即指经验的长度，通常用经历的时间长度来表示，此外也有用经验的相关性来共同反映经验的深度；而经验的广度即经验的多样性，用经历的多样性来度量。因此，借鉴前期学者的研究，对经验的分类，最开始用经验的多样性来表示创业者在创业之前经历的多样化程度，而经验相关性表示创业者在创业之前所获得的各种经历与创业具体活动的关联程度。后来的学者陆续根据自身的研究，分别从不同的角度对经验学习的内容进行分类，主要有3种，如表3.3所示。

表3.3 经验学习的内容分类

属性	内容类型	作用
经验来源的内外性	自我（内部）经验学习：从自身经历过的事件经验中学习知识，总结教训。 他人（外部）经验学习：向身边的人学习他们的经验，引用他人的思想和观念	除了能深刻认识自身的经验知识外，更能对社会网络成员中的经验进行吸收，更好地理解自身的经验，反思过去行为，更有效地学习
经验构成的特定性	行业经验：在某一行业内的工作经验，接触一些关于产品、流程和技术的隐性知识。 创业经验：创办新企业的创业经历，接触到最直接的创业知识和信息。 职能经验：企业中主要管理职能方面的经验，一般包括市场营销、财务管理、生产管理和技术管理等	增加经验的多样性和相关性。行业经验有助于今后发展具体行业的利益相关者关系；创业经验能为再次创业奠定基础；而职能经验会有助于新企业的正常运营和逐步实现管理正规化
经验产生的主体性	个人经验：个人过去生产活动中的积累，为个人提供了熟悉日常工作及获得良好表现的机会。 组织经验：组织过去生产活动中的积累，为组织提供了识别更多生产程序和惯例的机会。 共同工作经验：两个或两个以上员工以前共同工作所累积的生活活动，为个人员工提供了了解其他员工知识情况的机会	提升个人整合吸收其他成员积累知识的能力。组织经验越丰富，个人就有更多机会从他人积累的知识受益，共同工作经验越丰富，就会越有助于员工们有效地分配工作，团队合作就越成功

从表3.3可以看出，经验学习在内容上的分类主要从属性上分为经验来源的内外性、经验构成的特定性以及经验产生的主体性。经验从来源上分成了自我（内部）经验学习和他人（外部）经验学习；经验的构成上分为行业经验、创业经验和职能经验；经验产生的主体性上分成了个人经验、组织经验以及共同工作经验。

3.1.4 经验学习的过程及结果

（1）经验学习的过程。安德森等（2008）指出，经验学习是一个"循环的过程"，这种循环的过程在学习过程中一直在持续着。德斯蒙德和乔伊特（2011）指出，经验学习是一个建设性的、主观的、现象学的过程，对于个体来说是独有的。经验学习是一个内部和外部的过程。郭冰等（2011）认为经验学习的过程是一个"经历—推断—积累"的动态迭代过程。库伯的经验学习环也阐释了经验学习的过程，后来的学者在已有的经验学习理论的基础上对经验学习的过程进行了进一步的探索，其中具有代表性的有波利蒂斯的经验转换模型、科贝特的学习风格模型和霍尔库姆等的启发式学习模型。

第一，库伯的经验学习环模型。库伯（1984）的经验学习环模型是由四个阶段构成，包括具体经验、反思性观察、抽象概念化和主动实践（见图3.1）。这四个阶段是循环往复的，呈螺旋状上升。唯有不断往复、螺旋上升才能使经验学习者能力经验有所提升。学习的过程是一个领悟和创造的过程，前者是对具体的经验的理解，后者是对经验的反思与行动。首先，在具体经验阶段，学习者进行完全开放式的经验学习，将自己全部投入其中，强调重视实际生活中的经验获取，以及通过对问题的研究将自己已有的经验和学习到的经验进行有机整合。其次，在反思性观察阶段，这一阶段学习者对以往获得的知识和经验进行反思性观察，进而发现它们之间的关联性。再次，抽象概念化，在这一阶段对所获得的经验知识进行归纳整合和数据分析，试图发现他们之间的联系并抽象出合理的概念。最后，主动实践，在这一阶段要求学习者在新的环境中积极参与其中进行实践，并且要运用上一阶段所获得的经验在新的环境中进行试验和验证，然后判断上一阶段所获得的经验是否正确，进而开始另一段学习，这是学习阶段的结束也是学习的另一个阶段开始。

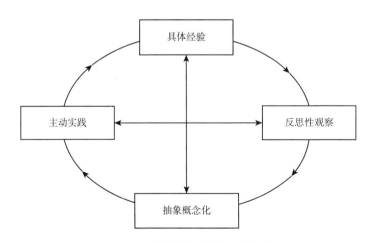

图 3.1　库伯的经验学习环模型

第二，波利蒂斯的经验转换模型。波利蒂斯（2005）在将科佩的思想模型化以后构建了企业家的学习模型。波利蒂斯在融合了库伯的经验学习理论以及马驰

（March）的组织学习风格的基础之上构建了此学习模型（见图3.2）。该模型主要由四个部分组成，分别为：企业家职业经验、企业家知识、转换模式和影响转换过程的因素。其中，企业家职业经验包括创业经验、管理经验和产业经验；企业家知识包括机会识别和应对新进入缺陷；转换模式分为探索式的和利用式的转换模式；转换模式的影响因素包括以往事件的结果、企业家的逻辑和归因方式以及企业家的职业导向。波利蒂斯模型首次对经验和知识进行了区分，该模型指出经验是一种学习的过程，而知识是学习的最终结果，经验只有经过一定机制的转化才能形成知识，只有形成知识才能被企业家利用和学习。该转换模型也指出了影响企业家知识的关键因素之一就是企业家的经验转换模式。

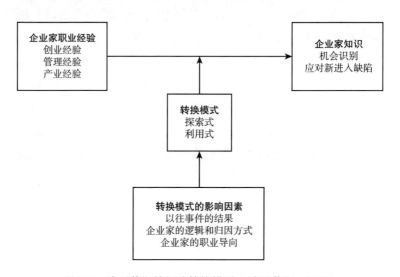

图3.2　波利蒂斯的经验转换模型（波利蒂斯，2005）

第三，科贝特的学习风格模型。科贝特（2005）也意识到将企业家的经验变为可以学习借鉴的知识还需要经过一定的转换，科贝特借助库伯的学习风格来分析企业家学习过程中的经验转换过程。在库伯的经验学习理论之下，科贝特指出了学习的关键环节是"获得"与经验的"转化"。由于不同的人有不同的学习风格，会导致行为和知识的差异，进而影响机会识别和机会利用的过程。科贝特以机会识别为例，具体分析了学习风格在企业家学习过程中的作用以及企业家在其中所扮演的角色。如图3.3所示，该模型将机会识别分为准备、孵化、洞察、评估和实施五个阶段，而学习风格也包括了聚合型学习、同化型学习、发散型学习和顺应型学习。在准备阶段，对于创业的原始想法是关键的，原始想法源于企家以往的经验积累，采用聚合型的学习风格更为有效；在发现阶段，主要的关键在于发现商机以及对于机会的选择，选择同化型的学习风格更为有效；在评估阶段，对学习进行有效的评价，采用发散型的学习风格更为有效；在实施阶段，关键在于计划的执行，采用顺应型的学习风格更为有效。由于科贝特的学习风格模型中结合了企业家机会识别阶段来阐述，更加贴近企业家学习的动态性和阶段性特征。

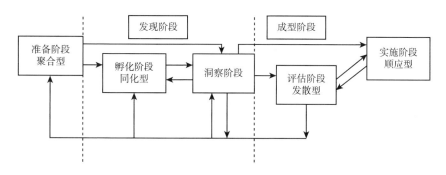

图 3.3　科贝特的学习风格模型

第四，霍尔库姆等的启发式学习模型。然而，霍尔库姆等（2009）的研究模型不再关注经验向知识的转换方式，而是关注启发式的学习方法在学习过程中的影响。他们认为利用启发式的学习方法可以在有限的认知资源条件下去处理无限的信息，提高了效率并节省了时间和精力。启发式模型如图 3.4 所示，在该模型中，学习被分成经验学习和模仿学习两种形式，前者是基于自己的亲身经历，后者是基于通过观察和模仿他人而获得的经验。通过经验学习和模仿学习，启发式学习都发生作用。学习者通过获取到的新知识，结合自己的推断从而制定出决

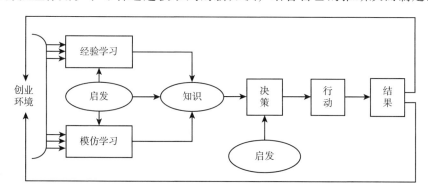

图 3.4　霍尔库姆等的启发式学习模型（霍尔库姆等，2009）

策，根据决策付诸相应的行动，得到结果；同时，得到的结果会对学习者的经验学习和模仿学习产生一定的反馈，如此循环下去。该启发式学习模型从另一个角度凸显出间接经验学习的作用，有效地弥补直接经验学习方面的不足，有助于提高学习效率并降低学习成本。

无论是科贝特的学习风格模型还是波利蒂斯的经验转换模型以及霍尔库姆等的启发式学习模型，都在试图对前人的经验学习过程模型进行完善，他们都是以库伯的经验学习理论为基础。科贝特的学习风格模型在库伯的经验学习理论上考虑企业家的学习风格以及不同阶段的学习特性；波利蒂斯的经验转换模型则体现出转换模式的影响因素；霍尔库姆等的启发式学习模型则是注意到了科贝特学习风格模型中忽略复杂多变的情境因素和波利蒂斯经验转换模型中未考虑到的其他学习方式。因此，在学者们的不懈努力中，经验学习的研究越来越成熟，为今后的学习理论研究和实践奠定了扎实的基础。

（2）经验学习的结果。大量研究表明经验学习对于个人和组织的重要性，经验学习是个体知识、认知、行为、态度以及对组织的生存发展和绩效等产生重大变化的关键因素。在早期的研究中，大多数学者认为经验学习更多是带来积极效应，能为个体和组织识别更多机会，提升学习者的能力并产生更高的绩效，但随着学者研究的深入，慢慢发现经验学习并不一定总是能产生正面影响。

从表3.4可以看出经验学习产生的影响在个体方面主要是集中在吸收隐性知识、获取信息和资源、机会识别和开发，进而产生对其他方面的影响，如新想法的产生、不确定性的降低以及个人绩效的提升；而对组织方面的影响则是集中在组织生存发展以及绩效。然而，学习最直接的结果可能带来的是个体自身素质和能力方面的无形改变，进而作用到外界环境中，才能呈现出经验学习带来的影响结果，但是经验学习究竟如何影响个体能力的相关研究仍然相对薄弱，这可以作为后续研究的一个方向。

表3.4 经验学习结果梳理

层面	观点	关系	文献来源
个体	工作经验学习正向影响个体日后的创业可能性和成功率	正相关	罗宾逊和塞克斯顿（1994）
	行业经验学习会提升对行业趋势的警觉和预测能力，从而降低创业的不确定性	正相关	托尔尼克斯金和纽波特（2007）

续表

层面	观点	关系	文献来源
个体	有越多经验可学习和回顾的人，能获得更加广泛、实用的信息，进而正面影响机会识别和资源获取	正相关	罗马内利和斯库恩（2001）
	学习之前的创业经验、管理经验累积的隐性知识会促进机会识别和开发的过程	正相关	萨拉斯沃蒂（2001）；戴维森和霍尼格（2003）；波利蒂斯（2005）
	成功经验学习会有助于提高创业者的效能期望	正相关	巴伦和恩斯利（2006）
	经验学习对创业能力发挥促进作用	正相关	张玉利和王晓文（2011）；秦双全和李苏南（2015）
	反复的失败学习会降低创业者的效能期望	负相关	巴伦和恩斯利（2006）
	经验学习可能导致个体在认知结构、洞察力等方面形成惯性，从而缺乏创新性	负相关	廖建文等（2002）
	经验学习一开始会对创业者和创业活动产生正面效应，但过了一个稳定点后，经验学习的正面效应就会减弱	倒"U"型	巴伦和亨利（2006）
	经验学习有利于产生更多的新想法和识别更多机会，但随着经验越加丰富，反而会逐渐产生决策偏差，识别较少的机会	倒"U"型	雅克巴萨兰等（2008；2009）
组织	管理经验学习，能够提高新企业前三年的存活率，从而降低新企业失败的可能性	正相关	布鲁德尔和普莱斯圣德夫（1998）
	进行创业经验的学习，能获取运营渠道和员工管理方面的隐性知识，从而有利于提升新企业绩效	正相关	莱卢普（2005）；王瑞和薛红志（2010）；杨俊和薛红志等（2011）
	组织内部有效的学习和共享创业者的经验，会提升新企业应对外部环境变化的能力	正相关	三桥（2012）
	对投资于中国的外资企业的研究，发现经验学习和企业绩效之间有倒"U"型关系	倒"U"型	海沃德（2002）；黄哈和罗斯梅尔（2005）
	分行业的自身经验学习和分国别的内替代经验学习对海外长期并购绩效的影响均呈正"U"型	倒"U"型	雷悦（2018）

此外，经验学习带来的结果效应呈现出来的更多是积极效应，而随着研究的深入发现存在着倒"U"型效应，由此可见，经验学习的影响结果存在争议，这

是因为随着经验学习的深入，经验学习会带来正反两方面的影响：虽然会提供反思和从过往经历中学习的机会，但一味的经验学习可能会陷入"惯性漩涡"，最终产生不良影响。因此，经验学习对外界的影响可能会存在一个阈值，但如何判断和确定这个阈值，还没有研究明确说明这一点，可见学者们对经验学习的探索还需不断努力。

3.1.5　经验学习的影响因素

经验学习的影响因素有多种，涉及学习的主体与客体的相关方面。本章主要从个体层面探究经验学习的影响因素。

（1）积极的情绪和情绪智力对经验学习的影响。亚伯（2011）在对情绪和情绪智力对经验学习的影响研究上得出，积极的情绪和情感智力是相对独立的，并和预测成功的经验学习是相辅相成的。积极的情绪可能通过扩大一个人的思考动作来对成功的经验学习作出贡献，通过培养反思能力可以促成成功的经验学习。从心理学上来讲，情绪可以控制一个人学习的效果与结果，情绪智力的高低决定了我们识别问题的能力和解决问题的方法。积极的情绪给予我们学习的动力，激发了经验学习的一个重要过程"反思"的重要步骤，动力的源泉是经验学习成功的主要因素。

情绪智力也会对学习的效率产生影响，它是通过影响个体的认知从而实现对学习的影响（任素芳，2012），在个体的认知过程中，信息的繁杂性和庞大性需要接受者在一定的时间范围内予以搜索、判断以及审阅，我们在潜意识的作用下就会关注一些信息。首先，情绪对学习中的注意过程产生一定的影响（任素芳，2012），注意的过程主要是心理因素起到主要的作用。其次是影响学习中的记忆过程，积极的情绪会对积极的信息进行加工和回忆，消极的情绪会对消极的信息进行加工和回忆。在研究中，也有学者发现情绪会影响错误记忆。再次，情绪也会对学习中的决策问题产生一定的影响，通过自己以往经验的积累，以及身体对所处环境的反应敏感度，进而加速个体思维。利特等（2008）提出了神经—情感决策理论，该理论阐述了决策是一个"认知—情绪"的过程，由此可见情绪对于学习的作用。最后，情绪对认知的加工策略产生一定的影响，消极的情绪会产生依赖的回应，积极的情绪则会采用同化、自上而下的加工方式。

（2）乐观态度对经验学习的影响。有关创业的经验和乐观之间的关系有对立的论点和证据（雅克巴萨兰等，2010）。有的企业家意识到自己最初过于乐观，调整思路，可能报告合资企业中更加现实的前景。有先前的企业所有权经验的企业家，特别是经营失败的经验，不太可能随后报告比较乐观的前景。另外，有经验的创业者可能积累一定的偏见，因此可能随后更有可能报告比较乐观的态度。在缺乏实证探讨企业家的经验和比较乐观态度之间的联系上提供了相互矛盾的结果。

（3）经验学习在身心素质发展中的局限性。经验学习在人的身心素质发展中的局限性主要表现在三个方面（陈佑清，2010），这三个方面分别是从学习者本身的能力、学习的单一性造成的影响以及学习形式的局限性展开论述。首先，经验学习的发生会使得学习者的学习与发展囿于个体经验的水平。个体学习者就会以自身的个体经验去识别与解决问题，由于自身能力的限制以及个体知识的有限性，对问题的认识以及看法可能会出现偏差，从而在学习上会出现无法达到预期的结果，而经验学习会产生负面影响的错觉。其次，纯粹的经验学习可能是试错性的学习，在一定程度上学习的结果会产生误差甚至在学习的效率上表现出低效率。经验学习并不是简单的试错性的学习，经验学习应该是在自身经验以及他人的间接经验的基础上，根据现在的环境变化以及与先前经验中的环境条件的对比所作出的判断与行动。最后，并非所有的事物都需要直接经验的参与才能学习，因为有一些是无法靠个体经验去学习的。在学习的过程中，有些东西可以通过个体的参与、个体的经验去学习，而有些是无法去实地经历的，有时候我们需要通过间接的经验去指导我们的学习。

（4）个人的学习能力和学习风格。学习受制于学习能力，具有较高学习能力的人在学习过程中更易反思和归纳经验教训，形成良好的决策惯例。学习能力是创业者在从事创业活动时根据以往有形或无形的创业经验不断对比、归纳和总结出一套能够指导新一轮创业活动的决策模式的能力，具体表现为在特定网络下对他人行为作出反应，与他人进行沟通、交流和探讨等的能力。由于每个人存在学习能力的差异，将会影响到经验转换成知识的过程，最终产生不一样的学习效果。

库伯的经验学习理论指出，经验学习环的每个维度都为学习过程提供了一种选择，而学习者会根据自身的特性和特定的环境情境对其作出选择，这就会存在学习风格的不同。因为每个人的学习风格的不同，会产生不同的学习倾向，使得学习者对问题的看法、思考角度、逻辑思维等方面作出不同的反应，从而影响个人识别机会的能力和处理事务的水平。

3.1.6 研究视角

经历是一笔财富，然而，面对着来源于纷繁复杂的生活经历、职业经历、创业经历的各种先前经验，创业者往往无所适从。一方面，创业者要大浪淘沙从中甄别出有学习价值的经验，针对不同类型的经验采取恰当的方法对所获取的经验抽丝剥茧、加工处理才有可能最终形成创业能力。鉴于此，本书有别于以往经验学习的相关研究，着重关注经验学习的过程，以及经验学习到创业能力产生的具体过程，尝试引入创业行动学习中介机制，以揭示从经验到能力产生的具体路径。另一方面，挖掘创业者思维方式是分析其认知图式和解释其学习行为的重要手段，要不要学习、从什么经验中学、怎么学，这一系列过程都需要创业者去判断、去作决策，决策效果的好坏直接决定学习效果的好坏。虽然理性判断能有效地提升决策水平，然而，完全理性决策理论只是一种理想模式，现实生活中决策者是介于完全理性与非理性之间的有限理性的决策者。尤其是创业者面临的情境通常是高不确定性、不完全信息和时间压力，在决策中不可能通过严格的计量去克服新企业创建过程中的种种障碍，因为这将延迟决策，使困难无法得到及时有效处理，创业者需要更多运用启发式与偏差的简化机制来过滤不确定性情境下的大量多样化信息，以促进其对机会的及时捕捉，创业者倾向于将诊断性线索与其所经历或观察的结果联系起来，依靠直观推断的简化策略来吸收与学习新知识。基于此，从解析经验学习的过程和创业者的学习决策方式入手，构建以创业行动学习为中介变量，直观推断为调节变量的经验学习与创业能力关系的概念模型，进行实证检验，以期创业者正确地看待经验，对提升创业能力有所裨益。

3.2 深度案例访谈

3.2.1 访谈原因及访谈方法的选择

为了探究创业者的经验学习与创业能力之间的关系，本章采用了行为事件访谈法和生命事件叙事法等深度访谈法，通过与创业者进行深度交流，收集创业者在经验学习过程中心理或行为方面的变化数据，以便于分析那些不容易从外表观察的事件和现象，挖掘经验学习与创业能力之间的内在关系。

3.2.2 访谈设计

（1）访谈对象的选择。本章主要考虑根据以下几个因素来选择创业者作为访谈对象：一是样本选择方面会考虑正在筹建企业及已经建立企业的创业者，并且创业者在创办企业之前有过工作经验；二是研究的易获得性和配合性，因此，访谈对象为福建省内的 10 位创业者（包括筹备创业的创业者及已经建立企业的创业者）（见表 3.5）。

表 3.5 　　　　　　　　　　　　受访者的基本情况

姓氏	性别	年龄	学历	注册时间	地点	创业前的工作经验（年）	企业人数（人）
叶	男	35	大专	2004	福州	10	136
谢	女	40	硕士	2007	厦门	6	210
陈	女	37	硕士	2010	漳州	4	54
李	男	41	本科	2009	泉州	10	108
周	男	35	硕士	2011	福州	5	156
黄	男	50	大专	2012	福州	18	76
张	女	43	本科	2013	泉州	11	193
邱	男	37	本科	2007	福州	7	102
林	男	52	大专	2000	厦门	15	576
刘	女	40	本科	2008	厦门	10	193

（2）设计访谈提纲。为了梳理和确定访谈的主要内容，本次访谈主要围绕以下几个方面设计访谈提纲：一是创业者如何通过先前经验进行经验学习，经验学习过程是否有助于推动创业能力的提升；二是聚焦创业行动学习的重要价值，创业行动学习有助于经验向能力的转化，然而创业行动学习在经验学习与创业能力之间起到何种作用有待进一步研究；三是关注直观推断的影响作用。创业者往往会根据先前经验作出直观推断和决策，而直观推断是否会影响经验学习与创业能力间的关系，还需进一步研究。因此，深度访谈围绕这三个方面的内容展开，主要分为企业经营情况以及创业者在创业过程中进行经验学习的情况两个部分。

为了提高访谈的质量来获得本章内容的准确信息，笔者在完成访谈提纲的初稿后，与创业研究专家和创业导师、创业者进行讨论，并根据讨论结果对访谈提纲进行修改。此次访谈主要按照预先编制的半结构式问题来进行深度访谈。

访谈第一部分：了解企业经营情况。

访谈的第一部分旨在对创业者的企业经营情况进行了解，以便于拉近与受访者之间的距离，不仅有助于访谈的顺利展开，还有助于初步了解访谈对象的创业和企业的一些基本情况。主要问题如下：

a. 您的企业属于哪个行业？主要提供什么产品或服务？

b. 您的企业现在处于什么发展阶段？目前有多少员工？发展状况如何？

c. 您是何时开始创业的呢？是什么原因促使您选择自主创业呢？

访谈第二部分：创业者在创业过程中的经验学习情况。

访谈的第二部分旨在详细了解创业者的经验学习过程，创业者对先前经验的获取程度、从经验中进行学习的情况及其对创业能力的影响等，以便于初步了解经验学习与创业能力之间的关系。主要问题如下：

a. 在创业或企业运营的过程中，您认为先前经验对企业的发展有重要影响吗？追问：如果有的话，您认为哪些方面的经验（行业、职能、创业等经验）促进了企业的发展？

b. 您通过何种方式（如回顾之前的经验、反思先前的行动等）从先前经验中进行学习，经验学习使您获得了哪些知识？提升了哪方面的能力？追问：您觉得从这些经验中进行学习能够多大程度上提升您的创业能力水平？

c. 您是否有采取具体的行动来实践这些知识和信息？追问：如果有的话，您认为曾经采取过的哪些实践行动促进了创业能力的提升？

d. 当您从先前经验中获得创业、企业经营方面的信息和知识之后，您会根据这些信息和知识，对企业的经营和发展进行直观判断吗？追问：如果会的话，您以何种方式作出推断和决策？（如根据事物的表面特征，或者根据记忆提取的难易程度，或者先前已有的知识形成的固定模式，等等）

（3）受访者的基本情况与访谈的基本过程。受访者都是企业创业者，有 7 名受访者成立了自己的企业并进行了运营，3 名受访者正在筹备建立企业。访谈是半结构的，由一系列的开放式问题组成，主要关注于一些事件所展现的行为。在进行每一个访谈之前，都有将访谈的主要内容进行了提前告知，以确保被访谈者有足够的时间对相关主题进行思考，甚至还能为我们访谈的顺利开展提供一些书面材料；此外访谈前还解释了数据如何使用，及获得录音的许可。每次访谈均进行了详细的记录，时间控制在 1～2 小时。

3.2.3　访谈结果的初步处理

（1）内容分析法。每次访谈都进行录音，并誊抄以让应答者核对。访谈结束后，收集访谈资料。为了对深度访谈的数据进行更加细致深入的分析和提炼，从访谈资料中抽象出本章所需的关键理论概念和内容，具体操作过程如下：

过程一：访谈资料的导入和转化。使用 Nvivo 8.0 这一有效的定性数据分析软件工具就访谈所获得的书面和录音材料进行导入和转化。

过程二：访谈结果的编码。编码作为定性研究中的一个主要环节，可通过编码获得创业者的创业能力及其在先前经验中进行学习的关键要素，从而为后续的变量测量奠定基础。

编码的第一个步骤是建立相关的分析类目。在本次访谈结果的编码上，主要运用理论驱动法，即在已有的文献研究的基础上，基于本章需要，在访谈之前初步建立相关的分析类目，而非采用数据驱动法（需对访谈材料进行详细分析后才建立分析类目）。于是，笔者在访谈之前，根据文献研究的研究结果和本章的需要，初步确定了经验学习、创业行动学习和直观推断的编码系统，但在具体的编码过程中，使用了由 Nvivo 8.0 软件对访谈材料所进行的数据的预编码，从而修正和调整了分类系统。最终的编码系统包含经验学习的 3 个类目：经验获取、反思性观察和抽象概念化；创业行动学习的 3 个类目：批判反思、互动支持、执行应用；直观推断的 3 个类目：代表性直观推断、易得性直观推断、锚定与调整直观推断，并明确这 9 个类目的含义。

编码的第二个步骤是建立量化体系。本章将根据 9 个类目的具体含义，对访谈资料进行分析，确定 9 个类目下的各自子类目并统计出各个类别所出现的频率。

编码的第三个步骤是培训编码人员进行编码。笔者邀请了 2 位不同背景的人员（创业者 1 名、创业管理研究生 1 名），通过进行编码方法的培训和编码类别描述的解释后，让他们对材料进行独立编码。

通过对访谈资料的编码和分析，可以对访谈的内容形成初步了解，根据访谈的类目，通过反映各类目的关键事件，获得经验学习、创业行动学习和直观推断的分类与关键要素，并一定程度上通过定性分析梳理各个变量间的初步关系。

（2）结果分析。此次访谈主要立足以下几个方面的访谈结果进行分类及关键要素的提取：一是在企业创建和运营过程中，创业者经验学习的情况，尤其是经验学习的具体过程对创业能力的影响；二是创业者的经验学习、创业行动学习、创业能力是否存在逻辑关系；三是创业者的直观推断，特别是直观推断在经验学习和创业能力间的作用。

第一，创业者的经验学习过程。

在访谈中，创业者们纷纷表示先前经验对于创业能力的提升有重要影响，他们认为在行业、岗位和创业方面的经验获取和积累对于创业而言意义重大。在经验学习的过程中，创业者主要通过回顾性反思、将经验抽象概念化等方式进行经验学习，大多数创业者认为经验学习有助于他们获取创业所需的知识，有利于提升机会能力、构想能力等方面的创业能力。在此，就李某在创业过程中经验学习情况进行简单介绍：

李某：这是我第二次创业，我觉得之前的行业经验和创业经验给了我很大的帮助，正是由于前期积累的丰富经验，才让我有能力继续创办第二家公司。我认为创业是一个非常复杂的过程，需要大量积累各方面的知识，但是又没有那么多的时间去学习，所以，我经常通过多种渠道来迅速获取各种各样的经验。每个月我都会做月末总结，回顾和反思一下最近做的事情，有哪些做得不好的地方下次可以如何改进，有哪些做得好的地方要怎样保持和强化，以及观察竞争对手有哪些做法是我可以学习借鉴和超越的。但是，自身的经验以及从他人身上获取的经验大都散落在脑子里，不成体系。所以，我有时候会将关键性的经验整理成文字，这样就可以及时运用到日常经营管理中去。我认为经常观察和反思，并且将经验总结成文字性的知识对于创业能力的提升有很大帮助，从经验中学习，使我能够更好地把握住机会，在面对类似情境时考虑更加周全。

第二，创业行动学习在经验学习与创业能力之间的关系。

通过深度访谈，可以发现创业者在经验学习的过程中，需要借助创业行动学习作为桥梁，才能够更好地将积累的经验转化为实实在在的知识和技能，从而提升创业者的创业能力。基于访谈资料，可以得出创业者主要通过批判性反思、获取互动支持以及在实践中执行应用三个方面进行创业行动学习，创业行动学习的三种方式有助于创业者从实践中获得能力的提升。在此，就黄某的创业行动学习情况进行简单介绍：

黄某：我平时很注重经验的积累，从自己和他人的经验中能够学到很多知识，但是如果这些知识和经验停留在脑子里，那么就难以发挥它真正的作用和价值。所以，我会通过具体的行动来检验这些经验和知识的正确性。首先，在开始具体的创业活动之前，我都会认真地思考之前的结论是否有误，是否要修改，是否还可以从其他角度提出解决对策；其次，我会主动与团队成员进行交流和互动，从他们身上获得一些有价值的东西，有助于找到创业活动的新思路；最后，在实践中遇到类似的问题，我都会思考一下以往是怎么处理的，以往的处理方式是否得当，现在要怎么处理，真的是每一笔经验都是财富啊。

第三，直观推断在经验学习和创业能力间的作用。

在深度访谈过程中，对于经验学习、直观推断与创业能力间的关系得到一些简单初步的分析结果。大多数受访者表示在创业过程中每天要接触大量的、高度不确定的复杂信息，无法一一作出理性决策，所以，很多时候是凭借先前积累的经验做出直观推断。通过访谈资料的整理，可以发现受访者的直观推断主要包括代表性直观推断、易得性直观推断和锚定及调整直观推断三种形式，并且不同的直观推断形式对于创业能力的提升起到不同的调节作用。代表性直观推断、易得性直观推断在经验学习与创业能力之间往往起到正向调节作用，而锚定及调整直观推断起到负向调节作用。在此，叶某和林某就创业过程中的直观推断情况进行简单介绍：

叶某：现在的市场环境充满不确定性而且变化莫测，有时候你想太多了，机会也就跑远了，我个人认为感觉很重要，或者说一些直觉很重要，很多时候我会根据直觉作出决策。当然，直觉不是说有就有的，刚开始创业的时候直觉没这么多，也没这么准，这也需要累积一定的经验，路走多了，就知道该怎么走。在遇到项目方案时，我会根据经验来判断该方案与先前成功机会的相似程度，从而判断该项目的成功概率。如果新的项目方案与先前成功经验有非常相似的特征，我就能作出更准确的判断，更好地把握机会来促进企业的发展。当然，在作决策时，我也没有办法一下子想到所有与新项目相关的先前经验，所以，我通常会根据最容易回忆起来的先前经验作判断，这样有助于快速找到相关经验里的关键信息，便于作出更准确的判断。我觉得经历多了，有时候直觉真的蛮准的，尤其是在判断一些创业机会的时候。

林某：当我从先前经验中获得企业经营方面的信息和知识之后，会根据这些信息和知识，对企业的经营和发展进行直观判断。因此，在进行决策时，我会根据之前积累的类似经验或者容易回想起的事件以及容易获取的信息作出直观判断，这有助于将复杂的决策过程简单化，使我能够更快速地识别市场机会，占领先机。但是，有时候我也容易受到之前经验的约束而产生思维定式，难以调整对于事物的最初看法，固化的思维容易使我按照原来走过的路继续，很难有突破。

总而言之，通过对 10 位访谈者的访谈资料的编码和归类，得到了经验学习、创业行动学习、直观推断这三个变量的分类与关键要素（见表 3.6）。其中，经验学习主要分为经验获取、反思性观察和抽象概念化；创业行动学习主要分为批判反思、互动支持、执行应用；直观推断主要分为代表性直观推断、易得性直观推断、锚定及调整直观推断。

表 3.6　　　　　　经验学习、创业行动学习以及直观推断的分类要素

主体	关键要素 I	关键要素 II
经验学习	经验获取	通过与行业中的专业人员进行交流来获取经验
		积累各种类型的经验
		针对不同类型的经验，采取不同的经验获取方式
	反思性观察	对所进行的学习的经验进行客观描述
		将积累的经验运用在实践中并加以思考
		运用反思得到的经验指导新一轮的经验反思
	抽象概念化	通过实践或者实验构建新知识
		将零散的经验知识整合并抽象出合理的概念
		在头脑中把创业经验进行抽象概括并积极应用到实践中
创业行动学习	批判反思	对之前认为的导致失败原因的旧观点产生质疑，甚至推翻之前的观点
		从不同的角度思考决策问题，是否会有替代性结论
		结合之前的经验重新思考创业过程中遇到的问题
	互动支持	经常会与其他人进行交流和互动
		在与他人的交流中，获得有价值的信息和反馈
		与他人交流得越多，学得越多，越有利于创业
	执行应用	根据原来的规则做事
		在原来的规则基础上，部分采用新的方式做事
		改变原来的规则，以全新的方式做事

主体	关键要素 I	关键要素 II
直观推断	代表性直观推断	对某件事未来的成功的预期低于 50% ，就会得出其很有可能失败
		根据对某件事的描述作出自己的决定
		依据某类事物的表面特征进行决策
	易得性直观推断	根据容易回想起来的类似情境作出相似的决策
		能够非常容易地搜索到所有的信息进行决策
		在决策的时候常常会受到最近事件的影响
	锚定及调整直观推断	面对相似的情境，通常会作出相同的决策
		根据现有的条件对经验进行调整，从而对新机会作出评估和判断
		根据连续出现的事件，判断以后的发展趋势

3.2.4　访谈小结

第一，本章更关注创业者在其创建和运营企业的过程中如何充分利用先前经验、怎样进行经验学习。通过访谈资料的整理和分析，可以发现经验学习的内在过程会对创业能力产生很大的影响。在经验学习的过程中，创业者的经验获取程度、反思观察和抽象概念化等细微之处，对于创业能力的影响不容忽视，它与创业能力的提升密切相关，学术界对该方面的相关研究较缺乏。因此，依托经验学习理论综述的相关研究，通过访谈可清晰地了解创业者的经验学习过程（经验获取、反思性观察和抽象概念化），以便为后续量表的设计奠定基础。

第二，创业学习是一个链条式的过程。虽然，通过经验学习能够形成"经验池"，但是，还需通过创业行动学习才能将经验转化为能力。在行动学习中加强对于知识的迁移和反复使用，从而提升对知识掌握的熟练程度，在此基础上才有可能将经验升华为能力。通过访谈，可以发现创业者深谙创业行动学习的重要性，他们经常会进行批判性反思，总结经验教训，并且通过不断的交流互动来调整创业认知和完善创业知识，然后将内化后的知识投入实践活动中，以解决创业问题，如此往复，实现创业能力的螺旋式上升。因此，基于相关文献和深度访谈，初步探索了创业行动学习在经验学习和创业能力之间的关系，并且将创业行动学习分为批判反思、互动支持、执行应用三个维度。

第三，为了分析创业者的决策方式对于创业能力的影响，当创业者无法掌握准确信息时，他们就会依赖直观推断，将复杂的理性决策简化为简单的认知处理过程。经验学习所获取信息具有不完全性和模糊性，使得创业者通过经验学习过程积累知识的效果以及创业能力的提升受到直观推断的影响。此外，通过访谈，可以发现主要包括代表性直观推断、易得性直观推断和锚定及调整直观推断三种形式，不同形式的直观推断会对经验学习与创业能力之间的关系产生不同的作用。代表性直观推断、易得性直观推断在经验学习与创业能力之间往往起到正向调节作用，而锚定及调整直观推断起到负向调节作用。因此，将直观推断纳入研究具有一定的研究意义，而这需要进一步结合文献的理论研究，建立概念模型，通过大样本问卷调查进行实证分析，以验证访谈的结果是否正确。

3.3　理论分析与研究假设

3.3.1　主要概念界定

（1）创业者学习的方式：经验学习。经验学习是指个体通过转化自己所积累的经验来创造知识的过程（库伯，1984），库伯指出学习是从经验中进行的一个四阶段（具体体验、反思观察、抽象概念、积极实践）的循环过程。事实上，这四个阶段可以分成"输入—内化"和"输出"两个部分，前三个阶段涉及的是经验的输入以及个体对经验的内化，是内部转化环节，第四个阶段涉及的是学习者践行通过前端内化形成的相关概念，是外部转化环节。然而，究竟要如何进行积极实践方能更好形成新的行动启示，而这些启示又可以被主动检验作为创造新的经验的向导，库伯的研究并没有给出明确的解析。蔡莉等（2012）构建了创业学习研究整合框架，提出创业学习包含经验学习、认知学习和实践学习三种学习方式，经验学习和认知学习是实践学习的基础，指出未来要研究经验学习、认知学习如何影响实践学习。在对创业者进行深度访谈的过程中也发现，创业者对以往经验的学习所采用的反思方式、总结方式与在实践环节采用的反思方式和总结方式是不一样的。基于此，提出经验学习可以分为经验获取、反思性观察和抽象概念化这三个维度，而将库伯所提出的积极实践阶段单独提炼出来，运用行动学习的相关理念，结合创业实践的具体情境，提出创业行动学习构念，进而深入解析创业者如何立足创业实践经历来"边看边干边学"。

经验获取是开启经验学习的第一步，在这个阶段学习者处于开放式的状态，一方面通过个体的积极参与，从生活、职场、创业各种方面累积不同类型的经验，另一方面，通过观察、交流等渠道广泛地获取他人的经验，以弥补自身经验的不足。同时，要启动问题解决导向机制，将自身的经验与他人的经验进行有机整合，以生成可供学习的"经验池"。反思性观察是创业者在获取经验后的一个自我回顾以往经历、深入展开思考的过程，人们以以往的思想与行为为对象，以反身性（内省性）的自我观察、分析、评价、改造、修炼等方式进行学习，从中总结经验教训获得启发。这是一个不断辩证的过程，创业者反思方法的匹配与否、反思能力的高低都将影响到对经验的理解程度和剖析深度。针对同类型的经验，经验学习者不同的反思程度将直接影响到经验的转化。抽象概念化是对不同的经验知识进行归纳整合和数据分析，试图发现它们之间的联系并抽象出合理的概念，将通过反思所总结的经验知识上升到理性的高度，运用一定的理论来揭示实质和规律。这是一个知识内化和形成的过程，需要学习者首先有一个反思和数据分析的能力，在数据分析的基础上，进行知识的整合内化，发现彼此间的联系。

（2）创业行动学习。创业者面对的是不确定的情境，不可能存在标准化的流程和过程可供参考，创业者只能在创业的过程中通过不断地尝试、探索来理解和摆脱创业困境，纠正、完善已有的知识结构。行动学习是瑞文斯（Revans）教授提出的概念，它是由几个人（通常是6~8人）组成一个行动学习集，共同解决组织实际存在的问题（Q），获取与该问题相关的知识（P），在针对问题的学习过程中会引发新的质疑和反思（R），从而得到更有深度和多样化的见解，并付诸有效的执行（I），即行动学习可以定义为"程序性知识＋质疑＋反思＋执行"（AL＝P＋Q＋R＋I），行动是学习的基础，学习的结果要应用到行动中检验。基于此，创业行动学习是一个认识、反思、联系和应用的动态过程，本章将其分为批判反思、互动支持、执行应用三个维度。

本章尝试用行动学习理论来解释创业者如何通过创业实践来更好地进行学习，认为创业行动学习是创业过程中的特殊学习行为，是指创业者以解决创业问题、完成创业任务为目的，通过批判反思常规模式进入行动学习的"行动—反思—再行动—再反思"的循环路径中，个体学习到的知识和经验得以内化、升华、重构和再造，然后用持续更新的内化知识指导下一轮实践以解决创业问题，如此往复，实现创业能力的螺旋式上升。

（3）直观推断。面对着纷繁复杂的经验，创业者面临着艰难的抉择，选择什么经验来学习？选择什么方式来学习？研究发现，在不确定的条件下，人们在思维模式上通常对某些决策会作出直观推断性的判断与选择。直观推断是判断和决策的一种不可或缺的形式，它基于经验中所得到的知识，跨越了思考以及资料收集的过程进行决策。基于特沃斯基和卡尼曼（1986）的研究，直观推断主要有三种形式，即代表性直观推断、可得性直观推断和锚定及调整性直观推断。代表性直观推断是基于它的表征方面所表现出来的特征作出推断，倾向于将群体的最常见和最显著特征赋予该群体中的所有个体成员。代表性直观推断假设所判断的事物包括了最普遍、最重要的特征，人们可以根据表征出来的相似性或者对某一类型事物的特征的匹配度作出相应的判断。易得性直观推断是指人们往往倾向于利用率先想到的经验以及获得的信息来评估某个事件出现的频率，容易察觉到的事件则判定其更常出现。易得性直观推断受个体对一个事件的记忆程度的影响，如果一个事件越容易记忆，个体对该事件进行判断越有把握。锚定及调整性直观推断是人们基于先前对某一事物的判断，向下或者向上调整初始值而进行的判断。

3.3.2　研究假设与模型构建

（1）经验学习与创业能力。先前经验在创业能力的形成过程中发挥了至关重要的作用（张玉利和王晓文，2011），丰富的行业、岗位、创业等经验能够使创业者具有更强的创业能力，有着更高质量先前经验的创业者往往表现出更强的创业能力，不同类型的创业经验会对不同维度的创业能力产生促进作用。然而，即便是具有相同容量和类型的"经验池"的创业者也未必能具备相同的创业能力，先前经验向创业能力转化的过程中，经验的获取方法、转换方法以及创业者个体面对经验的处理能力都将对创业能力的形成和发展造成深刻的影响。经验学习始于经验的获取，创业者亲历的无论是成功或者失败的经验都蕴含着大量有价值的信息，经验发生的背景、条件以及结果，都是知识和技能发展的重要来源（巴伦，2004）。创业经历能让创业者训练出一种有助于及时捕捉创业机会的创业思维，相应的行业经验能有助于整合到创业所需的资金支持、订单、原材料等资源，更能在企业新进入时把握其中的行业规则与运营模式，及时有效地克服新创弱性（张玉利和王晓文，2011）；创业者的职能经验有助于获取公司运营与管理知识，避免创业时可能出现的问题（戴维森和霍尼格，2003）。创业者不仅要注重自身经验的积累和获取，还要积极通过社会网络汲取他人的经验，经验类型越丰富，就能获得越多的促进认知过程的燃料和学习资源（埃利斯，2006），尤其是来自社会网络的创业榜样的学习有助于激发创业激情，提升创业信心，勾画未来的创业蓝图。将所获取的经验转化为能力则需要对信息进行处理，反思性观察是信息转化的主要方式，具有两个特征，一是反思性观察通过"回忆"或者"回顾"以往所经历的事情，"穿越"到过去，重温曾经感受到的欣喜、怀疑、犹豫、困惑等心理感知，对以往经历的成败进行归因处理，进而影响自我效能感，产生创造性知识；二是反思性观察包含一个搜索、寻找和发现的行为，回顾性反思，通过对所困惑、怀疑的问题的认知，提出相应的假设，并且进行细致的检验、探索分析假设成立的可能性，进而有可能解决之前的疑问，重构自己的理解，激活个人智慧，并在以往活动所涉及的各个方面的相互作用下产生超越已有信息以外的信息。反思被认为会提高个人学习的深度和相关性，支持自我洞察和成长的出现，从而使得反思实践者形成可迁移的理念以及提供组织学习和变革的可能性。随着反思的深入，创业者能够根据抽象概念化来判断所具有的经验是否可以应用在创业实践中，而抽象概念化的过程依赖于创业者自身的内部转换方式，即通过心智模式的转变来实现经验向知识的转化。如果发现所积累的经验能用于创办这类企业，就在头脑中把这种经验抽象概括，形成各种知识，有助于磨砺心态、获取与所从事行业相关的知识，也有助于汲取和挖掘创业机会、运营新企业管理的相关知识，从而不断提升创业所需的能力。据此，提出研究假设：

H1：经验学习的过程对创业能力各维度有显著正影响；

H1a：经验获取对创业能力各维度有显著正影响；

H1b：反思性观察对创业能力各维度有显著正影响；

H1c：抽象概念化对创业能力各维度有显著正影响。

（2）创业行动学习在经验学习与创业能力之间起到中介作用。认知学派的迁移理论明确指出，实践（行动）是知识转化为能力的主要途径，通过知识的迁移、反复使用，能提升对知识掌握的熟练程度，在知识自如、娴熟使用的基础上才有可能将知识升华为能力。由此可见，能力生成的前提条件是要将先前学习任务中获得的特定知识应用于新的任务中，个体的转化水平不同，即使个体在前一个学习阶段获得同样的知识也未必能形成同样水平的能力（杨克瑞，2013）。当创业者处于一个具体的创业情境中，一方面是创业者渴望达到的目标，另一方面是创业者目前所具备的条件，于是创业者尝试填补已知条件与目标之间的这个"认知空隙"（王培芳和符太胜，2009）。在填补空隙的过程中，创业者通过采取相应的行动来解决创业中遇到的问题，进而验证在前面的经验学习过程中所构建的认知、知识体系是否正确得当，从而引发新的质疑；并通过与网络成员的互动，获得支持以更深入地推动批判反思，检验所提供的解决问题的方法的有效性，产生新颖的方法和确定可供选择的视角，使得认知图式不断重建以适应环境的变化，以获得具有说服力的相关假设或结论，并采取合适的方式付诸于有效的执行（里斯，2015）。基于此，创业能力形成的根本途径是个体既要知其所以难，而且还要躬身力行。据此，提出研究假设：

H2：创业行动学习在经验学习与创业能力之间起到中介作用。

（3）直观推断在经验学习与创业能力间的调节作用。经验学习是创业者吸收经验与组织新知识的过程。在经验学习的过程中，创业者依靠直观推断将亲身经历的直接经验或观察他人得到的间接经验与现有的信息、知识联系起来。在不确定性条件下，创业者往往会使用直观推断来简化认知策略，从而影响创业者的认知判断，进而影响创业能力的形成与发展。直观推断在某些情况下能够强化经验学习对创业能力的促进作用，但是，在另一些情况下又会使经验学习产生认知偏差从而阻碍了创业能力的发展。因此，直观推断可能在经验学习与创业能力间起到调节作用，强化或减弱经验学习与创业能力之间的关系。据此，提出研究假设：

H3：直观推断在经验学习与创业能力的关系中发挥调节作用。

第一，代表性启发式在创业者经验学习与创业能力关系中的调节作用。代表性启发式指人们倾向于将群体的最常见和最显著特征赋予该群体中的所有个体成员（弗雷泽，2002）。创业投资家在创业投资决策中就经常使用代表性启发式；为简化每个投资方案的复杂描述，他们仅聚焦成功机会的常见特征，通过判断投资方案在多大程度上具备先前成功机会的典型特征来判断其成功概率。此外，通过观察学习获取新知识的过程受代表性启发式的影响更大。创业者，尤其是那些没有先前创业经验的创业者，在追求相关机会时往往会忽视他人所面临的复杂性问题和所获取信息的历史成功率与可靠性（巴伦和恩斯利，2006）。信息不对称会进一步使创业者的学习复杂化，且不确定性会使创业者在对他人行为与行动的判断过程中更易受到随机的模糊性影响。因此，由此推断出的结论往往存在更多疑问，也使得在新形成的知识结构中加入这些判断更加困难，且结果易受到不确定性预测的影响。据此，提出研究假设：

H3a：代表性直观推断（创业者所判断的机会中存在的类似于以往经验的相似程度）显著正向调节经验学习与创业能力间的正相关关系，创业者认为该组机会与以往经验相似度越高，这种正相关关系就越强。

第二，易得性启发式在创业者经验学习与创业能力关系中的调节作用。由于创业者在选择学习判断模式时不可能回忆起他们所储备的所有先前知识，所以易得性启发式显得至关重要；创业者一旦能够获得足够的知识作出判断，就会停止记忆检索过程；创业者常根据记忆中最易得的先前知识作判断，这对创业者在熟悉领域内的机会识别或许有益（施瓦茨和沃恩，2002）。某事件在人记忆中的易得性程度与该事件群的感知未来概率或频率相关联。例如，在某特定行业内有创建新企业经历的创业者，将记忆中本不相关的事件联系起来的可能性更高，在识别相似机会时调用先前知识的速度也更快，作出判断的准确性更高。此外，角色样板的成功创业行动会提升事件的卓越性，提高创业者对类似机会的成功概率或成功数量的认识。因此，给定学习事件群（无论通过自我直接经验学习还是间接经验观察学习）的回忆容易度会提高创业者对机会群的熟悉程度（对该机会群的学习更多）与相似事件的可感知未来概率。据此，提出研究假设：

H3b：易得性直观推断（创业者对一组机会的可得性程度）显著正向调节经验学习与创业能力间的正相关关系，创业者对该组机会越可得，这种正相关关系就越强。

第三，锚定及调整启发式在创业者经验学习与创业能力关系中的调节作用。以往研究已探讨过赌博行为评估、风险与不确定性估计、自我效能感认知、目标设定以及未来绩效判断等多种情景下的锚定效应，并得出"人们日常生活中很多决策判断都锚定在易得的初始值上，且相较于规范性预测，这些调整常导致回归预测"的一致结论。人们建立并依赖锚定值，且将它与一类事件相联系，所以不同的锚定值会产生不同的预测值；尽管锚定是无意识的，但具备相关知识的人还是能调用他们认为正确的知识，因此更不那么容易受锚定值的影响。但当人们遇到某类新信息时又会调整锚定值，尽管这种调整幅度很小。具备某类相似事件的先前经验会使其与这类事件产生更强的联系，并提供这类事件的更可靠、更完备的信息，从而降低锚定的影响；所以，创业者通过学习进行创业知识的积累将降低判断的极值。有经验的创业者学习得越多，对预定锚定值产生的路径依赖就越少，且他们会对锚定值进行回归，以向集中趋势估值调整，导致预测值的变动幅度相对更居中而不是那么接近极值。

此外，人们倾向于高估那些相关且非独立的关联事件的概率，而低估相关但独立的分离事件的概率（特沃斯基和卡尼曼，1986）。由于创业过程中的机会识别与开发活动常导致影响成功概率的不同阶段间形成重要的相互依赖性，因此，锚定效应会带来一些问题。研究发现，影响机会识别与竞争优势追求结果的因素包括人力资本的积累、财务资源的可得性，以及嵌入在网络关系与组织间关系的社会资源。机会识别与新企业的成功创立都建立在这一系列活动与事件的基础之上，它们之间的相互依赖性会导致未来结果的预测概率呈几何倍数减少。与以往成功创立企业的关联性越多，调整越不充足，成功的概率就越小。据此，提出研究假设：

H3c：锚定与调整直观推断显著负向调节经验学习与创业能力间的正相关关系，创业者对该组机会的调整倚赖初始锚定值的程度越强，这种正相关关系就越弱。

综上所述，本章构建如图 3.5 所示的经验学习、直观推断、创业行动学习、创业能力的关系概念模型。

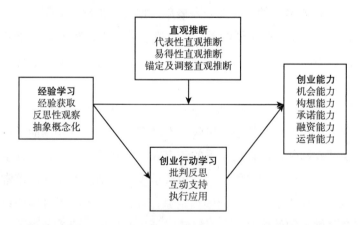

图 3.5 经验学习、直观推断、创业行动学习与创业能力的关系

3.4 问卷设计与数据收集

本部分主要是对问卷的设计过程和内容作出简单的介绍，包括变量的操作性

定义和度量指标，问卷的发放和回收，以及数据分析方法，从而为本书的实证部分奠定基础。

3.4.1　问卷设计过程与内容

（1）问卷设计过程。本章的问卷在借鉴国内外经过验证的成熟量表的基础上加以改进设计，包括创业者的基本情况、经验学习、创业行动学习、直观推断、创业能力5部分，本章采用李克特5点量表来测量。直观推断的量表主要是在参考特沃斯基和卡尼曼（1973，1974）等学者的基础上进行开发，创业能力量表借鉴曼等学者的研究进行设计。经验学习和创业行动学习缺乏比较成熟的量表，本章主要借鉴钱德勒和里昂（2009）、库伯（1984）、科佩（2005）等学者的研究，以及卡梅丽和绍布鲁克、哈恩和瑞德（2006）等学者的观点，并在其基础之上根据访谈以及专家意见进行适当的修改，结合访谈结论、创业研究学者和导师的意见，采用文献演绎法和归纳法尝试开发相关量表。

（2）问卷内容。本章的问卷设计主要是基于上述研究模型与假设的需要进行设计，包括基本信息调查、经验学习问卷、创业行动学习问卷、直观推断问卷以及创业能力问卷五部分。

第一部分：基本信息，包括性别、年龄、受教育程度、所处创业阶段、工作经验、行业一致性、员工数以及所处行业8个问题。

第二部分：经验学习问卷，主要调查创业者经验学习的情况，包括经验获取、抽象概念化以及反思性观察三部分，采用李克特5点量表形式，从1到5分别表示极不同意到完全同意。

第三部分：直观推断问卷，主要调查创业者直观推断的情况，包括代表性直观推断、可得性直观推断、锚定及调整直观推断三部分，采用李克特5点量表形式，从1到5分别表示极不同意到完全同意。

第四部分：创业行动学习问卷，主要调查创业者创业行动学习的情况，包括批判反思、互动支持和执行应用三部分，采用李克特5点量表形式，从1到5分别表示极不同意到完全同意。

第五部分：创业能力问卷，主要调查创业能力的情况，包括机会能力、融资能力、构想能力、承诺能力、运营能力五部分，采用李克特5点量表形式，从1到5分别表示极不同意到完全同意。

3.4.2　量表设计

（1）经验学习量表。根据前面的论述，本章主要是通过对创业者经验学习的过程来划分，从经验获取、反思性观察和抽象概念化三个方面来衡量经验学习。

根据对经验学习的国内外文献查阅与梳理，发现国内学者对经验学习的研究比较少，而在国外对经验学习的研究比较多，本量表主要是在钱德勒和里昂（2009）、库伯（1984）、科佩（2005）等学者的观点基础上，对经验学习的量表进行开发，见表3.7。

表 3.7　　　　　　　　　　　　　　经验学习测量题项

变量	序号	测量题项	来源
经验获取	1	我经常与行业中的专业人员进行交流以持续不断地对经验进行获取并学习	钱德勒和里昂（2009）；库伯（1984）；单标安等（2009）；李良方（2015）；阿布杜龙海德（2009）；访谈结论和专家意见
经验获取	2	我会去积累各种经验	
经验获取	3	我会对以往的经验获取方式进行回顾并找到应对不同经验的获取方式	
反思性观察	1	我能够对所进行的学习的经验进行客观描述	
反思性观察	2	我会将自己掌握的经验运用在实践中并加以思考	
反思性观察	3	我能够准确对所获得的经验进行学习并运用反思后的经验指导后面的经验反思	
抽象概念化	1	通过我所掌握的信息，我能够通过实践或者实验构建新的知识	
抽象概念化	2	我能够自己或者通过他人的帮助将经验知识归纳整合并抽象出合理的概念	
抽象概念化	3	如果我认为我所积累的这类经验适用于创办这类企业，我就会在头脑中把这种经验进行抽象概括并积极应用到创业中	

（2）直观推断量表。经过大量的文献收集与整理，创业者在不确定的条件下经常使用三种直观性推断，主要是：代表性直观推断、易得性直观推断和锚定及调整直观推断。直观推断主要运用在心理学领域，本章在相关研究成果的基础上进行直观推断量表开发。

代表性直观推断主要基于已有的表征出来相似的特征进行判断，对结果的先验概率不敏感，对统计样本的大小缺乏敏感性等。本章借鉴前人的研究，开发代表性直观推断的测量量表，见表3.8。

表 3.8　　　　　　　　　　　　代表性直观推断测量题项

序号	测量题项	来源
1	如果我对某件事未来的成功的期望估计感到低于50％，就会得出其很有可能失败	特沃斯基和卡尼曼（1973，1974）；郝罗宾等（2008）；赫特温等（2004）；申克（1989）；访谈结论和专家意见
2	我可以根据对某件事的描述作出自己的决定	
3	我通常会依据某类事物的主要特征进行决策	

易得性直观推断受到记忆提取的难易程度、信息的搜索范围以及事件的生动性程度的影响。记忆中的材料越容易被提取，概率就越容易被高估。表3.9的题项根据易得性的判断等角度编制而成。

表 3.9　　　　　　　　　　　　易得性直观推断测量题项

序号	测量题项	来源
1	在一些情况下，我能很容易回忆以前相似的情境遭遇，并以此作出相似的决策	梅宁和贝泽曼（2010）；郝罗宾等（2008）；访谈结论和专家意见
2	我可以很容易地搜索到所有的信息进行决策	
3	在决策的时候我常常会受到最近事件的影响	

锚定及调整直观推断是指人们在估测某个事件的时候，会以先前已有的知识以及认识作为估测的起始变量，然后基于此再进行估计与适当的调整。具体题项见表3.10。

表 3.10　　　　　　　　　　　　锚定及调整直观推断测量题项

序号	测量题项	来源
1	面对相似的情境，通常我会作出相同的决策	梅宁和贝泽曼（2010）；郝罗宾等（2008）；访谈结论和专家意见
2	我在对新机会的评估中会将其以过去为基准然后根据现有的条件进行调整从而作出判断	
3	我能够根据连续出现的事件，判断以后的发展趋势	

（3）创业行动学习量表。批判反思。克拉克等（2006）指出创业行动学习是基于反思之后的又一次更深刻的反思，创业学习者对自己的反思进行反思，从而在吸取经验和学习行动上更加彻底。反思也是学习成员必须具备的技能，没有

反思的行动学习就是无意义的学习，没有反思的创业行动是没有意义的，有可能会导致创业者创业的失败，或者会阻碍创业能力的提升。因此本量表借鉴鲍内（2011）的设计用来访谈有关反思性思考和批判性思考的问题，并且结合访谈结论进行设计，具体见表 3.11。

表 3.11　　　　　　　　　　　批判反思测量题项

序号	测量题项	来源
1	创业行动学习过程中，会对之前认为的导致失败原因的旧观点产生质疑，甚至推翻之前的观点	鲍内（2011）；访谈结论和专家意见
2	创业行动学习过程中，会从不同的角度思考决策问题是否会有替代性结论	
3	创业行动学习过程中，经常会结合之前的经验重新思考创业过程中遇到的问题	

互动支持。创业行动学习的发生离不开成员之间的交流，在交流的过程中得到经验的学习，获得资源的支持等。通过与他人的互动，也能够找到新的思路（陈燕妮，2013）。因此，此量表参考陈燕妮（2013）的研究以及结合访谈结论而设计，见表 3.12。

表 3.12　　　　　　　　　　　互动支持测量题项

序号	测量题项	来源
1	在创业的过程中，我经常会与其他人进行交流	陈燕妮（2013）；访谈结论和专家意见
2	在与他人的交流中，我经常能够获得有价值的信息和反馈	
3	与他人交流得越多，我能够学得越多，越有利于创业	

执行应用。没有行动的学习就不算是学习，只算是知识的积累，无法促进自身创业能力的提升，创业行动学习无疑涵盖了将学习应用到创业活动中去。哈恩和瑞德（2006）在经验学习的基础上，提出了行动学习环，因此，此量表主要借鉴哈恩和瑞德（2006）的观点而设计，见表 3.13。

表 3.13　　　　　　　　　　　执行应用测量题项

序号	测量题项	来源
1	我会根据原来的规则做事	哈恩和瑞德（2006）；访谈结论和专家意见
2	我会在原来的规则基础上，部分采用新的方式做事	
3	我会改变原来的规则，以全新的方式做事	

（4）创业能力量表。根据之前的综述部分，可知创业能力是一个多维度概念，目前学者们对此研究较多，而本量表主要是从曼（2000）、艾哈迈德和哈兹利纳（2007）、李翔（2009）、谢雅萍和黄美娇（2016）开发的创业能力量表中选取，并结合访谈结论设计（见表2.8）。

3.4.3　问卷发放与回收

为了确保量表的有效性，以便于后期更有效地开展调研，笔者在正式调研前，先进行了预调研，主要是针对在语句表达以及措辞上受试者能否读懂的问题，以及从受试者的角度看量表设计是否合理和有无重叠的情况，通过对问卷进行效度检验，删减并修正部分题项，最终形成正式问卷。

正式样本调研采用电子问卷和纸质问卷两种。面向创业者进行问卷的发放与填写，在纸质问卷填写过程中全程跟踪，与被调查者沟通交流。两种渠道共发放问卷 600 份，回收 450 份，有效问卷 398 份，问卷有效回收率为 66.3%。

样本选择所遵循的条件：小微企业创业者。同时剔除无效问卷的原则有：第一，问卷中存在大面积空白和遗漏，缺失值过多；第二，被调查者填写过于随意，连续数道题目甚至全部量表都选择同一选项。问卷或不符合研究需要，或存在信息失真的情况，因此本研究予以剔除。

3.4.4　数据分析方法

根据本章的研究模型和假设，主要运用 SPSS 20.0 对问卷回收回来的数据进行分析，探索并验证假设是否成立。数据分析方法具体包括：（1）描述性统计分析；（2）信度分析；（3）效度分析；（4）方差分析；（5）相关分析；（6）多元回归分析。通过以上数据分析手段对本章提出的理论假设进行验证。

3.5　数据分析与结果讨论

本部分主要采用 SPSS 20.0 分析软件对回收回来的数据进行统计分析，实证检验模型假设中提到的经验学习、创业行动学习、直观推断和创业能力的影响机制。主要分为以下五个部分：第一部分是描述性统计分析和方差分析，目的是明确控制变量对创业能力的影响；第二部分是对经验学习、创业行动学习、直观推断和创业能力四个量表进行信效度分析；第三部分是相关性分析，通过相关性分析确定变量之间的关系程度和方向；第四部分是回归分析，旨在验证概念模型中的假设并进行简要分析；第五部分是对验证结果进行总结和结论解释。

3.5.1 描述性统计分析和方差分析

（1）描述性统计。下面是用 SPSS 20.0 对回收来的问卷进行描述性统计，主要涉及创业者的基本特征及其企业的规模和所属行业性质，包括频数和百分比，具体数据如表 3.14 和表 3.15 所示。

第一，创业者样本的个体基本特征分析。本章主要从性别、年龄、受教育程度、创业阶段、工作经验、行业一致性等来了解创业者的基本情况，见表 3.14。

表 3.14　　　　　　　　　创业者样本的基本特征

变量	选项	频数（人）	百分比（%）	变量	选项	频数（人）	百分比（%）
性别	男	319	80.2	创业阶段	种子期	12	3.0
	女	79	19.8		初创期	49	12.3
年龄	20 岁及以下	7	1.8		成长期	111	27.9
	21～30 岁	159	39.9		成熟期	135	33.9
	31～40 岁	189	47.5		转型期	91	22.9
	41～50 岁	40	10.1	工作经验	没有	18	4.5
	51 岁以上	3	0.7		0～2 年	79	19.9
受教育程度	初中及以下	26	6.5		3～5 年	132	33.2
	高中/中专	77	19.4		6～9 年	104	26.1
	大专/本科	215	54.0		10 年及以上	65	16.3
	硕士	70	17.6	行业一致性	是	299	75.1
	博士	10	2.5		否	99	24.9

从表 3.14 中可以清楚地发现创业者主要还是以男性为主，在收集到的 398 份问卷中，男性创业者有 319 人，占总人数的 80.2%；女性创业者有 79 人，占 19.8%。

由创业者的年龄分层可以看出，20 岁及以下的创业者有 7 人，占 1.8%；21 ~ 30 岁有 159 人，占 39.9%；31 ~ 40 岁有 189 人，占 47.5%；41 ~ 50 岁有 40 人，占 10.1%；51 岁及以上只有 3 人，占 0.7%。由此可见，创业者的年龄分布还是主要以青年为主体的现状。

从表 3.15 可以看出，在教育程度上，学历在初中及以下的有 26 人，占 6.5%；高中/中专有 77 人，占 19.4%；大专/本科有 215 人，占 54.0%；硕士有 70 人，占 17.6%；博士有 10 人，占 2.5%，由此可见创业者主要是大专或本科生，而硕士及以上的学历则很少去创业，而且创业者受教育程度主要呈正态分布。

从创业者的创业阶段统计中，我们可以看到：其中有 12 人处在种子期（拥有创业点子，为公司成立做各种准备工作），占 3.0%；49 人处在初创期（公司成立初期，效益不太稳定），占 12.3%；111 人处在成长期（公司产品和服务结构基本确定，生产步入正轨，效益提高较快），占 27.9%；135 人处在成熟期（公司产品或服务结构稳定，效益比较稳定），占 33.9%；91 人处在转型期（公司产品或服务的市场缩小，效益下降，面临制度变革），占 22.9%，可见处在成长期、成熟期和转型期的占大多数。

对于创业者来说，有没有工作经验将影响其所创立企业的行业。在表 3.15 中，可以清楚地看到，没有工作经验的有 18 人，占 4.5%；拥有 0 ~ 2 年工作经验的创业者有 79 人，占 19.9%；有 3 ~ 5 年工作经验的创业者有 132 人，占 33.2%；有 6 ~ 9 年工作经验的创业者有 104 人，占 26.1%；拥有 10 年以上经验的创业者有 65 人，占 16.3%。因此，拥有工作经验的创业者占大多数，而没有工作经验的创业者占少数。

从对创业者所创办的企业与原工作的一致性的调查来看，299 位创业者所创办的企业和原工作行业具有一致性，占 75.1%，而占 24.9% 的 99 位创业者与其原行业是没有关系的。大多数的创业者所创立的企业与其原行业的一致性可能是基于其看到所工作行业的发展前景，也可能是其看到了另一行业的发展前景转而去进入其他行业创业。

第二，创业者样本的企业规模和行业性质情况。本章主要是通过调查员工人数来判断企业规模，以及调查企业所属的行业性质，见表 3.15。

表 3.15   **样本所在企业规模和行业性质统计**

变量	选项	频数（家）	百分比（%）	变量	选项	频数（家）	百分比（%）
企业员工人数	100 人以下	2	0.5	所处行业	房地产业	32	7.5
	100~200 人	52	13.3		电力、燃气及水的生产和供应业	0	0
	201~300 人	65	16.3				
	301~400 人	90	22.6		建筑业	15	3.5
	401~500 人	39	9.8		交通运输、仓储和邮政业	14	3.5
	501~600 人	36	9.0		信息传输、计算机服务和软件业	117	29.4
	601~800 人	26	6.5				
	801~1000 人	59	14.8		批发和零售业	11	2.8
	1001~2000 人	11	2.7		住宿和餐饮业	20	5.0
	2001~3000 人	11	2.7		金融业	54	13.6
	3001 人以上	7	1.8		租赁和商务服务业	28	7.0
所处行业	农、林、牧、渔业	5	1.3		居民服务和其他服务业	66	16.6
	采矿业	21	5.3		卫生、社会保障和社会福利业	10	2.5
	制造业	28	7.0		文化、体育和娱乐业	24	6.0

本章根据国家统计局发布的《统计上大中小微型企业划分办法》的标准来划分，从表 3.15 可见本次样本的企业规模主要集中在 301~400 人，占 22.6%；201~300 人占 16.3%；801~1000 人占 14.8%；100~200 人，占 13.3%；401~500 人，占 9.8%，由此可见，企业规模主要还是以中小型为主。依据国家行业分类标准，可以看出样本的行业性质以信息传输、计算机服务和软件业（29.4%），居民服务和其他服务业（16.6%），金融业（13.6%）为主。

（2）方差分析。本章的调查问卷，由于主要是研究创业者个体，因此重点观察 7 个创业者的基本情况影响，分别是性别、年龄、受教育程度、创业阶段、工作经验、行业一致性。一般认为，显著性水平大于 0.05 视为不存在显著差异，符合方差分析前提条件；而显著性水平低于 0.05 这一显著水平，则说明控制变量将对观测变量产生显著性影响。表 3.16 显示控制变量的影响程度。

表 3.16　　　　　　　　　不同控制变量单因素方差分析（显著性水平）

变量	经验学习	直观推断	创业行动学习	创业能力
创业者性别	0.057	0.664	0.989	0.003 **
创业者年龄	0.309	0.026 *	0.000 ***	0.761
受教育程度	0.965	0.006 **	0.039 *	0.033 *
创业阶段	0.348	0.008 **	0.061	0.065
创业者工作经验	0.370	0.008 **	0.459	0.001 **
行业一致性	0.121	0.028 *	0.002 **	0.001 **

注：* 表示路径系数显著水平 $p < 0.05$，** 表示 $p < 0.01$，*** 表示 $p < 0.001$。

由表 3.16 可看出：创业者性别只对创业能力具有显著性差异；创业者年龄和行业一致性对直观推断和创业行动学习都具有显著性影响，其中行业一致性对创业能力也具有显著性影响；受教育程度、创业阶段和创业者工作经验都对直观推断具有显著性影响，其中仅有受教育程度对创业行动学习具有显著性影响；受教育程度和创业者工作经验对创业能力具有显著性影响；创业者性别、年龄、受教育程度、创业阶段、创业者工作经验和行业一致性对经验学习都没有显著性影响。这些检验结果与先前的相关研究结论基本一致，同时也说明此次选取的这些控制变量用来考察是否会引起自变量、因变量、中介变量和调节变量的显著性差异较为合理。

3.5.2　信效度检验

本章采用问卷调查的方式收集数据，主要有四大量表：经验学习量表、创业行动学习量表、直观推断量表和创业能力量表，分别测量模型的自变量、中介变量、调节变量和因变量。这四个量表都是依据之前的研究以及学者采用的相关量表，并结合后期的访谈和预调研修订而成的，信效度有一定的保证。尽管如此，仍需要对各量表进行信效度的验证，以确保问卷质量。

（1）信度检验。对问卷量表进行信度测量，常用的方法是 Cronbach's Alpha 系数作为评价的标准。Cronbach's Alpha 系数的值介于 0～1，其值越高表明信度越高，能够更加准确地反映出问卷量表内部结构和测量指标之间的一致性。通常情况下 Cronbach's Alpha 系数最好要大于 0.7；倘若测量的 Cronbach's Alpha 系数低于 0.35 则应拒绝该题项指标。利用 SPSS 20.0 统计分析软件，得到本章各量表的信度，结果如表 3.17 所示。

表 3.17   量表的信度分析

因子名称	指标	Cronbach's Alpha	整体 Cronbach's Alpha
经验学习	经验获取 反思性观察 抽象概念化	0.743	0.840
创业行动学习	批判反思 互动支持 执行应用	0.847	
直观推断	代表性直观推断 易得性直观推断 锚定及调整直观推断	0.845	
创业能力	机会能力 承诺能力 构想能力 融资能力 运营能力	0.705	

从表 3.17 可以看出，整体问卷的信度达到了 0.840，而单独的四个量表的信度也都达到了 0.7 以上，可见问卷具有良好的一致性。

（2）效度检验。运用 SPSS 20.0 统计分析软件进行探索性因子分析，通过主成分分析的方法对模型的各维度变量按照抽取不同数目因子的原则，进行最大变异法正交旋转，得到相应的因子载荷矩阵，然后通过对比差异来实现。首先，需要对问卷进行 KMO 检验和巴特利球体检验，通常情况下 KMO 检验值大于 0.6 就可以进行因子分析。对本章的问卷量表进行的探索性因子分析结果如表 3.18 至表 3.25 所示。

第一，经验学习量表因子分析。

表 3.18   经验学习维度因子分析

	经验获取	反思性观察	抽象概念化
KMO 测度	0.705	0.728	0.695
Sig.	0.000	0.000	0.000

	经验获取	反思性观察	抽象概念化
Q1	0.806		
Q2	0.844		
Q3	0.846		
Q4		0.892	
Q5		0.878	
Q6		0.847	
Q7			0.832
Q8			0.817
Q9			0.816

表 3.19　　　　　　　　　　　经验学习变量因子分析

	经验获取	反思性观察	抽象概念化
KMO 测度	0.767		
Sig.	0.000		
方差贡献率	26.961%	24.594%	22.752%
累积方差贡献率	74.307%		

从表 3.18 和表 3.19 可以看出经验学习的二级指标和一级指标的 KMO 值均大于 0.6，巴特利球体检验的因子显著性水平小于 0.001，说明问卷收集的数据适合做因子分析。在经验学习的二级指标中，9 项二级指标对经验学习的解释一般都在 0.5 以上，从总体上来说，各二级指标都能对经验学习进行很好的解释；而经验学习的一级指标也达到 0.7 以上，累计方差贡献率达到 74.307%，旋转后的因子贡献率分别是 26.961%、24.594%、22.752%，对经验学习的总体也具有很好的解释，可见经验获取、反思性观察、抽象概念化共同构成了经验学习的三维结构模型。

第二，直观推断量表因子分析。

表 3.20　　　　　　　　　　　直观推断维度因子分析

	代表性直观推断	易得性直观推断	锚定及调整直观推断
KMO 测度	0.679	0.719	0.717
Sig.	0.000	0.000	0.000

续表

	代表性直观推断	易得性直观推断	锚定及调整直观推断
Q10	0.847		
Q11	0.906		
Q12	0.760		
Q13		0.788	
Q14		0.834	
Q15		0.878	
Q16			0.800
Q17			0.857
Q19			0.833

表 3.21　　　　　　　　　　　　直观推断变量因子分析

	代表性直观推断	易得性直观推断	锚定及调整直观推断
KMO 测度	0.791		
Sig.	0.000		
方差贡献率	25.568%	22.274%	24.964%
累积方差贡献率	75.806%		

从表 3.20 和表 3.21 可以看出直观推断的二级指标和一级指标的 KMO 值均大于 0.6，巴特利球体检验的因子显著性水平小于 0.001，说明问卷调查所收集的数据适合做因子分析。在直观推断的二级指标中，9 项二级指标对直观推断的解释均在 0.7 以上，从总体上来说，各二级指标都能对直观推断进行很好的解释；而直观推断的一级指标也达到了 0.6 以上，累计方差率达到了 75.806%，对直观推断也具备很好的解释，可见代表性直观推断、易得性直观推断、锚定及调整直观推断共同构成了直观推断的三维结构模型。

第三，创业行动学习量表因子分析。

表 3.22　　　　　　　　　　　　创业行动学习维度因子分析

	批判反思	互动支持	执行应用
KMO 测度	0.700	0.700	0.649
Sig.	0.000	0.000	0.000
Q19	0.811		

续表

	批判反思	互动支持	执行应用
Q20	0.832		
Q21	0.853		
Q22		0.876	
Q23		0.760	
Q24		0.691	
Q25			0.612
Q26			0.859
Q27			0.621

表 3.23　　　　　　　　　　创业行动学习变量因子分析

	批判反思	互动支持	执行应用
KMO 测度	0.828		
Sig.	0.000		
方差贡献率	25.943%	24.812%	19.038%
累积方差贡献率	69.793%		

从表 3.22 与表 3.23 可以看出创业行动学习的二级指标和一级指标的 KMO 值均大于 0.6，巴特利球体检验的因子显著性水平小于 0.001，说明问卷调查所收集的数据适合做因子分析。在创业行动学习的二级指标中，9 项二级指标对创业行动学习的解释都在 0.6 以上，从总体上来讲，各二级指标都能对创业行动学习进行很好的解释；而创业行动学习的一级指标也达到 0.6 以上，累积方差贡献率达到 69.793%，对创业行动学习总体也具备很好的解释，可见批判反思、互动支持和执行应用共同构成了创业行动学习的三维结构模型。

第四，创业能力量表因子分析。

表 3.24　　　　　　　　　　创业能力维度因子分析

	机会能力	承诺能力	构想能力	融资能力	运营能力
KMO 测度	0.715	0.654	0.682	0.747	0.838
Sig.	0.000	0.000	0.000	0.000	0.000
Q28	0.916				
Q29	0.864				

续表

	机会能力	承诺能力	构想能力	融资能力	运营能力
Q30	0.872				
Q31		0.763			
Q32		0.906			
Q33		0.862			
Q34			0.814		
Q35			0.864		
Q36			0.806		
Q37				0.930	
Q38				0.966	
Q39				0.946	
Q40					0.894
Q41					0.912
Q42					0.935
Q43					0.881

表 3.25 创业能力变量因子分析

	机会能力	承诺能力	构想能力	融资能力	运营能力
KMO 测度	0.729				
Sig.	0.000				
方差贡献率	20.586%	16.929%	14.846%	13.924%	13.275%
累积方差贡献率	79.56%				

从表 3.24 与表 3.25 可以看出创业能力的二级指标和一级指标的 KMO 值均大于 0.6，巴特利球体检验的因子显著性水平小于 0.001，问卷调查所收集的数据适合做因子分析。在创业能力的二级指标中，16 项二级指标对创业能力的解释都在 0.7 以上，总体来讲，各二级指标都能对创业能力进行很好的解释；而创业能力的一级指标也达到 0.7 以上，累积方差贡献率达到 79.56%，对创业能力总体也具备很好的解释，可见机会能力、承诺能力、构想能力、融资能力和运营能力共同构成了创业能力的五维结构模型。

3.5.3 相关性分析

运用回归分析研究变量之间存在的关系情况之前，需要先通过变量间的相关性分析确定变量间存在的关系程度以及方向。相关性分析是研究随机变量之间的线性相关关系的一种统计方法。相关系数的大小也是衡量相关性的程度，积差相关的值介于 1 ~ −1，越接近 0 表示两变量间的关联度越弱。本章运用 Pearson 相关分析探测变量间的关联程度，统计结果如表 3.26 所示。

表 3.26   **本章各维度相关系数矩阵**

变量	1	2	3	4	5	6	7	8	9	10	11	12	13	14
1	1													
2	0.431 **	1												
3	0.030	0.014	1											
4	0.113 **	0.173 **	0.236 **	1										
5	0.358 **	0.396 **	0.149 **	0.305 **	1									
6	0.413 **	0.166 **	0.157 **	0.371 **	0.496 **	1								
7	0.315 **	0.203 **	0.204 **	0.337 **	0.414 **	0.605 **	1							
8	0.296 **	0.172 **	0.125 **	0.303 **	0.428 **	0.454 **	0.515 **	1						
9	0.104 *	0.145 **	0.163 **	0.173 **	0.271 **	0.364 **	0.410 **	0.523 **	1					
10	0.292 *	0.012	− 0.019	0.233 **	0.350 **	0.105 *	0.042	0.046	0.080	1				
11	0.009	0.073	0.027	0.167 **	0.152 **	0.181 **	0.128 *	0.087	0.085	0.006	1			
12	0.018	0.027	− 0.037	0.267 **	0.142 **	0.254 **	0.270 **	0.303 **	0.208 **	0.079	0.302 **	1		
13	− 0.019	− 0.034	0.006	0.015	− 0.002	0.024	0.000	− 0.010	− 0.070	0.113 *	0.044	0.051	1	
14	0.022	0.021	0.004	− 0.091	− 0.071	− 0.048	− 0.016	0.118 *	− 0.092	− 0.081	0.030	− 0.041	− 0.010	1

注：①此处采用双尾检验；＊表示 $p < 0.05$；＊＊表示 $p < 0.01$。②1 为经验获取，2 为反思性观察，3 为抽象概念化，4 为代表性直观推断，5 为易得性直观推断，6 为锚定及调整性直观推断，7 为批判反思，8 为互动支持，9 为执行应用，10 为机会能力，11 为承诺能力，12 为构想能力，13 为融资能力，14 为运营能力。

（1）经验学习与创业能力的相关性分析。自变量经验学习与因变量创业能力之间的相关性分析可以看出：第一，经验获取和融资能力呈现负相关，与机会能力呈现显著的正相关，与其他三个创业能力维度没有出现显著的相关性；第二，反思性观察与融资能力呈现负相关，与创业能力的其他维度没有显著的相关关系；第三，抽象概念化与机会能力和构想能力呈现负相关，与其他三个创业能力维度没有显著的相关关系。

（2）经验学习与创业行动学习的相关性分析。通过分析经验学习与创业行动学习之间的相关性，可以得出以下结论：经验学习的三个维度（经验获取、反思性观察、抽象概念化）与创业行动学习的三个维度（批判反思、互动支持和执行应用）都呈显著的正相关，说明创业者在创业过程中经验学习得越充分，创业行动学习就会进行得越充分，经验学习与创业行动学习之间有着很紧密的关系，这与前面的理论阐述是相一致的。

（3）创业行动学习与创业能力的相关性分析。从创业行动学习与创业能力的相关性分析可以发现：批判反思与承诺能力具有显著的正相关，与运营能力呈负相关，与融资能力没有相关关系；互动支持与构想能力和运营能力呈显著的正相关，和融资能力呈现出负相关关系，与机会能力和承诺能力没有显著的相关关系；执行应用与构想能力呈显著正相关，与融资能力和运营能力呈负相关关系，与创业能力其他维度没有显著的相关关系。

（4）直观推断与其他各变量的相关性分析。直观推断与经验学习的三个维度呈显著的相关性；直观推断与创业行动学习的三个维度呈现显著的相关性；直观推断对机会能力、构想能力和承诺能力具有显著的正相关，但是对运营能力呈负相关关系。根据这些结论，我们发现直观推断对经验学习和创业行动学习会产生一定的影响。

3.5.4　回归分析

相关性分析是用来说明两个变量之间相互关联的关系以及这种关系的紧密程度和方向。为了说明两种关系之间的因果关系，需要用到回归分析，从而验证它们之间的因果关系。

为保证回归分析的科学性、有效性，本章验证了回归模型的多重共线性、序列相关和异方差等三大问题。其中多重共线性用方差膨胀因子（VIF）指数衡量，木章所用回归模型 VIF 值均落在 1.000 ~ 8.354 区间，位于 0 ~ 10 的合理区域内，不存在多重共线性问题（张文彤，2002）。序列相关性唯有在数据是动态数据时才会存在，由于本章采用横截面数据，且各模型的 DW 值都落在 1.756 ~ 2.125 范围内，接近 2，解释变量的残差与自变量相互独立，不存在自相关问题。

关于异方差的检验，本章结合最小二乘法，计算回归模型残差绝对值与自变量之间的相关性，发现异方差问题亦不存在。

（1）经验学习与创业能力回归分析。为了考察经验学习与创业能力，经验学习各维度与创业能力各维度之间的影响关系，本章对上述假设作出实证检验，以经验学习为自变量，以创业能力为因变量，运用 SPSS 20.0 统计软件对先前的假设作出实证检验，分析结果如表 3.27 和表 3.28 所示。

表 3.27 经验学习对创业能力的回归分析

自变量	因变量：创业能力			
	β	R^2	Adj. R^2	F
经验学习	0.327 ***	0.054	0.041	11.574 ***

表 3.28 经验学习各维度对创业能力各维度的回归分析

自变量	因变量				
	机会能力	承诺能力	构想能力	融资能力	运营能力
经验获取	0.118 **	0.150 *	0.109	0.341 *	0.538 *
反思性观察	0.363 **	0.294 **	0.324 ***	0.276	0.337 **
抽象概念化	0.128 *	0.227 **	0.097 **	0.249 **	0.083 **
R^2	0.021	0.108	0.062	0.079	0.012
Adj. R^2	0.015	0.087	0.054	0.062	0.006
F	2.582 **	6.506 ***	7.288 ***	7.338 ***	1.216 ***

从表 3.27 可以看出经验学习与创业能力之间的关系呈现出显著的正相关（β = 0.327，p < 0.001），H1 得到验证，即经验学习有助于提升创业能力。从表 3.28 中可以看出，经验获取只对构想能力没有显著的正影响，对创业能力的机会能力、承诺能力、融资能力、运营能力都具有显著正影响（β = 0.118，p < 0.01；β = 0.150，p < 0.05；β = 0.341，p < 0.05；β = 0.538，p < 0.05），则 H1a 部分得到验证；反思性观察对创业能力各维度都具有显著的正影响（β = 0.363，p < 0.01；β = 0.294，p < 0.01；β = 0.324，p < 0.001；β = 0.276，p < 0.05；β = 0.337，p < 0.01），因此 H1b 得到验证；抽象概念化与创业能力各维度之间关系都显著相关（β = 0.128，p < 0.05；β = 0.227，p < 0.01；β = 0.097，p < 0.01；β = 0.249，p < 0.01；β = 0.083，p < 0.01），则 H1c 得到验证。

（2）创业行动学习中介效应的回归分析。中介效应检验属于间接效应的一种。当自变量 X 对因变量 Y 的影响，是通过另一个变量 W 来完成的，则变量 W 就被称为中介变量，中介变量所起到的效应就是中介效应。温忠麟（2004）提出的中介效应检验程序被众多学者所接受，即先检验自变量 X 对因变量 Y 的直接效应，得到回归系数 c。如果回归系数 c 显著，则第二步检验自变量 X 对中介变量 W 的效应值，得到回归系数 a。第三步是将 X 和 W 作为自变量，对因变量 Y 进行回归分析，得到系数 b 和 d。如果 a、b、d 都显著，说明存在部分中介作用；如果 a 和 d 显著，b 不显著，说明存在完全中介作用；如果 a 和 d 只有一个显著，则需要进行 sobel 检验，进一步确定是否存在中介作用。如果第一步中的 c 不显著，就不需要进行下面的检验了，即不存在中介作用。下面将根据温忠麟（2004）提出的中介效应检验程序，对创业行动学习是否在经验学习和创业能力之间有中介效应进行检验，分析结果如表 3.29、表 3.30 和表 3.31 所示。

表 3.29　　　　　　第一步：经验学习对创业能力的直接效应分析

自变量	因变量：创业能力			
	β	R^2	Adj. R^2	F
经验学习	0.327 **	0.054	0.041	11.574 ***

表 3.30　　　　　　第二步：经验学习对创业行动学习的效应分析

自变量	中介变量：创业行动学习			
	β	R^2	Adj. R^2	F
经验学习	0.487 ***	0.421	0.409	81.706 ***

表 3.31　　　　第三步：经验学习与创业行动学习对创业能力的回归分析

自变量	因变量：创业能力			
	β	R^2	Adj. R^2	F
经验学习	0.237 ***	0.203	0.196	19.313 ***
创业行动学习	0.375 ***			

如表 3.29 所示，经验学习对创业能力的直接效应显示出显著正相关（β = 0.327，$p < 0.01$）。因此，紧接着进入第二步检验经验学习对创业行动学习的效应，从表 3.30 中可以发现两者之间的关系显著正相关（β = 0.487，$p < 0.001$）。

最后，将经验学习与创业行动学习当成自变量，检验两者对创业能力的效应，从表 3.31 的回归分析中，可以发现经验学习对创业能力的效应仍然显著，但是系数有所降低（$\beta = 0.237$，$p < 0.001$），而创业行动学习对创业能力的效应也显著（$\beta = 0.375$，$p < 0.001$）。因此，根据温忠麟的中介效应检验判别结论，创业行动学习在经验学习与创业能力之间的中介效应属于部分中介，H2 得到验证。

（3）直观推断调节效应的回归分析。当自变量 X 对因变量 Y 的影响受到第三个变量 W 的影响时，变量 W 就被称作调节变量。调节变量主要分为两种，一种是调节变量与自变量有交互作用的，它会影响自变量与因变量关系的方向；另一种是调节变量与自变量没有交互作用，但是会影响自变量与因变量的关系强弱。在做调节效应分析时，需要将自变量和因变量做中心化处理。温忠麟等（2005）介绍了显变量的调节效应分析方法，如果变量 Y 与变量 X 的关系是变量 M 的函数，称 M 为调节变量，当自变量和因变量都是连续变量时，用带有乘积项的回归模型做层次回归分析：第一步是做 Y 对 X 和 M 的回归，得测定系数 R_1^2；第二步做 Y 对 X、M 和 XM 的回归，得测定系数 R_2^2；若 R_2^2 明显高于 R_1^2，则调节效应显著。为了提高回归分析结果的正确性，在进行检验直观推断对经验学习与创业行动学习、经验学习与创业能力的调节效应，本章先对经验学习、创业行动学习、创业能力、直观推断、代表性直观推断、易得性直观推断和锚定及调整直观推断分别进行了中心化处理。

通过回归分析，检验直观推断在经验学习与创业能力之间的调节效应。以直观推断作为调节变量，经验学习作为自变量，创业能力作为因变量。其中直观推断又分为代表性直观推断、易得性直观推断和锚定及调整性直观推断三个维度，用 SPSS 20.0 进行相关回归分析，具体结果见表 3.32 和表 3.33。

表 3.32　　　　　　　　直观推断对经验学习与创业能力的回归分析

		创业能力
主效应	经验学习	0.087
	直观推断	0.326 ***
	R^2	0.255
	Adj. R^2	0.233
	F	25.697 ***

	创业能力	
调节效应 （加入交互项）	经验学习	0.187
	直观推断	0.424 ***
	经验学习 × 直观推断	0.176 **
	R^2	0.387
	Adj. R^2	0.336
	F	22.757 ***

表 3.33　　　　　　　直观推断三维度对经验学习与创业能力的回归分析

		创业能力		创业能力		创业能力
主效应	经验学习	0.236 *	经验学习	0.376 **	经验学习	0.276 **
	代表性直观推断	0.311 ***	易得性直观推断	0.129 **	锚定及调整性直观推断	0.201 **
	R^2	0.435	R^2	0.098	R^2	0.131
	Adj. R^2	0.367	Adj. R^2	0.073	Adj. R^2	0.109
	F	21.731 ***	F	17.490 ***	F	11.115 ***
调节效应（加入交互项）	经验学习	0.184 *	经验学习	0.219 **	经验学习	0.230 **
	代表性直观推断	0.261 ***	易得性直观推断	0.147 **	锚定及调整性直观推断	0.124 *
	经验学习 ×代表性直观推断	0.083	经验学习 ×易得性直观推断	0.167	经验学习 ×锚定及调整性直观推断	− 0.197 **
	R^2	0.535	R^2	0.219	R^2	0.371
	Adj. R^2	0.502	Adj. R^2	0.187	Adj. R^2	0.337
	F	19.840 ***	F	11.278 ***	F	9.917 ***

从表 3.32 可以看出，经验学习、直观推断与创业能力的回归模型中判定系数 $R_1^2 = 0.255$，经验学习、直观推断、经验学习 × 直观推断与创业能力的回归模型中的判定系数 $R_2^2 = 0.387$，R_2^2 明显大于 R_1^2，所以直观推断在经验学习与创业能力之间起到显著的调节作用，H3 得到验证。

从表 3.33 中可以看出，经验学习、代表性直观推断与创业能力的回归模型中判定系数 $R_1^2 = 0.435$，经验学习、代表性直观推断、经验学习 × 代表性直观推断与创业能力的回归模型中的判定系数 $R_2^2 = 0.535$，R_2^2 明显大于 R_1^2，且经验学习×代表性直观推断的回归系数为 β = 0.083，所以代表性直观推断在经验学习与创业能力之间起到正向调节作用，但是不够显著，H3a 得到部分验证；经验学习、易得性直观推断与创业能力的回归模型中判定系数 $R_1^2 = 0.098$，经验学习、易得性直观推断、经验学习×易得性直观推断与创业能力的回归模型中的判定系数 $R_2^2 = 0.219$，R_2^2 明显大于 R_1^2，且经验学习×易得性直观推断的回归系数为 β = 0.167，所以易得性直观推断在经验学习与创业能力之间起到正向调节作用，但是不够显著，假设 H3b 得到部分验证；经验学习、锚定及调整性直观推断与创业能力的回归模型中判定系数 $R_1^2 = 0.131$，经验学习、锚定及调整性直观推断、经验学习×锚定及调整性直观推断与创业能力的回归模型中的判定系数为 $R_2^2 = 0.371$，R_2^2 明显大于 R_1^2，且经验学习×锚定及调整性直观推断的回归系数为 β = −0.197，p＜0.01，所以锚定及调整性直观推断在经验学习与创业能力之间起到显著的负向调节作用，H3c 得到验证。

3.5.5 假设验证结果与结论解释

（1）研究假设验证结果。现将本章的研究假设验证结果列表，如表 3.34 所示。

表 3.34　　　　　　　　　　　研究假设验证结果

假设	结论
H1：经验学习的过程对创业能力各维度有显著正影响	支持
H1a：经验获取对创业能力各维度有显著正影响	部分支持
H1b：反思性观察对创业能力各维度有显著正影响	支持
H1c：抽象概念化对创业能力各维度有显著正影响	支持
H2：创业行动学习在经验学习与创业能力之间起到中介作用	支持
H3：直观推断在经验学习与创业能力的关系中发挥调节作用	支持
H3a：代表性直观推断显著正向调节经验学习与创业能力间的正相关关系	部分支持
H3b：易得性直观推断显著正向调节经验学习与创业能力间的正相关关系	部分支持
H3c：锚定及调整直观推断显著负向调节经验学习与创业能力间的正相关关系	支持

（2）研究模型结论解释。本章是以创业行动学习作为研究的中介变量，直

观推断作为调节变量，分析经验学习对创业能力的影响关系，提出概念模型和研究假设，并通过实证检验证实了创业行动学习的中介作用和直观推断的调节作用，下面将对假设的具体情况进行解释。

第一，经验学习对创业能力的影响。如表 3.27 所示，经验学习对创业能力具有显著正影响得到验证（$\beta = 0.327$，$p < 0.001$），由此可见经验学习作为一种学习方式，对创业者创业能力的形成、发展和提升具有重要的意义。因此，创业者在创业的过程中，应当注重经验的学习，在经验学习中获得创业的经验与知识，从而提升自己的创业能力，由此可以说明能力的提升并不是先天就具有的一项特殊的技能，它可以通过经验的学习提升，这也为创业者在创业过程中注重先前经验的学习提供了实质性的验证。任何一件事物的学习都对后来的行为产生指导作用，但是这个指导应当如何进行以及影响的好坏，这就需要学习者自身的识别以及取决于学习的方式和能力。

从表 3.28 中可以发现：经验获取对机会能力、承诺能力、融资能力、运营能力都具有显著正影响（$\beta = 0.118$，$p < 0.01$；$\beta = 0.150$，$p < 0.05$；$\beta = 0.341$，$p < 0.05$；$\beta = 0.538$，$p < 0.05$），而经验获取对构想能力没有显著的正影响。这可能是因为创业者在经验学习的过程中，经验的获取有助于提升学习者对机会的把握，从经验中了解到如何把握机会，通过自身的努力抓住创业的机遇，同时创业者在创业的过程中注重关于生活、学习、交际等方面，从而对承诺能力、融资能力以及创业者的运营能力具有显著的影响，而对于构想能力来说，可能是因为创业者通过经验获取难以实现构想能力方面的提升，因而产生的正向影响不够显著；反思性观察对创业能力的五个维度（机会能力、承诺能力、构想能力、融资能力和运营能力）都具有显著的正影响（$\beta = 0.363$，$p < 0.01$；$\beta = 0.294$，$p < 0.01$；$\beta = 0.324$，$p < 0.001$；$\beta = 0.276$，$p < 0.05$；$\beta = 0.337$，$p < 0.01$），反思性观察是经验获取后的反思与思考，创业者通过对所获取的经验进行反思与思考，从而能够从先前经验中得到一些信息，提升自己的能力，由此可见经验学习的反思性观察过程有助于提升创业者的创业能力；抽象概念化对创业能力的五个维度也具有显著的正影响（$\beta = 0.128$，$p < 0.05$；$\beta = 0.227$，$p < 0.01$；$\beta = 0.097$，$p < 0.01$；$\beta = 0.249$，$p < 0.01$；$\beta = 0.083$，$p < 0.01$），由此可见创业者在经验获取后所获得的知识的内化过程都对创业能力的提升具有显著的正向作用。

第二，创业行动学习在经验学习对创业能力影响中起到中介作用。根据温忠麟（2004）的中介效应判别结论，从表3.29、表3.30和表3.31中可以发现，加入创业行动学习作为自变量与经验学习共同对创业能力进行回归分析后，经验学习的回归效应依然显著，但是系数有所降低，而创业行动学习的回归系数也呈现出显著性，由此可以说明创业行动学习在经验学习与创业能力的关系中起到部分中介作用。由此可知，经验学习后创业者可以借助创业行动学习来更好地提高自身的创业能力。因此，创业者在经验学习后，要将自身在经验学习过程中的经验获取、反思性观察、抽象概念化后的知识内化投入创业行动中，从而提升创业者的创业能力。

第三，直观推断的调节作用。本章借鉴温忠麟（2005）介绍的调节效应分析方法，用 SPSS 20.0 进行直观推断的调节作用分析，构建相关的回归模型，分析了在经验学习与创业能力间加入直观推断后所带来 R^2 较大程度的变化，具有统计显著性，验证了直观推断的调节作用。具体而言，代表性直观推断虽然起到正向的调节作用，但是不太显著，而易得性直观推断的显著性也不是太好，锚定及调整性直观推断则呈现显著的负向调节作用。代表性直观推断的不显著性可能是因为创业者在决策的过程中，往往会认为通过表面所显示出来的特征进行决策不是特别准确，可能会因此而出现决策偏误。基于此，创业者在决策的时候往往还会再考虑其他方面的标准，而降低对代表性直观推断的使用，因此导致其调节作用不显著；而相对于易得性直观推断，由于其根据创业者所能想到的情况进行决策，其调节作用往往不是很明显；相对于锚定及调整性直观推断来说，创业者一般会在所获得的经验的基础上根据自己的理解与分析，进行相关的调整，对创业者创业能力具有很重要的作用，因此呈现出显著的调节作用。

3.6 经验学习与创业能力间的路径解析

本章从过程入手对经验学习进行研究，在理论研究与深度访谈的基础上进行了实证分析，构建了基于经验学习过程的研究模型，深度解析了经验学习与创业能力之间的传导路径。

首先，剖析了经验学习过程中创业者的经验获取程度、反思性观察和抽象概念化等细微之处对于创业能力的影响；在经验学习与创业能力间的影响路径中，经验获取是至关重要的一个环节。如何有效的获取经验成为启动经验学习过程的第一要务。经验类型越丰富，越有助于创业者获得更加多样性的学习资源，以在"量"的层面慢慢丰富自己的经验值。经验层次越多元，越有助于提升创业者学习的深度和广度，以在"质"的层面上获得突破。然而，并非所有的经验都具有学习价值，面对"经验池"，创业者需要启动反思性观察对经验进行分类处理。第一，创业者需要明确经验的来源。经验的来源决定了经验适用的领域，学习者能够根据其适用的领域进行归类，方便以后经验的调用，经验的无序性只会增加学习者的茫然性与调取经验的困难性；第二，创业者会对获取的经验进行思考。从整个层面进行思考，考虑经验是否获取全面，是否遗漏关键的方面，从各种角度根据当时的情境找出经验发生的条件、经验所具有的特点，抓住其适用的环境特征，以便以后更好地加以利用；第三，举一反三。经验反思的关键在于举一反三，它是一个反思后的升华，有助于创业者经过反思观察之后，真正了解相关经验并将其内化为自己内心的判断标准。随着反思的深入，创业者的认知体系不断重构并日益完善。然而，若想将停留在头脑中的经验和认知转化为系统性知识，还需要经过抽象概念化的过程。抽象概念化的过程是创业知识形成的关键步骤。通过抽象概念化的过程，创业者能够判断所获取的经验是否可以应用到创业实践当中，而抽象概念化的过程依赖于创业者自身的内部转换方式，即通过心智模式的转变来实现经验向知识的转化。如果发现所积累的经验能用于创办这类企业，就在头脑中把这种经验抽象概括，形成各种知识，有助于磨砺心态、获取与所从事的行业相关的知识，也有助于挖掘创业机会、运营新企业管理的相关知识，为创业能力的形成奠定基础。

其次，阐述了创业行动学习在经验学习和创业能力之间的中介作用。经验学习是创造知识的过程（库伯，1984），行动学习为能力的生成提供了有效的路径（奥比松等，2005）。创业行动学习的输入端是通过经验学习抽象概念化的知识以及在创业行动过程中获得的各种信息，面对这些已经经过经验学习处理的学习资源，创业者要启动批判性反思。批判反思有别于经验学习中的反思观察，经验学习采用的是回顾性反思，通过回顾以往的行为有意识地形成和重建处理复杂问题的方式。回顾性反思固然有用，但是不够充分，批判反思是反思的高级阶段，包括对决策或行为的假设的反思，对它们背后所牵涉的理智、道德、历史、社会等因素的隐含意义的反思以及问题的解决，往往是个体在解决无法确切回答或无法收集到完整相关资讯的问题时，所产生的一种理性反应。当批判反思发生时，个体能突破已有的思维定式，改变视角，聚敛观点，在诸多可能性中选出解决问题的最佳方案，会提高行动学习过程中解决复杂问题的能力，增加质疑和反思部分的深度、宽度和完备性。通过批判反思模式，进入"行动—反思—再行动—再反思"的循环路径中，创业者学习到的经验和知识得以内化、升华，然后用内化的知识指导下一轮实践以解决创业问题，如此往复，实现创业能力的螺旋式上升。

最后，明晰了直观推断在经验学习与创业能力间起到的调节效应。直观推断的认知简化策略作为创业过程中所必需的认知属性，直接影响创业学习的判断模式，进而影响创业能力的积累与创造，不同的直观推断方式会影响经验学习与创业能力间的关系方向。虽然代表性直观推断和易得性直观推断都起到正向的调节作用，但是均不太显著，而锚定及调整性直观推断则呈现出显著的负向调节作用。代表性直观推断的不显著性可能是因为创业者在决策的过程中，往往会认为通过表面所显示出来的特征进行决策不是特别准确，易受表面现象的"迷惑"，创业者在决策的时候往往还会考虑其他方面的标准，从而降低对代表性直观推断的使用，因此，导致其调节作用不太显著；对于易得性直观推断来说，由于其根据创业者调取经验信息的难易程度进行决策，创业者一旦认为自己已经获得了足够多的知识用来作出判断，就会选择停止记忆检索过程，而这往往会导致信息的准确性和完备性欠佳，使其调节作用的显著性减弱；对于锚定及调整性直观推断而言，创业者往往会受到先前经验产生的锚定效应的影响。然而，经验丰富的创业者一般会在先前经验的基础上，不断积累新知识和新经验，他们会根据自己对于"经验池"的理解与分析来调整初始锚定值，这对创业者创业能力具有重要影响，因此，锚定及调整性直观推断的调节作用较为显著。基于此，为了尽可能降低直观推断产生的认知偏差，充分发挥直观推断的调节效应，本章提出了三种主要措施：一是创业者要避免被具体的创业情境所迷惑，正确认识整个情境所具有的代表性与实际发生可能性之间的关系，把握好代表性启发式的应用程度；二是创业者要重视信息的收集与分析，保证所学习到的信息的准确性与完备性，避免过多依靠主观经验贸然判断与决策，将易得性启发式的效果发挥到最佳程度；三是创业者在机会评估或其他创业决策中对某事件进行定量估算时要勇于怀疑初始的锚定值，不断通过学习接受新的信息与知识以修正原始判断，并从不同视角看待与思考问题，将锚定及调整启发式对创业学习与创业知识间关系的负向调节作用降到最低程度。

3.7　小　结

本章对经验学习理论进行了回顾，并且明确了经验学习研究视角是从经验学习的过程进行研究。以经验学习作为自变量，创业能力作为因变量，直观推断作为调节变量，创业行动学习作为中介变量构建了经验学习模型，提出相应的研究假设。通过问卷设计以及数据收集，进而对数据进行分析，研究结果表明经验学习对创业能力具有正向影响，直观推断的调节效应得到验证，为创业者在创业过程中注重直观推断的影响做了指引，同时验证了创业行动学习的中介作用，明确了创业行动学习在创业中的重要性；经验获取对机会能力、承诺能力、融资能力以及运营能力具有正向影响，反思性观察对创业能力各维度均有正向影响，抽象概念化对创业能力各维度也具有正向影响；根据实证检验结果，对经验学习与创业能力之间的路径进行了深度解析，以期探明经验学习对创业能力产生影响的内部作用机理。

第 4 章

失败学习与创业能力

失败是成功之母，创业是一项高风险、高失败率的活动，但是放眼创业界史玉柱式的东山再起寥寥无几，更多的创业者则是淹没在失败的泥塘中难以再战江湖。难道失败带给创业者的就只有悲痛？失败蕴含着大量比成功经验更有价值的信息，其可能是知识和技能发展的重要来源，会给创业者带来极大的学习机会，同时经历失败也会引发创业者的顿悟和深刻的个人见解，致使创业者对失败的看法经历一个从消极到积极的生命体验，这一转变促使创业者进行失败学习。然而，从失败中学习并非易事，甚至是艰难、痛苦的"学习之旅"，究竟创业者如何才能从失败中学习走向成功，现有的研究仍然无法给予有效的理论指导。

创业研究领域长期存在"成功偏见"，聚焦于取得成功的创业者和最佳创业实践，指出创业学习会有助于新企业成长绩效的提升。对于失败学习的研究，主要围绕失败学习的障碍和影响因素展开，发现失败会带来很高的成本，甚至可能会造成情绪上毁灭性的打击，失败经历中的悲痛是学习的障碍，会影响个体信息的收集、扫描和解释。有关从失败中学习的内容、具体过程与作用机理、学习结果等方面的研究非常薄弱，尤其缺乏实证研究。基于此，本章的研究目的在于解决三个问题：什么是失败学习？如何从失败的悲痛中恢复过来从而进行有效的失败学习？失败学习如何影响创业能力？

4.1 失败学习的理论回顾及研究视角

失败被视为一个重要的"学习之旅"（卡登和麦格拉思，1999），蕴含着大量比成功经验更有价值的信息，需要花费时间来进行失败学习，这对于日后取得创业成功至关重要（雅克巴萨兰等，2010；张敏等，2015；潘宏亮和管煜，2020）。然而，放眼创业界史玉柱式的东山再起堪称个案，对于许多创业者来说，失败本身就是令人恐惧的梦魇，会带来很高的成本（科埃略和麦克卢尔，2005），甚至可能会是情绪上毁灭性的打击（艾哈迈德和西特，2009），因此，从失败中学习并非易事。在创业研究领域，一直存在"成功偏见"（许安迪和维克伦德，2015），有关学习的研究要么没有区分成功与失败，要么含蓄地侧重于从过去的成功经验中学习（拉普雷和奈波哈，2010），失败事件所产生的经验教训并没有真正被发生过失败事件的个人或组织所吸收（拉比卜和里德，2013），从失败中学习的内容和学习任务结果方面的实证研究非常薄弱（科佩，2011；谢雅萍等，2017）。基于此，本章系统全面地回顾现有研究，探寻未来的研究方向，以期更好地指导创业实践。学术界对创业失败主题研究的广泛关注始于麦格拉思（1999）在《管理学会评论》（*Academy of Management Review*）发表文章强调重视创业失败的理论和实践意义，本研究以 1999 年为起点，在中外文献库中搜索了相关中英文文献。从文献所涉及的研究主题来看，研究主要围绕失败以及失败学习的内涵、影响因素、结果等方面展开，其中进展最快的是关于失败学习的影响因素的研究，从内外部不同层面挖掘影响失败学习的相关因素。从现有研究主题的关联性来看，现有文献似乎隐藏着这么一条分析路线，即 What（什么是失败与失败学习）—Which（哪些因素）—How（如何学习）—Effect（结果/影响）。因此本章围绕这一主线对失败学习的相关概念、影响因素、过程和结果进行系统梳理回顾。

4.1.1 失败和失败学习的概念界定

（1）失败的内涵与分类。

第一，失败的内涵。什么是失败？学术界尚未达成共识，学者从不同的研究视角探讨失败的内涵，现有的研究主要有三种不同观点。第一种观点是最早对失败的理解，即把失败定义为某项业务由于各种原因而被迫停止或终止（布鲁诺等，1992），这里的原因可以是合同纠纷、法律问题、人员分配，等等，导致业务不能继续有效地进行下去。后来的学者也对此进行补充，认为这种业务的终止是因为实现结果低于其目标底限，而非自愿地停止或终止（麦格拉思，1999；波利蒂斯和加比利尔森，2009）。第二种观点指出失败等同于企业的倒闭、关闭、破产（扎哈拉基斯等，1999）。这种观点很直观，因此很容易地成为失败的样本解释，但是这种观点更多地站在企业视角，具有一定的局限性。第三种观点是以坎农和埃德蒙森（2001）给出的失败定义——偏离预期或期望结果为代表，后续的许多研究都借鉴此概念。坎农和埃德蒙森（2005）在此基础上进行相应的补充，指出失败是偏离预期或期望结果而出现的一系列负面的结果，包括可避免和不可避免的，如技术问题（一台新机器的设计缺陷）或人际交往问题（没有对绩效不佳的员工给予反馈）。谢泼德等（2014）提出失败是指终止一项创造未能达到其目标价值的行动，指出何时决定一项活动的终止是件有挑战性的工作，但若能把握时机，失败能带来良好的效应。

失误是与失败相关联的一个重要概念，谢阳群、张家年和卓翔芝（2014）认为失误是指那些背离标准、目标和规则的行为，只有其中一些行为会导致失败。而赵彬（2011）指出失误是引起期望和现实之间的非预期差距的个人决策和行动；这些行为可能会引起组织实际上或是潜在中可避免的负面结果。从以上失误的两个定义理解归纳起来，失误是偏离预期标准而与期望结果产生差距的行为引发的负面结果，这与坎农和埃德蒙森（2005）给出的失败内涵具有异曲同工之妙。就如本章开篇指出，本章聚焦于企业组织和创业情景下的失败学习，因此，最开始出现在组织学习理论中的失误学习、错误学习、问题式学习以及双环学习（后面延伸到团队层面和个体层面研究）和创业领域中的创业失败学习，都蕴含着失败学习的精髓本质。由于大小失败事件无处不在，与简单的失败经验相比，复杂多样的失败经验更有助于创业者学到更多的知识（雷和卡斯韦尔，2001），因此，为了更全面地解析失败、失败学习，本章把这些学习行为也归纳到失败学习范畴中。

第二，失败的分类。有关失败的分类，目前主要从两个角度来探讨：一是程度角度，根据失败的严重程度，将失败分为小失败（坎农和埃德蒙森，2001；海沃德，2002）和大失败（马德森和德赛，2010），并且探讨了失败的不同程度与学习的关系。二是来源的角度，主要是基于失败发生所在的情景来分。基于不同的情景领域，有着不同的研究主流，例如创业领域聚焦创业失败（雅克巴萨兰等，2013；弗莱林和洛迪恩，2013），而组织理论、组织学习领域则聚焦组织失败（鲍姆和达林，2007）。另外，有学者提出了区别于完全失败的"近失败"（金和米内尔，2000），指的是现实中存在很多经历过衰落而处在失败边缘可最终却又起死回生的现象，我们把这种现象称之为"起死回生型失败"。金和米内尔（2007）认为之前的替代性学习被局限于完全的成功经验或是完全的失败经验，"起死回生型失败"的现象没能得到充分的解释。"起死回生型失败"给学习者演绎了一场企业经历衰落史与复活史的戏，提供鲜活的学习信息和资源，不仅能让人认识到为何衰落，又能识别出为何能复活，呈现出双重的学习价值，这给失败学习研究开辟了一个新的视角。

（2）失败学习的概念。波利蒂斯（2009）指出应该把失败看成是一种特殊的学习来源。通过文献的梳理，发现失败学习发生在个体、团队和组织层面，本章主要是以个体、团队和组织为对象，归纳失败学习的概念，如表4.1所示。

表4.1   失败学习的概念归纳

主要学者（年份）	对象	主要观点
谢泼德等（2011）	个体	一个人从失败后果中获取的认知，这种认知是关于个体认为在未来实践中可以使用的应用技巧、知识和技能
赵彬（2011）	个体	个人对失误进行反应，追究失误的根源，厘清行为和结果之间的关系及其对工作环境的影响，并用这些知识纠正或是改善其行为或决策
于晓宇等（2013）	个体	创业者对目标偏离的实践行为进行反思，并总结经验教训用以指导后续实践的过程
庞立君和卢艳秋（2018）	个体	企业在开展不同类型的创新活动时，当未能达到预期成效，员工对失败结果进行反思，通过调整自身行为模式降低再次失败的概率
塔克和埃德蒙森（2003）	团队	失败学习定义为在一定程度上，团队面对问题时不仅是解决问题以便于完成任务，还应该采取措施解决问题的根源，使得成员能够面对复杂的问题，更好地理解他们所做的举动，并计划着进一步的改进
亚伯拉罕等（2012）	团队	在某种程度上，一个团队反映其经历的问题和错误，解释并理解为何发生，以及讨论需要采取什么样的行动才能产生较好的结果
格雷斯加德和汉森（2015）	团队	失败学习是团队成员对失败的经验进行反思，公开讨论失败产生的原因，并确定需要修改或更改的工作模式，以消除失败的根本原因
鲍姆和英格拉姆（1998）	组织	导致一个组织失败风险降低的学习过程，也称为"生存增强型学习"
胡洪浩和王重鸣（2011）	组织	失败学习是企业对内外部经验进行集体反思，通过调整行为方式来降低未来遭遇类似失败的概率以提升企业绩效的过程
于晓宇等（2012）	组织	失败学习指新创企业通过创业失败经验获得的创业行为或行为潜能相对持久的改变

主要学者（年份）	对象	主要观点
斯塔茨和吉诺 （2013）	组织	注意潜在的或现实的问题，并通过刺激寻求新的策略或方法，而不是加强现有的方法，从而得到学习
谢阳群等（2014）	组织	失败学习是个过程，即组织分析、总结和发现存在生产、服务和管理之间的失败，从而提出化解此次失败事件的对策来避免未来发生同样的失败
阿尔福里和阿尔福 （2017）	组织	组织从失败中获取经验，并修正行为模式，以克服未来遇到的障碍并确保有效的工作结果

通过文献梳理，发现组织层面的研究受到最多的关注，个体和团队层面的研究较为缺乏，然而失败事件会促使个体和团队发生独特的高层次学习形式（雅克巴萨兰等，2013）。三个层面上的失败学习内涵既有自己的侧重点，也有一些共同的地方。其共有的本质内涵就在于强调失败学习解决的是潜在或发生的问题，不仅要能采取措施实现原有期望结果，同时还要追究问题的根源，理解为何发生以及该如何做，最终吸取教训，以免今后重蹈覆辙。差异在于个体层面上强调失败学习是个体主观性的学习，谢泼德等（2011）通过对 R&D 项目中的各类科学家进行访谈以及观察他们对失败事件的反应，指出失败学习是个自我内在的意义构建过程；而团队层面的失败学习强调学习的社会性，团队成员一起对经历过的问题进行思考和互动分析，从而更好地相互理解失败产生的原因，进而一起采取行动解决问题；组织层面的失败学习则是把失败学习的情景设置在组织中，把组织看成一个整体和系统，从而更加全面地观察从管理层到下属员工之间在失败事件中的反应，整个组织面对失败的态度和氛围，以及采取的相应行为和对策。

（3）失败与学习的关系。并不是所有的失败都能促进学习，从失败中学习获得知识的多寡与失败的类型有一定的相关性。一是失败程度与学习的关系。小失误或小失败也称之为"智慧型失败"，学者们认为小失败会有助于学习（坎农和埃德蒙森，2001，2005；海沃德，2002）。大多数组织没能从失败中学习的一个重要原因可能是他们没有注意到小型的组织失败，而小失败往往是预警信号，如果被发现和解决了，会有助于了解失败和提高从失败或灾难中吸取教训的能力，以避免灾难重发（拉比卜和里德，2015；拉比卜和哈里斯，2015）。近年来学者们提出了对立的观点，认为大失败的严重后果才能足够引起人们的注意和重视（如医院用药失误致死、安然会计丑闻、飞机失事坠毁），也较好辨别，这样才能驱使他们追究原因，从中吸取经验教训，从大失败中学习比从小失败中学习会更加有效（马德森和德赛，2010）。二是失败来源与学习的关系。鲍姆和达林（2007）采用1975～2001年美国货车事故数据构建数学模型，以期望以绩效模型为前提，指出当绩效低于期望的情况下，组织外部失败经验的学习会更加有效。创业失败经验被认为是创业学习的特殊来源，有助于创业者的学习，而职业失败经验则会使得个体形成一套行为习惯和思维方式（波利蒂斯和加比利尔森，2009），会影响个体在新工作场所中的学习态度。三是完全失败、近失败与学习的关系。多数学者（谢泼德，2003；波利蒂斯和加比利尔森，2009；科佩，2011）认同完全失败会有助于学习，金和米内尔（2007）指出近失败经验学习会比完全失败经验学习的效果更强，发生近失败的企业依然活跃在市场上，能提供更丰富的信息，尤其是近失败发生前后，利于推进学习过程，从而促使组织失败风险降低。金和米内尔（2007）的近失败研究无疑给失败学习研究领域提供了独特的视角，有助于拓展失败学习的相关研究。

（4）失败学习的内容。能从失败中学习到什么，即失败学习的内容，是失败学习研究的一个重要方面。对于失败学习的内容，目前主要有三种观点。一是认为失败学习内容与失败发生的具体情境有关，如金和米内尔（2000）认为失败经验的学习效果会根据其行业的不同而不同。二是认为失败学习内容包含机会识别（穆勒和谢泼德，2014）和分析处理问题（塔克和埃德蒙森，2003）两方面知识。一方面，相对于成功学习，失败学习更多的是采用探索式学习（斯科特和韦塞，2000），引发对之前优越方案的问题式研究，当本地搜索无果时，就会转向非本地搜索，也即对外部环境的威胁和机会进行扫描，尝试新的发现和新的方法，识别出新机会从而产生与之前完全不同的解决方案。另一方面，失败学习秉承经验学习的精髓，强调对发生过的失败经验进行反思和加工处理，寻找失败的根源，最后拿出解决失败问题的一套方案。在这一整个过程中，能从中学习到分析处理问题的一系列知识。三是认为失败学习能带来自我方面的认识、商业环境的认识、企业管理的认识（科佩，2011）。

4.1.2　失败学习的影响因素

现有研究主要是从内外部分析影响因素，内部因素主要有认知能力（穆勒和谢泼德，2014）、归因差异（山川等，2014）、职业印迹（阿曼瓦克·阿莫亚，2011）、消极情绪（沃尔夫和谢泼德，2013）、学习动机（赵彬，2011）等；而外部因素主要是社会规范（卡登等，2011）、不支持的组织环境（埃德蒙森，1996）、组织制度和结构（格雷德纳斯，2010）等。为了能更好地探究失败学习过程的"黑箱"，就应该关注失败如何发生以及具体如何开展，相关因素如何作用于整个过程。基于此，本书在梳理文献的基础上，发现失败学习的相关影响因素主要可以区分为前置变量和中间变量（中介变量与调节变量）。本章主要从组织、团队、个体三个层面进行系统的梳理（见表4.2）。

表4.2　　　　　　　　　　　　　失败学习的影响因素

层面	前置变量			中间变量（中介变量与调节变量）		
	变量	主要观点	作者（年）	变量	主要观点	作者（年）
组织层面	学习领导力	学习领导力越强，越有助于失败学习	Carmeli & Sheaffer（2008）	心理安全感（中介）	心理安全对社会资本和失败学习行为（第二阶段问题解决行为）之间的关系有中介作用	Carmeli（2007）
	高质量关系	组织中的高质量关系会有利于失败学习行为的展开	Carmeli & Gittell（2009）			
	社会资本	社会资本与失败学习行为（第二阶段问题解决行为）之间是正向关系	Carmeli（2007）		心理安全感对组织中的高质量关系和失败学习之间具有中介作用	Carmeli & Gittell（2009）
	感知的管理者错误无容忍性	组织成员感到失败正常化程度越高，从失败中学习得越多	查成伟，陈万明和彭灿（2015）	失败"友好型"环境（调节）	失败"友好型"环境会支持从创业失败中学习	Greidanus（2010）
	知识交流	相似的单元可能会出现相似的问题，产生有价值的知识源，知识的交流和共享会提升从失败中学习的能力	Shepherd et al.（2011）Gressgård & Hansen（2015）			
团队层面	领导包容性	领导包容性越高，越能营造出适宜失败学习的氛围	Hirak et al.（2012）	心理安全感（中介）	组织成员感觉到较高的心理安全度时，他们更有可能参与到过去失败事件的学习，进而改善他们的行为	Hirak et al.（2012）
	关系领导	CEO 的关系领导会促进失败学习行为的发生	Abraham et al.（2012）	团队信任（中介）	团队信任在 CEO 关系领导与失败学习之间起到中介作用	Abraham et al.（2012）

续表

层面		前置变量			中间变量（中介变量与调节变量）	
	变量	主要观点	作者（年）	变量	主要观点	作者（年）
个体层面	归因倾向	不同的归因倾向，会产生不同的失败学习侧重	KC，Staats & Gino（2013）；于晓宇，李厚锐和杨隽萍（2013）；Yamakawa et al.（2013）	消极情绪反应（中介）	消极情绪反应在失败与失败学习行为之间起到中介作用	Shepherd & Cardon（2009）
	内在动机	失败后，具有重建另一个新业务的内在动机，会促使他们面对失败以及更有效地学习	Yamakawa et al.（2010）	心理幸福感（中介）	心理幸福感在失败与消极情绪反应之间起到中介作用	Shepherd & Cardon（2009）
	先前经验	之前的失败经验会影响到下一次的失败学习行为。具有失败经验的组合投资创业者在后续行为中比较不可能表现出较为乐观的状态；甚至失败经验对连续创业者一点影响也没有	Amankwah – Amoah（2011），Ucbasaran et al.（2007，2010）	学习动机（中介）	学习动机在消极情绪与失败学习之间起到中介作用	Zhao（2011）
				自我怜悯（调节）	自我怜悯会调节消极情绪与失败学习之间的关系	Shepherd & Cardon（2009）
		具有创业经验的学生对失败的理解更到位更透彻，教育者可以利用经验的作用来促进学生对创业失败这个阈值概念的理解和学习	Bolinger & Brown（2014）	情绪稳定性（调节）	情绪稳定性会调节消极情绪与失败学习之间的关系	Zhao（2011）
	失败经验次数	经历失败的次数与失败学习之间是倒"U"型关系	Muehlfl et al.（2012）	失败经验的程度（次数）（调节）	失败经验程度分别会调节内部归因、内在动机与后续企业成长之间的关系	Yamakawa et al.（2010）

一是前置变量，主要关注失败学习的前提条件，具体而言，主要是关注哪些因素会影响失败学习行为的发生。组织层面上的前置变量主要集中在领导因素（卡梅丽和谢弗，2008；谢泼德、帕策尔特和沃尔夫，2011）、关系因素（卡梅丽和吉特尔，2009）和知识交流因素方面（格雷斯加尔和汉森，2015）；团队层面则是集中在这两个因素：领导因素和关系因素（希拉克等，2012；亚伯拉罕

等，2012）；而个体层面关注的是归因因素（迪亚斯等，2013；于晓宇等，2013；山川等，2014）、动机因素（山川等，2010）和经验因素（梅奇菲尔等，2012）。组织层面和团队层面关注的因素主要都是集中在领导和关系氛围方面，这可能是由于组织和团队中更加强调失败学习氛围的营造，而领导因素恰巧能弥补这一缺口，带动整个组织和团队形成一个有利于失败学习的氛围环境，而这种有利于失败学习的氛围刚好能让成员们感到心理安全，大声说出失败而不用惧怕后顾之忧。而个体层面上侧重的是独立个体的心理因素（归因和动机）与经验因素，把失败学习行为看成独立发生，是一种自我展开的活动，关注内在心理活动的触发作用。内在归因和内在动机是个体层面中的两个焦点，同时经验情况也是考虑较多的一个维度。另外，研究也发现，因失败学习发生的情境不同，上述的前置因素也可能发生不同的影响作用（山川等，2010）。

二是中间变量，是指在失败学习过程中会存在哪些因素的影响。组织层面聚焦于工作环境、学习氛围（卡梅丽和吉特尔，2009）的重要性，发现心理安全感能为失败学习创建一种友谊氛围，激发组织和团队成员的学习欲望。团队层面除了学习氛围（希拉克等，2012），还关注人际氛围和关系障碍（王重鸣和胡洪浩，2015），强调成员间的信任（亚伯拉罕等，2012），使成员容忍任务冲突，促使他们讨论工作任务和进程中出现的相关的问题和错误，使得团队冲突不会因不信任而陷入破坏性程度；个体层面主要集中在情感（谢泼德和卡登，2009；赵彬，2011）、心理（谢泼德和卡登，2009）、经验（山川等，2010）等因素，其中情绪是影响个体失败学习的重要因素，拜恩和谢泼德（2015）指出消极情绪在失败和失败学习之间会起到重要影响，而赵彬（2011）认为情绪稳定性会调节消极情绪和失败学习的关系。另外，从表 4.2 中可以发现，经验是失败学习的重要影响因素，既可以作为前置变量，也可以作为中间变量，这可能与学者普遍认为失败学习本质是一种经验学习有关。

4.1.3　失败学习的过程

失败是一个"学习之旅"（卡登和麦格拉思，1999），想要揭开"学习之旅"的神秘面纱，就需要对失败学习过程的各个环节进行深入剖析。目前失败学习的过程模式主要有双环学习模型、组织共享信念过程模型、问题式学习模型、错误学习模型、失败学习三阶段和四阶段过程等。学术界里认同失败学习是个过程

（拉比卜和里德，2013；谢雅萍和梁素蓉，2016），但究竟该过程分为几个阶段，每个阶段的重点是什么，尚未有统一的认识，本章基于原有模型基础上归纳为二阶段、三阶段和四阶段三种主要观点。

（1）二阶段式的失败学习过程（双环学习）。失败学习同经验学习一样，也是从实践经历获取应用性知识，然后再把思考过程引申到思维框架中去修正行为，具有二阶段的特征。塔克和埃德蒙森（2003）关注组织失败学习的过程和具体行为，提出了失败学习的双环学习模型（见图 4.1）。该模型在医疗背景下对 9 家医院 26 名护士的日常工作流程和行为进行观察以及访谈，探讨在何种条件下护士可能会对他们遇到的问题作出反应，积极寻求方法来防止未来发生类似的事故。通过对 9 家医院 26 名护士的工作流程进行实地观察，并且与其中的 12 名护士进行深度访谈，发现了护士对第一阶段解决问题行为和第二阶段解决问题行为具有截然不同的反应。其中，第一阶段问题解决行为是响应一个给定的失败，强调问题解决的方案，反映出单环学习。而第二阶段问题解决行为的响应，不仅立即纠正故障，以确保手术或服务的连续性，而且思考失败的原因并吸取教训，在广泛意义上指出原因或提醒他人，反映出双环学习过程。因此，失败学习行为与过程主要是发生在第二阶段解决问题行为中。此模型得到后续学者的广泛借鉴引用，卡梅丽和绍布鲁克（2008）利用此模型进行了实证研究，得出失败学习会有助于组织危机防范的准备以及获得更好的防范效果。

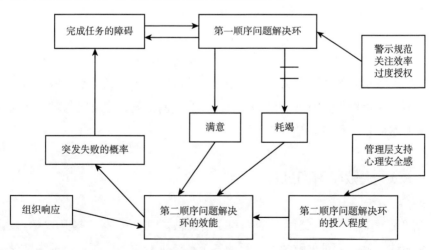

图 4.1　失败学习的二阶段过程（双环学习）

资料来源：Tucker & Edmondson. Why hospitals don't learn from failures ［J］. California Management Review, 2003.

（2）三阶段式的失败学习过程。与二阶段式不同的是，坎农和埃德蒙森（2005）、佩特科尼（Petkova，2009）提出的失败学习过程是三阶段式的，分别为失败学习三阶段过程和错误学习模型。

坎农和埃德蒙森（2005）认识到技术障碍和社会障碍会阻碍失败学习，在立足企业收购前忽视小问题、医生未深入分析常犯错误以及设计实验进行产品创新等例子的基础上，提出失败学习的三个步骤——识别失败、分析失败和审慎实验（见图4.2）。首先是主动和及时地识别失败，强调对于组织出现的早期预警信号要引起足够的重视；其次是分析失败，需要具备一定的技术能力、专业知识以及有效的人际沟通，同时还需要有质疑的精神和对科学方法的了解，这样才能进行严谨的结构分析和深入探究；最后是进行有意的试验，创造机会体验失败经历，通过试验来寻找创新和发现新知识。该模型尽管还未得到实证的检验，但是却描述出了失败学习过程的整个概貌，为后面失败学习过程的探索提供了依据。张玉利、郝喜玲和杨俊等（2015）以此模型为基础构建了一个高成本事件失败学习研究框架，指出学习过程包含失败产生、分析失败和失败修正三个阶段。

图4.2　失败学习的三阶段过程

资料来源：Cannon & Edmondson. Failing to learn and learning to fail（intelligently）：How great organizations put failure to work to innovate and improve [J]. Long Range Planning，2005.

佩特科尼（2009）认为在创业过程中，创业者必然会遇到许多新问题且又没有任何相关经验，很容易犯错，从错误和失败中学习自然就不可避免了，因此，开发了错误学习模型（见图4.3），阐述创业者如何从自己的错误表现中获取知识。该模型主要包括三个步骤：一是产生结果，根据形势设定目标，选取可行的行动并且付出行动，从而产生结果；二是发现错误，把结果与期望进行比较，用专业知识进行分析发现错误；三是纠正错误，分析导致错误的原因，并吸取教训改正错误，同时学习正确的知识。通过这个模型让我们了解到面对创业结果产生错误时，应该学会识别错误，进行反思，争取从失败中学习，该模型尚未得到实证检验。

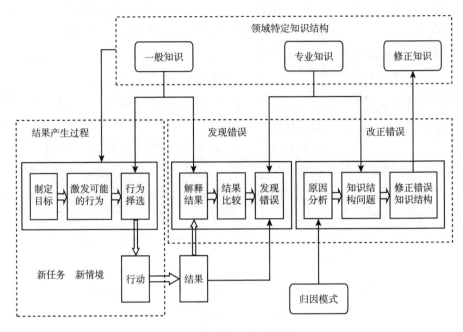

图 4.3 错误学习模型

资料来源：Petkova. A theory of entrepreneurial learning from performance errors ［J］. International Entrepreneurship and Management Journal，2009.

除了以上两个三阶段模型外，辛格等（2015）通过叙事手段采访收集12名经历过创业失败的创业者故事，并对此进行解码分析，最后提炼出企业失败三集式过程，分别为预测失败、面议失败和转化失败。其中预测失败是指创业者开始发现失败苗头；面议失败是指失败发生了，创业者停止业务、宣布破产、解散伙伴关系等；转化失败是指创业者并不会因为创业失败而倒下，而是感悟失败的意义，最终把失败经历转化成一个积极的人生体验，就如在访谈过程中这些创业者都明确表示会进行再次创业。可见，这个企业失败三集式模型与前面的两个模型，对企业失败过程的解释殊途同归。

（3）四阶段式的失败学习过程。还有学者提出了四阶段式的失败学习过程。一是卡森（2012）基于前人研究的基础，将失败学习的过程分解成四个阶段，这是个理论概念模型（见图4.4）。二是从问题驱动学习的视角提出另一个四阶段学习模型，称之为问题驱动式学习模型（罗兰·杨和马夸特，2010）（见图4.5）。

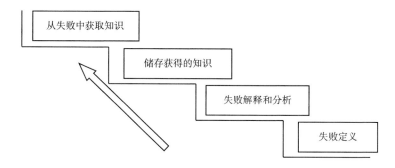

图 4.4　失败学习的四阶段过程

资料来源：Cusin. Disillusionment from Failure as a Source of Successful Learning ［J］. Canadian Journal of Administrative Sciences/Revue Canadienne des Sciences de l'Administration，2012.

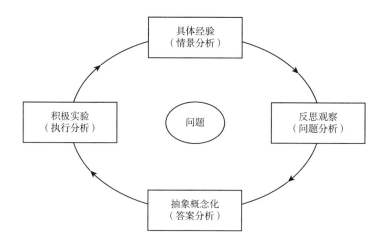

图 4.5　问题驱动式学习模型

资料来源：Yeo & Marquardt. Problems as building blocks for organizational learning：A roadmap for experiential inquiry ［J］. Group & Organization Management，2010.

卡森（2012）是在前人的基础上，从行为主义观视角出发提出一个四阶段失败学习模型。而对于四个阶段的解释是：第一阶段，定义失败，达不到期望的绩效是一种刺激，会激发公司出现一些响应，这是学习过程的驱动程序；第二阶段，解释和分析失败，在这一阶段主要是想要创造出知识，但是会经历一段痛苦的过程；第三阶段，储存获得的知识，组织学习的潜力依赖于组织记忆，只有把知识储存在记忆里，才能在下次行动中实践出来；第四阶段，具体运用从失败中获取的知识。当从失败中学习到的知识，能解释和挽救之前的失败现象，那行为的改变就会发生。该模型强调行为的负面结果会促使行为的改变，而这个改变就是进行失败学习，直到积极结果出现。

罗兰·杨和马夸特（2010）提出的问题驱动式学习，是基于库伯的学习理论提出的，且继续采用问题驱动学习的观念，把学习过程融入组织和工作情景中。研究中收集了 10 个 PBL 专家和 50 个 PBL 利用者的数据，通过集合式访谈和定性调查，结果表明问题式学习是个有效的学习方式，作为促进个人和组织学习的一种潜在的方式，通过结构化和自发的学习路线图来帮助优化组织发展。该模型不仅包含原有经验学习模型的内容，还考虑到组织情景和规范，同时注意到组织学习和个人学习的持续性和同步性。

4.1.4 失败学习的结果

失败学习是否一定能给学习者带来正效应？本章从组织、团队、个人三个层面梳理失败学习的结果（见表 4.3），发现失败学习的结果强调的是失败学习后会对周围的人、事、物带来影响，既可能带来正效应，也可能带来负效应，目前研究更多的是强调正效应。

表 4.3 　　　　　　　　　　　　失败学习结果梳理

层面	积极结果			消极结果		
	观点	作者（年）	研究类型	观点	作者（年）	研究类型
组织层面	组织进行的失败学习会有助于危机事件的防备，进而提升组织的绩效	Carmel & Schaubroeck (2008)	量化	组织从完全的失败经验中学习（与近失败相对），由于信息的模糊性和稀缺性，可能会得出不正确的结论	Kim & Miner (2000)	概念
	组织的失败学习能提高组织感知任务环境的适应力	Carmeli & Sheaffer (2008)	量化			
	比起组织之前的成功经验，组织之前的失败学习更会减少今后组织失败的可能性	Madsen & Desai (2010)	量化			

层面	积极结果			消极结果		
	观点	作者（年）	研究类型	观点	作者（年）	研究类型
组织层面	失败学习会促进新创企业创新绩效，建议新创企业要重视创新过程的"小"失败，并从中获得知识来提升组织的创新绩效	于晓宇，蔡莉，陈依等（2012）；阮有安（2015）	量化	科技创新失败后，若没有及时处理创伤的前期预警信号，那么失败学习可能会导致创伤溢出效应从上一个创新经验转移到下一创新工作中，而无法创新	Välikangas, Hoegl & Gibbert（2009）	质化
	向业务相似性强的出现失败事件的企业学习，不仅会减少知识获取的管理付出，也能提高知识处理的效率	Hora & Klassen（2013）	量化	组织缺少内部失败经验学习，从外部失败经验中学习，就算发生了学习，学习的更多是错误的知识	Madsen & Desai（2010）	量化
	创业者把失败的责任归因于内部，会促使创业者理清失败的因果关系，进行反事实思维思考，进而从反思中学到相关的知识，有助于后续企业的成长	Yamakawa, Peng & Deeds（2013）	量化	即使当一个企业从失败中学习，最终可能也不会提高绩效。因为当创业者陷入商业失望中的情感维度，失败学习的情景就会受到挑战	Cusin（2012）	质化
	创业企业的个体和组织失败学习会有利于其创业绩效	于晓宇和蔡莉（2013）	量化			
团队层面	在心理安全感高的工作单元中，成员进行失败学习会有助于未来绩效的提升	Hirak et al.（2012）	量化	—		
	从失败中学习，能提高战略决策的质量	Abraham et al.（2012）	量化			
个体层面	从之前失败中学习的创业者将更可能对未来的失败有积极的事件感知，因此更可能会采取行动面对潜在的失败以及更可能会在后续的失败事件中坚持下来	Greidanus（2010）	概念	无数的失败经验与有效的失败学习之间的关系可能性会变得很薄弱，因为多次失败经验会带来更大的悲痛感和打击自我效能感	Yamakawa, Peng & Deeds（2010）	量化

层面	积极结果			消极结果		
	观点	作者（年）	研究类型	观点	作者（年）	研究类型
个体层面	失败学习的结果是面向未来，提升创业者对未来企业活动的创业准备	Cope（2011）	概念	失败发生后，创业者若是学习错误的知识或是仅适合当前行动的理念，那么可能在未来的实践中会复制出相同的失败	Cope（2011）	概念
	创业者从失败中单环学习得越多，随后创业意向越高；而从失败中双环学习越多，随后创业意向越低	于晓宇、李厚锐和杨隽萍（2013）	概念			
	个体倾向于从他人的失败中进行学习，进而来改进当前的表现。同时指出他人的失败也会促进个体从自身的失败中学习，是为了形成一种先发优势	KC, Staats & Gino（2013）	量化	一味地采取反思取向和恢复取向，并不利于失败学习的展开	Shepherd, Patzelt & Wolfe（2011）	量化

在积极效应方面。组织层面上获得的积极效应主要集中在以下三个方面：第一，改进绩效，促进创新。卡梅丽和绍布鲁克（2008）以化学公司工厂发生火灾，而管理者与员工都没能吸取之前的教训进而导致灾难加重为背景，指出失败学习能提高组织的危机防备效率，从而提高组织绩效；于晓宇和蔡莉等（2012，2013）认为失败学习不仅能提升创新绩效，还会有利于创业绩效的提高；山川等（2013）则认为失败学习会有助于企业后续成长；阮有安（2015）明确指出失败学习有助于新产品开发绩效的提高；此外还有学者指出通过失败学习机制可以对失败经验和知识进行总结分析纠正，通过失败学习来改革和优化创新机制，最终促进创新成功（杜维和周超，2015；查成伟等，2015）。波索（2019）认为失败学习是创业失败经验和后续创新绩效提升的关键机制。潘宏亮和管煜（2020）以国际新创企业为样本，明确指出失败学习与国际新创企业后续创新绩效具有显著的相关关系。第二，提高适应力和问题处理效率。霍拉和克拉森（2013）指出向具有相似业务的企业进行失败学习会有助于问题处理效率的提高，而卡梅丽和谢弗（2008）则认为组织失败学习后能更快地响应问题，更快地做出反应，更能适应动态的环境变化。第三，避免类似失败。例如，马德森和德赛（2010）以美国

航天局运载火箭长期成功发射为历史背景，对比成功学习和失败学习，指出失败学习会降低组织失败的可能性；梅斯基和梅泰斯（2015）以企业收购失败为背景，指出对之前失败的收购事件进行学习，会提高后期的收购绩效。团队层面上的积极效果主要是提升团队成员未来绩效（希拉克等，2012）和战略决策质量（亚伯拉罕等，2012）。失败学习对个体层面的影响体现在个体对后续活动的态度和知识储备上，包括在后续失败事件中的坚持、提升后续创业意向以及强化未来的创业准备和改进当前行为。从研究方法来看，组织和团队层面基本是以量化研究为主，而个体层面在定量研究方面略显不足，大多还停留在概念阐述阶段。

在消极效应方面。艰难、痛苦的"学习之旅"，需要承受众多方面的压力，因此失败学习并不一定能带来永恒的正能量。目前从现有文献整理出来的消极方面主要集中在组织和个体层面上，团队层面还未能清晰地指出负面效果。组织层面的消极效应主要体现为学习错误的知识和悲伤情绪阻碍学习展开。由于失败信息具有不完整性和模糊性（金和米内尔，2000），以及没有先前的失败学习经验（马德森和德赛，2010），盲从地展开失败学习，很有可能会学习到错误的知识。而且，失败后若没能及时处理好悲伤情绪（卡森，2012），抚平失败创伤（凡雷坎格斯等，2009），那么失败学习的顺利展开会受到严重阻碍，改善创新工作和提高绩效就会成为空谈。个体层面的消极效应则体现在打击自我效能感而无法继续学习和重复经历相似失败。经过多次失败后，会令人产生"我真的不行"的心理暗示，严重削减个人的自我效能感，从而没有动力再次学习（山川等，2010），而没有深刻理解失败带来的教训和灵活地使用从失败中吸取的知识，会使人容易再次犯相同的错误（科佩，2011），得不到进步。

4.1.5　研究述评

失败学习对创业成功的作用得到越来越多学者的认同，相关研究正在不断升温。现有研究从失败学习的概念、影响因素、过程、结果四个方面提炼出一些有价值的研究结论，有助于完善和丰富失败学习、创业学习的相关理论，并对创业实践具有重要的指导意义。但是，相关研究仍处于起步阶段，存在不足之处，有待进一步深化，具体如下。

一是失败学习研究层面关注不均。由于有关失败学习的早期研究主要基于组织情境，使得后来的研究更多以组织背景为依托，延伸到团队和个体层面。然而，组织层面上的失败学习理论成果是否可以直接引用到团队层面和个体层面，还是后两者具有自己本身的特点？三个层面的失败学习之间有着什么样的相互作用和联系？现有的研究无法给予明确的解释。

二是现有研究没有探究失败类型与失败学习内容之间的关系。尽管，有意识到不同类型的失败能带来丰富的学习内容，会有利于自身的进步和改善，但是，没有考察不同类型的失败会相对应地产生哪些不同的学习内容，也没有考察这些内容之间是否具有包容性或是相似性抑或是替代性。

三是失败学习的影响因素缺乏系统性研究。失败学习受到经济、社会、心理和生理等多重因素的影响，但是，一方面，除了本书在文献研究的基础上按照前置因素和中间因素的标准进行归纳外，没有较为全面地考察其他划分标准的因素集对失败学习的影响；另一方面，不同影响因素之间的关系，以及不同的影响因素对失败学习会产生什么样的共同作用，现有的理论研究仍未弄清楚。

四是现有的研究没有系统地考察失败学习过程的作用机制。大多数研究更多地停留在提出过程模型的层面上，没有考察不同情境下的失败学习过程，更没有深入揭示在失败学习过程中内在阶段的划分、衔接、影响，因而未能明确揭示失败学习在组织活动和创业活动中发挥作用的内在机理。

五是失败学习效应仍不清晰。虽然，现有研究开始注意失败学习产生的积极效应，但是，失败学习的消极效应仍然没有得到足够的重视，现有文献尚未具体研究失败学习所带来的消极效应以及如何规避失败学习的消极效应等一系列问题。

综上所述，失败学习对创业成功的作用得到越来越多研究学者的认同，相关研究正在不断升温，但是还处在早期研究阶段中，失败学习各个方面的研究还很欠缺。学者更多地停留在创业失败视角，研究层面也是以组织层面为主。然而，创业者作为创业活动中的灵魂人物，其失败经历的研究，关乎整个创业过程能否顺利进行，企业生存和发展能否继续运作。因此，创业者个体层面上遭遇到的各种失败类型都应该得到重视。同时，要开展有效的失败学习，全面识别失败学习各个层面的影响因素，这是进一步探讨失败学习目标以及具体过程与行为的关键。

4.2　深度案例访谈

为了深入了解失败类型与失败学习内容之间的关系、失败学习过程的作用机制，我们对 10 位创业者进行了半结构化的深度访谈，将深度访谈的结果与文献资料相结合，为后续构建概念模型、研究假设以及设计相关的问卷量表提供参考。

4.2.1 访谈原因及访谈方法的选择

本章主要采用行为事件访谈法和生命事件叙事法，通过受访者对于创业过程中的关键事件以及成长过程中的个人感悟，来探究失败对于创业者创业能力的影响。行为事件访谈法要求受访者回顾在创业过程中遇到的关键情境，引导受访者回忆过去半年（或一年）在创业中印象最深刻的关键事例，其中包括：情境的描述、有哪些人参与、实际采取了哪些行为、个人有何感觉、取得怎样的结果等问题。通过受访者对于过去发生的关键事件的陈述，分析创业者是否在失败学习过程中获得创业能力的提升。生命事件叙事法主要通过创业者在成长过程中对自己的生命故事，以及对他人的生命故事的自我感悟和个性化表达，分析失败经验对失败学习和创业能力产生的影响。

4.2.2 访谈设计

（1）访谈对象的选择。本章主要考虑以下几个因素来选择创业者作为访谈对象：一是样本选择方面会考虑曾经历过失败的创业者以及再度创业的创业者；二是研究的易获得性，由于本研究需要在有限的实践和有限的经费内完成，因此，本章的访谈对象是福建省内的 10 位创业者（具体信息见表 4.4）。

表 4.4　　　　　　　　　　受访者的基本情况

姓名	性别	年龄	学历	行业	地点	创业失败次数	企业人数
李	男	34	本科	餐饮	福州	1 次	53 人
王	男	36	大专	家具	福州	3 次	28 人
黄 1	女	25	初中	美容、化妆品	厦门	1 次	10 人
陈	女	30	本科	电子	福州	2 次	9 人
梁	男	29	本科	汽车租赁	泉州	2 次	18 人
卓	男	28	硕士	教育培训	福州	3 次	4 人合伙创业

续表

姓名	性别	年龄	学历	行业	地点	创业失败次数	企业人数
黄2	女	27	大专	母婴产品生产销售	福州	2 次	6 人
吴	男	29	大专	汽车美容	福州	3 次	25 人
张	男	23	本科	特色打印店	福州	1 次	33 人
郑	男	29	本科	咖啡厅	福州	1 次	14 人

（2）设计访谈提纲。为了梳理和确定访谈的主要内容，本次访谈主要围绕以下几个方面设计访谈提纲：一是创业者如何进行失败学习，失败学习过程是否有助于推动创业能力的提升；二是聚焦创业行动学习的作用，创业行动学习如何推动失败经验向能力的转化；三是关注悲痛恢复取向的作用，创业者从失败悲痛情绪中复原的方式会产生何种影响，还需进一步研究。因此，深度访谈围绕这三个方面的内容展开，主要分为企业经营情况和创业者的失败学习情况两个部分。

访谈第一部分：企业经营情况。

访谈的第一部分旨在对于创业者的企业经营情况进行了解，以便于拉近与受访者之间的距离，不仅有助于访谈的顺利展开，还有助于初步了解访谈对象的创业和企业的一些基本情况。主要问题如下：

a. 请介绍下当前企业的发展过程（询问：企业现在处于什么发展阶段？）和基本情况（人员数量、主营业务等）。

b. 您是在什么样的情况下开始创业的？或者说什么因素促使您创业的？

c. 这是您的第几次创业？您一共经营过几家公司？对当时公司失败的原因作何评价？

访谈第二部分：创业者的失败学习情况。

访谈的第二部分旨在具体了解创业者失败学习的内在过程，分析不同类型的失败经验是否会对创业能力产生不同影响，在失败学习过程中创业行动学习起到怎样的作用，以及创业者在遭遇失败后对于悲痛情绪的管理方式如何影响失败学习、创业行动学习和创业能力之间错综复杂的关系。主要问题如下：

a. 您能否讲述下亲身经历过的失败事件？您是如何应对这些事件的？您觉得这些失败事件给您今后带来了什么影响？

b. 在经历失败后，您是否采取过实际行动来检验失败后得出的经验总结？您是如何根据这些经验总结开展实践行动的？您认为实践行动对您自身的创业能力产生了什么影响？

c. 在经历失败的过程中，您是否有过悲痛情绪？您通过何种方式从失败悲痛情绪中恢复过来？您认为这些管理悲痛情绪的方式给您从失败中学习以及给您自身的创业能力会带来什么影响？

（3）受访者的基本情况和访谈的基本过程。结合本章对创业者的定义，在福建省选取 10 位经历过创业失败的创业者作为访谈对象。在先前文献分析的基础上，本章有针对性地了解创业者企业的发展现状、创业者失败学习的具体过程，尤其是创业者的失败类型对于创业能力的影响，以及创业行动学习在失败学习与创业能力间的作用，并且基于失败过程中的悲痛恢复取向，探讨创业者自我调试悲痛情绪的心理机制对于失败学习、创业行动学习与创业能力之间复杂关系的影响，基于上述问题设计了半结构化访谈，以明晰创业者开展失败学习的具体现状，了解创业者如何进行有效的失败学习及其对创业能力的影响。

访谈是半结构的，由一系列开发式的问题组成，主要关注创业者经历失败事件所展现出的行为。在进行每一个访谈之前，都有将访谈的主要内容进行了提前告知，以确保被访谈者有足够的时间对相关主题进行思考，甚至还能为我们访谈的顺利开展提供一些书面材料；此外访谈前还解释了数据如何使用，以及获得录音的许可。每次访谈均进行了详细的记录，时间控制在 1~2 个小时。

4.2.3 访谈结果的初步处理

（1）内容分析法。每次访谈都进行录音，并誊抄以让应答者核对。访谈结束后，收集访谈资料。为了对深度访谈的数据进行更加细致深入的分析和提炼，从访谈资料中抽象出本章所需的关键理论概念和内容，具体操作过程如下：

过程一：访谈资料的导入和转化：使用 Nvivo 8.0 这一有效的定性数据分析软件工具就访谈所获得的书面和录音材料进行导入和转化。

过程二：访谈结果的编码。编码作为定性研究中的一个主要环节，可通过编码获得创业者的创业能力及其在失败中进行学习的关键要素，从而为后续的变量测量奠定基础。

编码的第一个步聚是建立相关的分析类目。在本次访谈结果的编码上，主要运用理论驱动法，即在已有的文献研究的基础上，基于本章需要，在访谈之前初步建立了相关的分析类目，而非采用数据驱动法（需对访谈材料进行详细分析后才建立分析类目）。于是，笔者在访谈之前，根据文献研究的研究结果和本章的需要，初步确定了失败学习、创业行动学习和悲痛恢复取向的编码系统，但在具体的编码过程中，使用了由 Nvivo 8.0 软件对访谈材料所进行的数据的预编码，从而修正和调整了分类系统。最终的编码系统包含失败学习的 3 个类目：日常生活失败学习、职业失败学习和创业失败学习；创业行动学习的 3 个类目：批判性反思、互动支持、执行应用；悲痛恢复取向的 3 个类目：反思取向、恢复取向、交替取向，并明确这 9 个类目的含义。

编码的第二个步骤是建立量化体系。本章将根据 9 个类目的具体含义，对访谈资料进行分析，确定 9 个类目下的各自子类目并统计出各个类别所出现的频率。

编码的第三个步骤是培训编码人员进行编码。本章邀请了 2 位不同背景的人员（创业者 1 名、创业管理研究生 1 名），通过进行编码方法的培训和编码类别描述的解释后，让他们对材料进行独立编码。

通过对访谈资料的编码和分析，可以对访谈的内容形成初步了解，根据访谈的类目，通过反映各类目的关键事件，获得失败学习、创业行动学习和悲痛恢复取向的分类与关键要素，并在一定程度上通过定性分析梳理各个变量间的初步关系。

（2）结果分析。此次访谈主要立足以下几个方面的访谈结果进行分类及关键要素的提取：一是在失败过程中，创业者失败学习的情况，尤其是不同类型的失败学习对创业能力的影响；二是创业者的失败学习、创业行动学习、创业能力是否存在逻辑关系；三是创业者的悲痛恢复取向，在失败学习、创业行动学习以及创业能力之间的影响作用。

第一，创业者的失败学习过程。在深度访谈中，创业者们纷纷表示自己有过各种各样的失败经历，并且还不止一次遭受过失败。他们认为在日常生活、职业和创业等方面的失败实际上对于创业而言大有裨益。在失败学习的过程中，大多数创业者认为失败经历是人生的宝贵财富，从不同类型的失败事件中学习有助于他们自身创业能力的提高，并且对于日后创业活动的顺利开展具有很大的帮助。在此，就三位受访者的失败学习情况进行简单介绍。

访谈问题：您能否讲述下亲身经历过的生活、工作和创业过程中遭遇的失败以及您是如何应对的？

李：其实我之前有经营过一家小餐馆，一开始生意还不错，每天的营业额有上万，但后来店租金不断增加，顾客也没以前多了，我就思考到底是什么原因导致的。起初认为是价格偏高，于是尝试通过降价来招揽更多客人，一开始来的人的确变多了，但是过一段时间后又恢复了冷清；发现行不通后，我又尝试着增加菜品花样，但是客人好像没有发现似的，来的人并没有增加多少；考虑再三，我觉得可能是宣传不够，增加了菜品才没被发现，所以，我就请人发传单宣传；付出的成本不断增加，收入却没有增加，反而下降了，过不了多久就支撑不住了，只好另谋生路。

王：我觉得对我来说除了创业失败，印象最深刻的是高考的落败，对我来说高考的失利更多是由于自己的不成熟，年幼贪玩，自制力低。记得在高三上学期的时候，我还以班级第十一名的好成绩获得班主任奖励的一本笔记本，这让我自己也一下子看到了希望，认为自己很聪明，可以像其他聪明的孩子一样边玩边学，于是我经常泡在游戏厅、网吧、桌球室、溜冰场，就这样我堕落了，成绩也一落千丈。高考成绩出来后，我连大专都没考上，只好进入家具厂打工，后面参加了成人高考自己慢慢学习。每次想起高考，我都在想如果再给我一次机会，我一定用尽全部力气去拼个大学读。

黄 2：我觉得每个人不可能总是事事顺心，都会经历大大小小的挫折。对于我来说，觉得第一份工作的经历给自己带来许多思考。我的第一份工作是在保险公司里做内勤人员，每天都要接触各种各样的数据表格，打电话催促下面的人员上报每日的业绩情况。尽管分配到跟一位老员工学习，但是工作量都比较大，因此更多的还是要靠自己去摸索自学。由于刚出校门，工作技能较弱，对 Excel 表的操作不够熟练，导致数据统计整理的效率低下，而且经常会出错和做些吃力不讨好的事。记得有次出现非常严重的错误，导致公司损失，公司处罚了我。那时候刚参加工作就被狠狠处罚了，心里真是对自己很失望，觉得自己什么都做不好。好在我遇到的领导不错，帮我分析原因，并且在平时工作中不停地教我，我自己也很吃一亏长一智，好好学习。

访谈问题：您觉得这些事件对您今后带来了什么影响？

李：现在想想，创业并非那么简单，想到什么就干什么，等到发现了问题，再来挽救，由于时间仓促再加上资金链的压力，往往很难作出缜密的决策，经常是拆东墙补西墙，搞得手忙脚乱，却不能从根本上解决问题。我认为，创业之前，应该进行详细的调查，并制定详细的计划，才能取得创业的成功。

王：经过失败之后，我再也不相信，人可以仅仅靠聪明就能取得成功，成功是靠自己一点点的积累，一天天的奋斗产生的。我们听到太多一夜暴富，一夜成名的故事，那些故事也许真的存在，但是我能肯定这种成功模式绝对不适合我，只有踏踏实实才能取得成功，而我现在就是这样的，也是这样教导我的员工的。

黄2：应该说第一份工作经历，让我意识到"学到手的，才是自己的"，只有真正去投入，去实干，才能对事情有充分地掌握。这对于我后来进行创业——做一家销售母婴产品的专营店，带来许多启示。我在决定要开一家母婴产品专营店之前，特地去其他大型母婴产品专卖店充当销售员，进行产品、管理各方面的了解和掌握。突然觉得，以前的经历不管好坏，都是人生的财富。

根据访谈结果，得到失败学习分类要素，主要包括日常生活失败、职业失败和创业失败三大要素，具体提炼如表 4.5 所示。

表 4.5   **失败学习分类要素**

主体	关键要素 I	关键要素 II
失败学习	日常生活失败	经常会出错、小事并不小、印象深刻、总结教训、分析原因、自我反思等
	职业失败	注意工作细节、思考自己的不足、问清原因、换位思考、影响很大、关键性事件等
	创业失败	小事酿就大错、联系起以前犯的错误、不能掉以轻心、吸取重大失误教训、寻找解决方案、评价采取的行为、以前的经验对后面行为很有帮助等

第二，创业行动学习在失败学习与创业能力之间的关系。深度访谈的结果表明：创业者在失败学习的过程中，需要依靠实践行动作为桥梁，才能更好地将失败中总结的知识转化为能力。基于访谈资料，可以得出创业者主要通过批判反思、互动支持以及执行应用这三种方式进行创业行动学习，通过创业行动学习的三种方式有助于创业者从实践中检验创业知识的正确性并且获得创业能力的提升。在此，就陈某的创业行动学习情况进行简单的介绍。

访谈问题：在经历失败后，您是否采取过实际行动来检验失败后得出的经验总结？您是如何根据这些经验总结开展实践行动的？您认为实践行动对您自身的创业能力产生了什么影响？

陈某：我经常会把失败中总结出来的经验运用到实践活动当中，一方面可以检验这些从失败中学到的知识是否真的有用，另一方面也可以尽量避免再次犯同样的错误。如果想要把失败经验真正投入实践当中，必须要对先前的失败进行反复思考，从不同的角度去思考是否存在处理类似状况的解决方案，并且要打破"死脑筋"，根据不断累积的失败经历，大胆地质疑之前总结的失败原因的正确性，将反思得到的新方法运用到实践活动中。但是，通过自我总结失败经验，毕竟是非常有限的，因此，我还经常与他人交流失败经验，从他人的失败中学习，更有效地吸取他人的教训并获得更多有用的信息和知识。再遇到类似的状况时，我就会想到相应的处理问题的方法，然后根据具体情况运用到实践当中。我觉得从失败中学到的创业知识运用到实践中是非常有好处的，只有通过实践才能检验这些知识到底是不是正确的。而且，如果不经过实践的话，这些知识就只是停留在头脑中，无法转化为能力，更无法解决实际问题。

根据深度访谈结果，得到创业行动学习的分类要素，主要包括批判性反思、互动支持和执行应用三大要素，具体提炼如表4.6所示。

表4.6 **创业行动学习分类要素**

主体	关键要素 I	关键要素 II
创业行动学习	批判反思	对于先前总结的失败原因产生质疑，甚至推翻之前的旧观点
		从不同的角度思考处理问题的解决方案，是否会产生其他替代性的结论
		结合之前的失败经验，重新思考创业过程中遇到的各种问题
	互动支持	在创业过程中，经常会与身边的亲朋好友保持密切的交流互动
		在与他人交流失败经历的过程中，经常能够获得有价值的信息
		与他人交流得越多，越能够吸收更多宝贵的经验教训，越有利于推动创业实践活动
	执行应用	按照原来的规则开展实践活动
		结合失败经验，在原来的规则基础上进行调整，部分采用新方式和新方法做事
		根据失败经验总结，改变原先的行动规则，以全新的方式做事

第三，悲痛恢复取向在失败学习、创业行动学习与创业能力之间的作用。在深度访谈中，可以发现创业者在面临失败和遭遇逆境时，通常会存在悲痛情绪，而成功的创业者往往能够合理地自我调控悲痛情绪，从而全身心投入失败学习与创业实践之中。但是有些创业者深陷于悲痛中，心理创伤无法愈合，而有些创业者却选择以逃避失败的方式缓解悲痛，但这两种情绪管理方式都无法使创业者进行有效的失败学习和创业行动学习，从而阻碍了创业能力的提升。因此，基于访谈结果，可以得出悲痛恢复取向在失败学习、创业行动学习和创业能力之间发挥着重要的调节作用。在此，就吴某和张某遭遇失败时的悲痛恢复情况进行简单介绍。

访谈问题：在经历失败的过程中，您是否有过悲痛情绪？您通过何种方式从失败悲痛情绪中恢复过来？您认为这些管理悲痛情绪的方式对您从失败中学习以及对您自身的创业能力会带来什么影响？

吴某：我经历过 3 次创业失败，一度感到人生没有希望，走不出失败的阴影。那时候，我一睁开眼就会想起当时失败的情境，然后反反复复地思考为什么会失败，但是越想越痛苦，不但没有缓解心里的悲痛，而且还变得意志消沉，即便如此也没想出到底为什么会变成这样。后来，我觉得不能一直纠结于失败的原因，所以就想办法转移注意力，回避失败的经历，通过做一些自己喜欢的但是平时没有时间做的事情来寻找乐趣，我记得那段时间我都在当背包客，一个人在一个又一个的陌生城市里晃荡，慢慢好像也没那么痛苦了。等情绪慢慢平复了，我觉得我能够较为冷静地看待失败时，我才重新反思自己的失败，然后总结出自己的失败经验，重新开始创业。这个自我调节情绪的过程是非常漫长的，但是我觉得它非常重要，因为创业的过程常常伴随着各种情绪的变化，如果不能很好地使用正确的方式控制自身的情绪，就难以重拾创业信心，更难以进行失败学习，也无法将失败学习获得的知识运用到实践中，自身的创业本领也得不到提高，所以，掌握悲痛情绪的调节方法是非常重要的。

张某：刚刚创业失败的时候，确实感到很痛苦，只想躲起来，简直是无地自容。所以，我就想办法逃避失败带来的痛苦，把注意力投入其他方面，不去思考跟自己失败有关的事情，就这样自我逃避了很久。本以为已经走出失败的阴影，但是没想到在一次谈话中，朋友无意当中又提到跟失败有关的内容，我一下子就感觉崩溃了，心里积压很久的痛苦终于爆发出来。后来，我明白这样子逃避是没有用的，所以，终于不再回避，开始正视自己的失败，通过不断反思，总结出一些自己失败的原因，不断地从失败中进行学习，并且开始敢于在实践中尝试新的解决方法。我觉得自从我学会调节自身的悲痛情绪，既不沉浸在失败悲痛之中无法自拔，也不逃避失败的残酷现实之后，我的内心反而更加强大了，越挫越勇，而且也能够直面自己存在的问题，更好地从失败中进行学习，并且可以将学到的知识更好地迁移到实践活动中，为现在开展新一轮的创业提供了很大的帮助。

因此，根据深度访谈的结果，可以得出悲痛恢复取向的分类要素，主要包括反思取向、恢复取向和交替取向三大要素，具体提炼如表 4.7 所示。

表 4.7　　　　　　　　　　　　悲痛恢复取向分类要素

主体	关键要素 I	关键要素 II
悲痛恢复取向	反思取向	经常与别人交流失败后产生的悲痛情绪
		经常反复思考导致失败的原因
		经常重温曾经遭遇的失败情景
	恢复取向	特意不去思考跟失败有关的事件
		回避曾经的失败，尝试找人交谈与失败无关的事情
		努力转移注意力，使自己的生活回到正常的轨迹上
	交替取向	当自己的情绪缓解下来后，主动去面对由失败引发的消极情绪
		在思考失败原因一段时间后，会转向思考其他事情；而思考其他事情一段时间后，又会反过来思考失败的原因

4.2.4　访谈小结

第一，通过对于创业者的深度访谈，我们发现创业是高风险、高失败率的活动，但是，失败显示出独有的价值，不仅仅是创业失败，以往职业生涯中经历的失败，甚至是日常生活中遇到的失败都可能影响着创业，究竟这些失败经历如何影响创业能力有待于我们进一步挖掘。

第二，曾遭遇创伤的创业者能否摆脱"一朝被蛇咬十年怕井绳"的心理困境，能否有效地总结以往的错误，是需要实践来验证的。因此，失败后的创业行动如何展开成为关键。

第三，情绪修复是失败修复中的重要部分。悲痛是最主要的失败情绪之一。于是，必须深入了解悲痛情绪如何管理。

4.3　理论分析与研究假设

4.3.1　主要概念界定

（1）失败与失败学习。失败是指行动结果偏离预期目标，或者是终止（中止）没能达到目标价值的行动（谢泼德等，2014）。创业者的经验是开展创业学习的重要来源，较之于成功经验，失败的经验具有更强的独特性和价值性，现有研究主要将其分为两类：一是根据失败的严重程度分为大失败、小失败（马德森和德赛，2010）；二是根据失败发生的情境，分为创业失败（雅克巴萨兰等，2013）和职业失败（阿曼瓦克·阿莫亚，2011），当前研究主要聚焦于如何从创业失败中学习。人的一生总是无数次地经历和克服各种失败，与简单的失败经验相比，复杂多样的失败经验能让人们学习到更多知识，有必要从生活、工作各个方面探讨如何通过学习失败经验来提高创业能力（雷和卡斯韦尔，2001）。因此，本章将个体失败经验分为日常生活失败、职业失败、创业失败三个维度，以便更全面地揭示创业能力发展的来源。日常生活失败最常见也最易被忽视，既包含对人生轨迹产生重大影响的关键型失败事件，也包含重复性犯错的累计型失败事件。职业是获得经验的重要途径，职业失败可以分为两类，一类我们称为"被动承受型"，主要是指个体曾经供职的企业遭遇倒闭、破产等失败，从而导致员工的职业生涯发生中断，甚至与企业一起经历各种挫折；另一类我们称为"主动发生型"，是指个体在职业生涯过程所遭遇的各种挫折，比如客户业务的丢失、项目计划的失败、晋升失败，甚至惨遭淘汰等，个体一系列职业经历都将对认知、能力、行为习惯等产生影响，形成职业印迹。创业失败是在创建或管理企业过程中，创业企业未达成预期目标的阶段性情景或事实，是多数创业过程中的必然现象。

失败学习是个体以获取能有效避免重蹈覆辙的知识和技能为目的，通过对曾经经历的失败进行反思，挖掘导致失败的根源，剖析个体行为与失败结果之间的关系及其对工作环境的影响（赵彬，2011）。失败学习有别于一般的单环学习，它是一个既要"亡羊补牢"即个体要能解决所面对的问题，又要"追根究底"即个体还必须能找出导致问题产生的根本原因的双环学习。首先，这种双环学习高度依赖于来自创业者先前所经历的日常生活、职业、创业等各种失败经验的累积。其次，取决于创业者采取什么样的反思、重构方法来对失败经验进行加工处理，与其他类型的经历相比，失败更易于促使创业者运用反事实思维（戴维斯等，1995），反事实思维是指个体在心理上否定过去已经发生的事件，进而采用加法式、减法式或者替代式来建构一种可能性假设的思维活动（卡尼曼和米勒，1986）。这是一种在创业者反思和重构既有经验的学习过程中发挥着重要作用的非常有效的心理模拟（何轩，2013），能较快较好地从失败中复原，并且有能力再度创业成功的创业者往往都是使用反事实思维的人（山川等，2010）。现有的研究都把获取创业知识看作是创业学习的结果（蔡莉，2012），与一般的创业学习不同，失败学习的特殊性在于通过学习获得的知识存在着两种可能性，一种是"自己以为是正确，但是结果却是错误"；另一种是"自己以为是错误，但是结果却是正确"，通过失败学习所获得的这两种知识都将对今后的创业活动产生深刻的影响。

（2）悲痛恢复取向。个体经历逆境或者创伤后，能否保持或者很快恢复正常的心理机能取决于自我调适机制能否成功应对逆境或者创伤（谢泼德，2003，2009）。面对失败风险显著增加的环境，个体复原力培养和提升成为了人力资源管理的重要问题（朱瑜，2014；伊，2014）。虽然时间是治愈伤口的良药，悲痛会随着个体处理失败所导致的系列挑战而慢慢消退，但是，当创业者面对着经济的损失、精神的折磨、未来的迷茫，个体创伤的痊愈速度、复原效果往往取决于创业者采取何种情绪管理方式。基于应对损失的心理理论，谢泼德（2003，2009）提出悲痛恢复模型，指出可以采取反思取向、恢复取向、交替取向三种不同的方式来管理悲痛情绪。反思取向是指面对失败带来的损失所造成的情感纽带的破坏，个体往往倾向于沉浸在导致失败的事件中，以反复回放的方式重温曾经遭遇的失败，花大量的时间来反复思考为什么会失败、寻找出为何失败的理由。恢复取向指的是抑制损失的感觉和积极应对由损失引起的附属压力源，个体将自己与失败隔离，避免思考失败，让自己尽量置身失败之外，将注意力投入其他方面，逃离失败的阴影。交替取向是指创业者既不深陷于对失败的反复思量，也不将失败直接拒之门外，而是在反思取向和恢复取向之间进行钟摆式的往返运动（谢泼德，2003）。

（3）创业行动学习。行动学习是瑞文斯教授提出的概念，它是由几个人（通常是 6 到 8 人）组成一个行动学习集，共同解决组织实际存在的问题（Q），获取与该问题相关的知识（P），在针对问题的学习过程中会引发新的质疑和反思（R），从而得到更有深度和多样化的见解，并付诸于有效的执行（I），即行动学习可以定义为"程序性知识 + 质疑 + 反思 + 执行"（AL = P + Q + R + I），行动是学习的基础，学习的结果要应用到行动中检验。

创业行动学习是一个认识、反思、联系和应用的动态过程，本章将其分为批判反思、互动支持、执行应用三个维度，尝试通过行动学习理论来解释创业者如何通过创业实践进行更好的创业学习。批判反思是反思的高级阶段，包括对曾经的决策或行为的反思，对行为所涉及的有关理智、情感、道德、历史、社会等各种因素所隐含意义的反思以及问题的解决，它往往是个体在解决无法确切回答或无法收集到完整相关资讯的问题时，所产生的一种理性反应（王志敏和马计斌，2006）。当批判反思发生时，个体能够突破已有的思维定势，改变视角，聚敛观点，在诸多可能性中选出解决问题的最佳方案。互动支持指的是个体需要在与社会网络成员讨论、分享的互动过程中获得支持，从而推动学习的开展。创业者与社会网络成员相互学习、相互支持（谢雅萍和黄美娇，2014），两者间无形中形成了一个较为宽松、自由的"行动学习集"，创业者从中源源不断地获得"行动—反思"的力量，从而更好地推动行动学习。执行应用是指个体将学习成果付诸于有效的执行，将内化的知识应用于创业实践活动以解决创业问题。并且，在实践应用中不断发现新问题，引发新质疑和新反思，从而进入行动学习的"行动—反思—再行动—再反思"的循环路径中，不断用新知识来指导新一轮的实践，如此往复，实现创业能力的螺旋式上升。

4.3.2 研究假设与模型构建

（1）失败学习与创业能力。与一般性经验相比，失败具有特殊的功能，失败往往意味着个体在能力方面存在不足，通过这种失败信号往往还能查找到失败者和成功者究竟在什么方面存在差距。失败经验的类型越丰富，就能获得越多的促进认知过程的燃料（埃利斯等，2006）和知识技能发展的学习资源。创业者从所经历的新企业创建与管理的关键挫折、关闭企业等系列事件中，进行自我学习、商业学习、网络与关系学习以及新企业管理学习等（科佩，2011），建构应对失败的心理资本（比斯利，2003），促进创业者心智模式的转变，发展创业所需要的能力。"被动承受型"和"主动发生型"的职业失败经验都会随着个体的工作流动产生经验知识溢出效应，影响后来的认知和行为（阿曼瓦克·阿莫亚，2011），有助于磨砺心态，获取与所从事职业相关的行业、岗位、关系处理等有价值的信息，会形成个人态度和信念，完善并重构做事的方式（格尔德伦，2005）。生活是最好的老师，个体往往通过亲历失败和挫折，能学到更多的东西，引发个体思想和行为的变化。在深度访谈中发现，有些创业者坦承经历了婚姻失败等生活方面的重挫，能更好地理解责任、承诺和包容的含义，有利于在创业中处理好各种人际关系，坚持自己的信念；有些创业者则称以往日常生活中自己常犯的一些比如迟到、马虎等小错误，往往会带入创业中，有时候甚至会导致业务机会丧失、内部管理混乱等问题；还有些创业者强调治大国若烹小鲜，创办企业和家庭治理有惊人的相似之处，能够从各种家庭问题的处理中汲取创业所需的经验教训。

经历失败是失败学习的先决条件，采用适当的学习方式则是学有所成的关键。人的学习与思维模式是密切相关的，单环学习是基于一个被识别问题的解决的学习方式，并未触及人的思维模式的深处。在单环学习的基础上增加一个回路就构成了双环学习的链条。首先，个体将识别、解决问题的学习过程延伸到思维层面，通过深入的思考，挖掘导致问题产生的思维深处的原因，从而改善个体的思维模式，进而有针对性地修正行为。其次，在第二个环节的学习中，反思肩负着非常重要的作用，遭遇失败后，思考时间多的个体会比思考时间少的个体能够从失败中学到更多知识（山川等，2010）。特别是，面对现实的失败结果，个体往往采用反事实思维，回溯结果产生之前的过程，梳理自己曾经的行为，分析行为的对与错，剖析导致失败的原因，既能改变原有的认知图式，产生改变过去、构建更加有效的策略以应对未来的愿望，而且经历深度的挖掘学习，今后遇到类似的事件，创业者往往具有更强的信心来恰当地处理（麦克马伦，1995；林筠和王蒙，2014）。经过这种深入思维层面的"刨根究底"的双环学习，一方面，创业者能更清晰地认识自己，尤其是能发现自己与成功者之间存在的差异，从而从根本上对自己所持有的某些认知进行颠覆，另一方面，通过失败学习学到的知识往往是未来再次创业获得成功的保障（于晓宇等，2013），是个体创业能力形成和发展的禀赋基础（巴伦，2004；谢雅萍等，2017），以此预见并采取不平衡的盈利先动机会（赵文红等，2014），更可能直面困难，在后续创业中坚持下来。据此提出研究假设：

H1：失败学习有利于提升创业能力；

H1a：日常生活失败学习有利于提升创业能力；

H1b：职业失败学习有利于提升创业能力；

H1c：创业失败学习有利于提升创业能力。

（2）创业行动学习的中介作用。双环学习的内容往往是创业者未来再次创业成功的关键知识，但遭遇创业失败的创业者在进行双环学习的时候会面临着降低自尊、自信和乐观的风险。在这种情况下，创业者往往不敢再次去尝试创业，从而错失了通过再次行动去验证双环学习中所获得的知识正确与否的重要机会（于晓宇等，2013）。实践（行动）是知识转化为能力的主要途径，通过知识的迁移、反复使用，能提升对知识掌握的熟练程度，在知识自如、娴熟使用的基础上才有可能将知识升华为能力。由此可见，能力生成的前提条件是要将先前学习任务中获得的特定知识应用于新的任务中，但是个体的转化水平不同，即使个体在前一个学习阶段获得同样的知识也未必能形成同样水平的能力（杨克瑞，2013）。行动学习为能力的生成提供了有效的路径（奥比松等，2005），当创业者处于一个具体的创业情境中，一方面创业者渴望达到目标，另一方面创业者受制于目前所具备的条件，于是创业者对问题的解决就需要尝试填补问题已知条件与目标之间的这个"认知空隙"（王培芳和符太胜，2009）。在填补空隙的过程中，创业者通过采取相应的行动来解决创业中遇到的问题，进而验证在前面的失败学习过程中所构建的认知、知识体系是否正确得当，从而引发新的质疑；并通过与网络成员的互动，获得支持以更深入地推动批判反思，检测所提供的解决问题的方法的有效性，产生新颖的方法和确定可供选择的视角，使得认知图式不断重建以适应环境的变化，以获得具有说服力的相关假设或结论，并采取合适的方式付诸有效的执行。据此，提出研究假设：

H2：创业行动学习在失败学习与创业能力间起到中介作用。

（3）悲痛恢复取向的调节作用。个体经历逆境或者创伤后，能否保持或者很快恢复正常的心理机能取决于自我调适机制能否成功应对逆境或者创伤（理查德森，2002）。虽然，深入反思是创业者查找到导致失败真正根源的有效方式，但是如果创业者长期采取反思取向，往往会持续陷入消极情绪的泥潭中，不仅不能减轻悲痛的症状，甚至会加重悲痛的程度（诺兰·霍克西玛等，1994），反而会弱化学习的意愿和信息处理的能力。创业者通过转移注意力在短期内可能会抑制或者降低悲痛情绪的影响，但是也恰恰是因为逃避而缺乏对失败的反思进而减少了难得的学习机会（普瑞格森等，1997），消极情绪是无法被掩盖的，最终还是会寻找突破口宣泄出来的，而且经过压抑后的情绪宣泄，结果往往更加具有破坏力和杀伤力。于是，合理、平衡地交替运用反思取向和恢复取向，既可以使遭遇创伤的心理尽快反弹重生甚至愈挫弥坚（鲁特，2000），也可以畅享失败给创业者带来的难得的学习机会。当反思失败开始产生消极情绪，具有强烈交替取向的人将会转化到恢复取向，打破个人的沉思循环，采取行动来减小附属压力源，减少失败本身的情感程度，增加处理信息的能力（弗雷德里克森，2004），待情绪恢复后再切换回反思取向来进一步思考失败原因和识别失败的学习机会（谢泼德，2009）。通过钟摆式的情绪调适，一则可以提高从失败中汲取经验教训的能力，从失败中习得对能力提升和发展有利的知识，帮助个体快速成长；二则可以消除创业者对失败的恐惧，使其敢于再度投身创业，将失败学习所获得的知识迁移、运用至连续创业行动中，在行动中习得对后续行动更有帮助的结果，有助于贯通"失败学习—创业行动学习"的双环学习链条。因此，创业过程中灵活利用情绪的动态性特征，适当地改变认知，能更好地面对问题（蒿坡和龙立荣，2015），最终导致创业能力的生成。据此提出研究假设：

H3：悲痛恢复取向对失败学习与创业行动学习之间的关系具有调节效应；

H3a：交替取向正向调节失败学习与创业行动学习的关系；

H3b：反思取向与恢复取向负向调节失败学习与创业行动学习的关系。

H4：悲痛恢复取向对失败学习与创业能力之间的关系具有调节效应；

H4a：交替取向正向调节失败学习与创业能力间的关系；

H4b：反思取向与恢复取向负向调节失败学习与创业能力间的关系。

综上所述，失败学习作为创业学习的一种特殊来源，会对创业能力产生影响，失败学习后获取的创业知识需要通过创业行动学习，更好地转化成创业能力。学习与行动并重地发生在整个创业过程，而悲痛情绪会对整个学习过程产生一定影响，不同的处理悲痛的方式，会带来不一样的效果。基于此，本章构建失败学习对创业能力的概念模型（见图 4.6），并以创业行动学习为中介变量、悲痛恢复取向为调节变量，试图揭示失败学习对创业能力的影响机制。

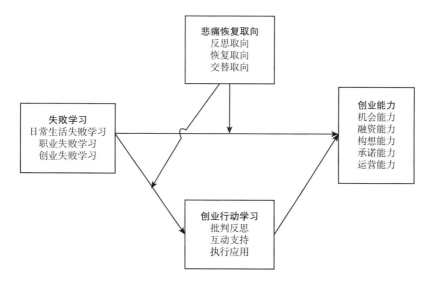

图 4.6　失败学习、悲痛恢复取向、创业行动学习与创业能力的关系概念模型

4.4　问卷设计与数据收集

4.4.1　问卷设计过程与内容

（1）问卷设计过程。本章的研究问卷结合深度访谈的结果，在国内外的成熟量表的基础上加以制定，包括创业者基本情况、失败学习、创业行动学习、悲痛恢复取向、创业能力 5 部分，采用李克特 5 点量表来测量。悲痛恢复取向量表主要借鉴谢泼德、帕策尔特和沃尔夫等学者，创业能力量表借鉴曼等学者的观点进行设计。鉴于目前个体失败学习和创业行动学习缺乏成熟量表，笔者主要借鉴卡梅丽和绍布鲁克、哈恩和瑞德（2006）等学者的观点，结合访谈结论以及研究学者的意见，采用文献演绎法和归纳法尝试开发相关量表。

（2）问卷内容。本章的问卷基于上述研究模型与假设的需要进行设计，包括基本信息调查、失败学习问卷、创业行动学习问卷、悲痛恢复问卷以及创业能力问卷五部分。

第一部分：基本信息，包括性别、年龄、受教育程度、创业失败次数、创业失败首要原因、创业动机、创业阶段、是否有合伙人、企业规模、企业所属行业 10 个问题。

第二部分：失败学习问卷，主要调查创业者失败学习的情况，包括日常生活失败、职业失败和创业失败三部分，采用李克特 5 点量表形式，从 1 到 5 分别表示极不同意到完全同意。

第三部分：创业行动学习问卷，主要调查创业者创业行动学习的情况，包括批判反思、互动支持和执行应用三部分，采用李克特 5 点量表形式，从 1 到 5 分别表示极不同意到完全同意。

第四部分：悲痛恢复取向问卷，主要调查创业者调适悲痛情绪的情况，包括反思取向、恢复取向和交替取向三部分，采用李克特 5 点量表形式，从 1 到 5 分别表示极不同意到完全同意。

第五部分：创业能力问卷，主要调查创业能力的情况，包括机会能力、融资能力、构想能力、承诺能力、运营能力五部分，采用李克特 5 点量表形式，从 1 到 5 分别表示极不同意到完全同意。

4.4.2　量表设计

（1）失败学习量表。根据前面的论述，本章主要是通过对创业者失败学习的内容来源进行划分，从日常生活失败、职业失败和创业失败三个方面来评价失败学习。

第一，日常生活失败。由于之前的研究都未对日常生活失败进行具体的研究，而从访谈过程中发现"经常犯的小毛病""对我影响很大""反省自己""吸取教训"等话语出现的频率较高，因此，结合文献演绎和访谈结果来设计题项，同时在本学术团队中征求意见以及咨询相关专家，进而完成量表的修订，见表4.8。

表4.8　　　　　　　　　　　　日常生活失败测量题项

序号	测量题项	来源
1	对于生活中遭遇的重大失败，我会引起重视，并探究原因	文献归纳和演绎；访谈结论和专家意见
2	对于生活中反复遭遇的失败，我会引起重视，并探究原因	
3	我觉得采用反事实思维（在心理上对过去已经发生的事件进行否定，进而建构一种可能性假设的思维活动）有助于更好地反思失败	
4	我觉得从生活中遭遇的失败所吸取的经验教训，会有助于自身的进步	

第二，职业失败与创业失败。卡梅丽和绍布鲁克（2008）采用了五个题项来研究组织员工失败学习的情况，而于晓宇等（2013）也借鉴了此量表来进行衡量。本章中我们同样也借鉴卡梅丽和绍布鲁克（2008）的观点以及访谈结论，分别从四个问题对职业失败和创业失败进行测量，见表4.9和表4.10。

表4.9　　　　　　　　　　　　职业失败测量题项

序号	测量题项	来源
1	对于工作中遭遇的失败，无论大小，我都会积极面对，并探究原因	卡梅丽和绍布鲁克（2008）；访谈结论和专家意见
2	面对工作失败，我会积极地思考有没有更好的方式解决问题	
3	我觉得采用反事实思维有助于更好地反思失败	
4	我觉得从工作中遭遇的失败所吸取的经验教训，会有助于自身的进步	

表 4.10 创业失败测量题项

序号	测量题项	来源
1	对于工作中遭遇的失败，无论大小，我都会积极面对，并探究原因	卡梅丽和绍布鲁克（2008）；访谈结论和专家意见
2	面对工作失败，我会积极地思考有没有更好的方式解决问题	
3	我觉得采用反事实思维有助于更好地反思失败	
4	通过创业失败学习，有利于后续创业	

（2）创业行动学习量表。

第一，批判反思。克拉克等（2006）指出行动学习是基于这样的前提，即学习是通过反思之后的行动，用于解决实际的问题。鲍内（2011）也指出反思问题会使人们吸取经验的教训以及学习行动的结果，是行动学习集的成员必须掌握的技能之一。因此，本量表借鉴鲍内（2011）的观点来访谈有关反思性思考和批判性思考问题，以及结合访谈结论而设计，见表 4.11。

表 4.11 批判反思测量题项

序号	测量题项	来源
1	创业行动学习过程中，会对之前认为的导致失败原因的旧观点产生质疑，甚至推翻之前的观点	鲍内（2011）；访谈结论和专家意见
2	创业行动学习过程中，会从不同的角度思考决策问题，是否会有替代性结论	
3	创业行动学习过程中，经常会结合之前的经验重新思考创业过程中遇到的问题	

第二，互动支持。创业行动学习的环境离不开社会网络，需要跟网络成员进行互动交流，获取资源支持，这对创业者而言是至关重要的。陈燕妮（2013）也指出通过与他人的互动，能找到创业问题解决的新思路。与此同时，在访谈中创业者不断提及与其他创业者的来往和交流，能认识到自身的不足，以及得到他人的指点。因此，此量表参考陈燕妮（2013）以及结合访谈结论而设计，见表 4.12。

表 4.12 互动支持测量题项

序号	测量题项	来源
1	在创业的过程中，我经常会与其他人进行交流	陈燕妮（2013）；访谈结论和专家意见
2	在与他人的交流中，我经常能够获得有价值的信息和反馈	
3	与他人交流得越多，我能够学得越多，越有利于创业	

第三，执行应用。没有行动的学习，会导致学习到的知识无效，也无法促进活动的改进（鲁克等，2007）。因此创业行动学习要求把学习到的知识放到实践中应用和验证，从而获得下一个环节的学习内容。哈恩和瑞德（2006）借鉴了经验视角的学习模型，提出了行动学习环（分散、同化、调整和合并），合并维度中强调了行动学习结果的应用。因此，此量表将主要借鉴哈恩和瑞德（2006）的观点而设计，见表4.13。

表 4.13　　　　　　　　　　　　执行应用测量题项

序号	测量题项	来源
1	我会根据原来的规则做事	哈恩和瑞德（2006）；访谈结论和专家意见
2	我会在原来的规则基础上，部分采用新的方式做事	
3	我会改变原来的规则，以全新的方式做事	

（3）悲痛恢复取向量表。由于悲痛恢复取向理论主要是借鉴了谢泼德等（2011）的研究，而他们也进行了实证检验，信效度都达到要求。因此，此量表主要是继续参考他们的研究成果以及结合访谈进行修正少许的词语表达，见表4.14。

表 4.14　　　　　　　　　　　悲痛恢复取向测量题项

变量	序号	测量题项	来源
反思取向	1	我经常会跟别人交流因失败产生的情绪	谢泼德等（2011）；访谈结论和专家意见
	2	在我脑袋里，我经常重复思考导致失败的原因	
	3	我会面对由失败引发的思考	
恢复取向	1	我特意不去思考跟失败有关的事件	
	2	我尝试找人交谈与失败无关的事情	
	3	失败引发一些问题后，我努力使自己的生活回到正常的轨迹上	
交替取向	1	当自己的情绪缓解下来后，我会去面对由失败引发的消极情绪	
	2	我认识到，在思考失败原因一段时间后，我需要转向思考其他事情；而思考其他事情一段时间后，我需要返回来思考失败的原因	
	3	思考失败一段时间后，我会让自己的心态放松下来	

（4）创业能力量表。根据之前的综述部分，可知创业能力是一个多维度概念，目前学者们对此研究较多，而本量表主要是从曼（2000）、艾哈迈德

（2007）、李翔（2009）开发的创业能力量表中选取，并结合访谈结论设计，见表2.8。

4.4.3　问卷发放与回收

为了能确保问卷的可靠性和有效性，以便更加有效地开展调查，正式调查前，借助福建省企业与企业家联合会的协助，面向50个创业者进行了探测性调研，通过对问卷进行信效度检验，删减并修正部分题项，最终形成正式问卷。

正式样本调研采用电子问卷和纸质问卷两种。面向创业者进行问卷的发放与填写，在纸质问卷填写过程中全程跟踪，与被调查者沟通交流。两种渠道共发放问卷600份，回收497份问卷，其中有效问卷358份，问卷有效回收率为59.7%。

样本的选择遵循以下两个条件：一是曾经经历过失败；二是再度创业。同时剔除无效问卷的原则有：问卷中存在大面积空白和遗漏，缺失值过多；被调查者填写过于随意，连续数道题目甚至全部量表都选择同一选项。问卷或不符合研究需要，或存在信息失真的现象，本研究予以剔除。

4.4.4　数据分析方法

根据本章的研究模型和假设，主要运用SPSS 20.0对问卷回收回来的数据进行分析，探索并验证假设是否成立。数据分析方法具体包括：（1）描述性统计分析；（2）信度分析；（3）效度分析；（4）方差分析；（5）相关分析；（6）多元回归分析。通过以上数据分析手段对本章提出的理论假设进行验证。

4.5　数据分析与结果讨论

本节主要采用SPSS 20.0分析软件对回收回来的数据进行统计分析，实证检验上一节中提到的失败学习、创业行动学习、悲痛恢复取向和创业能力的影响机制。主要分为以下5个部分：第一部分是描述性统计分析和方差分析，目的是明确控制变量对创业能力的影响；第二部分是对失败学习、创业行动学习、悲痛恢复取向和创业能力四个量表进行信效度分析；第三部分是相关性分析，通过相关性分析确定变量之间的关系程度和方向；第四部分是回归分析，旨在验证概念模型中的假设并进行简要分析；第五部分是对验证结果进行总结和结论解释。

4.5.1　描述性统计分析和方差分析

（1）描述性统计。下面采用 SPSS 20.0 对回收来的问卷进行描述性统计，主要是涉及创业者的基本特征及其企业的规模和所属行业性质，包括频数和百分比，具体数据如表 4.15 和表 4.16 所示。

第一，失败创业者样本的个体基本特征分析。在本章中主要从性别、年龄、受教育程度、创业失败次数、创业失败的首要原因、创业动机、创业阶段、是否有合伙人等方面来了解创业者的基本情况，见表 4.15。

表 4.15　　　　　　　　　　　　　创业者样本的基本特征

变量	选项	频数（人）	百分比（%）	变量	选项	频数（人）	百分比（%）
性别	男	223	62.3		想要更高的收入	70	19.6
	女	135	37.7		抓住一次难得的机会	75	20.9
年龄	20 岁及以下	6	1.7		获取更高的社会地位	56	15.6
	21～30 岁	141	39.4		梦想成为成功创业者	59	16.5
	31～40 岁	170	47.5	创业动机	获得更多的自由和独立	41	11.5
	41～50 岁	37	10.3		拥有创业激情（喜欢/热爱创业）	54	15.1
	51 岁以上	4	1.1		其他	3	0.8
受教育程度	初中及以下	25	7.0		种子期	13	3.6
	高中/中专	73	20.4		初创期	45	12.6
	大专/本科	184	51.4	创业阶段	成长期	100	27.9
	硕士	67	18.7		成熟期	124	34.6
	博士	9	2.5%		转型期	76	21.3

续表

变量	选项	频数（人）	百分比（%）	变量	选项	频数（人）	百分比（%）
创业失败次数	没有	53	14.8	创业失败的首要原因	创业决策失误	70	19.6
	1 次	156	43.6		资金等创业资源不足	73	20.4
	2 次	143	39.9		市场竞争激烈	57	15.9
	3 次	4	1.1		经营管理不善	59	16.5
	4 次及以上	2	0.6		环境发生变化	43	12.0
是否有合伙人	是	268	74.9		前期创业准备不足	56	15.6
	否	90	25.1				

由表 4.15 可知：创业者主要以男性为主，男性创业者有 223 人，占总人数的 62.3%；而女性有 135 人，占到 37.7%。创业者年龄分为 5 个阶段：20 岁及以下 6 人，占 1.7%；21~30 岁 141 人，占 39.4%；31~40 岁 170 人，占 47.5%；41~50 岁 37 人，占 10.3%；51 岁及以上 4 人，占 1.1%。可见，创业者的年龄分布情况与中国的创业者以中青年为主体的现状比较吻合。从受教育程度可以看出，初中及以下 25 人，占 7.0%；高中/中专 73 人，占 20.4%；大专/本科 184 人，占 51.4%；硕士 67 人，占 18.7%；博士 9 人，占 2.5%，可见创业者受教育程度主要呈正态分布。针对创业失败的次数，有 53 人选择还没有失败过，占 14.8%；1 次的有 156 人，占 43.6%；2 次的有 143 人，占 39.9%；3 次的有 4 人，占 1.1%；4 次及其以上的有 2 人，占 0.6%，可见大部分创业者认为自己有过失败经历，说明创业失败是个正常的现象。对于创业失败的首要原因的选择，有 70 人选择创业决策失误，占 19.6%；73 人选择资本等创业资源不足，占 20.4%；57 人选择市场竞争激烈，占 15.9%；59 人选择经营管理不善，占 16.5%；43 人选择环境发生变化，占 12.0%；56 人选择前期准备不足，占 15.6%，可见对于创业失败的归因，内外因的认识较为平衡。对于创业者是出于什么动机展开创业，有 70 人选择想要更高收入，占 19.6%；有 75 人选择抓住一次难得的机会，占 20.9%；有 56 人选择获取更高的社会地位，占 15.6%；59 人选择梦想成为成功创业者，占 16.5%；有 41 人选择获得更多的自由和独立，占 11.5%；有 54 人选择拥有创业激情，占 15.1%，可见，尽管为了增加收入是创业的主要动机，但是优势并不明显，越来越多的人是为了实现自身需要和价值，以及抱着一腔激情而投入创业活动。

由于创业者对创业活动的接触时间长短会影响到他们对创业失败的不同认知，因此创业者所处的创业阶段也被考虑为控制变量。其中有 13 人处在种子期（拥有创业点子，为公司成立做各种准备工作），占 3.6%；45 人处在初创期（公司成立初期，效益不太稳定），占 12.6%；100 人处在成长期（公司产品和服务结构基本确定，生产步入正轨，效益较快提高），占 27.9%；124 人处在成熟期（公司产品或服务结构稳定，效益比较稳定），占 34.6%；76 人处在转型期（公司产品或服务的市场缩小，效益下降，面临制度变革），占 21.3%，可见，处在成长期、成熟期和转型期的占大多数。对于受访者是否还有创业合伙人，其中有 268 人选择是，占 74.9%；90 人选择否，占 25.1%，可见当前团队创业是主要的创业主体。

第二，创业者样本的企业规模和行业性质情况。本章主要是通过调查员工人数来判断企业规模，以及调查企业所属的行业性质，见表 4.16。

表 4.16 样本所在企业规模和行业性质统计

变量	选项	频数（家）	百分比（%）	变量	选项	频数（家）	百分比（%）
企业员工人数	100 人以下	3	0.8	所处行业	采矿业	28	8.1
	100~200 人	51	14.2		电力、燃气及水的生产和供应业	0	0
	201~300 人	62	17.3		建筑业	14	4.1
	301~400 人	81	22.6		交通运输、仓储和邮政业	11	3.3
	401~500 人	31	8.7		信息传输、计算机服务和软件业	101	28.2
	501~600 人	44	12.3		批发和零售业	14	3.9
	601~800 人	22	6.2		住宿和餐饮业	17	4.7
	801~1000 人	32	8.9		金融业	32	8.9
	1001~2000 人	18	5.1		租赁和商务服务业	17	4.8
	2001~3000 人	8	2.2		居民服务和其他服务业	66	18.4
	3001 人以上	6	1.7		卫生、社会保障和社会福利业	18	5.1
所处行业	农、林、牧、渔业	3	0.8		文化、体育和娱乐业	14	3.9
	房地产业	41	11.5				
	制造业	35	9.8				

从表 4.16 可知：本章根据国家统计局发布的《统计上大中小型企业划分办法（暂行）》的标准来划分，从表中可见本次样本主要集中在 301～400 人，占 22.6%；201～300 人，占 17.3%；100～200 人，占 14.2%；501～600 人，占 12.3%，主要还是以中小型企业为主。依据国家行业分类标准，创业者样本所在的行业以信息传输、计算机服务和软件业（28.2%）、居民服务和其他服务业（18.4%）、房地产业（11.5%）、制造业（9.8%）和金融业（8.9%）为主。

（2）方差分析。本章的调查问卷主要是研究创业者个体，因此重点观察 8 个创业者的基本情况影响，分别是性别、年龄、受教育程度、创业失败次数、创业失败的首要原因、创业动机、创业阶段、是否有合伙人。一般认为，显著性水平大于 0.05 视为不存在显著差异，符合方差分析前提条件；而显著性水平低于 0.05 这一显著水平，则说明控制变量将对观测变量产生显著性影响。表 4.17 显示控制变量的影响程度。

表 4.17 　　　　　　　　　不同控制变量单因素方差分析（显著性水平）

变量	失败学习	创业行动学习	悲痛恢复取向	创业能力
创业者性别	0.213	0.546	0.624	0.005 **
创业者年龄	0.004 **	0.007 **	0.012 *	0.947
受教育程度	0.035 *	0.031 *	0.019 *	0.033 *
创业失败次数	0.014 *	0.008 **	0.003 **	0.027 *
创业失败的首要原因	0.031 *	0.035 *	0.007 **	0.000 ***
创业动机	0.020 *	0.026 *	0.005 **	0.000 ***
创业阶段	0.089	0.468	0.054	0.001 **
是否有合伙人	0.776	0.679	0.613	0.600

注：* 表示路径系数显著性水平 $p<0.05$，** 表示 $p<0.01$，*** 表示 $p<0.001$。

由表 4.17 中可看出：第一，创业者性别和创业阶段只在创业能力方面有显著影响，但在失败学习、创业行动学习和悲痛恢复取向这三个方面并没有显著差异，即这三个方面没有受到性别差异的影响；第二，创业者年龄在失败学习、创业行动学习和悲痛恢复取向这三个方面有显著差异，即这三个方面会受到年龄差异的影响，而对创业能力却没有显著影响；第三，失败学习、创业行动学习、悲痛恢复取向和创业能力都会受到教育程度差异、创业失败次数差异、创业失败的首要原因差异和创业动机差异的显著影响；第四，失败学习、创业行动学习、悲痛恢复取向和创业能力都不会受到是否有合伙人差异的显著影响。本章的这些检验结果与之前的相关研究结论较为一致，同时也说明此次选取的这些控制变量，用来考察是否会引起自变量、因变量、中介变量和调节变量的显著性差异较为合理。

4.5.2　信效度分析

本章采用问卷调查的方式收集数据，主要有四大量表：失败学习量表、创业行动学习量表、悲痛恢复取向量表和创业能力量表，分别测量模型的自变量、中介变量、调节变量和因变量。这四个量表都是依据之前的研究以及学者采用的相关量表，并结合后期访谈和预调查修正而完成的，信效度有一定的保证。尽管如此，仍需要对各量表进行信效度的验证，以确保问卷质量。

（1）信度分析。对问卷量表进行信度测量，常用的方法是将 Cronbach's Alpha 系数作为评价的标准。Cronbach's Alpha 系数的值介于 0 ~ 1，其值越高表明信度越高，能够更加准确地反映出问卷量表内部结构和测量指标之间的一致性。通常情况下 Cronbach's Alpha 系数最好要大于 0.7；倘若测量现实 Cronbach's Alpha 系数低于 0.35 则应拒绝该题项指标。利用 SPSS 20.0 统计分析软件，得到本章各量表的信度，结果如表 4.18 所示。

表 4.18　量表的信度分析

因子名称	指标	Cronbach's Alpha	整体 Cronbach's Alpha
失败学习	日常生活失败学习	0.867	0.907
	职业失败学习		
	创业失败学习		
创业行动学习	批判反思	0.846	
	互动支持		
	执行应用		
悲痛恢复取向	反思取向	0.855	
	恢复取向		
	交替取向		
创业能力	机会能力	0.873	
	承诺能力		

因子名称	指标	Cronbach's Alpha	整体 Cronbach's Alpha
创业能力	构想能力		
	融资能力	0.873	0.907
	运营能力		

从表 4.18 可以看出，整体问卷的信度达到了 0.907，而单独的四个量表的信度也都达到了 0.8 以上，明显大于 0.7，可见问卷具有良好的一致性。

（2）效度分析。运用 SPSS 20.0 统计分析软件进行探索性因子分析，通过主成分分析的方法对模型的各维度变量按照抽取不同数目因子的原则，进行最大变异法正交旋转，得到相应的因子载荷矩阵，然后通过对比差异来实现的。首先需要对问卷进行 KMO 检验和巴特利球体检验，通常情况下 KMO 检验值大于 0.6 就可进行因子分析。对本章的问卷量表进行的探索性因子分析结果如表 4.19 至表4.26 所示。

第一，失败学习量表因子分析。

表 4.19　　　　　　　　　　　失败学习维度因子分析

	日常生活失败学习	职业失败学习	创业失败学习
KMO 测度	0.651	0.729	0.684
Sig.	0.000	0.000	0.000
Q1	0.729		
Q2	0.737		
Q3	0.825		
Q4	0.774		
Q5		0.834	
Q6		0.816	
Q7		0.832	
Q8		0.675	
Q9			0.871
Q10			0.882
Q11			0.594
Q12			0.615

表 4. 20　　　　　　　　　　　失败学习变量因子分析

	日常生活失败学习	职业失败学习	创业失败学习
KMO 测度	0.712		
Sig.	0.000		
因子载荷	0.883	0.895	0.758
累积方差贡献率	73.12%		

从表 4.19 与表 4.20 可以看出失败学习的二级指标和一级指标的 KMO 值均大于 0.6，巴特利球体检验的因子显著性水平小于 0.001，说明问卷收集的数据适合做因子分析。在失败学习的二级指标中，12 项二级指标对失败学习的解释一般都在 0.5 以上，从总体上来讲，各二级指标都能对失败学习进行很好的解释；而失败学习的一级指标也达到 0.7 以上，累积方差贡献率达到 73.12%，对失败学习总体也具备很好的解释，可见日常生活失败学习、职业失败学习和创业失败学习共同构成了失败学习的三维结构模型。

第二，创业行动学习量表因子分析。

表 4. 21　　　　　　　　　　　创业行动学习维度因子分析

	批判反思	互动支持	执行应用
KMO 测度	0.679	0.665	0.712
Sig.	0.000	0.000	0.000
Q13	0.786		
Q14	0.837		
Q15	0.794		
Q16		0.762	
Q17		0.758	
Q18		0.760	
Q19			0.884
Q20			0.831
Q21			0.813

表 4. 22　　　　　　　　　　　创业行动学习变量因子分析

	批判反思	互动支持	执行应用
KMO 测度	0.726		

	批判反思	互动支持	执行应用
Sig.		0.000	
因子载荷	0.695	0.740	0.773
累积方差贡献率		72.26%	

从表 4.21 与表 4.22 可以看出创业行动学习的二级指标和一级指标的 KMO 值均大于 0.6，巴特利球体检验的因子显著性水平小于 0.001，说明问卷调查所收集的数据适合做因子分析。在创业行动学习的二级指标中，9 项二级指标对创业行动学习的解释都在 0.7 以上，总体来讲，二级指标都能对创业行动学习进行很好的解释；而创业行动学习的一级指标也达到 0.6 以上，累积方差贡献率达到 72.26%，对创业行动学习总体也具备很好的解释，可见批判性反思、互动支持和执行应用共同构成了创业行动学习的三维结构模型。

第三，悲痛恢复取向量表的因子分析。

表 4.23　　　　　　　　　　悲痛恢复取向维度因子分析

	反思取向	恢复取向	交替取向
KMO 测度	0.626	0.675	0.684
Sig.	0.000	0.000	0.000
Q22	0.705		
Q23	0.873		
Q24	0.895		
Q25		0.764	
Q26		0.820	
Q27		0.815	
Q28			0.834
Q29			0.725
Q30			0.712

表 4.24　　　　　　　　　　悲痛恢复取向变量因子分析

	反思取向	恢复取向	交替取向
KMO 测度		0.689	
Sig.		0.000	

	反思取向	恢复取向	交替取向
因子载荷	0.696	0.773	0.691
累积方差贡献率	72.18%		

从表 4.23 与表 4.24 可以看出悲痛恢复取向的二级指标和一级指标的 KMO 值均大于 0.6，巴特利球体检验的因子显著性水平小于 0.001，说明问卷调查所收集的数据适合做因子分析。在悲痛恢复取向的二级指标中，9 项二级指标对悲痛恢复取向的解释都在 0.7 以上，总体来讲，各二级指标都能对悲痛恢复取向进行很好的解释；而悲痛恢复取向的一级指标也达到 0.6 以上，累积方差贡献率达到 72.18%，对悲痛恢复取向总体也具备很好的解释，可见反思取向、恢复取向和交替取向共同构成了悲痛恢复取向的三维结构模型。

第四，创业能力量表因子分析。

表 4.25　　　　　　　　　　创业能力维度因子分析

	机会能力	承诺能力	构想能力	融资能力	运营能力
KMO 测度	0.686	0.713	0.680	0.711	0.814
Sig.	0.000	0.000	0.000	0.000	0.000
Q31	0.834				
Q32	0.736				
Q33	0.750				
Q34		0.853			
Q35		0.917			
Q36		0.890			
Q37			0.852		
Q38			0.906		
Q39			0.728		
Q40				0.882	
Q41				0.914	
Q42				0.835	
Q43					0.882
Q44					0.854

	机会能力	承诺能力	构想能力	融资能力	运营能力
Q45					0.812
Q46					0.844

表 4.26　　　　　　　　　　　创业能力变量因子分析

	机会能力	承诺能力	构想能力	融资能力	运营能力
KMO 测度	0.715				
Sig.	0.000				
因子载荷	0.706	0.875	0.806	0.881	0.715
累积方差贡献率	71.54%				

从表 4.25 与表 4.26 可以看出创业能力的二级指标和一级指标的 KMO 值均大于 0.6，巴特利球体检验的因子显著性水平小于 0.001，问卷调查所收集的数据适合做因子分析。在创业能力的二级指标中，16 项二级指标对创业能力的解释都在 0.7 以上，从总体上来讲，各二级指标都能对创业能力进行很好的解释；而创业能力的一级指标也达到 0.7 以上，累积方差贡献率达到 71.54%，对创业能力总体也具备很好的解释，可见机会能力、承诺能力、构想能力、融资能力和运营能力共同构成了创业能力的五维结构模型。

4.5.3　相关性分析

运用回归分析研究变量之间存在的关系情况之前，需要先通过相关分析确定变量之间是否存在关系程度以及方向。相关性分析是研究随机变量之间的线性相关关系的一种统计方法。相关系数的大小表示相关性的强度，积差相关的值介于 1 和 –1 之间，越接近 0 表示两变量间的关联度越弱。本章运用 Pearson 相关分析探测变量间的关联程度，统计结果如表 4.27 所示。

表 4.27　　　　　　　　　　本章各维度相关系数矩阵

变量	1	2	3	4	5	6	7	8	9	10	11	12	13	14
1	1													
2	0.742 **	1												

续表

变量	1	2	3	4	5	6	7	8	9	10	11	12	13	14
3	0.483 **	0.505 **	1											
4	0.199 **	0.373 **	0.273 **	1										
5	0.208 **	0.225 **	0.287 **	0.536 **	1									
6	0.285 **	0.329 **	0.495 **	0.567 **	0.664 **	1								
7	0.358 **	0.315 **	0.373 **	0.535 **	0.642 **	0.695 **	1							
8	0.296 **	0.222 **	0.454 **	0.561 **	0.604 **	0.592 **	0.615 **	1						
9	0.216 **	0.135 *	0.285 **	0.346 **	0.315 **	0.414 **	0.513 **	0.617 **	1					
10	0.102	0.129 *	0.181 **	0.414 **	0.319 **	0.388 **	0.279 **	0.305 **	0.402 **	1				
11	0.156 *	0.264 **	0.283 **	0.347 **	0.339 **	0.366 **	0.334 **	0.370 **	0.321 **	0.228 **	1			
12	0.112	0.255 **	0.184 **	0.283 **	0.279 **	0.401 **	0.356 **	0.372 **	0.335 **	0.164 *	0.735 **	1		
13	-0.064	0.095	0.169 **	0.259 **	0.301 **	0.386 **	0.343 **	0.342 **	0.345 **	0.164	0.644 **	0.844 **	1	
14	0.045	0.093	0.103	0.179 **	0.166 *	0.115	0.168 **	0.155 *	0.050	0.110	0.489 **	0.362 **	0.395 **	1

注：①此处采用双尾检验；＊表示 $p < 0.05$；＊＊表示 $p < 0.01$。②1 为日常生活失败学习，2 为职业失败学习，3 为创业失败学习，4 为批判反思，5 为互动支持，6 为执行应用，7 为反思取向，8 为恢复取向，9 为交替取向，10 为机会能力，11 为承诺能力，12 为构想能力，13 为融资能力，14 为运营能力。

（1）失败学习与创业能力的相关性分析。自变量失败学习与因变量创业能力之间的相关性分析可以看出：日常生活失败学习与承诺能力呈现显著的正相关，与融资能力呈现负相关，与其他三个创业能力维度没有出现显著相关性；职业失败学习与机会能力、承诺能力和构想能力呈现显著的正相关，与融资能力、运营能力没有出现显著相关性；创业失败学习与机会能力、承诺能力、构想能力和融资能力呈现显著的正相关，与运营能力没有出现显著的相关性。

（2）失败学习与创业行动学习的相关性分析。通过分析失败学习与创业行动学习的相关性，可以得出以下结论：失败学习的三个维度（日常生活失败学习、职业失败学习和创业失败学习）与创业行动学习三个维度（批判反思、互动支持和执行应用）都呈现显著的正相关，说明创业者的失败学习进行得越好越充分，创业行动学习也会进行得越好越有效，失败学习与创业行动学习两者有着紧密的关系，这与前面的理论阐述结论一致。

（3）创业行动学习与创业能力的相关性分析。从表 4.27 中创业行动学习与创业能力的相关分析可以发现：批判反思和互动支持与创业能力都呈现出显著的正相关，说明越进行批判反思和互动支持，越有助于创业能力的提升；执行应用与运营能力没有出现显著的相关性，但与其他创业能力维度呈现显著的正相关。

（4）悲痛恢复取向与其他各变量的相关性分析。从表 4.28 可以看出：悲痛恢复取向与失败学习的三个维度呈现显著的相关性；悲痛恢复取向与创业行动学习的三个维度呈现显著的相关性；反思取向和恢复取向与创业能力都呈现显著的相关性；交替取向与机会能力、承诺能力、构想能力和融资能力呈现显著的相关性，但与运营能力没有出现显著的相关性。根据这些结论，可以说明创业失败后产生的悲痛情绪会对失败学习和创业行动学习产生重要的影响。

4.5.4　回归分析

相关性分析是用来说明两个变量之间的相互关联关系以及这种关系的紧密程度和方向。而为了说明这两种关系在相关的基础上存在的因果关系，需要用到回归分析。本章将对变量两两进行回归，验证他们之间存在的因果关系。

为保证回归分析的科学性、有效性，本章检验了回归模型的多重共线性、序列相关和异方差等三大问题。其中多重共线性用方差膨胀因子（VIF）指数衡量，本章所用回归模型 VIF 值均落在 1.000～8.354 区间，位于 0 到 10 的合理区域内，不存在多重共线性问题（张文彤，2002）。序列相关性唯有在数据是动态数据时才会存在，由于本章采用横截面数据，且各模型的 DW 值都落在 1.756～2.125 范围内，接近 2，解释变量的残差与自变量相互独立，不存在自相关问题。关于异方差的检验，本章结合最小二乘法，计算回归模型残差绝对值与自变量之间的相关性，发现异方差问题亦不存在。

（1）失败学习与创业能力回归分析。为考察失败学习对创业能力，失败学习各维度对创业能力各维度的影响，对上述假设进行实证检验，本章以创业能力为因变量，以失败学习为自变量，运用 SPSS 20.0 统计软件对先前提出的假设进行数据检验，分析结果如表 4.28 和表 4.29 所示。

表 4.28　　　　　　　　失败学习对创业能力的回归分析

自变量	因变量：创业能力			
	β	R^2	Adj. R^2	F
失败学习	0.279 ***	0.058	0.054	14.655 ***

表 4.29　　　　　　　　失败学习各维度对创业能力各维度的回归分析

自变量	因变量				
	机会能力	承诺能力	构想能力	融资能力	运营能力
日常生活失败学习	0.011	0.145 *	0.190	0.055	0.073
职业失败学习	0.057	0.258 **	0.347 ***	0.247 *	0.105 **
创业失败学习	0.159 *	0.226 **	0.095 **	0.214 **	0.088 **
R^2	0.037	0.110	0.086	0.082	0.016
Adj. R^2	0.024	0.097	0.075	0.070	0.004
F	2.897 **	9.966 ***	7.535 ***	7.312 ***	1.224 ***

从表 4.28 中可以看出失败学习与创业能力之间的关系显著正相关（$\beta = 0.279$，$p < 0.001$），H1 得到验证，即失败学习会有助于提升创业能力。从表 4.29 中可以看出日常生活失败学习只对承诺能力有显著正向影响（$\beta = 0.145$，$p < 0.05$），而对机会能力、构想能力、融资能力和运营能力影响不显著，这与相关性分析的结果一致，因此 H1a 部分得到验证；职业失败学习只对机会能力没有显著影响，其他四个维度都是显著的正向相关（$\beta = 0.258$，$p < 0.01$；$\beta = 0.347$，$p < 0.001$；$\beta = 0.247$，$p < 0.05$；$\beta = 0.105$，$p < 0.01$），则 H1b 部分得到验证；创业失败学习与创业能力各维度之间关系都显著相关（$\beta = 0.159$，$p < 0.05$；$\beta = 0.226$，$p < 0.001$；$\beta = 0.095$，$p < 0.01$；$\beta = 0.214$，$p < 0.01$；$\beta = 0.088$，$p < 0.01$），则 H1c 得到验证。

（2）创业行动学习中介效应的回归分析。中介效应属于间接效应的一种。当自变量 X 对因变量 Y 的影响，是通过另一个变量 W 来完成的，则变量 W 就被称为中介变量，中介变量所起到的效应就是中介效应。温忠麟（2004）提出的中介效应检验程序被众多学者所接受，即先检验自变量 X 对因变量 Y 的直接效应，得到回归系数 c。如果回归系数 c 显著，则下一步检验自变量 X 对中介变量 W 的效应值，得到回归系数 a。第三步是将 X 和 W 作为自变量，对因变量 Y 进行回归分析，得到系数 b 和 d。如果 a、d、b 都显著，说明存在部分中介作用；如果 a 和 d 显著，b 不显著，说明存在完全中介作用；如果 a 和 d 只有一个显著，则需要进行 sobel 检验，进一步确定是否存在中介作用。如果第一步中的 c 不显著，就不需要进行下面的检验了，即不存在中介作用。下面将根据温忠麟（2004）提出的中介效应检验程序，对创业行动学习是否在失败学习和创业能力之间有中介效应进行检验，分析结果如表 4.30、表 4.31 和表 4.32 所示。

表 4. 30　　　　　　　第一步：失败学习对创业能力的直接效应分析

自变量	因变量：创业能力			
	β	R^2	Adj. R^2	F
失败学习	0. 279 ***	0. 058	0. 054	14. 655 ***

表 4. 31　　　　　　　第二步：失败学习对创业行动学习的效应分析

自变量	中介变量：创业行动学习			
	β	R^2	Adj. R^2	F
失败学习	0. 587 ***	0. 315	0. 308	110. 412 ***

表 4. 32　　　　　第三步：失败学习与创业行动学习对创业能力的回归分析

自变量	因变量：创业能力			
	β	R^2	Adj. R^2	F
失败学习	0. 090	0. 116	0. 107	15. 276 ***
创业行动学习	0. 286 ***			

从表 4. 30 中，可以看出失败学习对创业能力的直接效应呈显著正相关（β = 0. 279，p < 0. 001），紧接着进入第二步检验失败学习对创业行动学习的效应，发现两者之间关系显著正相关（β = 0. 587，p < 0. 001），最后把失败学习与创业行动学习当成自变量，检验两者对创业能力的效应，结果发现失败学习对创业能力的效应变得不显著（β = 0. 090），而创业行动学习对创业能力的效应仍然显著（β = 0. 286，p < 0. 001）。因此，根据温忠麟的中介效应检验判别结论，创业行动学习在失败学习与创业能力之间的中介效应属于完全中介，H2 得到支持。

（3）悲痛恢复取向调节效应的回归分析。当自变量 X 对因变量 Y 的影响受到第三个变量 W 的影响时，变量 W 就被当作调节变量。调节变量主要分为两种：一种是调节变量与自变量有交互作用的，它会影响自变量与因变量关系的方向；另一种是调节变量与自变量没有交互作用，但是会影响自变量与因变量的关系强弱。在做调节效应分析时，需要将自变量和因变量做中心化处理。温忠麟等（2005）介绍了显变量的调节效应分析方法，如果变量 Y 与变量 X 的关系是变量 M 的函数，称 M 为调节变量，当自变量和因变量都是连续变量时，用带有乘积项的回归模型做层次回归分析：第一步是做 Y 对 X 和 M 的回归，得到测定系数

R_1^2；第二步做 Y 对 X、M 和 XM 的回归，得到测定系数 R_2^2；若 R_2^2 明显高于 R_1^2，则调节效应显著。为了提高回归分析结果的正确性，在进行检验悲痛恢复取向在失败学习与创业行动学习、失败学习与创业能力的调节效应时，本章先对失败学习、创业行动学习、创业能力、悲痛恢复取向、反思取向、恢复取向和交替取向分别进行了中心化处理。

第一，悲痛恢复取向在失败学习与创业行动学习之间的调节效应分析。以悲痛恢复取向作为调节变量，失败学习为自变量，创业行动学习为因变量。其中悲痛恢复取向又分为反思取向、恢复取向和交替取向三个维度，用 SPSS 20.0 进行相关回归分析，具体结果见表 4.33 和表 4.34。

表 4.33　　　　　悲痛恢复取向对失败学习与创业行动学习的回归分析

		创业行动学习
主效应	失败学习	0.334 ***
	悲痛恢复取向	0.482
	R^2	0.476
	Adj. R^2	0.470
	F	119.479 ***
调节效应 （加入交互项）	失败学习	0.328 ***
	悲痛恢复取向	0.490 *
	失败学习×悲痛恢复取向	0.057 **
	R^2	0.498
	Adj. R^2	0.492
	F	80.389 ***

表 4.34　　　　悲痛恢复取向三维度对失败学习与创业行动学习的回归分析

		创业行动学习		创业行动学习		创业行动学习
主效应	失败学习	0.434 ***	失败学习	0.459 ***	失败学习	0.536 ***
	反思取向	− 0.348 *	恢复取向	− 0.305 *	交替取向	0.091 **
	R^2	0.396	R^2	0.371	R^2	0.301
	Adj. R^2	0.412	Adj. R^2	0.389	Adj. R^2	0.314
	F	86.992 ***	F	79.144 ***	F	57.004 ***

续表

调节效应（加入交互项）		创业行动学习		创业行动学习		创业行动学习
	失败学习	0.431 ***	失败学习	0.461 ***	失败学习	0.537 ***
	反思取向	− 0.351	恢复取向	− 0.302 *	交替取向	0.086 *
	失败学习 × 反思取向	− 0.032	失败学习 × 恢复取向	− 0.018	失败学习 × 交替取向	0.024 **
	R^2	0.418	R^2	0.395	R^2	0.320
	Adj. R^2	0.404	Adj. R^2	0.369	Adj. R^2	0.298
	F	57.993 ***	F	52.615 ***	F	37.945 ***

从表 4.33 可以看出，失败学习、悲痛恢复取向与创业行动学习的回归模型中判定系数 $R_1^2 = 0.476$，失败学习、悲痛恢复取向、失败学习 × 悲痛恢复取向与创业行动学习的回归模型中的判定系数 $R_2^2 = 0.498$，R_2^2 明显大于 R_1^2，所以悲痛恢复取向在失败学习与创业行动学习之间起到显著的调节作用，H3 得证。

从表 4.34 中可以看出，失败学习、交替取向与创业行动学习的回归模型中判定系数 $R_1^2 = 0.301$，失败学习、交替取向、失败学习 × 交替取向与创业行动学习的回归模型中的判定系数 $R_2^2 = 0.320$，R_2^2 明显大于 R_1^2，且失败学习 × 交替取向的回归系数为 $β = 0.024$，$p < 0.01$，所以交替取向在失败学习与创业行动学习之间起到显著的正向调节作用，H3a 得证。失败学习、反思取向与创业行动学习的回归模型中判定系数 $R_1^2 = 0.396$，失败学习、反思取向、失败学习 × 反思取向与创业行动学习的回归模型中的判定系数 $R_2^2 = 0.418$，R_2^2 明显大于 R_1^2，且失败学习 × 反思取向的回归系数为 $β = − 0.032$，所以反思取向在失败学习与创业行动学习之间起到负向调节作用，但不够显著；同时，失败学习、恢复取向与创业行动学习的回归模型中判定系数 $R_1^2 = 0.371$，失败学习、恢复取向、失败学习 × 恢复取向与创业行动学习的回归模型中的判定系数 $R_2^2 = 0.395$，R_2^2 明显大于 R_1^2，且失败学习 × 恢复取向的回归系数为 $β = − 0.018$，所以恢复取向在失败学习与创业行动学习之间起到负向调节作用，但也不够显著。因此，H3b 部分得证。

第二，悲痛恢复取向在失败学习与创业能力之间的调节效应分析。以悲痛恢复取向作为调节变量，失败学习为自变量，创业能力为因变量。其中悲痛恢复取向又分为反思取向、恢复取向和交替取向三个维度，用 SPSS 20.0 进行相关回归分析，具体结果见表 4.35 和表 4.36。

表 4.35　　　　　　悲痛恢复取向对失败学习与创业能力的回归分析

		创业能力
主效应	失败学习	0.091
	悲痛恢复取向	0.313 ***
	R^2	0.136
	Adj. R^2	0.128
	F	18.798 ***
调节效应 （加入交互项）	失败学习	0.087
	悲痛恢复取向	0.334 ***
	失败学习×悲痛恢复取向	0.168 **
	R^2	0.166
	Adj. R^2	0.158
	F	15.567 ***

表 4.36　　　　悲痛恢复取向三维度对失败学习与创业能力的回归分析

		创业能力		创业能力		创业能力
主效应	失败学习	0.143 *	失败学习	0.176 **	失败学习	0.196 **
	反思取向	− 0.267 ***	恢复取向	− 0.192 **	交替取向	0.178 **
	R^2	0.135	R^2	0.089	R^2	0.087
	Adj. R^2	0.111	Adj. R^2	0.082	Adj. R^2	0.079
	F	16.371 ***	F	11.940 ***	F	11.511 ***
调节效应 （加入 交互项）	失败学习	0.148 *	失败学习	0.192 **	失败学习	0.203 **
	反思取向	− 0.261 ***	恢复取向	− 0.174 **	交替取向	0.142 *
	失败学习× 反思取向	− 0.072	失败学习× 恢复取向	− 0.141	失败学习× 交替取向	0.179 **
	R^2	0.186	R^2	0.109	R^2	0.117
	Adj. R^2	0.164	Adj. R^2	0.098	Adj. R^2	0.106
	F	11.408 ***	F	9.872 ***	F	10.719 ***

从表 4.35 可以看出，失败学习、悲痛恢复取向与创业能力的回归模型中判定系数 $R_1^2 = 0.136$，失败学习、悲痛恢复取向、失败学习×悲痛恢复取向与创业能力的回归模型中的判定系数 $R_2^2 = 0.166$，R_2^2 明显大于 R_1^2，所以悲痛恢复取向在失败学习与创业能力之间起到显著的调节作用，H4 得证。

从表 4.36 中可以看出，失败学习、交替取向与创业能力的回归模型中判定系数 $R_1^2 = 0.087$，失败学习、交替取向、失败学习×交替取向与创业能力的回归模型中的判定系数 $R_2^2 = 0.117$，R_2^2 明显大于 R_1^2，且失败学习×交替取向的回归系数为 β = 0.179，p < 0.01，所以交替取向在失败学习与创业能力之间起到显著的正向调节作用，H4a 得证。失败学习、反思取向与创业能力的回归模型中判定系数 $R_1^2 = 0.135$，失败学习、反思取向、失败学习×反思取向与创业能力的回归模型中的判定系数 $R_2^2 = 0.186$，R_2^2 明显大于 R_1^2，且失败学习×反思取向的回归系数为 β = −0.072，所以反思取向在失败学习与创业能力之间起到负向调节作用，但不够显著；同时，失败学习、恢复取向与创业能力的回归模型中判定系数 $R_1^2 = 0.089$，失败学习、恢复取向、失败学习×恢复取向与创业能力的回归模型中的判定系数 $R_2^2 = 0.109$，R_2^2 明显大于 R_1^2，且失败学习×恢复取向的回归系数为 β = −0.141，所以恢复取向在失败学习与创业能力之间起到负向调节作用，但不够显著。因此，H4b 部分得证。

4.5.5　假设验证结果与结论解释

（1）研究假设验证结果。现将本章的研究假设验证结果列表，如表 4.37 所示。

表 4.37　　　　　　　　　　　研究假设验证结果

假设	结论
H1：失败学习有利于提升创业能力	支持
H1a：日常生活失败学习有利于提升创业能力	部分支持
H1b：职业失败学习有利于提升创业能力	部分支持
H1c：创业失败学习有利于提升创业能力	支持
H2：创业行动学习在失败学习与创业能力间起到中介作用	支持
H3：悲痛恢复取向对失败学习与创业行动学习之间的关系具有调节效应	支持
H3a：交替取向显著正向调节失败学习与创业行动学习的关系	支持
H3b：反思取向与恢复取向显著负向调节失败学习与创业行动学习的关系	部分支持
H4：悲痛恢复取向对失败学习与创业能力之间的关系具有调节效应	支持
H4a：交替取向显著正向调节失败学习与创业能力间的关系	支持
H4b：反思取向与恢复取向显著负向调节失败学习与创业能力之间的关系	部分支持

（2）研究模型结论解释。本章以创业行动学习为中介变量，悲痛恢复取向为调节变量，分析失败学习对创业能力的影响关系，提出概念模型和研究假设，并通过实证方法进行分析。通过实证检验了失败学习有助于创业能力的提升，并且创业行动学习在两者关系之中起到中介作用，悲痛恢复取向不仅能够调节失败学习与创业行动学习之间的关系，还能够调节失败学习与创业能力之间的关系，结果如表 4.37 所示，下面将对假设的具体情况进行解释。

第一，失败学习对创业能力的影响。从表 4.28 可以看出，失败学习对创业能力有显著正向影响得到验证（$\beta = 0.279$，$p < 0.001$），可见失败学习作为创业学习一种重要的特殊来源，同样也会对创业者能力的形成和发展产生显著的作用，因此创业者需要注重创业过程中各种失败经验，争取从中吸取重要的教训，避免重蹈覆辙。表 4.29 显示出：日常生活失败学习只对承诺能力有显著影响（$\beta = 0.145$，$p < 0.05$），对机会能力、构想能力、融资能力和运营能力并没有显著影响。这可能是因为日常生活失败学习的内容更多的是关于生活、学习、交际方面等，对于创业的相关活动内容接触较少，因此创业者在有关融资、企业运营和企业战略规划方面的理解和感悟较薄弱，进而对此产生的影响就不够显著；职业失败学习对机会能力的影响不显著，对其他四个维度都有显著影响，因为经历过职业失败，创业者会形成职业印迹，带有更多之前的职业经验知识来看待当前的活动，因此会限制创业者发散性思维的发挥，束缚创业者把眼光投向更多方面以及行为的冒险倾向减弱，因此对机会能力的形成和发展影响不明显；创业失败学习对创业能力的各个维度都有显著影响，可见创业者应该注重创业过程中发生的每一次失败经历，因为每一次的失败经历都可能是让能力提升的学习机会。

第二，创业行动学习在失败学习对创业能力影响中的中介作用。从表 4.30、表 4.31 和表 4.32 可以看出，根据温忠麟（2004）的中介效应判别结论，加入创业行动学习作为自变量共同对创业能力进行回归分析后，失败学习的回归系数由显著变得不显著，而创业行动学习回归系数却仍然十分显著，可以说明创业行动学习在失败学习对创业能力影响中发挥中介作用。可见，失败学习后的知识必须得经过创业行动学习才能更好地形成创业能力，这符合教育学领域的共识，实践（行动）是知识转化为能力的主要途径。因此，创业者经历过失败学习，得再次投入创业实践，才能检验能力是否有提升，以及发现不足之处。

第三，悲痛恢复取向的调节作用。本章借鉴温忠麟（2005）介绍的调节效应分析方法，用 SPSS 20.0 进行悲痛恢复取向的调节作用分析，构建相关的回归模型，分别分析了在失败学习与创业行动学习、失败学习与创业能力间加入悲痛恢复取向后所带来 R^2 较大程度的变化，具有统计显著性，验证了悲痛恢复取向的调节作用，具体而言，反思取向和恢复取向有起到负向调节作用，但不够显著；而交替取向则呈现显著正向调节作用。反思取向与恢复取向没有呈现出显著影响，可能是因为不止一次经历过失败的创业者占总样本的多数，这些连续创业者由于经历多次失败，体验到了多次的消极情绪，使得他们应对消极情绪的能力和程度都有所提高，能适时地控制好反思取向和恢复取向的应用程度。因此，尽管创业者认为单方面地采取反思取向和恢复取向会带来负面影响，但是他们很少会过度地采取反思取向和恢复取向，对自身的情绪管理比较得当，没有导致非常恶劣的结果。同时也说明采取交替取向，管理好自身情绪，对学习和能力形成会带来重要的积极作用，创业者身处动荡的创业环境，各种情绪都有可能经历和体验，学会管理和控制情绪就显得极其重要和必要。

4.6　失败学习与创业能力间的路径解析

本章在理论研究和实证分析的基础上，尝试构建了"失败学习—创业能力"的学习过程框架，以期揭示创业失败者从失败中学习，进而提升创业能力的有效路径，深度剖析从失败学习到创业能力的具体过程，为广大创业失败者的再度创业提供指引。

当创业者经历失败时，首先会对失败进行归因，不同归因方式会导致不同的学习过程。心理学"成败归因理论"指出，影响个人成败的因素主要有：能力、努力、任务难度和运气，前两者属于内因，后两者为外因。个人对成败如何进行归因会影响到其后续的行为和情感（王晓钧等，2012）。因为不同的归因方式会产生不同的失败学习方式（于晓宇等，2013），影响创业者有选择地学习和反思创业活动中的某些方面，而知识来源不同的创业学习对创业能力的构建又会存在不同影响（蔡莉等，2014），反思学习获得的知识更多是隐性知识，而外界学习获得的知识更多是显性知识，最终通过创业行动学习的转化会促使产生不同的创业能力。因此，创业者经历失败后会出现两种归因倾向，产生两种不同的学习过程，进而会产生不一样的创业能力。

在此有必要说明下，针对有些创业者既能做到对失败原因进行内部归因，又能进行外部归因，这种情形是最理想的状态，也是本章最终希望创业者能够实现的结果，但这种平衡内外部归因的行为，毕竟在现实中实践起来较为困难。因此，本章侧重阐述有归因倾向偏好的情形，下面将分别对内外部归因倾向者的失败学习与创业行动学习过程进行路径解析。基于前人的理论研究以及本章实证研究的结论，整合出创业者"失败学习—创业能力"的学习过程框架，并且对于整个学习过程中所涉及的关键词进行解释，如表 4.38 和图 4.7 所示。

表 4.38　　　　　　　**"失败学习—创业能力"学习过程解释**

	学习流程解释
归因方式	内部归因：将失败归因为自身的能力和努力问题，触发反事实思维 外部归因：将失败归因为任务难度和运气问题，倾向搜集外部信息
失败学习	自我反思：准备不足、经验不足与能力不足 外界学习：分析外界宏微观环境对创业失败的影响
情绪管理	引导恢复：引导悲痛恢复，分析客观原因，避免过度自卑 引导反思：引导悲痛反思，内省自身原因，避免盲目自信
创业激发	创业激发因素包括外部激励、内部激励、独立与自我控制、家庭保障
创业行动学习	同时应用好批判反思、互动支持和执行应用三种学习策略

4.6.1　内部归因倾向者的失败学习过程

当创业者倾向于把失败归为自身的能力和努力不足时，会自动忽略可能导致创业失败的外部因素。创业者会从自身寻找原因，认为失败主要是由于自己准备不足、经验不足或能力不足所导致的（何应林和林丹，2013）。创业者会思考可能是创业所需的设备和场地准备不足，策划和项目评估不充分，准备时间太仓促，创业资金准备不充足等；可能是无创建企业流程的经验，无管理企业的经验，不知道如何管理好员工，不懂如何维护自身的权益等；可能是缺乏对市场反应的判断力导致市场定位不准，经营产品缺乏特色，产品创新能力不强，对企业资金管理不合理以及对自身未来战略发展拿捏不定等内部因素，因此，第一阶段中，创业者首先会对创业失败进行内部归因。

内部归因倾向的创业者会不自觉地采取反思取向，进入自我反思学习状态中，不断地思考上面提到的内在原因，回头看看他们可能做错的事，并且可能考

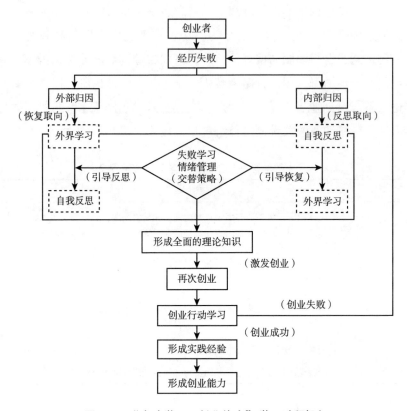

图4.7　"失败学习—创业能力"学习过程框架

虑下一次如何做得更好，触发反事实思维（山川等，2010；李艳妮和郝喜玲，2020），想象如果当时自己采取相反行为的话，结果肯定会不一样，可能会是个好结果。因此，创业者就能从自己身上总结失败的根本原因，牢记在心，并在下一次创业行动中有意识地避免再犯相似的错误。因此，第二阶段中，创业者紧接着会进入反思取向，启动自我反思学习行为。

　　但是就像本章的研究结论，一味地采取反思取向最终会产生负向调节。反思时间没控制好，在一定程度上会增加创业者对失败的内疚感，打击自信心，产生更多的消极情绪（李雪灵等，2014）。为了防止创业者过度消极和自卑，惧怕创业失败创伤，以及鼓舞勇气重新振作起来，及时从悲痛深渊中爬出来，创业者需要进行情绪管理和控制（交替取向），采取恢复取向，引导悲痛恢复。创业者可以与家人、朋友交谈失败经历，倾听他们的分析和观点；也可以抛下一切烦恼，全身心地投入新活动中；甚至可以请求成功者帮助自己渡过失败苦海。当创业者采取恢复策略，把情绪恢复到正常水平，以及在此过程中与外界的接触，会让他们注意到外界因素对创业失败的影响，进而促使他们进行外界学习，把注意力转向外部环境，从市场经济、法律政策、社会文化等方面收集信息，思考这些外部因素对创业失败的影响，增强自身对外界环境的认识和适应。因此，第三阶段中，创业者要进行情绪管理，采取恢复策略，切换到外界学习行为。

经过一开始的自我反思和后来的外界学习，创业者从失败中获得许多理论层面的创业知识，但是这些知识更多是存储在大脑里。教育学指出知识只有在实践中才能转化为能力，因此，创业者需要再次创业，才能检验先前的失败学习是否有效。然而，并非所有经历过失败的创业者都会选择再次进入创业浪潮，他们的区别在于个体的创业动机（奥尔森和波赛漫，1984）。库拉特寇等（1997）提出激发创业的四因素动机：外部激励（金钱和股份）、内部激励（内部控制需要和成就需要）、独立和自我控制、家庭保障，当创业者在某个因素方面具有强烈欲望，才有可能选择再次创业。因此，第四阶段中，创业者通过失败学习形成创业知识，激发动机，产生再次创业行为。

前面的理论推导出创业知识需要通过创业行动学习转化成创业能力，实证也验证了创业行动学习在失败学习和创业能力间发挥完全中介作用，学者也指出行动学习对提升创业能力有显著作用（亚当斯，2009；索普等，2009）。而创业行动学习的有效进行，需要批判反思、互动支持和执行应用三者之间协作配合。第一，创业者在行动中碰到难题要自身进行反思斟酌，采用新视角回顾问题情境，总结问题产生的各种原因，果断摒弃不合理的观点，保留正确的经验教训；第二，通过与创业网络成员互动交流，挖掘正式网络和非正式网络中的知识资源，进行知识和信息的整合和利用（杨隽萍等，2013），适时选择合适的网络学习方式（模仿学习、交流学习和指导学习）来提升行动学习的效果和效率（谢雅萍和黄美娇，2014），与此同时获得支持性的资源和知识进一步推动批判反思，接受正确的知识体系，就如派克（2008）指出通过与成员共享失败和成功的经验，使得创业者少走弯路，有助于提升创业能力；第三，最终需要把自身反思的和网络学习的知识付诸行动，将问题解决方案应用于真实创业情境以验证其正确性，正确则强化行动学习，错误就修正方案，在"行动—反思"的螺旋式上升链条中不断地将知识巩固和强化从而升华为能力。因此，第五阶段中，创业者进行创业行动学习，努力把知识转化成能力。

当创业者经过"失败学习—创业行动学习"链条，在再次创业活动中成功地创业了，说明创业者把理论知识转化成实践知识，最终促进创业能力的提升，反过来为未来的创业成功增添一份胜算；若在再次创业活动中没能创业成功，那么就回到最初位置实践"失败学习—创业行动学习"路径，争取弥补自身的能力缺陷。

4.6.2　外部归因倾向者的失败学习过程

创业者将失败归因为任务难度大或运气差，会在一定程度上缓解消极情绪，心理上寻求安慰，降低耻辱感，自我效能感也不会受到破坏，使得自身从悲痛泥塘中恢复过来，因此，创业者会收集外部信息，寻找理由解释失败。创业者会侧重思考当前整个环境对创业的影响，如经济不景气、市场规模小、政策不够优惠、创业基础设施不够健全、顾客消费理念落后、竞争对手过于强大等。因此，第一阶段中，创业者把思维投向外部环境，进行外部归因。

外部归因倾向的创业者会不自觉地采取恢复取向，进入外界学习状态中。他们搜寻外界信息，解读经济政策、法律规范、社会文化、竞争者强大竞争力等对创业失败的影响，通过与外界的人进行交流，来寻求答案和建议，寻求关于创业活动的反馈，以及与有相似经验的人一起总结，讨论如何避免重复之前的错误。因此，第二阶段中，创业者会进入恢复取向，启动外界学习行为。

尽管恢复取向会暂时抑制失败的感觉和悲痛，降低消极情绪，但是长期处在恢复取向状态，会导致创业者规避对失败的提及和思考，认为这些失败事件超出他们的控制范围，无能为力（谢泼德等，2011），就不会有意识地识别失败根源，不利于改善自身问题，甚至是直接过滤掉失败经历，有可能导致重蹈覆辙。因此，为了避免创业者盲目自信，忽略深思自身问题，识别失败根源和学习机会，创业者需要进行情绪管理（交替取向），采取反思策略。创业者要慎独思考有关自身的能力问题、准备问题、经验问题，进而吸取教训、总结经验，改善自身不足。因此，第三阶段中，创业者进行情绪管理，采取反思策略，切换到自我反思学习行为。接下来，外部归因倾向创业者学习进行的第四阶段、第五阶段和结果解释，与上述的内部归因倾向创业者的学习过程雷同，这里就不再赘述。

总而言之，创业者一开始采取不同的归因方式，会导致他们进入不同的情绪状态，从而偏向不同的失败学习方式。然而，反思取向和恢复取向都需要警惕过犹不及，因此，在失败学习过程中，创业者需要采取交替取向进行情绪管理，在反思取向和恢复取向之间合理平衡地交替，使得创业者能在失败学习的时候既能管理好情绪，又能结合自我反思和外界学习，客观地认识自身原因与环境因素，追究失败根源，总结经验教训，形成全面创业知识，内化于心。然后，激发创业失败者再次创业的动机和激情，落地实践，进行创业行动学习，最终在行动与学习并重的过程中，得到创业能力的提升。

当然，如果创业者面对失败时，能够同时启动内外部归因，客观全面地分析导致失败的原因，以采取匹配性的学习方式，则能取得更好的学习效果。因此，如何引导创业者客观地从内外部解析导致失败的原因，是有效开展失败学习的重要前提。此外，虽然失败学习是从失败中复原的有效方式，但是失败复原是一个极其痛苦和艰难的过程，创业者想要彻底摆脱失败的阴霾，真正从失败中走出来，除了高效的失败学习之外，还需要借助其他手段来促进失败复原。然而，目前对于失败复原的研究极为匮乏，想要真正帮助创业者从失败中走向成功，还需要对失败复原展开进一步的探讨。

4.7　小　结

本章探讨失败学习对创业能力的影响，失败学习作为创业学习的特殊来源，将失败学习的对象界定为那些令人受挫的失败经验，并将失败学习的维度界定为日常生活失败学习、职业失败学习以及创业失败学习。以悲痛恢复取向作为调节变量，创业行动学习为中介变量，提出失败学习与创业能力的研究模型，通过研究假设以及问卷设计与数据分析，得出：创业行动学习在失败学习与创业能力间发挥中介作用，悲痛恢复取向的调节效应较明显，日常生活失败学习与职业失败学习对创业能力的部分维度具有显著正影响，而创业失败学习对创业能力具有正影响得到验证。根据实证分析的结果，本章尝试构建了"失败学习—创业能力"的学习过程框架，以期揭示从失败中学习，进而提升创业能力的有效路径，深度剖析从失败学习到创业能力的具体过程，为广大创业失败者的再度创业提供指引。此外，本章认为要想帮助创业者彻底摆脱失败的阴霾，除了不断完善失败学习过程体系之外，还需对失败复原进行深入探讨。

| 第 5 章 |

网络学习与创业能力

现有关于创业学习的理论主要从经验学习方面解释创业能力的形成，强调从先前成功、失败的经验中学习以形成创业能力。经验学习的确是获得创业能力的重要途径，然而，现实中不仅客观存在着大量缺乏先前经验而无经验可学的创业者，而且从实践来看，观察、模仿创业成功者的行为，与家人、朋友、客户、供应商、银行家、政府部门、竞争对手等的讨论和谈判，接受导师的指导等都对创业能力的形成和发展有重要作用，而它们无不来源于社会网络。但现有理论明显忽视社会网络视角下创业学习对创业能力形成和发展的作用机制的研究。

创业学习不可能仅仅靠自己，而是与组织内外部成员的互动合作过程（泰勒和索普，2004），创业学习也是一个社会化过程，创业者的创业关系深深地影响着创业学习过程（科佩，2005；拉瓦西和图拉蒂，2005），社会网络学习越来越被认为是创业学习的关键（甘士达和科佩，2010；谢雅萍和黄美娇，2016）。鉴于此，本章拟从社会网络视角入手，剖析社会网络与创业学习、创业能力的关系，挖掘创业学习过程关键影响因素及其影响路径，进而完整构建基于社会网络的创业学习推进创业者创业能力形成的作用机制链条。

5.1　网络学习的理论回顾及研究视角

5.1.1　网络学习的理论回顾

企业家的各类网络在企业的创业及成长过程中的重要作用一直是新兴的研究

热点（约翰尼森，1988；拉尔森，1991）。近二十多年来，研究人员逐渐关注企业家网络在学习中的作用（迪金斯等，2000；雷，2000；泰勒和索普，2004），提出从理论上讲，所有类型的网络学习都是有益的。吉布（1997）将学习环境中的域定义为企业家的交易和业务关系网络。斯米勒（1997）指出，有效的企业家是特殊的学习者，他们能够从一切事务中学习。不过，他们是如何从客户、供应商、竞争对手、员工那里学习的，在以往的研究中一直被忽略（弗洛伦，2003）。

（1）创业者社会网络。社会网络理论指的是行为者能够从他们的社会结构、社会网络和网络成员中获得资源和信息（波特斯，1998）。随着创业过程论研究的发展和深化，20 世纪末期，社会网络视角的迅速成长有助于解释复杂创业现象，其基本立场是创业者和创业活动放在一个由众多行为个体相互作用的网络下进行分析和研究，创业者在社会网络中的结构和特点将会影响创业行为和绩效，以汉森（1991，1995，2000）发表的相关论文为代表。汉森（1995）在研究中考察了创业者的行动集（entrepreneurial action sets），即创业者社会网络中参与创业活动的人员规模而不是整个网络，并分析了创业行动集的三种特征（规模、互动程度、互动频率）与新组织第一年成长率的关系；格雷夫（2003）等的研究与汉森的思路类似，也没有用创业者整个社会网络进行探讨，而是研究创业者的讨论网，认为讨论网是社会网络中的一个子集，而讨论网的规模是指与创业者讨论创业事宜的人员数量。虽然，该研究限定于讨论网及其在创业过程不同阶段的演化，并用网络规模、网络发展、网络维护三个变量考察讨论网的特性，但是，讨论网是社会网络中的重要部分。

黄哈和安东尼奇（2003）则将创业领域对社会网络的研究归类为以下两类：一类是专注于网络如何影响创业过程；另一类是针对创业过程如何影响网络的发展，斯洛特·科克和科维洛（2010）则对相关研究进行了综述。创业者被嵌入于社会网络之中（朱丽叶，2001），作为网络中的成员（或节点）必然要受到其他成员（或节点）的影响，这种相互影响构筑起了社会网络，这个社会网络在创业者的创业过程中扮演了十分重要的角色，无论是创业初始的资金筹集、人事安排，还是经营之中，都需考虑创业者社会网络的作用。

（2）创业者社会网络的维度。对于社会网络的维度划分，国内外的学者们通过广泛研究提出了多种看法。其中，最具权威的是米歇尔（1969）所提出的测量社会网络的四个结构维度（网络考察基点、网络密度、网络的可达性、网络范围）和五个互动维度（网络内容、网络强度、网络频率、网络持久性、网络方向）。后来的研究基本是基于米歇尔（1969）的研究来对社会网络进行测量，如杰克（2010）提出了个人网络的五个相关维度：网络规模、网络密度、间接接触、关系强度和关系范围。

黄哈和安东尼奇（2003）则认为应该从网络成员交易内容、网络关系治理机制、网络结构特征三个方面分析创业者社会网络，得到后期学者的广泛借鉴和引用。其中，网络成员交易内容是指行动者之间的资源交换，专注于有形资源（风险资本、资源）和无形资源（访问信息和咨询，情感上的支持，合法性信号）；网络关系的治理机制则是支持和协调交易的管理机制，主要依赖于不具有强制力的信任；网络结构特征是指网络成员连接的网络结构的整体模式，包括网络规模、中心性、密度、强/弱关系。国内学者在借鉴国外学者研究的基础上，根据研究的需要选择不同的维度划分，如，林剑（2007）从网络关系、网络治理以及网络结构角度对创业者社会网络维度进行研究；赵晓东（2007）从网络结构特征进行分析。但目前国内外大部分学者普遍从关系和结构这两个维度对社会网络特征进行分析，认为这两个维度具有较强的解释能力，其中，关系维度主要涉及了网络节点和纽带的联结（如关系的内容、关系类型、关系强度），而结构维度则是网络关系之间的分布情况（网络位置、规模、密度）。

（3）社会网络下的学习方式。社会网络作为创业者进行学习的重要平台和途径，创业者的技能和知识主要是通过企业内外部社会关系获得的，向企业顾问、组织的同事、顾客、供应商、竞争者、金融机构、亲朋好友等成员学习（斯米勒，1997；迪金斯和菲涅尔，1998；迪金斯等，2000）。

企业所有者和管理者由于时间和资金上的欠缺几乎不参加正式的学习活动，很大程度上依赖于外面的接触、支持、指导等相关的学习（琼斯和麦克弗森，2006；勒普特和赫尼，2006；琼斯等，2007；科泰和福尔克，2007），也包括在特定网络关系下对他人的行为作出反应，与他人进行交流、合作和争论等的学习（泰勒和索普，2004）。通过这些学习方式，能够给创业者提供补充性的知识与技能（拉瓦西和图拉蒂，2005）、师友的支持（斯利文娜，2000），促进创业任务完成（兰斯等，2008）。奥兹根和巴伦（2007）通过研究指出，社会网络中的知识是十分丰富的，创业者可以通过观察、模仿别人的创业活动、创业行为，或者通过与他人的接触和交流来获得他人创业的经验或相关创业和企业管理的信息；创业者可以向不同的专业机构、专业人士学习，可以从这些结果中获得所需的企业管理或运营的专业知识；创业者也可以向其所属行业的上下游企业进行学习，进而获得所需的技术知识、市场知识。基于以上的分析，本章研究初步归纳出指导、交流、模仿等是创业者从社会网络中学习的主要学习方式，这需在后续实证研究中进一步验证。

（4）网络学习的内容。企业家网络的核心内容就是关系，通过节点之间不同程度的关系构建了不同的网络，它通过知识流或信息流作为联结机制，传递资源、信息，提供感情支持，同时也通过节点间关系的评估来体现企业家或企业的信誉。网络最重要的益处在于企业家能够得到信息和建议从而获得创业的机会（伯利，1985；斯梅尔策等，1991；辛格等，1999；黄哈和扬，2000）。对于网络的依赖并不仅限于创立期，进入成长期的企业家仍然依赖网络以获得市场的信息、建议、问题解决的方案等（约翰尼森等，1994）。网络的内容还包括信誉的传递机制（迪兹等，1997；斯图尔特等，1999；希金斯和古拉蒂，2000；尚恩和凯布尔，2001）。由于企业家的创业是在高度不确定性和动态变化的环境下进行的，企业家为了规避风险往往愿意与拥有良好声誉的个人和企业进行交往，这样对资源的追寻实际上就是对于这些拥有资源的个人和企业信誉的潜在评估。网络还能对企业家创业的风险规避提供情感上的支持（布鲁德尔和普莱斯圣德夫，1998），从而使企业获得持续发展（吉布等，1997）。

（5）不同时期的创业者网络学习特征。魏江和沈璞等（2005）在理论上阐述了企业家基于网络的企业家学习过程模式，指出在不同的生命周期阶段，企业家网络有不同的特征，因此，基于不同的网络，企业家的学习过程模式也应该是动态变化的。在企业创立期，中小企业家网络是以嵌入式节点为主、节点之间联系稠密的强联系型网络和高度路径依赖的网络，某种程度上这也是企业家的个人网络。此时，网络中知识流动是单向的、频繁的，发生于企业家个人网络的学习是一种与结网行为同时发生的，从无意识到有意识，从被动到主动的吸收式学习模式。在企业成长期，中小企业家网络是以混合型节点为基础的、组织间关联得到加强的、倾向于有意识管理的计算机型网络。计算机型网络是企业家个人网络和社会网络的叠加，网络中知识的流动是双向的。此时企业家学习是有意识的、主动的、渐进式的学习，具有系统性、流程性和持续性特点。此外，企业从创立期进入成长期并不仅仅是一个简单的持续过程，还经历一个包含了一系列中断和跃迁的过渡期。过渡期企业家的首要任务就是积极、主动地完成企业家网络转变，审时度势地进行学习，积极应对挑战和危机。此时企业家学习是一种基于关键事件的触发式、非线性学习模式。值得指出的是，上述企业家的学习模式并不具有排他性，也就是同一个企业家在企业发展的同一时期内的人力资本积累可能同时通过多种学习方式实现：可能既有模仿、创新为主的吸收式学习模式，又有有意识的、主动的渐进式学习，又同时从关键事件的解决中获得新的经营感悟。

（6）网络学习的影响因素。网络学习受到来自个体因素和网络因素的影响。首先，学习风格和元认知的影响。在学习者的个体差异中，学习风格是影响网络学习效果的重要因素（特雷尔，2002；克劳斯等，2001；费德里科，2000），元认知是影响学习能力的最本质的因素，具有较高的元认知能力的个体获得较好学习效果的可能性更大（沃德汗和斯坦德，1994；辛卡维赫，1994；贝拉尔迪等，1995）。其次，学习动机的影响。学习动机是指引起学习活动，维持学习行为，并导致该学习活动趋向所设定目标的内在心理历程。学习动机形成企业家学习的拉动体系，拉动体系分成企业家的自我身份认同与自我实现需要两个层次，自我身份认同是拉动体系的基础动力，而自我实现需要则是保持拉动强度的动力。一是自我身份认同。社会学观点认为，每一个个体在社会中都会扮演一定的角色，而社会为每种角色都提供了一个剧本，用于指导分配给不同社会成员进行社会角色的扮演。因此，当社会成员认可自己的社会角色时，就要把握好该角色的规范，即扮演好该角色。只有对自我身份存在充分的认同，企业家的行为方式才会符合企业家的身份。同样，当企业家认同了自我的身份后，会发现原有的知识结构不再适应新身份的需要。为了扮演好企业家的角色，企业家需要学习新知识，扩大自身的知识深度，就会产生学习的动力，拉动其产生学习行为。反之，如果企业家对自身的企业家身份并不认同，就不会按照企业家的行为模式扮演企业家的角色，也就不会产生学习行为。二是自我实现需要。自我实现需要是学习最主要的动机。根据马斯洛的观点，正是自我实现的需要决定了个体的行为。而企业家要想满足其自我实现需要，就要带领企业不断成长和发展，保持企业的竞争优势，达成企业的战略目标。在知识经济的大环境下，企业家要想保持企业的竞争优势，只能不断学习，同时促进企业的组织学习能力，才能在激烈的市场竞争中立于不败之地。最后，网络的规模等的影响。安森（Ansen）考察了创业者社会关系网络的规模、密度和交流频率对新创企业成长的影响。安森依据社会网络理论提出了以下假设：创业者的社会关系网络规模越大，就能为创业者提供越多的信息和资源；而社会关系网络的密度和交流频率则会影响创业者从网络成员那里学习到关键的隐性知识。社会关系网络通过为创业者提供信息和资源作用于企业的成长。乌西（Uzzi）的研究显示创业者的强网络关系有助于他们进行模仿学习，而辛格等的研究则证明创业者的弱网络关系有助于创业者进行模仿学习。克拉尔奇和萨皮恩扎（2005）研究了美国298家风险投资企业（VCF）CEO与其投资组合公司（PFC）的CEO知识的重叠程度和信任等变量对学习程度的影响，结果显示：信任与VCF学习程度负相关，而较低的知识重叠则对应更高程度的学习。

（7）创业者社会网络与创业能力的关系。大量的管理理论家和咨询家尝试解决能力开发的棘手问题，先前的实证研究表明，创业者可以通过个人交往网络来发展特殊的能力（卡森等，1994；希尔和法利斯，1995）。希尔和麦高文（1996）指出网络的运用，尤其是私下交往的网络已经在小企业创业研究中广泛出现，而它的出现成为了创业者提升能力的一种方式，如：利用他们的交际网解决他们企业的市场营销问题，创业者必须学会自觉和主动地使用他们的个人接触网络，积极协助关键的营销管理决策的制定及问题的解决。创业网络或社会关系是特殊的人力资本（奥德里奇和齐默，1986），会影响创业者寻找资源、支持和识别商业机会的能力。曼（2002）发现社会关系能使创业者获得有效信息，识别有价值的创业机会，并在资源匮乏的环境下开发商业机会，这也是获得资源的途径，并能获得很多的支持。麦克弗森等（2002）认为可以通过与供应商和消费者建立网络，以增强学习机会和提高学习能力，尤其是供应链网络提供了传统供应机制无法达到的关于虚拟的创新群，从而提升创业能力。戴安娜（2010）研究发现，关键的能力（知识，技能和态度）与创业者如何建立和使用他们的社会网络相关。

国内学者贺小刚等（2005）通过实证研究发现，社会关系有利于识别和开发机会。张建琦和赵文（2007）的研究证实环境型网络会显著影响企业家的运营管理能力、战略管理能力和机会能力；市场型网络对创新能力、机会能力和战略能力有显著的影响；而专家型网络对企业家的创新、运营和战略能力存在显著相关性，但对其机会能力的影响不显著。韩朝（2011）认为社会网络最重要的作用是可以带来知识、信息和资源。

可见社会网络对创业能力存在重大的影响，且聚焦于社会网络对机会识别和资源获取产生的影响，但是社会网络如何作用于创业能力尚不清晰。因此，寻找中介变量是当务之急，而且社会网络特征与创业能力各个维度间的关系仍不明晰。

5.1.2　研究视角

创业从某个侧面来看就是一种网络行为，即一种如何利用创业者自身积累的或者可以借以利用的财务网络、信息网络、信任网络等网络资源的网络行为。而创业者创业能力的提升则更是一种在各种网络中学习的结果。按照创业环境和创业活跃程度，对全球创业观察（GEM）亚洲参与国家和地区进行分类，中国属于创业活动较为活跃的国家。中国的创业机会多，创业动机强，但是创业能力不足。因此，如何通过创业者的社会网络学习，探索有效的创业网络学习的机理，提升创业者的创业能力就显得尤为重要。

基于我国目前正在大力鼓励和推进创业、创新的契机，本章依托创业学习、创业能力、社会网络的相关研究，探索社会网络下的子集——学习网，明晰学习网特性及网络学习行为方式，分析学习网络特性、网络学习方式、创业者乐观、创业能力间的关系；进一步挖掘创业学习的具体过程，将创业者在社会网络中的创业学习解析为从网络中获取信息到内在转化，再到创业实践的过程，大体可将学习过程概念化为网络学习、内化学习、创业行动学习三种学习方式。构建网络学习—内化学习—创业行动学习—创业能力多重链式中介模型，考察了网络学习方式和创业能力的关系，以及内化学习方式和创业行动学习方式在上述关系中的作用机制；在此基础上探索有效提升创业者创业能力的路径，以丰富我国创业领域的研究，为如何提升创业者的创业能力提供理论支持和对策指导，从而提高创业者创业的成功率，进而促进企业的持续发展，最终促进我国经济、社会的发展。

5.2　深度案例访谈

通过文献梳理可以发现，提升创业者的创业能力是一个亟待解决的问题，学习能够提升创业能力，社会网络是学习的有效途径，但是创业者到底在网络中怎么学、向谁学、对创业能力有什么影响等都是未知的。与此同时，学习是知、情、意的统一，创业者的情绪强烈地影响其学习行为及效果，但其作用如何是未知的。本章为了更好地剖析这些问题，在结合已有的文献资料的基础上，对15

位创业者进行了半结构访谈以了解创业者是如何在社会网络中进行创业学习并影响创业能力的，以及创业者的乐观情绪在这个过程中发挥什么样的作用。通过访谈分析结果以便更好地结合文献研究，更清晰地建立概念模型、研究假设以及设计相关的研究量表。

5.2.1 访谈原因及访谈方法的选择

为了达到研究目的，本章采用了定性研究方法：深度访谈。定性方法中的深度访谈非常适合于对那些不容易从外表观察，时间跨度较长且概念数目较多的事件和现象进行研究，主要是通过与访谈对象就特定研究内容进行交流以获得访谈对象心理特征或行为方面的数据。

由于本章不仅关注创业学习行为情况，还关注社会网络与创业能力的关系，尤其是社会网络下的创业学习的具体过程及其对创业能力的影响，因此需采用深度访谈的方式，并结合行为事件访谈技术（behavior event interview，BEI）和社会网络提名法。

行为事件访谈法，又称为关键事件访谈法（CRI），是由麦克莱兰结合关键事件法和主题而提出的一种开放式行为回溯方法，要求被访谈者列出他们在工作中遇到的关键情境及在这些情境中发生的事情，是揭示个体能力情况的主要方法。不少学者运用这种方法对创业能力和创业学习进行研究，如，曼（2000，2006，2012）用行为事件访谈法对创业能力的维度及创业学习行为进行了相关研究。

此外，访谈中还运用了自我中心（egocentered）的社会网络提名法，以收集和分析创业者的创业学习网络情况。提名法的基本过程是：首先，让被调查者回忆交往的成员社会网络下属于自己某种属性的一个子网络（如，友谊网络）中的网络成员，并列出这些网络成员的姓名，一般是让被调查者列出 5 个最重要的成员（格雷夫和萨拉福，2003），但考虑到我国特殊的文化背景，本章则让 15 名访谈对象回忆创业以来不超过 10 人的学习交流网络；其次，被调查者列出这些网络成员的一些属性，如该网络下成员的年龄、性别、受教育程度、职业；最后，被调查者说出自己与所列出的网络成员的关系，如亲密程度、信任、学习互动情况等。

结合这些方法，本章选择创业者样本进行半结构的深入访谈以充分获取客观信息并弥补文献梳理中理论研究的不足之处。

5.2.2 访谈设计

（1）访谈对象的选择。本章主要考虑以下几个因素来选择创业者作为受访对象：一是样本选择方面会考虑正在筹建企业及已经建立企业的创业者，具体信息见表5.1；二是研究的易获得性，为了在有限的时间和费用内完成研究，本章的访谈对象主要将福建省的15位创业者（包括筹备创业的创业者及已经建立企业的创业者）作为深度访谈对象（具体信息见表5.1）。

表5.1 受访者的基本情况

姓氏	性别	年龄	学历	注册时间	地点	工作经验（年）	企业人数（人）
谢	男	48	本科	2003	福州	10	253
杨	男	36	大专	2004	福州	7	128
黄	女	39	硕士	2006	厦门	15	210
陈	女	37	本科	2008	福州	8	54
李	男	41	本科	2009	泉州	10	108
周	男	35	硕士	2011	福州	8	156
兰	男	52	大专	2012	福州	18	76
林	男	29	硕士	2012	福州	1	82
张	女	43	本科	2013	福州	16	193
吴	男	28	本科	2011	福州	4	112
游	女	29	本科	2013	泉州	3	43
邱	男	37	本科	2007	福州	4	102
余	男	52	大专	2000	厦门	15	576
邓	男	33	硕士	2010	福州	1	82
刘	女	40	本科	2008	厦门	10	193

（2）设计访谈提纲。为了梳理和确定访谈的主要内容，本次访谈主要围绕以下几个方面设计访谈提纲：一是目前尚未明晰创业者是否充分利用社会网络来学习相关的创业及企业运营的知识；二是对于创业者向社会网络中"谁"进行学习，一般采用什么样的学习方式也是不清晰的；三是关注创业者情绪因素，尤其是创业者乐观在创业过程及学习中的影响；四是人的学习与思维模式密切相

关，挖掘创业者的思维方式是分析其认知图式和解释其学习行为的重要手段，但现有研究明显忽视思维层面的探讨；五是关注行动学习与能力之间的关系，行动学习为能力的生成提供了有效的路径，但是鲜有研究分析不同学习方式之间的关系，以及不同的学习方式对创业能力形成与发展的作用。因此，本章通过深度访谈解析社会网络中创业学习方式的过程，以期找到提升创业能力的有效学习路径。

为了提高访谈的质量来获得本章内容的准确信息，本章在完成访谈提纲的初稿后，与创业研究专家和创业导师、创业者进行讨论，并根据讨论结果对访谈提纲进行修改。此次深度访谈主要按照预先编制好的包括开放式问题和追问问题两部分构成的半结构式访谈提纲来进行实施。

访谈第一部分：了解创业经历和企业经营情况。

访谈开始于让访谈对象分享他们的创业故事，了解其创业的经历和其企业的总体经营情况，这有助于获取他们独特的经验。例如：

首先，您能简单描述下您的企业吗？（针对已经建立企业的创业者）；您能简单介绍一下您将要创业的项目吗？（针对正在筹备创业的创业者）。追问：什么时候/如何开始创业的？您所提供的是一种什么样的服务？

其次，是什么促使您进行创业？追问：您计划了很长时间吗？您为什么没有去干其他的？

这一部分问题可以更好地拉近与访谈对象的关系，使访谈能够顺利开展，并能够初步了解访谈对象的创业和企业的一些基本情况。

访谈第二部分：以提名法了解创业者创业过程和在企业运营中从社会网络中学习的情况。例如：

首先，在您创业或企业运营过程中的社会网络（家人、朋友、创业合作伙伴、生意合作伙伴等）中，哪些人对您创业的顺利开展或对您个人创业过程中的成长有重要的影响？您从他们身上学到了什么（提供了对您创业及企业运营有帮助的信息、知识、技能或者精神支持等）？

其次，对于那些给您提供了创业及企业运营方面的信息、知识、技能，在您遇到心理困惑或者精神上需要支持时伸出援手的人（可以是您的合作者、家人、朋友等），您能否写下这些人的名字（10 人以下），我们把这些人组成的网称为您创业过程中的学习网，他们每个人有什么特征（年龄、教育背景、职业、性别等）？您和他们关系如何（亲密程度等），您是如何与他们互动学习的？在与这些人接触中，有发生过一些让您印象深刻并对您后期的创业和运营有什么影响的事情吗？请简单地举例介绍。

再次，您觉得您有充分利用社会网络了解和获得创业、企业经营方面的信息、知识、情感支持吗？您觉得从这些社会网络中进行学习能够多大程度上提升您的创业能力水平？请介绍一下在学习后，您觉得您获取了哪些知识？提升了哪方面的能力？

最后，您觉得当您从社会网络中获得创业、企业经营方面的信息、知识、情感支持后，您的内心是怎么想的？是怎么加工、处理各种知识和信息的？您是否有采取具体的行动来实践您内化后的这些知识和信息？

访谈提纲中第二部分的问题旨在详细了解创业者对社会网络的利用程度、从社会网络中进行学习的情况及其对创业能力的影响。在此需要说明的是，本章中的访谈提纲并不是一蹴而就的，而是在访谈的过程中进行了不断的修改和完善。

（3）受访者的基本情况与访谈的基本过程。结合本章对创业者的定义，选取 15 位作为访谈对象，包括 10 家企业、5 家还在筹备中的企业。受访者都是企业创业者，有 10 名成立了自己的企业并进行了运营，5 名正在筹备建立企业。

在之前文献分析的基础上，本章有针对性地就创业者企业目前的发展现状、创业者对社会网络的利用，尤其是在社会网络中主要的学习对象所组成的学习网特征、如何与学习网成员进行互动学习、如何将从网络中学习的知识进行内化并且运用于实践，以及对创业者的影响等几个方面提出了开放式问题，以明晰发展现状，了解创业者在网络中如何进行有效的学习行为及其对创业能力的影响。

访谈是半结构的，由一系列的开放式问题组成，主要关注于一些事件所展现的行为。在进行每一个访谈之前，都有将访谈的主要内容进行了提前告知，以确保被访谈者有足够的时间对相关主题进行思考，甚至还能为我们访谈的顺利开展提供一些书面材料；此外访谈前还解释了数据如何使用，及获得录音的许可。每次访谈均进行了详细的记录，时间控制在 1~2 个小时。

5.2.3　访谈结果的初步处理

（1）内容分析法。每次访谈都进行录音，并誊抄以让应答者核对。访谈结束后，收集访谈资料。为了对深度访谈的数据进行更加细致深入的分析和提炼，从访谈资料中抽象出本章所需的关键理论概念和内容，具体操作过程如下：

过程一：访谈资料的导入和转化：使用 Nvivo 8.0 这一有效的定性数据分析软件工具就访谈所获得的书面和录音材料进行导入和转化。

过程二：访谈结果的编码。编码作为定性研究中的一个主要环节，可通过编码获得创业者的创业能力及其在社会网络中进行学习的关键要素，从而为之后章节的主要潜变量测量打下基础。

编码的第一个步骤是建立相关的类目。在这次访谈结果的编码上，我们主要是运用理论驱动法，即在已有的文献研究的基础上，基于本章需要，在访谈之前就已初步建立了相关的分析类目，而非采用数据驱动法（需对访谈材料进行详细分析后才建立分析类目）。于是，笔者在访谈之前，根据文献研究的研究结果和本章的需要，初步确定了社会网络学习方式和学习网特性下的编码系统，但在具体的编码过程中，使用了由 Nvivo 8.0 软件对访谈材料所进行的数据的预编码，从而修正和调整了分类系统。最终的编码系统包含学习网特性的 4 个类目：网络异质性、网络规模、网络关系强度、网络信任；网络学习方式 3 个类目：模仿、指导、交流；思维层面的内化学习方式的 2 个类目：转移—吸收、探索—反思；行动学习的 3 个类目：批判反思、互动支持、执行应用，并明确这 12 个类目的含义。

编码的第二个步骤是建立量化体系。本章将根据 12 个类目的具体含义，对访谈资料进行分析，确定 12 个类目下的各自子类目并统计出各个类别所出现的频率。

编码的第三个步骤是培训编码人员进行编码。本章邀请了 2 位不同背景的人员（创业者 1 名、创业管理研究生 1 名），通过进行编码方法的培训和编码类别描述的解释后，让他们对材料进行独立编码。

通过对访谈资料的编码和分析，可以对访谈的内容先形成初步的了解，根据访谈的类目，通过反映各类目的关键事件，获得学习网特性、网络学习方式的分类与关键要素，并一定程度上通过定性分析梳理各个变量间的初步关系。

（2）结果分析。访谈主要立足以下几个方面的结果进行分类及关键要素的提取：一是在企业创建和运营过程中，围绕相关创业及企业运营事宜，了解在社会网络中的学习方式是什么，其学习对象组成的学习网有什么特性；二是创业者的情绪，尤其是创业者乐观有什么作用；三是创业者的学习网络、创业学习方式、创业能力、创业者乐观是否存在逻辑关系。

第一，学习网特性及网络学习方式、内化学习和行动学习的编码。本章探讨社会网络下的一个子集，学习网。通过使用提名法收集的访谈资料显示，创业者在创业和企业的运用过程中不可能从他所有的社会网络成员中进行学习并取得一定的收获。访谈中，我们让创业者回忆在其创业过程和目前的企业运营中，对自己学习创业和管理有影响的学习对象，或者所偏好的学习对象，并将他们的名字写出来，以分析创业者与他们的互动学习方式及这些网络学习对象的特性，通过访谈发现，这些访谈对象一般列出了 5~7 个学习网成员，在此就周某创业过程中主要的学习对象以及与这些学习对象进行互动的主要学习方式进行简单介绍。

周某：我写了 5 个人的名字，确实，从我创业到现在，这些人无论是在精神上、情感上、物质上、还是创业与管理的知识方面都给我很多的启发和帮助，这里有我的导师（一位创业管理教授，女）、我的好朋友（高中同学，现在是一家外贸公司的老板，男）、我的创业合作伙伴（我的女朋友，一起创业）、我姐夫（外出务工者、男），还有我们当地一家企业的老板（男，中型企业），从他们的身上我学到了很多。①我刚刚毕业的时候，对相关创业过程的实际环节、需要的手续并不了解，只是一心想着创业，把公司办起来，走了好些弯路，耽误了不少时间。后来，同学聚会的时候，高中同学知道了，就来告诉我，我还应该去哪些政府部门，找什么人，盖哪些章，办哪些手续，这样一来加快了企业成立的进程，也让我更熟知经验的重要性。②我的导师，研究生三年来一直是我非常敬重的对象，她是研究创业管理的，可以说对管理方面的知识非常丰富，对我创业有很多的指导。③像我们这种还没有真正创造利润的企业，如果没有关系，基本从银行贷不到款，于是我们只好走民间借贷这条路，但没门路啊，因为各自都不认识，人家也不敢借给我钱，而我的姐夫听到我要创业，而且还是教育行业，非常支持我，把他积攒的 10 多万元借给我，因为他外出务工把孩子也带出去了，他知道小孩子教育的重要性，尤其针对外出务工子女的教育辅导，他非常认同我的想法，而且还谈了他的很多看法，让我知道我即将从事的行业的意义，思考了很多，更坚定了我创业的决心。④我女朋友一直非常支持我，有的时候当我遇到什么想不通的事情，她会开导我，让我更好地思考自己所做的事情，更加坚定。⑤我们当地的一家企业的老板，我之前不认识的时候，总是效仿他的做法，后来认识之后，他给了我不少的指点，是我的学习榜样，我非常信任他。⑥有时候，我感觉通过观察或者交流获得的一些知识比较容易吸收，甚至马上就可以运用到实践中，有些则要通过不断地自我探索，分析思考，不断试错，直至最后问题解决才能了然于胸，有的知识自己想通以后，还得再找人反馈，交流后才可能真正学到手。⑦我认为，不管我内心怎么想，要验证是否真的学有所得，还必须把先前学习任务中获得的特定知识应用于新的任务中，才能实现知识的有效迁移、运用，使得所学的知识达到自动化的熟练程度。

从上面的表述可以看出，目前创业者社会网络的学习对象的圈子——学习网，还是比较集中在身边的人，从他们身上能够学到很多，无论是创业、管理的知识，还是创业所需的心理品质。他们与不同的学习对象进行互动的学习方式会有所差别，如导师的指导、对成功创业者的效仿、朋友的交流、女友与姐夫的支持等。在创业者的学习网络中，存在着网络成员的多少、强弱、异质性的差别，这些对于创业者的学习有重要影响，由于创业者与网络成员间的互动频率、互动程度及网络成员差异，使得创业者在具体的网络学习过程中偏好的学习方式有所不同。另外，从网络中获取各种知识和信息之后还得进入思维层面，进行内心的加工，并且要付诸实践才有可能真正在实践的大熔炉中检验是否真的学有所成。

依托本章中第一节社会网络中网络学习方式初步设定的三种学习方式（模仿、指导、交流）及社会网络维度常见划分（规模、异质性、关系强度、信任）；将主要考虑思维层面的内化学习分为转移—吸收、探索—反思，行动学习分为批判反思、互动支持、执行应用三维度。通过对15位访谈者的访谈资料的编码和归类，得到了学习网特性、网络学习方式、内化学习、创业行动学习的分类与关键要素，如表5.2所示。

表5.2　学习网特性及网络学习方式、内化学习和创业行动学习的分类要素

主体	关键要素 I	关键要素 II
学习网特性	规模	网络学习对象组成的网络的人数
	异质性	网络学习对象的职业：如教授、老板、创业合伙人等
		网络学习对象的教育背景，不同的受教育水平
		网络学习对象来自的社会网络类型：如个人网络中的家庭成员、商业网络中上下游企业、政府网络中的政府机关人员
		网络学习对象的性别
	关系强度	家庭成员的数量
		与网络成员的亲密程度
	信任	相信网络成员的程度

续表

主体	关键要素 I	关键要素 II
网络学习方式	模仿	通过观察或效仿学习网成员的行为来获得完成创业任务及应对挑战的信息，如偷师偷艺、参观考察等
		通过观察或效仿学习网成员的行为获得情感支持，如学习网成员示范的创业精神、价值观等
	指导	受到网络中比较有经验的资深人士的指点（专家顾问、高素质专业人才、导师等的点拨）
		通过指导学习获得情感支持，如创业导师帮助我提高自我效能感、建立自信
	交流	通过与学习网成员的正式交流或合作（如生意往来、政府往来等）进行学习
		常与学习网成员进行非正式的交流（如闲聊、泡茶、网络及电话聊天、朋友聚会等），分享成功及失败的经验教训
		常与学习网成员进行非正式的交流（如倾诉自己的情绪和困惑）获得价值认同、关心、支持、尊重、赞许等心理支持
内化学习	转移—吸收	通过不同的知识源获取知识，知识源越丰富，可以学习到的知识越多
		对外界知识进行理解和吸收，转变为内在的知识
	探索—反思	将通过观察、交流等方式获得的知识、信息和以前工作中遇到的问题结合起来进行思考和学习
		对以往的行为进行反思，思考背后的理论问题，并将其系统化、条理化
创业行动学习	批判反思	对先前认为的导致失败原因的旧观点产生质疑，甚至推翻之前的观点
		从不同的角度思考决策问题，是否会有替代性结论
		结合先前经验重新思考创业行动中遇到的问题
	互动支持	经常会与其他人进行交流和互动
		通过与他人的交流获得有价值的信息和反馈
		与他人交流得越多，能学得越多，越有利于创业
	执行应用	根据原来的规则做事
		在原来的规则基础上，部分采用新的方式做事
		改变原来的规则，以全新的方式做事

第二，创业者乐观的作用分析。在访谈的过程中，分别从社会网络进行学习能够提升能力的认识，了解企业未来的发展以及自身是否是一个乐观的人等方面，来分析创业者本身的乐观情况，以考察创业者个体特征中乐观对其创业行为

的影响。不少创业者对自身的能力水平评价较高，并认为从网络中学习是能够提升能力，而且对企业未来的发展持积极态度，从而整体上表现较为乐观。但也有访谈对象由于学历等方面的原因而比较悲观。通过访谈发现，不同乐观程度的创业者对其结网行为、学习行为及创业能力有重要的影响，如：

黄：我不太清楚自己的能力水平，我感觉自己比较悲观，老喜欢往坏处想，比如，我想向我以前那些同学推荐化妆品，但是我觉得他们一定会拒绝我。平时我也比较宅，不想出去跟朋友聚会，怕他们看不起我。可见，黄某认为自己是一个比较悲观的人，对自身的能力水平认知不是很明确，一定程度上影响了社会网络的拓展。

周：我对自己的人际圈子还是走得挺近的，也是我的一个同学启发了我进入这个教育服务行业，他成了我很好的合作伙伴，从他身上学到了不少教育服务行业的知识。我相信他们能够给予我很多帮助。我也非常看好我所选择的这个行业。可见，周某对从社会网络中进行学习比较认可，对未来的企业发展情况也比较看好，是一个相对乐观的人。

总而言之，创业者乐观在学习网、网络学习方式、创业能力之间产生重要影响。那些比较乐观的创业者能够更好地从网络中进行学习，能够提升能力并针对自身不足，有意识地从网络中获取相应的资源，更好地从网络中进行学习，并获得能力的提升。这一认识，可通过之前对能力的评估、企业未来发展的访谈以及之后对网络的利用、学习方面进行对比分析得出，如周某的例子。然而，黄某对自身能力情况没有清晰的认知，也比较悲观，没有认识社会网络的重要性，于是没有很好地对网络进行运用，能力水平也较低。

第三，学习网特性、网络学习方式、内化学习和创业行动学习、创业能力间的关系。

通过对访谈收集的资料整理，可以就学习网特性、网络学习方式、内化学习和创业行动学习、创业能力间的关系得到一些简单初步的分析。当然，创业者本身不可能知道这些概念之间的关系，这些关系是在已有文献的基础上，通过对访谈结果的初步分析而得到的可供建立和深入研究的简单结果，但不能将其作为学习网、网络学习方式、内化学习和创业行动学习、创业能力间关系的唯一证据，仍需要根据模型进行问卷调查的实证研究。通过访谈后得出的初步结果表明：

一是学习网对网络学习方式的影响。

企业创业者学习网络为创业者提供了学习机会和学习资源，对创业者的学习方式有影响，如创业者与不同的学习对象进行互动，其学习方式会有所不同：

李：我和我的一个同行朋友经常一起喝酒聊天，常常谈论一些管理上面的问题，我认为这是非常有帮助的，因为它给了我们深入面对面谈论问题的机会。——与朋友非正式的交流

周：我导师（研究创业管理）对我的影响很深，从她身上我学到了很多，无论是我将我的创业想法跟她探讨，还是在遇到一些问题时她的指导，都给了我很多启发。——导师的指导

谢：我们当地有一家很有名的企业，这家公司的开拓者，我特别佩服，一直将他作为我的榜样，并不断地创造机会见面，他的一些管理方法和理念，我常常会去学习、模仿。——模仿学习

二是学习网对创业者创业能力的影响。

学习网作为社会网络的一部分对于创业者的创业能力水平的高低是有直接影响的，网络提供信息和资源，从访谈中也可以发现，如：

杨：我有自己的小圈子，我的父亲一直就是我的榜样，他有着丰富的的创业经历，不仅传授了我创业和运营企业的相关知识和技能，更给予了我继续走下去的信心，我觉得他的处事态度、做人原则等对我影响很大，这些都是我需要去学习的，都是创业者需要具备的能力。

陈：我创业的想法跟我和同学的多次交流有很大的关系，他跟我谈到目前电子信息行业的前景，加上自己一直想创业，而他让我认识到这是一个不错的出路——对识别机会能力的影响

周：我姐夫不仅在我最需要钱的时候支持了我，而且也让我更加坚定地走上这条创业之路。——对融资能力和承诺能力的影响

三是不同的网络学习方式对创业能力的影响。

我们知道学习对于能力有影响，但是不同的学习方式对什么能力有更重要的影响从访谈中让我有所发现：

谢：通过向竞争对手的模仿学习，让我学习了更多的营销管理知识，上次他们公司的促销策略，我觉得可以借鉴，但是单纯的模仿、交流，远远不够。我发现，自己得腾出专门的时间来好好琢磨，到底从别人身上模仿的东西有没有用，怎么用，如果不思考的话，单纯的模仿复制也没用。而且，想清楚了，还得去做，不做，也是纸上谈兵。总之，多看、多听、多想、多做。

杨：现在企业运营比较困难，资金是很大的一块，因为日常运营都需要，正

好有一次在动车上，跟坐在身旁的人聊天，他在政府部门上班，告诉我现在国家有扶持创业企业的政策，于是我找到相关管理部门，跟他们沟通，让我得到了一笔政府拨款。

四是内化学习和创业行动学习在网络学习与创业能力间的作用。

通过访谈可以发现，不同的网络学习方式对创业能力会产生不同影响。然而，在网络学习和创业能力之间还需要链接内化学习和创业行动学习的路径。创业学习是一个链条式的过程，通过网络学习获得了一些显性知识，还得通过内化学习，从而转化吸收为创业者自身的隐性知识。然后，还需要通过创业行动学习，在实践中将隐性知识转化为能力。因此，创业能力的形成是一个多重链式的学习过程，深入挖掘学习过程中的多重学习方式，才能真正揭开创业能力形成的"黑箱"。

5.2.4　访谈小结

通过对 15 位创业者的访谈，可以发现：

第一，本章更关注创业者在其创建和运营企业的过程中向谁学、怎么学的问题。通过访谈发现创业者从社会网络中进行无意识的或主动的学习的对象并非覆盖了整个社会网络，而是网络中的部分成员，即"学习网"。这张网是创业者社会网络的子集，是以自我为中心的网络，该网络有着其相应的特性，创业者与该网络成员的互动学习行为也会有所不同。很大程度上学习网的规模、异质性决定了学习资源的差异性及质量，而强度和信任则会影响创业者创业学习方式的选择及知识获取能力；学习对象的不同，使得创业者与之互动学习的方式也有所不同，通过访谈进一步验证了本章在理论综述部分对社会网络下创业学习方式的总结，即包括了模仿、指导、交流等方式，而目前学术界很少有人真正对此进行研究。因此，依托第一节理论综述的相关研究，通过访谈可清晰地了解创业者的学习网特性（规模、异质性、关系强度、信任）及其在网络中的学习方式（模仿、指导、交流），以便为后续量表的设计奠定基础。

第二，为了更好地分析创业者的个体特征对创业行为的影响，本章发现创业者的乐观对创业能力有重要影响，其不仅会影响创业者对网络的利用，还会影响他们在网络中的学习，进而影响其创业能力。因此，将创业者乐观纳入研究具有一定的研究意义且融合了目前创业领域对创业情绪探讨的研究前沿。

第三，通过访谈可以发现学习网特性、网络学习方式、内化学习和创业行动学习、创业能力间存在密切关系。创业学习是一个链条式的过程，通过网络学习获得了一些学习源，还得通过内化学习进行深加工才能真正转变为自己的东西。然后，还得在实践中通过创业行动学习检验是否正确、是否有效。因此，创业能力的形成是一个链式多重学习过程，深入挖掘这个创业学习的链条，才能真正揭开创业能力形成的"黑箱"，而这需要进一步结合文献的理论研究，建立概念模型，通过大样本进行验证。

5.3　模型构建与研究假设

众所周知，创业者的创业能力对企业的绩效和成长有显著影响，但如何提升创业能力却是创业实践中亟待解决的问题。创业者常常通过他们的社会网络来寻找缺失的能力，打造自己的创业能力。社会网络为创业者提供各种资源，是创业者获得潜在商业机会和知识的主要渠道，在创业过程中发挥重要作用。但创业者的社会网络是一个由具有各种各样关系的子网络（个体网络、商业网络、政治网络等）组成的多重复杂网络，究竟怎样的社会网络才能确实地影响创业能力？其影响机理如何？至今尚无成熟的理论解释。

创业能力的形成和提升本质上是一个学习的过程，现有研究主要从经验视角方面解释创业能力的形成，强调从先前经验中学习以形成创业能力，创业者从社会互动中的学习却常常被忽视。然而，现实中不仅客观存在着大量缺乏先前经验而无经验可学的创业者，而且从实践来看，观察、效仿创业成功者的行为，与家人、朋友、客户、供应商、银行家、政府部门、竞争对手等的讨论和谈判，接受导师的指导等都对创业能力的形成和发展有重要作用，而它们无不来源于社会网络。从社会网络中学习越来越被认为是创业学习的关键，学习是知、情、意共同参与的活动，了解网络学习方式和创业者情绪更有助于解析社会网络在创业能力提升方面的价值。然而，网络学习固然是提升创业能力的一种重要学习方式，但是创业能力的形成和发展与创业知识的内化吸收以及创业活动的实践运用密不可分。因此，在网络学习与创业能力两者之间，还需借助内化学习和创业行动学习的力量，才能有效促进创业能力的快速发展。

鉴于此，本章在中国情境下首创性地构念了社会网络的一个子集——学习网，构建了两个理论模型：一是学习网与创业能力的关系模型，论述了学习网对创业能力产生的正向影响，并探讨了在两者关系中网络学习所发挥的中介机制以及创业者乐观所起到的调节机制；二是内化学习和创业行动学习的多重中介模型，基于模型一中网络学习与创业能力之间的关系，进一步构造了网络学习—内化学习—创业行动学习之间的多重链式学习关系，解析了内化学习和创业行动学习在网络学习与创业能力之间的多重中介效应，网络学习通过内化学习影响创业行动学习，进而对创业能力产生影响。

5.3.1　主要概念界定

（1）创业者社会网络的子集：学习网。创业者的社会网络具有多元性，是创业者进行创业学习的重要平台，但创业者不可能向其社会网络中的所有成员学习，只能向身边的人学习，客观上存在一定具有学习系统功能的网络（康诺，2012），该网络不是作为一种物理空间，而是嵌入在创业实践中，有历史、有规范、有实践活动的知识创造与知识共享的学习空间。通过对 15 位小微企业创业者的深度访谈发现，在创业过程中，由于时间、精力、资金的制约，他们获取相关创业信息、资源并进行学习的对象并非社会网络的所有成员，而只是其社会网络的一部分，这些学习对象可以是以血缘、信任为基础的非正式网络中的亲朋好友、以前同事等，也可以是来自基于商务交往和利益关系的正式网络成员，如利益相关者、竞争对手及相关机构等，这些学习对象无形中构成了一张以创业者为中心的学习网，在创业不同阶段发挥着重要作用并不断演化。

目前理论界对创业过程中具有学习功能的网络没有明确的界定，本章借鉴格雷夫和萨拉福（2003）研究中讨论网络的设计，构建了学习网，即创业者向其学习企业建立与运行相关事宜的成员所组成的网络，是一种以自我为中心的网络，是创业者社会网络的一个子集。根据社会网络的已有研究结果，本章选取了研究人员频繁运用的结构（网络规模、网络异质性）和关系（关系强度、信任）维度来考察学习网的特性。

（2）基于社会网络的创业学习方式（网络学习）。社会网络学习是创业学习的一种主要形式，是发生在创业者所结成的关系网络中，通过观察、效仿别人的创业活动、创业行为（奥兹根和巴伦，2007），与他人进行接触和交流（泰勒和索普，2004），获得社会网络成员的支持、指导等展开的学习活动，掌握企业创建及运营的相关知识、信息，以促进创业任务的完成（兰斯等，2008）。目前，创业学习研究尚未建立统一成熟的测量量表（陆文聪和杜传文，2012），尤其缺乏基于社会网络的创业学习量表，但基于现有的理论研究，可归纳出模仿、交流、指导是创业者从社会网络中进行创业学习的主要方式，这也得到了访谈结论的印证。其中，模仿学习是指通过观察、效仿他人行为、行动及其结果（霍尔库姆等，2009）进行的学习，是一种知识转移的过程，一定程度上是一种榜样学习；交流学习是指创业者与正式或非正式网络成员进行正式交流、合作或者非正式的交流和合作（丁桂凤等，2010），获得技能、知识或者认知改变的学习行为；指导学习则是指在创业和企业运营过程中，获得"高人"的指点、引导并创造出新知识、技能或认知改变的学习行为（圣·让和奥代特，2012）。

（3）内化学习。人的学习与思维模式密切相关，挖掘创业者思维方式是分析其认知图式和解释其学习行为的重要手段，但现有研究明显忽视思维层面的探讨。创业者通过模仿学习、观察学习和指导学习获取的各种信息和知识，个体要对这些信息和知识进行创造和建构，先要将所学的知识进行吸收，知识的吸收仅仅是内化的第一步，将所吸收的知识与和个人以往在工作中遇到的问题结合起来进行自我探索、分析思考，往往会触发创业者产生反事实思维（戴维斯等，1995），即在心理上对过去已经发生的事件进行否定，进而建构一种可能性假设的思维活动（郝喜玲等，2018），这是一种非常有效的心理模拟，在创业者反思和重构既有经验的学习过程中发挥着重要作用（何轩，2013）。通过转移吸收、探索反思等内在思维层面的学习活动，有助于探讨有效工作方法和行为背后的规律和理论，是知识和信息的一个扩充和重构的过程（梁欣如和王勇，2005）。因此，内化学习是在思维层面进行知识和信息的内化、加工，以期将从外部获取的知识在思维层面形成新的更有价值的知识源，可以分为转移—吸收、探索—反思两个维度。

（4）创业行动学习。创业没有标准化的流程和过程，需要创业者在创业实践中通过采取行动来理解和摆脱创业困境，不断改变或者纠正已有的知识结构（雷和卡斯韦尔，2001）。行动学习是瑞文斯教授提出的概念，它是由几个人（通常是6到8人）组成一个行动学习集，共同解决组织实际存在的问题（Q），获取与该问题相关的知识（P），在针对问题的学习过程中会引发新的质疑和反思（R），从而得到更有深度和多样化的见解，并付诸有效的执行（I），即行动学习可以定义为"程序性知识 + 质疑 + 反思 + 执行"（AL = P + Q + R + I），行动是学习的基础，学习的结果是要应用到行动中检验。基于此，创业行动学习是一个认识、反思、联系和应用的动态过程，本章将其分为批判反思、互动支持、执行应用三个维度。

先前的行动学习理论强调以小组为学习单元，主要是认为个体需要在与其他成员讨论、分享的互动过程中获得支持以有效地开展批判反思，检查自身所持有的价值观和信念，从而推动学习的开展。然而，本章聚焦于个体的创业行动学习。因为，个体的行动学习虽然缺少固定的行动学习集，却不缺乏互动与支持。创业行动学习发生在社会网络中，社会网络是创业者获取各种丰富资源的宝库，客观上存在一张以创业者为中心的学习网，创业者与学习网成员相互学习、相互支持（谢雅萍和黄美娇，2014），两者间无形中形成了一个较为宽松、自由的行动学习集。创业者从学习网中源源不断地获得行动—反思的力量，从而更好地推动行动学习。

（5）创业者乐观。乐观是个体一种积极的情绪，但又比较稳定，反映了个体对未来正面事件的积极期望（史西尔，1985）。乐观者正面地预测和评估未来环境和事件，在行动上积极主动，通常会为自己设定高的目标，并轻松地面对逆境和困难（吉本斯，2000；黄美娇和谢雅萍，2018），但不同的乐观程度对创业行为有不同的影响。本章将考察不同乐观程度的创业者在结网行为、学习行为及创业能力形成与发展上的差异性。借鉴其他学者对于乐观的定义，将乐观程度定义为创业者预期外部事物或环境之未来状态的积极正面程度，根据研究需要，本章将创业者乐观划分为三个程度，即过分乐观、适度乐观、悲观，并将悲观看作是乐观程度较低的一种状态。

5.3.2　模型一：学习网与创业能力的关系模型

（1）学习网与创业能力（见图5.1）。"白手起家""无中生有"的创业者往往深受资源约束的困扰，社会网络是获取外部资源的主要途径（朱秀梅和李明芳，2011）。通过资源流为创业者传递知识、信息，提供情感支持，能影响创业者的认知，弥补个体经验、知识、技能的不足（雷耶布·哈克夫等，2011），对于新企业的成功创建和成长具有关键作用。学习网往往由具有不同身份和背景的成员组成，网络规模显著影响创业者从网络获取资源（如信息、知识等）的数量（廖建文和韦尔施，2005），网络多样性对资源获取有正向影响，异质性的提

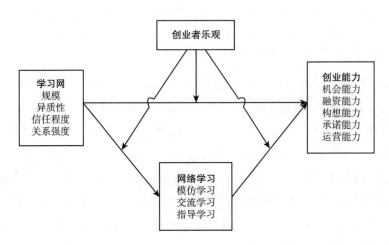

图 5.1　模型一：学习网、网络学习、创业者乐观与创业能力间的关系模型

高有助于获取足够的信息和企业运营知识（斯塔姆和埃尔夫林，2008）。网络规模越大，异质性越明显，获取资源的数量和类型越丰富，越有利于创业者识别创业机会，获取更多的融资方式选择，提高创业的信心和决心，了解外部环境的变化并提高其构想力，更好地管理企业。网络关系强度和信任程度会影响创业者从网络中获取关键信息和知识的难易程度，进而影响创业能力的形成和发展（张霞，2011）。关系和信任是互相嵌合的，关系越强意味着更频繁、更深入的交流以及更高的信任与情感依赖关系，避免了节点成员的机会主义行为以及不确定性的影响，增进了新信息尤其是复杂、隐性信息在节点成员间的转移速度，提升了创业者对从学习网关键节点处获取的信息的信任度和价值预期。在中国这样一个传统的网络导向性经济社会里，创业者与学习网成员的关系强度越大，信任程度越高，就越有可能从网络中获取创业所需的各种资源（谢雅萍和黄美娇，2014），有利于创业能力的提升。基于此，提出研究假设：

H1：学习网对创业能力有正向影响；

H1a：学习网规模对创业能力各维度有正向影响；

H1b：学习网异质性对创业能力各维度有正向影响；

H1c：学习网关系强度对创业能力各维度有正向影响；

H1d：学习网信任程度对创业能力各维度有正向影响。

（2）学习网与网络学习。社会网络能够促进知识和信息的共享、知识的整合和利用，在创业过程中，创业者经常利用网络关系获取学习的内容（彭华涛和王敏，2012），网络对学习有重要推动作用。网络结构的特征和网络关系的强弱会影响学习行为、学习的效率和收益（范黎波和张中元，2006；张玉明等，2019）。正所谓"三人行必有我师"，学习网络节点的类型和数量越多，学习网规模越大，创业者的学习行为空间也随之增大，学习需求越能得到满足，有利于创业者根据自身的需要搭建有效学习的平台，使得模仿、交流、指导等学习活动顺利地展开。此外，网络的特性与网络学习方式间存在一定的相关性，本章在深度访谈中发现，有些创业者很希望得到某个成功企业家的亲自指导，但是关系不近，只能在一旁观察；有些则坦言与有共同经历的人交流起来比较顺畅，尤其能缓解创业压力；还有些强调三教九流都得结交，和不同的人互动要采用不同的方式。当学习网异质性越显著，个体差异性越大时，创业者更倾向于通过观察、效仿网络成员的行为及活动，或者向网络成员请教等方式来吸收知识，实现个人认知和行为的改变。然而，如果创业者与学习网成员的关系强度越大，情感联系越紧密，熟悉程度越高，就越能促进网络成员隐性知识的转移和共享，越有利于创业者与网络成员间进行交流学习和指导学习。同时，创业者与学习网成员之间的信任程度越高，创业者更可能主动地与网络学习成员进行各种形式的交流，或接受网络成员的指导，以获得所需的创业信息、创业知识，甚至情感支持，从而实现内心建构更为深层次的改变，最终转化为创业能力。基于此，提出研究假设：

H2：学习网对网络学习有正向影响；

H2a：网络规模越大，越有利于创业者进行模仿、指导、交流学习；

H2b：网络异质性越高，越有利于创业者进行模仿、指导学习，越不利于进行交流学习；

H2c：网络关系强度越强，越有利于创业者进行交流学习和指导学习；

H2d：网络信任程度越高，越有利于创业者进行交流学习和指导学习。

（3）网络学习与创业能力。创业能力是可习得的，通向创业能力提升的道路不是唯一的，现有研究已证实不同的创业学习方式与创业能力间存在一定的相关性，如穆德（2007）等发现创业者的大部分学习活动（反思、观察、实验、交流、培训等）与战略能力、组织能力、机会能力、技术职业能力相关，少部分学习活动与概念、关系和承诺能力相关（黄美娇和谢雅萍，2018）。选择合适的学习方式是形成和提高能力的关键。在网络学习方式中，模仿是一种有意的接受性学习，在模仿过程中，创业者往往本着"想要像别人一样"的愿望，"拷贝"他人的行为，并在模仿过程中将其内化，使之成为自己内心形象世界和观念世界的一部分。网络学习不能仅靠模仿，而应当与组织内外部成员互动合作（泰勒和索普，2004）。与供应商的生意往来、与创业伙伴共享成功与失败的经验、与家人朋友交流创业的心得、与网络成员讨论关键事件，可以开拓创业者的思维（科佩，2003），满足情感需求，在交流过程中不断将各种信息内化为其知识和技能。随着交互程度的深入，与导师的互动可以进行快速有效的学习，得到有效解决问题的方案建议，良好创业心态的疏导和构建，促进创业者心智模式的转变，发展创业所需的能力（圣·让和奥代特，2012），使得创业过程少走弯路。基于此，提出研究假设：

H3：网络学习对创业能力有正向影响；

H3a：模仿学习有利于提升创业能力各维度；

H3b：交流学习有利于提升创业能力各维度；

H3c：指导学习有利于提升创业能力各维度。

（4）网络学习在学习网与创业能力间起到中介作用。通过创业者的个人网络和商业网络可以使得其能力得到开发（唐，1999），社会网络为创业者获取资源、弥补自身经验和知识的不足、提升创业能力提供了可能，但是并不意味着具有相同社会网络的个体都能够获取同样的资源并且都能够提升创业能力。学习方式决定着创业者从其社会网络中能够学习到多少经验、知识或技能（格雷夫和萨拉福，2003）。因此，创业者只有通过选择适合的学习方式，积极地与学习网成员互动交往，最终才能有效地提升创业能力。

本章认为网络学习是一种有效提升创业能力的学习方式。基于网络的学习方式，有助于创业者从不同的网络成员身上有效地获取丰富的资源和信息，从而提升创业者发现和捕捉市场机会的能力，以及整合内部资源、提高管理效率的能力。此外，通过网络中的学习，创业者能够更好地运用社交网络的学习成果来重塑自身的知识体系和认知系统，不断对自己原有的管理风格和领导方式作出调整。这种学习和调整，增加了创业者处理复杂事物的能力，建立了新的自我价值体系，使自己的才能得到质的飞跃。可见，网络学习在社会网络和创业能力间发挥中介作用。

学习网作为社会网络中越来越重要的一个子集对创业者网络学习行为（模仿、交流、指导）和学习效果（创业能力）有重要影响。网络节点的类型和数量越多，可选择的学习对象也就越多，由于学习对象的不同，创业者运用的网络学习方式会产生差异，从而学习到的内容就有所不同，获得的学习效果也不尽相同。而与网络成员的关系强度越高，信任的水平越高，创业者对从关键节点那里获取知识的价值预期越高，就越愿意通过不同的网络学习方式向关键节点学习，从而获取不同的知识，提升自己的创业能力。正是因为学习网中负载了高强度的信息与知识资本，使得创业者能够与不同的网络成员进行接触和互动，扩大了网络学习的深度、广度和频度，提高了其识别、评价和吸收知识的能力，从而降低了网络学习的难度，促进了创业者学习的积极性，保证了创业者学习的良好效果，最终获得知识的增加和创业能力的提升。基于上述逻辑分析，提出假设：

H4：网络学习在学习网和创业能力间起到中介作用；

H4a：模仿学习在学习网和创业能力间起到中介作用；

H4b：交流学习在学习网和创业能力间起到中介作用；

H4c：指导学习在学习网和创业能力间起到中介作用。

（5）创业者乐观的调节作用。史西尔（1985）等对乐观的研究源自行为自我调节模型，即认为行为在很大程度上受到了个体对行为结果期望的影响。乐观是一种积极情绪，但具有一定的稳定性，能够显著地影响个体的行为和状态，在高压力和逆境中，乐观要优于悲观（伯格，2004）。个体在乐观上的差异性对创业者行为的影响是多方面的，可能影响创业者决策（马尔·曼迪尔和泰特，2005）、融资行为（舍夫林，1999）以及公司治理（陈舒予，2002）、结网行为（卡弗，2002）、学习行为（布朗，2000；袁振国，2011）、创业能力（黄美娇和谢雅萍，2018）等。

不同程度的乐观对个体行为的影响也会有所不同。积极情绪的倾向性（DPA）指在很多场合长时间拥有积极的心情和情绪的稳定倾向。这种情绪在不同领域的很多研究中被发现会带来好的结果（比如，促进事业的成功、发展高质量的社会关系、提升个人健康）。但是关于这个问题的结论并不都是一致的，一些人发现高的 DPA 水平有时会导致负面影响（罗伯特，2012；谢雅萍和王国林，2016）。与处于消极悲观状态下的创业者相比，处于积极乐观状态下的创业者更倾向于用欣赏的眼光来看待周围的刺激，感受到更多的刺激，从而拓宽其认知范围，提高个体的创造性，进而强化机会识别的能力，促进创业过程的顺利开展。悲观（根据研究需要将悲观看作是乐观的一种状态）则会抑制创业者的主动性，使其在机会面前表现被动，减少探究行为，从而错失良机。同时，研究发现并证明了创业者存在过分自信和乐观的问题，并针对一些具体情境分析了自信和乐观对创业活动的影响（库珀等，1988）。先前的研究显示创业者通常是过分的乐观——即对未来的积极预期超过了实际情况（罗威和施多尼斯，2006），进而导致了决策的失误（杰弗里和阿德曼扎，2007）和企业的失败（高德纳，2005）。赫米尔斯基和巴伦（2009）则发现创业者的乐观与新企业的绩效（收入、雇用增长）间的关系有一个临界值，超过该临界值则是消极的负相关关系。因此，本章考虑创业者乐观的不同程度。

第一，创业者乐观在学习网与创业能力间的调节作用。大量的研究表明，与悲观者相比，乐观的人将拥有更多的资源（卡弗等，1994），更长久的友谊（格尔斯等，1998），更少的消极联系（莱波雷和爱图阿特，1999），以及在面对压力时更多的社会支持（道格尔等，2001）。学习网与创业能力之间的关系会受到创业者乐观程度的影响。适度的乐观能够更好地维系创业者与网络成员之间的友谊（弗雷德里克森，2001），能够激发创业者的行为，积极拓展有用的技能和人际网络（格雷夫和萨拉福，2003），而更广阔的社会网络有助于建立广泛的联系，疏通资源流动的渠道，进而获取资金、识别创业机会，增加获取创业信息、资源的机会及坚持创业的信念，而这与创业者的创业能力是息息相关的，对于创业绩效的获得是非常有利的（奥兹根和巴伦，2007；黄美娇和谢雅萍，2014）。然而，悲观作为一种乐观程度较低的状态，悲观的创业者往往缺乏主动性和积极性，难以吸引潜在的关系伙伴和有用的社会网络节点，阻碍了创业者社会网络的拓展，不利于创业者获取广泛的资源和信息，从而对创业者的创业能力产生负面影响。但过分乐观的创业者可能会处于过度自信的状态，往往容易高估自己而忽视了社会网络的重要性，阻碍了创业者的结网行为，进而降低了创业者从学习网中获取创业资源的能力，不利于创业能力的发展。因此，可以看出，乐观陷入某一拐点后会出现向下趋势（格尔斯等，2003；吉布森和三本松，2004；贾奇和艾莱丝，2004；谢雅萍和王国林，2016）。基于以上的考虑，本章假设：

H5：创业者乐观在学习网与创业能力间起调节作用；

H5a：适度乐观会强化学习网对创业能力的促进作用；

H5b：过分乐观与悲观会减弱学习网对创业能力的促进作用。

第二，创业者乐观在学习网与网络学习间的调节作用。情绪是学习的关键动力机制，波利蒂斯和加比利尔森（2009）强调面对创业失败保持一种积极心态进行新一轮学习的重要性。乐观作为一种积极的心态，会直接影响创业者在网络中的学习行为，乐观能使个体在学习中更加主动和自信，并能很好地处理学习中遇到的困难（周莉莉，2010）。而巴伦（2008）探讨了情绪与认知的作用机制，论述了强烈情绪体验对创业学习的双面作用：一是积极的情绪体验会促使创业者努力学习，对学习起到推动作用；二是过于强烈的情绪感受会妨碍创业理性的认知，对学习起到阻碍作用，类似地，乐观作为一种积极的情感体验，对创业者的网络学习行为也会产生影响。适度乐观的创业者倾向于保持平衡的心态（斯宾塞和诺勒姆，1996），他们不会去掩饰自身能力的负面缺陷（史皮瑞森和戈迪，1993），因此，他们会强调网络中资源的有效性，并积极主动地通过各种方式进行学习。与适度乐观的创业者相比，过度乐观者较少从社会网络中进行学习，因为过度乐观者常常处于理想甚至是过度自信的状态，容易高估自己的能力，拥有不切实际的想法，他们会弱化自身能力的不足，扩大对于学习对象水平不足的认知，且不容易吸收网络成员提供的信息（格尔斯等，2003）。而较为悲观的创业者倾向于消极的认知，他们会放大自身能力的缺陷，在社会网络中处于消极被动的状态，降低了从网络中进行学习的能力。因此，学习网与网络学习之间的关系会受到乐观情绪的影响，只有当创业者保持适度乐观时，才有助于促进创业者的网络学习行为。于是，本章假设：

H6：创业者乐观在学习网与网络学习间起调节作用；

H6a：适度乐观会强化学习网对网络学习的促进作用；

H6b：过分乐观与悲观会减弱学习网对网络学习的促进作用。

第三，创业者乐观在网络学习与创业能力间的调节作用。乐观对创业者学习的有效性以及学习的效果（创业能力）有重要的影响。袁振国（2011）的研究指出学生在身心愉悦、积极向上、乐观轻松等积极情绪的刺激下会有非常明显的学习效果。并且，乐观程度的差异性会对行为有不同的影响。乐观是推动创业者进行学习的强大动力，乐观者更容易通过学习来发现机会（内斯和西格斯龙姆，2006；谢雅萍和王国林，2016），发现重要的资源。但过分的乐观很可能会使创业者常常处于理想甚至是过度自信的状态，无法以批评的眼光审视创业机会，不利于创业者通过效仿和互动交流来吸收网络成员的知识和经验，不利于创业者虚心听取他人的建议，从而难以实现知识增长、认知重塑和技能升级，进而阻碍了创业能力的形成与发展。适度乐观则更加理性，他们能够认识到学习相关信息、知识的重要性，他们更倾向于用欣赏的眼光和态度来观察和感受周围的刺激，积极与网络成员展开互动并主动听取创业前辈的指导意见，从而拓宽认知范围，采取有效的网络学习方式来提升创业能力。悲观（根据研究需要将悲观看作是乐观的一种状态）会抑制创业者的主动性，缺少直面困难直至成功的勇气和决心，内心往往存在着无论怎么努力都会以失败告终的认知，认为即使非常努力地学习，也不会获得很好的学习效果，并不会对创业能力产生显著的影响。他们倾向于吸收消极信息，会产生努力无用的错误认知，难以采取积极主动的网络学习来提升创业能力。因此，创业者的网络学习与创业能力之间的关系受到乐观程度的影响，当创业者的乐观达到一个适度的点时，有助于通过网络学习来促进学习效果的提升。然而，当创业者过分乐观或悲观时，网络学习对创业能力的促进作用会减弱。基于此，本章假设：

H7：创业者乐观在网络学习与创业能力间起调节作用；

H7a：适度乐观会强化网络学习对创业能力的促进作用；

H7b：过分乐观与悲观会减弱网络学习对创业能力的促进作用。

基于以上假设（H1－H7），本章提出学习网、网络学习、创业者乐观与创业者能力间的关系模型，如图5.1所示。

5.3.3　模型二：内化学习与创业行动学习的多重中介模型

创业学习不可能仅仅靠自己，而是与组织内外部成员的互动合作过程（泰勒和索普，2004），创业学习也是一个社会化过程，创业者的社会关系对创业学习过程产生重要影响（科佩，2005；拉瓦西和图拉蒂，2005；单标安等，2015），社会网络学习越来越被认为是创业学习的关键（甘士达和科佩，2010；巫程成和梁明辉，2018）。根据先前研究，本章发现社会网络的确是进行创业学习的重要平台，采用匹配的网络学习方式将会有助于创业能力的形成与发展。在前期的文献分析和深度探索性案例研究的过程中也发现，网络学习固然是提升创业能力的一种重要学习方式，但是，创业能力的形成和发展与个性心理倾向和个性心理特征紧密相连，与创业实践活动相伴而生。创业者通过网络学习获取的学习信息，必须经过内在心理加工才能转化为自己的学习成果，然后积极行动起来将所学的成果迁移应用至实践，并通过与创业实践相结合的实践学习加深对相关学习成果的理解、感悟、修正才能最终形成较为稳定的创业能力，即创业能力的形成是网络学习（获取）—内化学习（转化）—创业行动学习（行动）这三种学习方式协同作用的结果。本章拟将这一创业学习过程概念化为三环链式学习链条，构建链式多重中介模型，探析三者对创业能力形成与发展的作用。

基于前面的论述，本章已经从理论上阐述了网络学习有助于提升创业能力。

创业者通过模仿学习网中的其他成员，或者与之进行正式的交流或非正式的交流都能获得各种信息和资源，都能对创业能力产生影响。创业者如果能够得到他人尤其是具备较丰富的创业经验、较高创业能力的高手指导，将会更加受益无穷。然而，创业能力的形成和发展是一个长期持续学习的过程。

通过采取匹配的网络学习方式，可以获得对创业有重要影响的信息、资源和知识，但是人的学习与思维模式密切相关，网络学习更多的是对社会网络中存在的知识源的获取，并未触及人的思维模式的深处。因此，需要在网络学习的基础上增加第二个回路，将观察、思考的过程引申到思维框架，找到隐藏在思维模式深处的问题，进而改善自己的思维模式，从而将知识内化和升华，进而改变个体的认知模式。创业者在通过网络学习获取了学习源之后，必须经过内在心理加工才能转化为自己的学习成果。转移—吸收学习是指个体所需的知识（包含显性的知识和知因类显性知识，也包括知窍类隐性知识）通过知识源的扩散和转移得以实现。知识的吸收只是学习的第一步，为了更好地将所吸收的知识内化，个体启动探索—反思学习，探索—反思的学习过程，主要包括对于以往或者当前工作中遇到的问题进行自我探索，分析思考和不断试错，直至最后解决问题的过程，以及对已有的知识和工作经历进行反思、抽象概括的过程。内化学习的特点在于内化的过程是一个知识的建构过程，这一方面是因为工作所需的知识和能力具有较强的组织和任务专用性，从外部知识源无法获得，或者个人不易接触到知识源；另一方面，个人根据自己的工作经历，对行为进行系统反思和抽象，思考工作背后的理论问题，并将其系统化、条理化。这一系列过程完成之后，个人会将网络学习所获得的各种知识、信息与以往工作中已经使用过的问题解决方案相互结合以进行反思，探讨有效的工作方法和行为背后的规律和理论，这对原来的知识体系而言，是一个扩充和重构的过程，最终实现将新获取的知识进行内化、升华。

研究表明，知识是人类认识的成果，能力是在内化知识的基础上形成的以外显的行为方式表现的为人处事的本领，是比较稳定的个人心理特征。知识是能力基本结构中不可缺少的组成成分，是能力的基础，能力的形成与发展依赖知识的获得，只有那些可以广泛应用和迁移的知识才能转化为能力，而且知识向能力的转化受到学习策略、学习情境等中介变量的制约（王培芳和符太胜，2009）。

认知学派的迁移理论强调要将先前学习任务中获得的特定知识应用于新的任务中，才能实现知识的有效迁移、运用，使得所学的知识达到自动化的熟练程度，从而升华为能力。实践（行动）是知识转化为能力的主要途径，由于转化水平不同，个体获得同样的知识未必能形成同样的能力，这也就导致了个体能力的差异（杨克瑞，2013）。行动学习为能力的生成提供了有效的路径（奥比松等，2005；谢雅萍等，2017），在一个具体的创业问题情境中包含已知条件和需要达到的目标，创业者对问题的解决是要填补问题已知条件与目标之间的认知空隙。在这个弥补认知空隙的过程中，创业者通过采取相应的行动来解决问题以验证通过学习建立的认知、知识体系是否正确，从而引发新的质疑；并通过与网络成员的互动，获得支持以更深入地推动批判反思，检测所提供解决问题的方法的有效性，产生新颖的方法和确定可供选择的视角，使得认知图式不断重建以适应环境的变化，以获得具有说服力的相关假设或结论，并采取合适的方式付诸有效的执行。在行动—反思的螺旋上升式循环中不断将知识内化、巩固、熟练，从而升华为能力。因此，躬身力行是创业能力形成的根本途径。创业能力的形成是三环链式学习协同作用的结果。据此提出研究假设：

H8：网络学习通过内化学习影响创业行动学习，进而影响创业能力。

基于此，本章构建如图 5.2 所示的网络学习、内化学习、创业行动学习和创业能力的关系概念模型。

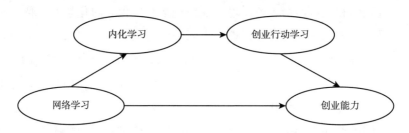

图 5.2 模型二：网络学习、内化学习、创业行动学习与创业能力的关系

5.4 问卷设计与数据收集

为了更清晰地探索创业者在社会网络中的创业学习如何展开并影响创业能力的形成与发展，本部分在文献研究理论推演及深度案例访谈结论的基础上，旨在对关键概念进行界定，进行变量的测量和问卷的设计，并且开展大规模的问卷调查。进一步阐明学习网、创业学习方式（网络学习、内化学习、创业行动学习）、创业者乐观、创业能力等关键概念之间的内在联系，进而构建出本章的理论模型，提出具体研究假设，并借助文献梳理和访谈结果实现变量的可操作化，进而进行问卷的设计和小样本调研。

5.4.1　问卷设计与变量测量

本部分内容包括两部分：一是问卷设计，主要包括问卷设计过程说明，变量具体测量条款及其来源；二是对问卷的小样本测试，对测量量表进行效度和信度评估，并根据结果对量表进行必要修正，进而为下一步大样本研究提供正式问卷。

（1）问卷设计过程与主要内容。问卷设计过程如下：首先，尽量通过对国内外文献的检索，选择那些已经通过验证而且相对成熟的量表或条款。针对理论建构的测量条目，遵循尽量采用比较成熟量表的原则，并结合中国情境和前一部分的访谈结果进行修正和综合，形成了问卷雏形。其次，作者在学术团队内部征求问卷的修改意见。该学术团队包括导师和 5 位硕士生，每周定期举办学术交流活动，并将问卷初稿交与具有丰富问卷调查经验的学术研究人员和创业孵化领域的专家征求意见，促进问卷的不断修改完善。最后，探测性调研阶段。作者面向 70 位创业者进行了探测性调研，根据他们的反馈和建议，对一些测量条目的语言和表达方式做了进一步修改，将问卷不断完善。

本章的问卷是根据研究模型与假设的需要进行设计的，采用了"甄别问题—创业者基本情况—创业者学习网情况—创业者网络学习情况—创业者内化学习情况—创业者创业行动学习情况—创业者乐观情况—创业者创业能力情况"八大部分的总体思路来进行调查问题的设计。

第一部分是甄别问题，旨在筛选出符合条件的调查对象。

第二部分旨在了解被调查者个人的基本情况。

第三部分旨在了解被调查者创建和运营过程中学习网的情况，题项设计以采用李克特 5 点量表为主，从 1 到 5 分别表示被调查者的学习网的实际情况从不符合到符合。

第四部分旨在了解被调查者在网络学习过程中的情况，题项设计以采用李克特 5 点量表为主，从 1 到 5 分别表示被调查者进行网络学习的实际情况从不符合到符合。

第五部分旨在了解被调查者在内心层面进行内化学习的过程情况，题项设计以采用李克特5点量表为主，从1到5分别表示被调查者的内化学习情况从不符合到符合。

第六部分旨在了解被调查者创业行动学习的过程情况，题项设计以采用李克特5点量表为主，从1到5分别表示被调查者的创业行动学习情况从不符合到符合。

第七部分旨在了解被调查者的乐观情况，量表采用李克特5点量表，题项计分1为程度最低，5为程度最高。

第八部分旨在了解被调查者对自身创业能力水平的评估情况，题项设计采用李克特5点量表，从1到5分别表示被调查者创业能力的实际情况从不符合到符合。

本章采用了李克特（Liken – type Scale）5点量表。在大多数情况下，5点量表是最可靠的，选项超过5点，会造成鉴别上的困难（贝尔迪，1994）。而3点、4点量表限制了温和意见与强烈意见的表达。因此，本章采取5点量表，1代表完全不符合，2代表基本不符合，3代表难确定，4代表基本符合，5代表完全符合。

（2）研究变量的操作性定义与度量指标。问卷调查目的在于构造符合研究需求的良好结构化量表，收集高质量研究数据，为本章学习网、创业学习方式（网络学习、内化学习、创业行动学习）、乐观、创业能力之间关系的定量分析夯实基础。根据理论模型与假设，本章需要测量的变量包括：学习网特性、网络学习、内化学习、创业行动学习、创业者乐观、创业能力，以及控制变量七大部分变量来进行调查问题的设计，具体变量见表5.3。

表5.3　　　　　　　　　　　　　研究变量汇总

模型	变量类型	变量名称
模型一	自变量	学习网特性：结构变量（规模、异质性）；关系变量（关系强度、信任程度）
	中间变量	网络学习方式：模仿学习、指导学习、交流学习
	因变量	创业能力：机会能力、构想能力、承诺能力、融资能力、运营能力
	调节变量	创业者乐观
	控制变量	受教育程度；工作经验；行业经验；创业经历；创业者父母是否创业；创业者年龄

模型	变量类型	变量名称
模型二	自变量	网络学习方式：模仿学习、指导学习、交流学习
	中间变量	内化学习：转移—吸收、探索—反思； 创业行动学习：批判反思、互动支持、执行应用
	因变量	创业能力：机会能力、构想能力、承诺能力、融资能力、运营能力
	控制变量	受教育程度；工作经验；行业经验；创业经历；创业者父母是否创业；创业者年龄

第一部分：学习网特性量表。

本章的学习网特性量表主要来源于已有文献及访谈过程中社会网络调查法中提名法的结果。

一是创业者学习网规模。创业者社会网络中正式网络（帕克和陆亚东，2001）和非正式网络（谭劲松等，2009）在其创业过程中的地位越来越重要，而格雷夫（2003）分析讨论了网络规模（让创业者回顾其讨论网的人数来计算其讨论规模）的影响，谭劲松等（2009）则通过研究发现在企业初创期，人与人之间的信任和亲密关系非常重要。本章中我们借鉴格雷夫（2003）、帕克和陆亚东（2001）、谭劲松（2009）等的观点及访谈的结论，从三个问题对学习网规模进行分析，见表 5.4。

表 5.4　　　　　　　　变量度量——学习网规模测量题项

题号	衡量题目	量表来源
B1	您认为可供学习的对象越多，能学到的东西也越多，学习效果越好	格雷夫 （2003）； 结合访谈； 本章的需要
B2	在创业或企业运营阶段，您向较多正式网络（如顾客和供应商及竞争对手、行业协会、金融机构、各级政府、税务部门、工商管理部门等管理机构以及中介机构等）中的成员进行学习	
B3	在创业或企业运营阶段您向较多非正式网络（如家人、亲戚、朋友和同事）中的成员进行学习	

二是异质性。一般常用一些人口特征变量的差异（教育、年龄、民族、性别、职业）或者个人的价值观、爱好和生活风格来测量社会网络成员的异质性（同质性），也有学者如罗丹（Rodan，2004）用网络成员知识和经验来进行测量，将创业者学习网的异质性定义为创业者与自我中心的学习网络成员在年龄、

性别、知识上的差异性（或相似性）。经过结合访谈的资料，并进一步斟酌和修改，本章主要参考克拉尔奇和萨皮恩扎（2005）的测量方法测量创业者与网络成员之间知识的差异性程度，并主要形成了四个题项对异质性进行测量，见表5.5。

表5.5　　　　　　　　变量度量——学习网异质性测量题项

题号	衡量题目	量表来源
B4	总体上来说，学习网成员的性别趋于同质化	伦祖利和奥德里奇（2005）；克拉尔奇和萨皮恩扎（2005）；结合访谈
B5	总体上来说，您和学习网成员有非常相似的教育背景	
B6	总体上来说，您和学习网成员在非常相似的行业领域工作	
B7	总体上来说，您的学习网成员年龄大体相近	

三是关系强度。关系强度，即纽带强度是一个多层次结构，由交互作用频率、关系持续度和情感强度构成（格兰诺维特，1973）。马斯登和坎贝尔（1984）的研究表明测量关系强度最好的指标是亲密度和互动程度（伯特，2004），而格雷夫（2003）的研究中则使用家庭成员在讨论网中的比例进行分析，与此同时，在访谈中，不少访谈对象的学习网中家庭成员都有被提及，因此本章也将借鉴该策略。本章只关注自我与他人之间关系的强弱，以格雷夫（2003）和伯特（2004）的量表为基础，见表5.6。

表5.6　　　　　　　　变量度量——学习网关系强度测量题项

题号	衡量题目	量表来源
B8	您与学习网成员间总体亲密程度非常高	格雷夫（2003）；伯特（2004）；结合访谈及本章的需要
B9	您与学习网成员间互动频率非常高	
B10	您与学习网成员间互动程度非常深入	

四是信任程度。信任是指关系各方间通过长期交往形成的一种互惠状态，信任的建立过程也是相互学习的过程（阮和罗斯，2009），创业者对网络成员的信任表现为创业者相信网络成员提供的建议和信息是他们所擅长的，符合自己利益，而且愿意与他们讨论自己所面临的问题。本章认为，在创业者的学习网中，基于能力的信任对创业者接受知识和建议的影响可能性更大，于是本章以基于能力的信任来测量创业者与学习网成员间的信任，见表5.7。

表 5.7 变量度量——学习网信任程度测量题项

题号	衡量题目	量表来源
B11	您相信学习网中家庭成员所占的比例越多越可靠	马诺洛娃等（2007）；乔杜里（2005）；结合访谈
B12	您相信网络成员提供的建议和信息是他们所擅长的领域	
B13	您相信网络成员的信息和建议能帮助您解决问题	

第二部分：网络学习量表。

本章认为学习网络中的学习是一种互动学习，依据互动程度、深度、广度的不同，面对不同的学习对象总有不同的学习行为，于是区分出三种主要的学习方式：模仿学习、指导学习、交流学习，这三个概念目前在研究中还没有得到明确的界定，没有统一的量表进行测量。本章根据访谈的结论，结合创业者网络学习的情境，提炼出三种网络学习方式的测量条款，并请福州大学经济与管理学院的3位人力资源管理及创业领域的学者和专家对这些条款进行了评价，最后，确定了创业学习中嵌入网络的学习方式的3个维度中的8个题项。其中，2个题项被用来测度模仿学习，4个题项被用来测度交流学习，2个题项被用来测度指导学习，见表5.8。

表 5.8 变量度量——网络学习测量题项

测量变量	题号	衡量题目
模仿学习	C1	您经常通过观察学习网成员的行为、行动或结果进行学习
	C2	通过观察、效仿学习网成员的行为、行动或结果的学习，对您的创业过程影响很大
交流学习	C3	您经常通过与学习网成员的正式交流或合作（如与供应商的业务往来、与政府机关的公务往来等）来进行学习
	C4	您经常通过与学习网成员进行非正式的交流（如闲聊、聚会、户外活动等）来进行学习
	C5	与学习网成员间的正式交流或合作、非正式交流可以帮助您获得完成创业任务及应对挑战的信息
	C6	与学习网成员间的正式交流或合作、非正式交流可以使您获得情感支持（如提高创业自信心、坚定创业信念）
指导学习	C7	您经常得到学习网中"高人"（如专家顾问、高素质专业人才、导师等）的指点、引导
	C8	学习网成员的指点、引导可以帮助您解决创业过程中的关键问题

第三部分：内化学习量表。

内化学习是一个多维度概念，采用主观测度指标（自我评估为主），利用李克特5点量表进行测度。在问卷中要求被试者评价转移—吸收、探索—反思两个方面的行为表现，这两个概念目前在研究中还没有得到明确的界定，没有统一的量表进行测量。本章根据访谈的结论，结合创业者内化学习的实际情况，提炼出两种内化学习方式的测量条款，并请福州大学经济与管理学院的3位人力资源管理及创业领域的学者和专家对这些条款进行了评价，最后，确定内化学习方式的2个维度中的6个题项。其中，3个题项被用来测度转移—吸收，3个题项被用来测度探索—反思，见表5.9。

表5.9 变量度量——内化学习测量题项

测量变量	题号	衡量题目
转移—吸收	C9	外部存在我所学的各种知识源，知识源越丰富，可以学习到的知识越多
	C10	我可以从知识源那里吸收显性的知识、类显性的知识和类隐性的知识
	C11	需要将吸收的知识进行内化，才能真正对思想和行为产生影响
探索—反思	C12	我会将通过观察、交流等方式获得的知识和信息与以前工作中遇到的问题结合起来思考
	C13	对以往的行为进行系统反思和抽象，思索背后的理论问题，并将其系统化、条理化
	C14	我觉得采用反事实思维有助于更好的反思

第四部分：创业行动学习量表。

创业行动学习是一个多维度概念，采用主观测度指标（自我评估为主），利用李克特5点量表进行测度。在问卷中要求被试者评价批判反思、互动支持、执行应用3个方面的行为表现，这三个概念目前在研究中还没有得到明确的界定，没有统一的量表进行测量，借鉴哈恩和瑞德（2006）等学者的观点，根据访谈的结论，结合创业行动学习的实际情况，提炼出三种创业行动学习方式的测量条款，并请福州大学经济与管理学院的3位人力资源管理及创业领域的学者和专家对这些条款进行了评价，最后，确定了创业行动学习3个维度中的9个题项。其中，3个题项被用来测度批判反思，3个题项被用来测度互动支持，3个题项被用来测度执行应用。见表5.10。

表 5. 10　　　　　　　　　变量度量——创业行动学习测量题项

测量变量	题号	衡量题目
批判反思	C15	创业行动学习过程中，会对之前认为的导致失败原因的旧观点产生质疑，甚至推翻之前的观点
	C16	创业行动学习过程中，会从不同的角度思考决策问题，是否会有替代性结论
	C17	创业行动学习过程中，经常会结合之前的经验重新思考创业过程中遇到的问题
互动支持	C18	在创业的过程中，我经常会与其他人进行交流
	C19	在与他人的交流中，我经常能够获得有价值的信息和反馈
	C20	与他人交流得越多，我能够学得越多，越有利于创业
执行应用	C21	我会根据原来的规则做事
	C22	我会在原来的规则基础上，部分采用新的方式做事
	C23	我会改变原来的规则，以全新的方式做事

第五部分：创业者乐观量表。

目前内地还没有被广泛接受的乐观和悲观人格的测量工具，史西尔和卡弗的生活取向测验（life orientation test，LOT）主要用于测量个体的乐观/悲观人格取向。李逸龙（2009）在 LOT 的基础上，加入同质的题目，以形成具有较高信效度的乐观人格量表（optimism personality scale，OPS），本章则充分考虑创业者的特性，结合已有样本的研究，沿用赫米尔斯基和巴伦（2009）、德尼兹（2010）、牛芳等（2012）的测度量表中的部分题项，归纳出 5 个题项来测度创业者的乐观程度。采用李克特 5 点计分法，从完全不符合到完全符合，分别记 1 到 5 分，问卷得分越高，个体的乐观程度越高，见表 5. 11。

表 5. 11　　　　　　　　　变量度量——创业者乐观测量题项

题号	衡量题目	量表来源
D1	我觉得我的企业在未来能够获得预想的成功	德尼兹（2010）；牛芳（2012）；赫米尔斯基和巴伦（2009）；史西尔和卡弗（1992）
D2	我觉得明年的经济形势将改善	
D3	我通常预期自己的生活水平将不断提高	
D4	在不确定的情况下，我常常预想最好的结果	
D5	总的来说，我认为将来发生在我身上的好事会比坏事多	

第六部分：创业能力量表。

创业能力是一个多维度概念，采用主观测度指标（自我评估为主），利用李克特5点量表进行测度。在问卷中要求被试者评价机会能力、融资能力、构想能力、运营能力、承诺能力5个方面的行为表现，测量题项从曼等（2000）、艾哈迈德（2007）、李翔（2009）、谢雅萍和黄美娇（2016）开发的创业能力量表中选取，并结合本章的构思和访谈结论编制而成。其中，5个维度共16个题项，见表2.8。

第七部分：控制变量的测量。

控制变量的测量采取单项选择方法，主要包括以下内容，创业者最高教育水平：初中及以下、高中/中专、大专/本科、硕士、博士；创业者的年龄；工作经验及行业经验，要求被测者指出创业之前的工作经验及与创业行业相关的行业经验的年限，分5级：没有、0～2年、3～5年、6～9年、10年及以上；创业经验以创业次数衡量，分5级：没有、1次、2次、3次、4次及以上；父母是否创业：是、否。

5.4.2　问卷预调查与修改

为了更有效地开展问卷调查，保证问卷设计的信度和效度，在问卷量表设计完成后，先进行小规模预调查，进而修改、完善问卷。首先，将问卷量表发给相关创业领域的专家和富有经验的创业导师就问卷的内容、指标进行评价和修改。其次，本着科学严谨的研究态度笔者在问卷设计完成后，将问卷发放70名创业者进行预调查，发放70份，回收56份，其中53份为有效问卷，以下是预调查问卷的信度分析和效度分析。

（1）信度分析。由于采用的是横向数据，不存在外部信度问题，因此本章采用内部信度方法检测问卷设计的一致性，以Cronbach's Alpha系数来检测实验中的题项，其中Alpha系数值越高，信度越高，则代表其检测的因子内部一致性越大。吴统雄（1985）参照了近两百份涉及信度的研究报告，通过相关系数及变异数分析理论，提出了Cronbach's Alpha在0.5～0.7就属于可信区间，0.7～0.9是很可信，大于0.9就属于十分可信的信度参考范围。本章的各量表信度分析结果如表5.12所示。

表 5.12 调查问卷信度分析统计结果

相关表项	测量题目	剔除该条目后的克隆巴赫系数	克隆巴赫系数	相关表项	测量题目	剔除该条目后的克隆巴赫系数	克隆巴赫系数
规模	B1	0.660	0.623	创业者乐观	D1	0.751	0.776
	B2	0.612			D2	0.751	
	B3	0.723			D3	0.689	
异质性	B4	0.689	0.631		D4	0.811	
	B5	0.747			D5	0.758	
	B6	0.712		机会能力	E1	0.721	0.761
	B7	0.658			E2	0.676	
信任程度	B8	0.741	0.837		E3	0.715	
	B9	0.728		承诺能力	E4	0.771	0.843
	B10	0.751			E5	0.751	
关系强度	B11	0.683	0.661		E6	0.623	
	B12	0.725		构想能力	E7	0.759	0.813
	B13	0.785			E8	0.821	
模仿学习	C1	0.681	0.723		E9	0.623	
	C2	0.731		融资能力	E10	0.637	0.831
交流学习	C3	0.721	0.710		E11	0.751	
	C4	0.791			E12	0.714	
	C5	0.742		运营能力	E13	0.667	0.823
	C6	0.803			E14	0.681	
指导学习	C7	0.682	0.723		E15	0.738	
	C8	0.809			E16	0.736	
转移—吸收	C9	0.672	0.735	互动支持	C18	0.761	0.796
	C10	0.811			C19	0.814	
	C11	0.729			C20	0.749	
探索—反思	C12	0.762	0.823	执行应用	C21	0.769	0.783
	C13	0.831			C22	0.831	
	C14	0.758			C23	0.742	
批判反思	C15	0.751	0.816				
	C16	0.819					
	C17	0.659					

根据所得的信度分析结果可以看出，各量表的相应变量的测量题目 Cronbach's Alpha 值均比较高，因此说明本问卷具有良好的问卷结构，数据可信度较高。

（2）效度分析。效度分析主要是测量量表是否会真正度量研究者想要测量的内容，效度的评价指标主要包括内容效度、准则效度及结构效度，其中内容效度和结构效度最富代表性。本章所用调查问卷是笔者通过大量文献阅读，借鉴以往学者丰富的研究成果，并通过访谈以及与专家学者的反复商讨基础之上初步编制的，有一定的内容效度，在此主要采用因子分析法中的主成分分析，并利用 Varian 正交旋转进行测量结构效度。同时，还要考虑 KMO 测度和 Bartlett's 球体检验结果，以确定数据是否适宜做因子分析。一般来说，KMO 值在 0.5 以下就不适宜开展因子分析，大于 0.6 小于 0.7 表示分析效果较差，0.7 以上则可以接受，而假如大于 0.9 则因子分析的效果会比较好。适合做因子分析的巴特利球体检验的卡方统计值的显著性 Sig. 要求小于 0.001。Bartlett's 球体检验是为了证实各题项间是否相互独立。其统计设计原理是，证明测项间的相关矩阵为单位矩阵，如果拒绝了原假设，则表示它们之间有相关性，可以进行因子分析。

在因子分析结果的使用方面，张文彤（2002）指出，满足如下三个标准则表示问卷的结构效度较高：一是从属于同一公共因子的累积方差贡献率高于50%；二是各题项在某一公共因子上的因子载荷很高，其他的则很低；三是各题项的共性方差都大于0.4。本章运用探索性因子分析进行效度检验。先检测各变量观测值之间的相关性，当变量间相关性通过显著性检验之后，运用主成分分析法，配之于方差最大旋转，从而完成探索性因子分析，以检验本章测量项目是否有效反映理论模型中概念和命题的内部结构，验证前述测量量表是否科学，是否可继续用于后续研究。

本章采用 KMO 和巴特利球体检验对量表数据进行相关性检验，如表 5.13 所示。统计分析结果表明：KMO 值都在 0.7 以上，Bartlett 球体检验值的显著性水平为 0.000，说明样本数量较为充足，各指标间共享因素的可能性较大，适宜进行因子分析。

表 5.13 各量表相关性检验

变量	学习网特性量表	网络学习方式量表	内化学习方式量表	创业行动学习量表	创业者乐观量表	创业能力量表
KMO 值	0.739	0.710	0.732	0.741	0.726	0.724
巴特利球体检验显著值	0.000	0.000	0.000	0.000	0.000	0.000

笔者进一步运用主成分分析方法探究各量表内部结构。

第一，学习网特性量表。本章以全面、综合的视角探讨技术创业者学习网络构成，从经典的结构、关系二维度进行细分。运用主成分分析法对量表的 13 个题项进行学习网特性量表因子分析，强制提取特征值大于 1 的因素，再以方差最大法进行正交转轴处理，转轴后的因子负荷矩阵及方差解释度如表 5.14 所示，结果得到了 4 个因子，学习网前 4 个主成分的解释力度达 80.731%，各题项的因子载荷量分布比较理想，与所提出的理论依据一致，大体可概括数据特征。但是B1（学习网络成员人数）、B4（学习网成员性别）、B11（家庭成员在学习网中的比重）的因子载荷均小于 0.5，说明该题项贡献率不高，可以删除这三个题项。析出的 4 个因子分别概括了学习网规模、异质性、成员信任、关系强度的测度项，共同构成了学习网的四维结构模型。

表 5.14　　　　　　　　　　　学习网量表因子分析

题项	1	2	3	4
B1	0.352			
B2	0.815			
B3	0.752			
B4		0.292		
B5		0.714		
B6		0.894		
B7		0.717		
B8			0.854	
B9			0.755	
B10			0.736	
B11				0.315
B12				0.744
B13				0.753
方差解释比例	35.814%	21.103%	17.012%	6.802%
总方差解释比例	80.731%			

第二，网络学习方式。首先运用主成分分析法对网络学习方式的 8 个题项进行因子分析，强制提取特征值大于 1 的因素，再通过方差最大法进行正交转

轴处理，转轴后的因子负荷矩阵及方差解释度如表 5.15 所示，结果得到了 3
个因子，将其分别命名为模仿学习、交流学习、指导学习，这些因子解释总变异
的 60.887%，已达到问卷设计的结构效度要求，各题项的因子载荷量分布比较理
想，与所提出的理论依据一致。

表 5.15　　　　　　　　　　网络学习方式量表因子分析

题项	1	2	3
C1	0.744		
C2	0.812		
C3		0.793	
C4		0.751	
C5		0.712	
C6		0.726	
C7			0.812
C8			0.825
方差解释比例	30.213%	11.092%	19.582%
总方差解释比例	60.887%		

　　第三，内化学习方式。首先运用主成分分析法对内化学习方式的 6 个题项进
行因子分析，强制提取特征值大于 1 的因素，再通过方差最大法进行正交转轴处
理，转轴后的因子负荷矩阵及方差解释度如表 5.16 所示，结果得到了 2 个因子，
将其分别命名为转移—吸收、探索—反思，这些因子解释总变异的 63.377%，已
达到问卷设计的结构效度要求，各题项的因子载荷量分布比较理想，与所提出的
理论依据一致。

表 5.16　　　　　　　　　　内化学习方式量表因子分析

题项	1	2
C9	0.713	
C10	0.8155	
C11	0.786	
C12		0.742
C13		0.721

题项	1	2
C14		0.712
方差解释比例	31.183%	32.194%
总方差解释比例	63.377%	

第四，创业行动学习方式。首先运用主成分分析法对创业行动学习方式的9个题项进行因子分析，强制提取特征值大于1的因素，再通过方差最大法进行正交转轴处理，转轴后的因子负荷矩阵及方差解释度如表5.17所示，结果得到了3个因子，将其分别命名为批判性反思、互动支持、执行应用，这些因子解释总变异的71.56%，已达到问卷设计的结构效度要求，各题项的因子载荷量分布比较理想，与所提出的理论依据一致。

表5.17 　　　　　　　　　　创业行动学习方式量表因子分析

题项	1	2	3
C15	0.751		
C16	0.821		
C17	0.808		
C18		0.757	
C19		0.721	
C20		0.725	
C21			0.812
C22			0.789
C23			0.792
方差解释比例	30.313%	13.092%	28.155%
总方差解释比例	71.56%		

第五，创业者乐观。先运用主成分分析法对创业者乐观的5个题项进行因子分析，强制提取特征值大于1的因素，再通过方差最大法进行正交转轴处理，转轴后的因子负荷矩阵及方差解释度如表5.18所示，结果得到了1个因子，将其命名为乐观程度，这个因子解释总变异的72.912%，已达到问卷设计的结构效度要求，题项的因子载荷量分布比较理想，与所提出的理论依据一致。

表 5.18   创业者乐观量表因子分析

题项	1
D1	0.687
D2	0.765
D3	0.749
D4	0.735
D5	0.722
方差解释比例	72.912%
总方差解释比例	72.912%

第六，创业者创业能力。创业能力由 15 个测量题项表征，前 5 个因子的解释力度达 76.202%，足以概括绝大部分数据特征，进一步方差最大旋转后发现五维结构探索性因子分析结果与理论设想拟合（见表 5.19）。析出的 5 个因子分别概括了机会能力、承诺能力、构想能力、融资能力、运营能力的测度项，共同构成了创业能力的五维结构模型。

表 5.19   创业能力量表因子分析

题项	1	2	3	4	5
E1	0.812				
E2	0.742				
E3	0.823				
E4		0.793			
E5		0.756			
E6		0.783			
E7			0.882		
E8			0.834		
E9			0.885		
E10				0.712	
E11				0.748	
E12				0.725	
E13					0.857
E14					0.902

题项	1	2	3	4	5
E15					0.892
E16					0.905
方差解释比例	20.125%	16.669%	13.987%	13.293%	12.128%
总方差解释比例	76.202%				

总体而言，本章的信效度结果说明学习网、网络学习方式、创业者乐观、创业能力的测量指标体系构建总体上比较科学合理，但需剔除掉 B1（学习网络成员人数）、B4（学习网成员性别）、B11（家庭成员在学习网中的比重）等题项，但总体上符合了量表设计的信度要求标准，说明本章问卷具有较高的一致性，可以正式发放问卷。

5.4.3　正式问卷发放与回收

正式样本调研采用电子问卷和纸质问卷两种。一是电子问卷调研。随机选取福建省企业名录中符合研究需要的企业进行调查，通过电子邮件形式发放和收回。二是纸质问卷调研。纸质问卷在福建省、浙江省、江苏省、广东省面向创业者进行问卷的发放与填写，同时还依托福建省企业与企业家联合会进行问卷的发放和填写。正式调研阶段发放电子问卷 100 份，回收 82 份，有效问卷 69 份；纸质问卷 400 份，回收 318 份，有效问卷 241 份。即共发放 500 份问卷，回收 400 份，有效问卷 310 份，回收率 80%，有效率 77.5%。

本章剔除无效问卷的原则有：一是问卷不符合控制题项的要求，若企业不符合标准，则弃置该问卷；二是问卷中存在大面积空白和遗漏，缺失值过多；三是被调查者填写过于随意，连续数道题目甚至全部量表都选择同一选项。这些问卷或不符合研究需要，或存在信息失真的现象。因此，在本章中予以剔除。

5.4.4　数据分析方法

根据本章的研究模型和假设，主要运用 SPSS 20.0 和 LISREL 8.70 统计软件对问卷回收的数据进行分析，探索并验证假设是否成立。数据分析方法具体包括：（1）描述性统计分析；（2）信度分析；（3）效度分析；（4）方差分析；

（5）相关分析；（6）多元回归分析；（7）结构方程模型分析。通过以上数据分析手段对本章提出的理论假设进行验证。

5.5 数据分析与结果讨论

5.5.1 描述性统计分析

（1）样本基本情况的描述统计。对于回收来的有效问卷，本章运用 SPSS 20.0 对技术创业者及其企业进行频数的描述性统计，具体数据如表 5.20、表 5.21 所示。

表 5.20　　　　　　　　　　　创业者样本的基本特征

变量	选项	频数（人）	百分比（%）	变量	选项	频数（人）	百分比（%）
性别	男	198	63.9	工作经验	没有	12	3.9
	女	112	36.1		0~2 年	37	11.9
年龄	20 岁及以下	23	7.5		3~5 年	47	15.2
	21~30 岁	114	36.8		6~9 年	42	13.5
	31~40 岁	125	40.3		10 年及以上	172	55.5
	41~50 岁	33	10.6	行业经验	没有	54	17.5
	51 岁以上	15	4.8		0~2 年	50	16.1
受教育程度	初中及以下	45	14.5		3~5 年	63	20.3
	高中/中专	69	22.2		6~9 年	44	14.2
	大专/本科	124	40.0		10 年及以上	99	31.9
	硕士	56	18.1	创业经历	没有	175	56.5
	博士	16	5.2		1 次	79	25.5
父母是否创业	是	108	34.8		2 次	46	14.8
					3 次	8	2.6
	否	202	65.2		4 次及以上	2	0.6

第一，创业者样本的基本特征分析。

在本章中主要从性别、年龄、受教育程度、父母是否创业、相关经验来了解技术创业者的基本信息，见表 5.20。

在收集的 310 份有效问卷中，男性创业者为 198 人，占总数的 63.9%，女性创业者 112 人，占总人数的 36.1%，导致这种分布情况的一个原因是问卷发放的时候进行了甄别，但是依然可以看出目前不少女性进入创业。

创业者年龄分为 5 个阶段：20 岁及以下 23 人，占总人数的 7.5%；21～30 岁 114 人，占 36.8%；31～40 岁 125 人，占 40.3%；41～50 岁 33 人，占 10.6%；51 岁及以上 15 人，占 4.8%。可见，创业者的年龄分布情况与中国的创业者以中青年为主体的现状比较吻合。

关于受教育程度对创业者的价值一直存在不同观点，在本章中仍将其作为一个控制变量加以考虑。从表 5.20 可以看出，初中及以下 45 人，占 14.5%；高中/中专 69 人，占 22.2%；大专/本科 124 人，占 40.0%；硕士 56 人，占 18.1%；博士 16 人，占 5.2%，可见创业者受教育程度主要呈正态分布。

创业者父母创业的有 108 人，占 34.8%，而从现有研究及创业实践可知，父母创业对于子女创业与否有一定的影响，因此，将对其作为控制变量来考察。

工作经验是指在创业之前创业者在其他企业的工作经历，行业经验是指在类似产业中的工作经历，创业经历是指创业次数。从表 5.20 可以看出，受访者的工作经验及行业经验时间集中在 3 年以上，不足 2 年的情况较少，但是有 10 年以上工作经验的有 172 人，10 年以上行业经验的有 99 人。这种情况一方面可见这一群体能够保有一定的稳定性，对企业、产业都能够了解得比较透彻，较能保证问卷的内容效度；另一方面这与中国人相对较为保守的特性有些许关系。而从创业经历来看，56.5% 的创业者没有创业经验，创业经验较少，因而其更可能从与社会网络成员的互动中进行学习。

第二，样本所在企业的基本情况。

本章主要从企业拥有的员工数、成立年限及所在行业分析企业基本情况，见表 5.21。

本章充分考虑一般研究中企业规模的划分，分为 10 人及以下、10～50 人、50～100 人、100～500 人，500～1000 人，1000 人以上等六组。统计结果显示，不少企业拥有的人员数在 50 人及以下，同时仅有 1.6% 的样本企业拥有 1000 名以上的员工，可见，新创企业规模普遍偏小。

本章严格遵循新创企业年龄标准，将成立 8 年以上的样本予以剔除，即用于数据分析的样本仅限于成立时间不足 8 年的企业。保留的样本企业年龄分布相对较为均匀，在筹建中的企业占 19.0%，成立年限在 1 年及以下的占总体样本的

32.3%，1~2年的占27.8%，3~5年的占16.1%，6~8年的占4.8%，可见所采集的样本均为筹建中的企业和新创企业。

本章参照最新企业划分标准类别，将企业涉及的行业划分为16类。统计结果显示，样本企业集中在信息传输业（28.1%）、软件和信息技术服务业（19.4%）两大行业上，农林牧渔（10.3%）、工业（18.1%）所占比例较少。这种分布情况与现实情况是吻合的，一定程度代表了企业所涉及行业的现象。

总体来看，本次问卷调查所选的样本具有良好的代表性。

表5.21　　　　　　　　　　　样本所在企业基本情况

变量	选项	频数	百分比（%）	变量	选项	频数	百分比（%）
员工人数	10人及以下	132	42.6	所在行业	农、林、牧、渔	32	10.3
	10~50人	89	28.7		工业	56	18.1
	50~100人	35	11.3		建筑业	13	4.2
	100~500人	29	9.4		批发业	0	0
	500~1000人	20	6.4		零售业	30	9.7
	1000人以上	5	1.6		交通运输业	8	2.6
企业成立年限	在筹建中	59	19.0		仓储业	0	0
	不到1年	100	32.3		邮政业	0	0
					住宿业	0	0
	1~2年	86	27.8		餐饮业	0	0
	3~5年	50	16.1		信息传输业	87	28.1
	6~8年	15	4.8		软件和信息技术服务业	60	19.4
					房地产业	7	2.2
	8年以上	已删除			物业管理	6	1.9
					租赁和商务服务业	10	3.2
					其他	1	0.3

（2）样本部分变量频数、平均值和标准差分析。为了更好地了解调查问卷中创业者的创业能力水平，本章运用SPSS 20.0对创业者的创业能力进行了样本平均值和标准差分析，并且通过频数分析，了解创业者偏好的网络学习方式，以及创业者认为能够对创业能力产生最大影响的网络学习方式。

第一，创业者创业能力的平均值和标准差分析。

从表 5.22 可以看出，创业者自身的创业能力水平情况并不是十分乐观，创业者整体创业能力水平有待提高，其中，融资能力普遍较低，其次是机会能力、承诺能力，而这些都是创业所需的重要能力，也印证了访谈中创业者对融资能力的重视。

表 5.22　　　　　创业者创业能力变量的平均值和标准差分析

测量构面		测量题项	均值	标准差
创业能力	机会能力	E1	4.625	1.550
		E2	4.681	1.752
		E3	4.571	1.613
	机会能力平均值		4.626	
	承诺能力	E4	4.649	1.532
		E5	4.576	1.736
		E6	4.718	1.672
	承诺能力平均值		4.648	
	构想能力	E7	4.770	1.545
		E8	4.750	1.662
		E9	4.723	1.463
	构想能力平均值		4.748	
	融资能力	E10	3.966	1.634
		E11	3.862	1.615
		E12	3.724	1.570
	融资能力平均值		3.851	
	运营能力	E13	4.851	1.465
		E14	4.976	1.429
		E15	5.002	1.471
		E16	4.904	1.443
	运营能力平均值		4.933	
创业能力平均值			4.561	

第二，创业者偏好的网络学习方式以及创业者认为对创业能力产生最大影响的网络学习方式的频数分析。

从表 5.23 可以看出，大部分创业者（51.3%）更多地偏好指导学习，而且有 54.8% 的创业者认为在社会网络学习过程中，指导学习最有助于提升创业能力，可见，对创业者进行有效的指导非常有必要。若创业者在创业过程中能够遇到经验丰富或已取得成功的创业人士对其所遇到的问题进行指导，或对其创业期间的心理问题进行辅导，都会有利于提高创业者的创业能力，并对创业绩效产生正向影响。

表 5.23　　　　　　　　　　创业者网络学习方式的频数分析

题项	选项	频数（人）	百分比（%）	题项	选项	频数（人）	百分比（%）
偏好的网络学习方式	模仿学习	54	17.4	对创业能力最有影响的学习方式	模仿学习	41	13.2
	交流学习	97	31.3		交流学习	99	31.9
	指导学习	159	51.3		指导学习	170	54.8

5.5.2　方差分析

先前研究表明创业者的先前经验和受教育水平对创业能力有影响，在本章中将分别对创业者年龄、父母是否创业、创业者先前经验（工作经验、行业经验、创业经验）、受教育程度变量与观测变量创业能力进行单因素方差分析和方差齐性检验。一般认为，方差齐性检验显著值大于 0.05 视为不存在显著差异，符合方差分析前提条件。而方差分析显著性水平若低于 0.05 这一显著水平，则说明控制变量将对观测变量产生显著性影响。如表 5.24 所示，父母是否创业、先前经验（工作经验、行业经验、创业经验）、受教育程度显著影响创业能力水平，而创业者年龄变量对创业能力的影响不大。

表 5.24　　　　　　　　　　不同控制变量单因素方差分析

变量	F	显著性概率	方差齐性检验显著值
创业者年龄	0.725	0.319	0.216
父母是否创业	2.223	0.402	0.034
工作经验	1.186	0.381	0.032
行业经验	2.024	0.427	0.045
创业经验	2.255	0.122	0.047
受教育程度	1.498	0.104	0.043

5.5.3　信效度检验

本章采取问卷调查的方式收集研究所需数据，问卷主体由创业者学习网、网络学习方式、创业者乐观、创业能力四张分量表构成，分别用于测量本章模型中的自变量、中介变量、调节变量和因变量。本问卷的四张分量表都扎根于以往研究和访谈结果，量表的编制经历大量文献阅读、访谈修订。尽管在第四章中通过小样本对问卷的信度和效度进行了分析，但在运用数据进行实证分析前，仍需对大样本抽样数据的质量进行评估，以确保问卷质量和效力。

（1）信度检验。本章采用内部一致性（internal consistency coefficient）的检验方法，通过获得的 Cronbach's Alpha 系数对正式调查问卷的信度进行判定。利用统计分析软件可得到，正式问卷的信度结果具体如表 5.25 所示。

表 5.25　　　　　　　　　　　问卷量表信度统计分析对比表

变量	变量维度	正式调查 Cronbach's Alpha	预调查 Cronbach's Alpha
学习网	规模	0.741	0.627
	异质性	0.736	0.623
	关系强度	0.748	0.641
	信任程度	0.834	0.822
网络学习方式	模仿学习	0.812	0.721
	交流学习	0.795	0.710
	指导学习	0.706	0.718
内化学习	转移吸收	0.736	0.731
	探索反思	0.872	0.821
创业行动学习	批判反思	0.855	0.818
	互动支持	0.812	0.796
	执行应用	0.793	0.783
创业者乐观	乐观程度	0.886	0.768
创业能力	机会能力	0.869	0.742
	承诺能力	0.833	0.846
	构想能力	0.853	0.804
	融资能力	0.850	0.822
	运营能力	0.821	0.826

从表 5.25 可以看出，各正式调查量表的信度，除指导学习、承诺能力，运营能力同预调查阶段相比略有下降外，其余测项都有不同程度的提高，并且所有调查量表的信度均高于 0.7，属于可信范围内，表明各量表具有良好的一致性。

（2）效度检验。与预调查中的因子分析相似，以下采用结构效度对正式调研数据的效度进行探索性因子分析。通过主成分分析法对模型的各维度变量抽取不同数目的主因子，随后进行最大方差法正交旋转，得到相应的因子载荷矩阵。根据因子分析的主要步骤，先要利用 KMO 检验和 Bartlett 球体检验来判断问卷是否适合进行因子分析。通常只有 KMO 检验值大于 0.6，且 Bartlett 球体检验显著的情况下才可进行后续分析。从表 5.26 可知各量表的 KMO 值均大于 0.7，sig. 值均为 0.000，表明各量表适合做因子分析。

表 5.26　　　　　　　　　相关变量 KMO 和 Bartlett 球度检验

变量	学习网特性量表	网络学习方式量表	内化学习方式量表	创业行动学习量表	创业者乐观量表	创业能力量表
KMO 值	0.751	0.810	0.718	0.723	0.741	0.826
巴特利球体检验显著值	0.000	0.000	0.000	0.000	0.000	0.000

第一，学习网因子分析。根据预调查中效度分析的结果，正式问卷剔除了 B1（学习网成员人数）、B4（学习网成员性别）、B11（家庭成员在学习网中的比重）这三个题项，在新量表的基础上，对学习网的四个维度进行了因子分析。

学习网的因子分析共提取 4 个因子，符合理论上学习网的维度划分。旋转后，保留因子载荷值大于 0.5 的题项，且 4 个因子累积方差贡献率达到 82.159%，可见，总体上四个因子对学习网具备很好的解释度，可知规模、异质性、关系强度和信任共同构成了学习网的四维结构模型，如表 5.27 所示。

表 5.27　　　　　　　　　　　学习网因子分析

题项	因子			
	1	2	3	4
B2	0.913			
B3	0.915			
B5		0.759		

续表

题项	因子			
	1	2	3	4
B6		0.811		
B7		0.789		
B8			0.833	
B9			0.921	
B10			0.907	
B12				0.852
B13				0.867
方差解释比例	22.169%	21.875%	21.023%	17.092%
总方差解释比例	82.159%			

第二，网络学习方式因子分析。网络学习方式的因子分析共提取 3 个因子，符合理论上网络学习方式的维度划分。旋转后，保留因子载荷值大于 0.5 的题项，且 3 个因子累积方差贡献率达到 76.035%，总体上三个因子对网络学习方式具备很好的解释度，可见，模仿学习、交流学习、指导学习共同构成了网络学习方式的三维结构模型，如表 5.28 所示。

表 5.28 网络学习方式因子分析

题项	因子		
	模仿学习	交流学习	指导学习
C1	0.833		
C2	0.899		
C3		0.872	
C4		0.865	
C5		0.807	
C6		0.785	
C7			0.769
C8			0.843
方差解释比例	26.657%	25.99%	23.388%
总方差解释比例	76.035%		

第三，内化学习因子分析。内化学习的因子分析共提取 2 个因子，符合理论上内化学习的维度划分。旋转后，保留因子载荷值大于 0.5 的题项，且 2 个因子累积方差贡献率达到71.298%，可见，总体上两个因子对内化学习具备很好的解释度，可知转移—吸收和探索—反思共同构成了内化学习的二维结构模型，如表5.29 所示。

表 5.29   内化学习因子分析

题项	因子	
	1	2
C9	0.849	
C10	0.862	
C11	0.854	
C12		0.828
C13		0.842
C14		0.804
方差解释比例	36.37%	34.929%
总方差解释比例	71.298%	

第四，创业行动学习因子分析。创业行动学习的因子分析共提取 3 个因子，符合理论上创业行动学习的维度划分。旋转后，保留因子载荷大于 0.5 的题项，3 个因子的累积方差贡献率达到79.751%，可见，总体上三个因子对创业行动学习具备很好的解释度，可知批判性反思、互动支持和执行应用共同构成了创业行动学习的三维结构模型，如表5.30 所示。

表 5.30   创业行动学习因子分析

题项	因子		
	1	2	3
C15	0.905		
C16	0.896		
C17	0.839		
C18		0.871	
C19		0.911	

续表

题项	因子		
	1	2	3
C20		0.892	
C21			0.866
C22			0.908
C23			0.885
方差解释比例	31.027%	24.84%	23.833%
总方差解释比例	79.751%		

第五，创业者乐观因子分析。运用主成分分析法对创业者乐观的5个题项进行因子分析，旋转后，保留因子载荷大于0.5的题项，结果得到了1个因子，将其命名为创业者乐观程度，这个因子的方差贡献率达到73.916%，已达到问卷设计的结构效度要求，与所提出的理论依据一致，如表5.31所示。

表5.31　　　　　　　　　　创业者乐观因子分析

题项	因子
	1
D1	0.749
D2	0.832
D3	0.859
D4	0.814
D5	0.796
方差解释比例	73.916%
总方差解释比例	73.916%

第六，创业能力因子分析。创业能力的因子分析共提取5个因子，符合理论上创业能力的维度划分。旋转后，保留因子载荷大于0.5的题项，5个因子的累积方差贡献率达到78.198%，可见，总体上五个因子对创业能力具备很好的解释度，机会能力、承诺能力、构想能力、融资能力、运营能力的测度项共同构成了创业能力的五维结构模型，如表5.32所示。

表 5. 32   创业能力因子分析

题项	因子				
	1	2	3	4	5
E1	0.807				
E2	0.638				
E3	0.792				
E4		0.707			
E5		0.798			
E6		0.732			
E7			0.724		
E8			0.813		
E9			0.698		
E10				0.787	
E11				0.732	
E12				0.754	
E13					0.643
E14					0.749
E15					0.733
E16					0.835
方差解释比例	21.014%	17.579%	13.792%	13.395%	12.418%
总方差解释比例	78.198%				

　　总体而言，样本数据的信效度结果说明学习网、网络学习方式、内化学习、创业行动学习、创业者乐观和创业能力的测量指标体系构建较科学合理，为后续对于理论假设的实证检验奠定了扎实的基础。

5.5.4　结构方程模型分析

　　本章将网络学习方式作为中介变量，为了检验网络学习方式是否在学习网和创业能力之间起到中介效应，即学习网是否通过网络学习方式来影响创业能力，本章依照温忠麟等（2004）提出的检验中介效应的四个步骤进行分析：第一步，自变量与因变量显著相关；第二步，自变量与中介变量显著相关；第三步，中介变量与因变量显著相关；第四步，加入中介变量到因变量对自变量的回归模型，自变量与因变量之间的回归系数将不显著（此为完全中介变量），或者回归系数减弱（部分中介变量），而中介变量还与因变量显著相关。按照上述四个步骤，本章采用结构方程验证网络学习方式的中介效应。

（1）学习网对创业能力影响的结构方程分析。本章通过 LISREL 8.70 结构方程软件对学习网对创业能力影响模型进行验证，具体模型拟合度见表 5.33。从表 5.33 的模型拟合度来看，研究模型的绝对拟合指数 $\chi^2/df < 3$，近似误差指数 RMSEA < 0.1，简约基准拟合指标 PNFI > 0.5，不规范拟合指数 NNFI $\geqslant 0.9$，比较拟合指数 CFI $\geqslant 0.9$，这些指标都比较理想。因此，该结构方程模型具有较为理想的拟合度，其对研究假设的检验是可以成立的。

表 5.33　　　　　　　　　　　结构方程模型拟合度

模型拟合指数	χ^2/df	NNFI	CFI	PNFI	RMSEA
理想值	$\leqslant 3$	$\geqslant 0.9$	$\geqslant 0.9$	> 0.5	$\leqslant 0.1$
模型	2.786	0.953	0.928	0.611	0.081

从表 5.34 中可以看出，网络异质性与承诺能力的路径系数为 0.09，其 T $= 1.58 < 1.96$；信任与构想能力的路径系数为 0.04，T $= 0.88 < 1.96$；关系强度与构想能力路径系数为 0.05，T $= 0.46 < 1.96$，可见这三条路径的 T 值不显著，拒绝这三条路径。而其他变量之间的影响路径都在 T > 1.96 水平上显著，说明学习网对创业能力的影响模型成立。

表 5.34　　　　　　学习网对创业能力的关系模型路径系数及假设检验

假设回归路径	自变量	因变量	标准化回归系数	T 值	结论
网络规模——机会能力	网络规模	机会能力	0.42	5.63	支持
网络规模——承诺能力	网络规模	承诺能力	0.25	3.52	支持
网络规模——构想能力	网络规模	构想能力	0.24	4.01	支持
网络规模——融资能力	网络规模	融资能力	0.52	4.77	支持
网络规模——运营能力	网络规模	运营能力	0.22	3.13	支持
网络异质性——机会能力	网络异质性	机会能力	0.32	2.78	支持
网络异质性——承诺能力	网络异质性	承诺能力	0.09	1.58	不支持
网络异质性——构想能力	网络异质性	构想能力	0.27	2.18	支持

续表

假设回归路径	自变量	因变量	标准化回归系数	T 值	结论
网络异质性——融资能力	网络异质性	融资能力	0.23	5.48	支持
网络异质性——运营能力	网络异质性	运营能力	0.22	2.78	支持
信任程度——机会能力	信任程度	机会能力	0.21	1.98	支持
信任程度——承诺能力	信任程度	承诺能力	0.27	2.23	支持
信任程度——构想能力	信任程度	构想能力	0.04	0.88	不支持
信任程度——融资能力	信任程度	融资能力	0.38	6.52	支持
信任程度——运营能力	信任程度	运营能力	0.24	2.14	支持
关系强度——机会能力	关系强度	机会能力	0.21	2.77	支持
关系强度——承诺能力	关系强度	承诺能力	0.16	2.22	支持
关系强度——构想能力	关系强度	构想能力	0.05	0.46	不支持
关系强度——融资能力	关系强度	融资能力	0.35	4.12	支持
关系强度——运营能力	关系强度	运营能力	0.18	2.31	支持

（2）学习网对网络学习方式影响的结构方程模型。从表 5.35 可以看出该模型的总体拟合优度较好，可以采用这一模型，并具体分析各个变量之间的关系。

表 5.35 结构方程模型拟合度

模型拟合指数	χ^2/df	NNFI	CFI	PNFI	RMSEA
理想值	≤3	≥0.9	≥0.9	>0.5	≤0.1
模型	2.354	0.926	0.912	0.62	0.072

从表 5.36 可以看出，学习网的四个维度对网络学习三个维度的影响都非常显著，而且都在 $T > 1.96$ 水平上显著，且网络异质性与交流学习负相关，说明学习网对网络学习方式的影响模型成立。

表 5.36 学习网对网络学习方式影响模型路径系数及假设检验

假设回归路径	自变量	因变量	标准化回归系数	T 值	结论
网络规模——模仿学习	网络规模	模仿学习	0.28	3.48	支持
网络规模——交流学习	网络规模	交流学习	0.20	2.44	支持
网络规模——指导学习	网络规模	指导学习	0.32	5.11	支持
网络异质性——模仿学习	网络异质性	模仿学习	0.34	5.17	支持

续表

假设回归路径	自变量	因变量	标准化回归系数	T值	结论
网络异质性——交流学习	网络异质性	交流学习	−0.27	−3.88	负相关
网络异质性——指导学习	网络异质性	指导学习	0.33	4.93	支持
信任程度——模仿学习	信任程度	模仿学习	0.26	4.46	支持
信任程度——交流学习	信任程度	交流学习	0.41	5.27	支持
信任程度——指导学习	信任程度	指导学习	0.29	4.22	支持
关系强度——模仿学习	关系强度	模仿学习	0.21	2.37	支持
关系强度——交流学习	关系强度	交流学习	0.50	8.14	支持
关系强度——指导学习	关系强度	指导学习	0.35	3.19	支持

（3）网络学习对创业能力影响的结构方程分析。从表5.37可以看出模型的总体拟合优度较好，可以采用这一模型，并具体分析各个变量之间的关系。

表5.37　　　　　　　　　结构方程模型拟合度

模型拟合指数	χ^2/df	NNFI	CFI	PNFI	RMSEA
理想值	≤3	≥0.9	≥0.9	>0.5	≤0.1
模型	2.901	0.921	0.931	0.671	0.083

从表5.38可以看出，模仿学习与承诺能力的路径系数为0.09，$T=0.68<1.96$，模仿学习与融资能力的路径系数为0.11，$T=0.96<1.96$，可见这两条路径的T值不显著，拒绝这两条路径。其他网络学习的维度变量对创业能力五个维度的影响系数都非常显著，而且都在$T>1.96$水平上显著，说明网络学习对创业能力的影响模型成立。

表5.38　　　　网络学习对创业能力影响模型路径系数及假设检验

假设回归路径	中介变量	因变量	标准化回归系数	T值	结论
模仿学习——机会能力	模仿学习	机会能力	0.35	4.66	支持
模仿学习——承诺能力	模仿学习	承诺能力	0.09	0.68	不支持
模仿学习——构想能力	模仿学习	构想能力	0.23	3.18	支持
模仿学习——融资能力	模仿学习	融资能力	0.11	0.96	不支持
模仿学习——运营能力	模仿学习	运营能力	0.33	5.32	支持
交流学习——机会能力	交流学习	机会能力	0.55	5.61	支持

假设回归路径	中介变量	因变量	标准化回归系数	T值	结论
交流学习——→承诺能力	交流学习	承诺能力	0.39	5.37	支持
交流学习——→构想能力	交流学习	构想能力	0.43	4.36	支持
交流学习——→融资能力	交流学习	融资能力	0.46	5.06	支持
交流学习——→运营能力	交流学习	运营能力	0.49	3.69	支持
指导学习——→机会能力	指导学习	机会能力	0.15	4.99	支持
指导学习——→承诺能力	指导学习	承诺能力	0.31	4.17	支持
指导学习——→构想能力	指导学习	构想能力	0.45	4.72	支持
指导学习——→融资能力	指导学习	融资能力	0.35	3.39	支持
指导学习——→运营能力	指导学习	运营能力	0.55	5.24	支持

（4）加入网络学习后，学习网对创业能力的结构方程分析。根据前述的文献综述以及第3章的访谈、第4章的研究框架，进一步提出比较详细的学习网对创业能力影响的中介效应研究模型。通过问卷调查获得所需要的数据，本章运用LISREL 8.70对以网络学习为中介变量的学习网对创业能力影响的全模型进行验证。研究模型与实证数据的拟合情况较好，因此，采用该模型。具体模型拟合度如表5.39所示。

表5.39　　　　　　　　　　　　结构方程模型拟合度

模型拟合指数	χ^2/df	NNFI	CFI	PNFI	RMSEA
理想值	≤3	≥0.9	≥0.9	>0.5	≤0.1
研究模型	2.909	0.926	0.918	0.617	0.091

从表5.40可以看出，把网络学习加入模型当中后，学习网绝大部分维度对创业能力的回归系数均明显降低，除了网络异质性与融资能力的回归系数变得不再显著外，自变量与因变量，自变量与中介变量、中介变量与因变量仍然显著相关。因此，网络学习在学习网与创业能力之间存在部分中介效应。温忠麟等（2004）指出，加入中介变量到因变量对自变量的回归模型后，自变量与因变量之间的显著关系将完全消失（完全中介变量），或者减弱（部分中介变量），而中介变量还与因变量显著相关。因此，本章最终验证了网络学习在学习网与创业能力之间起到的中介作用。

表 5.40　　　加入网络学习后学习网对创业能力影响模型路径系数

假设回归路径	加入中介变量后的标准化回归系数	加入中介变量后的 T 值	未加入中介变量前的标准化回归系数
网络规模——机会能力	0.22	5.14	0.42
网络规模——承诺能力	0.19	4.47	0.25
网络规模——构想能力	0.18	4.51	0.24
网络规模——融资能力	0.42	4.23	0.52
网络规模——运营能力	0.20	3.93	0.22
网络异质性——机会能力	0.19	4.24	0.32
网络异质性——承诺能力	—	—	0.09（T 值没通过）
网络异质性——构想能力	0.15	2.48	0.27
网络异质性——融资能力	0.03	0.65（T 值没通过）	0.23
网络异质性——运营能力	0.11	2.24	0.22
信任程度——机会能力	0.13	4.17	0.21
信任程度——承诺能力	0.16	4.28	0.27
信任程度——构想能力	—	—	0.04（T 值没通过）
信任程度——融资能力	0.23	3.78	0.38
信任程度——运营能力	0.18	2.55	0.24
关系强度——机会能力	0.19	5.35	0.21
关系强度——承诺能力	0.13	2.29	0.16
关系强度——构想能力	—	—	0.05（T 值没通过）
关系强度——融资能力	0.16	3.98	0.35
关系强度——运营能力	0.15	4.58	0.18
网络规模——模仿学习	0.17	1.98	0.28
网络规模——交流学习	0.11	2.11	0.20
网络规模——指导学习	0.24	2.44	0.32
网络异质性——模仿学习	0.31	4.22	0.34
网络异质性——交流学习	−0.21	−2.56	−0.27
网络异质性——指导学习	0.19	3.69	0.33
信任程度——模仿学习	0.18	2.46	0.26
信任程度——交流学习	0.33	3.12	0.41

假设回归路径	加入中介变量后的标准化回归系数	加入中介变量后的T值	未加入中介变量前的标准化回归系数
信任程度——→指导学习	0.16	2.39	0.29
关系强度——→指导学习	0.15	2.56	0.21
关系强度——→交流学习	0.31	4.97	0.50
关系强度——→指导学习	0.21	3.18	0.35
模仿学习——→机会能力	0.19	3.26	0.35
模仿学习——→承诺能力	—	—	0.09（T值没通过）
模仿学习——→构想能力	0.17	2.34	0.23
模仿学习——→融资能力	—	—	0.11（T值没通过）
模仿学习——→运营能力	0.31	2.67	0.33
交流学习——→机会能力	0.39	4.35	0.55
交流学习——→承诺能力	0.25	2.08	0.39
交流学习——→构想能力	0.16	2.16	0.43
交流学习——→融资能力	0.15	2.67	0.46
交流学习——→运营能力	0.21	2.98	0.49
指导学习——→机会能力	0.21	2.69	0.15
指导学习——→承诺能力	0.26	4.34	0.31
指导学习——→构想能力	0.27	2.89	0.45
指导学习——→融资能力	0.21	3.65	0.35
指导学习——→运营能力	0.51	6.38	0.55

5.5.5 调节效应的回归分析

调节变量是指系统地影响一个因变量或标准与一个独立变量或预测变量之间关系的方向或强度的变量。本章需要测度创业者乐观在学习网与网络学习、网络学习与创业能力、学习网与创业能力间关系中的调节作用，采用 SPSS 20.0 进行数据的分析处理。由于数据通过调查问卷的方式获得，且问卷的设置采用李克特5级量表，因此自变量、调节变量、因变量是定序的显变量，可以近似作为连续变量处理。温忠麟等（2005）介绍了显性变量的调节效应分析方法，如果变量 Y

与变量 X 的关系是变量 M 的函数，称 M 为调节变量，当自变量和因变量都是连续变量时，用带有乘积项的回归模型，做层次回归分析：第一步是做 Y 对 X 和 M 的回归，得测定系数 R_1^2；第二步做 Y 对 X、M 和 XM 的回归，得测定系数 R_2^2；若 R_2^2 明显高于 R_1^2，则调节效应显著。其函数关系式为 $Y = aX + bM + cXM + e$，合并同类项后可变为 $Y = bM + (a + cM) X + e$，c 衡量了调节效应的大小。

（1）创业者乐观在学习网与创业能力间的调节效应。根据温忠麟等（2005）的调节效应分析方法，测度创业者乐观在学习网与创业能力关系中的调节作用，采用 SPSS 20.0 进行数据的分析处理，相关结果经整理后如表 5.41 所示。

表 5.41　　　　创业者乐观程度对学习网与创业能力的回归系数表

路径关系	标准化系数	T 值	R_1^2	R_2^2
适度乐观×学习网→创业能力	0.213 **	2.781	0.471	0.525
过分乐观×学习网→创业能力	−0.102 *	−2.013	0.352	0.368
悲观×学习网→创业能力	−0.214 *	−2.215	0.401	0.432

注：* 表示 p<0.05，** 表示 p<0.01，*** 表示 p<0.001。

如表 5.41 所示，回归分析结果显示适度乐观与学习网乘积项的回归系数为正，且显著性异于零（p<0.01），说明适度乐观对学习网与创业能力关系的正向调节作用是存在的。同理，过分乐观与学习网乘积项以及悲观与学习网乘积项的回归系数均为负，且显著性异于零（p<0.05），说明过分乐观、悲观对学习网与创业能力关系的负向调节作用是存在的，H5、H5a 和 H5b 得证。

（2）创业者乐观在学习网与网络学习间的调节效应。以创业者乐观程度作为调节变量，学习网为自变量，网络学习为因变量。根据温忠麟、张雷和侯杰泰（2005）的调节效应分析方法，测度创业者乐观在学习网与网络学习关系中的调节作用，采用 SPSS 20.0 进行数据的分析处理，相关结果经整理后如表 5.42 所示。

表 5.42　　　　创业者乐观程度对学习网与网络学习的回归系数表

路径关系	标准化系数	T 值	R_1^2	R_2^2
适度乐观×学习网→网络学习	0.237 **	2.673	0.475	0.562
过分乐观×学习网→网络学习	−0.115 *	−2.013	0.354	0.379
悲观×学习网→网络学习	−0.218 *	−2.219	0.401	0.437

注：* 表示 p<0.05，** 表示 p<0.01，*** 表示 p<0.001。

如表 5.42 所示，回归分析结果显示适度乐观与学习网乘积项的回归系数为正，且显著性异于零（p＜0.01），说明适度乐观对学习网与网络学习关系的正向调节作用是存在的。同理，过分乐观与学习网乘积项以及悲观与学习网乘积项的回归系数均为负，且显著性异于零（p＜0.05），说明过分乐观、悲观对学习网与网络学习关系的负向调节作用是存在的，H6、H6a 和 H6b 得证。

（3）创业者乐观在网络学习与创业能力间的调节作用。根据温忠麟等（2005）的调节效应分析方法，分析创业者乐观在网络学习与创业能力关系中的调节作用，用 SPSS 20.0 构建网络学习、创业者乐观与创业能力的回归模型，以及网络学习、创业者乐观、网络学习和创业者乐观的乘积项与创业能力的回归模型，数据分析的相关结果经整理后如表 5.43 所示。

表 5.43　　　　创业者乐观程度对网络学习与创业能力的回归系数表

路径关系	标准化系数	T 值	R_1^2	R_2^2
适度乐观×网络学习→创业能力	0.267 **	3.273	0.562	0.631
过分乐观×网络学习→创业能力	－0.215 *	－2.224	0.454	0.476
悲观×网络学习→创业能力	－0.201 *	－2.208	0.401	0.427

注：* 表示 p＜0.05，** 表示 p＜0.01，*** 表示 p＜0.001。

如表 5.43 所示，回归分析结果显示适度乐观与网络学习乘积项的回归系数为正，且显著性异于零（p＜0.01），说明适度乐观对网络学习与创业能力关系的正向调节作用是存在的。同理，过分乐观与网络学习乘积项以及悲观与网络学习乘积项的回归系数均为负，且显著性异于零（p＜0.05），说明过分乐观、悲观对网络学习与创业能力关系的负向调节作用是存在的，H7、H7a 和 H7b得证。

5.5.6　多重中介效应分析

（1）相关分析。为了检验内化学习和创业行动学习在网络学习与创业能力之间的多重链式中介效应，本章运用 SPSS 20.0 先进行了相关性分析，计算了各变量之间的相关系数矩阵，以便为后续的结构方程模型分析和显著性检验分析打下基础。模型中保留下来的变量间的相关系数矩阵如表 5.44 所示。相关分析的目的是初步检验变量之间是否存在相互影响的关系，反映变量间相互作用的可能性，而不是反映因果关系。通过相关分析，可以初步判断模型设置或假设是否合理。

表 5.44 各变量相关性分析

变量	均值	标准差	CR	AVE	网络学习	内化学习	创业行动学习	创业能力
网络学习	3.46	0.66	0.874	0.728	0.846			
内化学习	3.51	0.78	0.850	0.564	0.671***	0.741		
创业行动学习	3.58	0.81	0.847	0.579	0.569***	0.635***	0.775	
创业能力	4.05	0.83	0.811	0.503	0.526***	0.438***	0.558***	0.712

注：* 表示 $p < 0.05$，** 表示 $p < 0.01$，*** 表示 $p < 0.001$。

（2）结构方程模型分析。本章采用了结构方程分析程序来检验假设模型。结构方程在模型估计过程中控制了测量误差，同时可以通过比较替代模型与假设模型之间的优劣来检验中介效应，这是一项适合本章假设的统计技术。

参照巴伦和肯尼（1986）推荐的中介效应检验程序，在检验假设中介模型的同时，本章估计了 2 个竞争模型与 1 个替代模型。表 5.45 中模型 1 是假设的理论模型。在此基础上，进一步估计了 2 个竞争模型——模型 2、模型 3。竞争模型 2 中，加入了从内化学习到创业能力的直接路径，构成了复合式多重中介。竞争模型 3 删除了从内化学习到创业行动学习的路径，增加从内化学习到创业能力的直接路径，构成并联式多重中介作用模型。表 5.45 给出了 3 个结构模型的拟合指数。假设模型与观测数据拟合良好，表明内化学习和创业行动学习在网络学习与创业能力之间起多重中介作用。模型 2 具有良好的拟合度（$\chi^2 = 196.44$，df = 98；CFI = 0.99，NNFI = 0.98，IFI = 0.98，RMSEA = 0.066）。然而，6 条连线中有 2 条不显著（从内化学习和创业行动学习到创业能力），显然，中介关系不复存在。而模型 3 没有显著提高模型与数据的拟合程度。因此，假设模型 1 与观测数据之间的匹配情况最好。

本章进一步估计了替代模型——模型 4 来评估其他关系的可能性。模型 5 没有假设中介效应，而是估计了网络学习、内化学习和创业行动学习对创业能力的直接效应。这个模型与假设模型相比，拟合程度明显变差（$\chi^2 = 443.32$，df = 101；CFI = 0.91，NNFI = 0.92，IFI = 0.91，RMSEA = 0.118）。这也表明，假设的中介模型比这个替代模型更为恰当，有效地反映了观测变量之间的数据关系。

表 5.45   **结构方程模型的比较**

模型	模型描述	χ^2	df	CFI	NNFI	IFI	RMSEA
模型 1	假设的中介模型	196.34	99	0.98	0.99	0.98	0.057
模型 2	增加从内化学习至创业能力的直接路径	196.44	98	0.99	0.98	0.98	0.066
模型 3	删除从内化学习至创业行动学习的路径，增加从内化学习至创业能力的路径	231.08	100	0.97	0.97	0.97	0.071
模型 4	替代模型，网络学习、内化学习和创业行动学习直接影响创业能力	443.32	101	0.91	0.92	0.91	0.118

图 5.3 显示了假设中介模型的路径估计结果。为了简洁起见，本章没有报告完整的测量模型，而是仅列出了反映潜变量关系的系数。如图 5.3 显示，从网络学习到内化学习、创业能力的 2 条路径都是显著的（分别为 $\gamma 11 = 0.68$，$p < 0.001$；$\gamma 31 = 0.43$，$p < 0.001$）。同时，从内化学习到创业行动学习的路径系数是显著的（$\beta 21 = 0.54$，$p < 0.001$）。此外，从创业行动学习到创业能力的路径系数同样显著（$\beta 31 = 0.23$，$p < 0.01$）。研究结果说明，社会网络是进行创业学习的重要平台，社会网络为创业能力的提升提供了大量的知识资源。网络学习是一种非常有效的学习方式，观察、效仿创业成功者的行为，与家人、朋友、客户、供应商、银行家、政府部门、竞争对手等的讨论和谈判，接受导师的指导等都对创业能力的形成和发展有重要作用，而它们无不来源于社会网络。从社会网络中学习越来越被认为是创业学习的关键，挖掘基于社会网络的创业学习方式更可能解析社会网络在创业能力提升方面的价值。

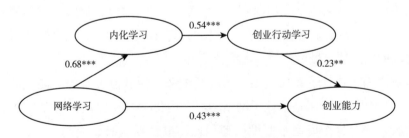

图 5.3   整体结构模型的检验结果

（3）中介效应的显著性检验分析。遵循温忠麟和叶宝娟（2014）的建议，使用 Bootstrap 方法，并利用普里彻和海耶斯（2011）开发的 SPSS 宏来检验中介路径的显著性，即承诺型人力资源管理通过吸收能力到探索式创新的间接效应是否显著异于0。现实中很多抽样并不服从正态分布，Bootstrap 方法不需要假设抽样的正态分布，而是通过反复抽样来估计间接效应及其抽样分布，并据此分布特征来估计间接效应的置信区间（CI），如果这些路径系数95%的置信区间没有包括0，表明中介效应显著，因此许多学者建议使用该方法。

　　本章将 Bootstrap 再抽样设定为 5000 次来运行中介效应检验的宏。结果如表5.46 所示，网络学习通过内化学习、创业行动学习到创业能力的间接效应为$\gamma_{11} \times \beta_{21} \times \beta_{31} = 0.079$，置信度 95% CI $= [0.009, 0.143]$。间接效应的置信区间不包含0，表明中介效应显著，H8 得到支持。然而，网络学习通过内化学习到创业能力的间接效应为 0.072，置信度 95% CI $= [-0.008, 0.176]$，网络学习通过创业行动学习到创业能力的间接效应为 0.066，置信度 95% CI 包含 0（CI $= [-0.026, 0.185]$），两个间接效应的置信区间均包含0，说明这两个中介效应不显著。总体而言，总间接效应为 0.217，置信度 95% CI 不包含 0（CI $= [0.086, 0.263]$）。本章进一步用阿尔文和豪瑟（1975）的公式计算间接效应的大小。本章把网络学习作为唯一的自变量建立简约的方程，估算网络学习对创业能力的总效应。具体而言，把网络学习作为外生变量，创业能力作为内生变量，得到标准化的路径系数 0.68（p < 0.01）。内化学习和创业行动学习中介效应占总效应的 31.9%（0.217/0.68）。结果表明对网络学习的投入每增加 1 个标准差，创业能力会提高 0.68 个标准差，其中，内化学习和创业行动学习传递了31.9% 的影响效果。因此，内化学习和创业行动学习部分中介了网络学习对创业能力的影响。

表 5.46　　　　　　　　**对中介效应显著性检验的 Bootstrap 分析**

变量	间接效应	L95% 置信区间下限	L95% 置信区间上限	标准误差
总间接效应	0.217	0.086	0.263	0.06
$\gamma_{11} \times \beta_{22}$	0.072	−0.008	0.176	0.05
$\Gamma_{21} \times \beta_{31}$	0.066	−0.026	0.185	0.06
$\gamma_{11} \times \beta_{21} \times \beta_{31}$	0.079	0.009	0.143	0.04

5.5.7　假设验证结果与结论解释

（1）研究假设验证结果。现将本章的研究假设验证结果列表，如表 5.47

所示。

表 5.47　　　　　　　　　　　**研究假设验证结果**

假设	结论
H1：学习网对创业能力有正向影响	支持
H1a：学习网规模对创业能力各维度有正向影响	支持
H1b：学习网异质性对创业能力各维度有正向影响	部分支持
H1c：关系强度对创业能力各维度有正向影响	部分支持
H1d：信任程度对创业能力各维度有正向影响	部分支持
H2：学习网对网络学习有正向影响	部分支持
H2a：网络规模越大，越有利于创业者进行模仿、指导、交流学习	支持
H2b：网络异质性越高，越有利于创业者进行模仿、指导学习，越不利于进行交流学习	支持
H2c：网络关系强度越强，越有利于创业者进行交流学习和指导学习	支持
H2d：网络信任程度越高，越有利于创业者进行交流学习和指导学习	支持
H3：网络学习对创业能力有正向影响	支持
H3a：模仿学习有利于提升创业能力各维度	部分支持
H3b：交流学习有利于提升创业能力各维度	支持
H3c：指导学习有利于提升创业能力各维度	支持
H4：网络学习在学习网和创业能力间起到中介作用	支持
H4a：模仿学习在学习网和创业能力间起到中介作用	支持
H4b：交流学习在学习网和创业能力间起到中介作用	支持
H4c：指导学习在学习网和创业能力间起到中介作用	支持
H5：创业者乐观程度在学习网与创业能力间起调节作用	支持
H5a：适度乐观会强化学习网对创业能力的促进作用	支持
H5b：过分乐观与悲观会减弱学习网对创业能力的促进作用	支持
H6：创业者乐观程度在学习网与网络学习间起调节作用	支持
H6a：适度乐观会强化学习网对网络学习的促进作用	支持
H6b：过分乐观与悲观会减弱学习网对网络学习的促进作用	支持
H7：创业者乐观程度在网络学习与创业能力间起调节作用	支持
H7a：适度乐观会强化网络学习对创业能力的促进作用	支持
H7b：过分乐观与悲观会减弱网络学习对创业能力的促进作用	支持
H8：网络学习通过内化学习影响创业行动学习，进而影响创业能力	支持

（2）研究模型结论解释与研究发现。本章以网络学习方式为中介变量，以创业者乐观为调节变量，分析学习网对创业能力的影响关系，提出概念模型和研究假设，并通过实证进行分析验证。经过研究，证实了网络学习方式的中介作用，也证实了创业者乐观的调节作用，并且内化学习和创业行动学习在网络学习方式和创业能力之间的多重中介作用也得到验证。通过对研究模型的实证分析，本章将研究假设的验证结果进行归纳汇总，如表 5.47 所示。以下对每个假设的验证情况进行分析。

第一，学习网对创业能力的影响。如表 5.34 所示，学习网规模对创业能力各维度有显著正向影响的假设得到验证，且 T 值分基本均高于 1.96（在 0.05 显著性水平上），说明通过结构方程模型的验证，H1a 得到支持。在现实生活中，也有访谈案例可以说明，重视学习网的作用，扩大学习网规模，将学习网中提供的资源、信息加以利用，确实可以提高创业者各方面的创业能力。此外，学习网的异质性、信任程度、关系强度对创业能力的绝大部分维度存在显著的正向影响，T 值分基本均高于 1.96（在 0.05 显著性水平上），说明学习网对创业能力的影响模型成立，学习网对创业能力产生的正向影响得到验证，H1 得到支持。

由于学习网的不同维度并非对创业能力的所有维度均是正相关关系，仍然存在着不通过的路径：网络异质性与承诺能力、信任程度与构想能力、关系强度与构想能力这三条路径的系数分别为 0.09、0.04、0.05，其 T 值均小于 1.96，因而没有通过检验，H1b、H1c、H1d 得到部分支持。由于这个结果不符合本章的假设，因此，得到此结论之后，又带着疑问访问了一些企业创业者，以深究其原因。在访问的过程中，一些创业者讲述了在其创业过程中，个人是否致力于创业的过程主要是自己主观方面的事，与网络中其他人的职业、受教育程度等没有太大的关系；而当你越信任一个人，与一个人的关系越密切时，你就越会相信他的见解和看法，束缚了自己的想法以及从其他人处获得信息的意愿，这个过程会禁锢思维模式和交流、分享内容，进而会阻碍自己通过思考来更全面地看问题，所以不利于构想能力的提高。

第二，学习网对网络学习的影响。如表 5.36 所示，学习网规模对网络学习的标准化路径系数分别为 0.28、0.20、0.32，T 值分别为 3.48、2.44、5.11，都高于 1.96（在 0.05 显著性水平上），可见，学习网规模与网络学习存在显著的正向影响，H2a 得到验证；学习网异质性对网络学习标准化路径系数分别为 0.34

（模仿学习）、-0.27（交流学习）、0.33（指导学习），因此，可以发现学习网异质性越高，越有利于进行模仿学习和指导学习，但不利于进行交流学习，H2b得到验证；正因如此，虽然学习网对网络学习的绝大部分维度存在显著的正向影响，但是学习网异质性与交流学习呈负相关，所以，H2得到部分支持。正如现实生活中人们常常对于与自己存在很大差异的人抱着尊敬的态度，常常会去效仿他们的行为，或者向他们进行请教，而对于与自身非常相似的人，人们则会更容易与之进行交流，所谓"物以类聚，人以群分"。学习网关系强度与网络学习的标准化路径系数分别为0.21（模仿学习）、0.50（交流学习）、0.35（指导学习），与学习网成员关系越强，越有利于进行交流学习和指导学习，因为，在社会环境下，往往是那些关系密切的人更容易进行相互交流和指导，所以，H2c得到支持；学习网信任程度与网络学习的标准化路径系数分别为0.26、0.41、0.29，T值分别为4.46、5.27、4.22，都高于1.96（在0.05显著性水平上），说明通过结构方程模型的验证，H2d得到支持。

第三，网络学习对创业能力的影响。表5.38中的数据结果显示网络学习对创业能力的影响模型成立，网络学习对创业能力产生正向影响，因此，H3得到支持。模仿学习对创业能力五个维度（机会能力、承诺能力、构想能力、融资能力和运营能力）的路径系数分别为0.35、0.09、0.23、0.11、0.33，其中，模仿学习与承诺能力、模仿学习与融资能力间的关系较不显著（T小于1.96）。因此，H3a得到部分支持，不少创业者会认为通过效仿他人的行为很难改变自己的内心世界，也不容易获得需要的资金；交流学习对创业能力各维度的影响系数分别为0.55、0.39、0.43、0.46、0.49，T值均大于1.96，H3b得到支持；指导学习对创业能力各维度的影响系数分别为0.15、0.31、0.45、0.35、0.55，T值均大于1.96，说明通过结构方程模型的验证，H3c得到支持。网络学习是创业者与学习网中成员进行学习的方式，创业者通过网络学习可以获得创业及管理过程中所需的资源、信息，进而提高创业能力。

第四，网络学习在学习网与创业能力间的中介作用。根据温忠麟等（2004）关于中介效应的检验步骤，如果自变量和因变量回归效果不显著，那么停止中介效应分析。从表5.40可以看出，学习网异质性与承诺能力、学习网信任程度与构想能力、关系强度与构想能力这三条路径的回归效果不显著，因而不予分析。除此之外，加入中介变量后，学习网各个维度对创业能力的回归系数都不同程度地降低了。同时，网络学习的三个维度（模仿学习、指导学习和交流学习）对创业能力的影响依然显著，这表明网络学习各维度在学习网与创业能力之间存在部分中介效应。学习网不仅能够与创业能力产生直接效应，而且能够通过网络学习的三个维度对创业能力产生间接效应，因此，H4、H4a、H4b 和 H4c 得到验证。

第五，创业者乐观程度的调节作用。本章借鉴温忠麟等（2005）介绍的显变量的调节效应分析方法，用 SPSS 20.0 进行创业者乐观的调节作用分析，构建相关的回归模型，分别分析了在学习网与创业能力、学习网与网络学习、网络学习与创业能力间加入创业者乐观后所带来 R^2 的较大程度的变化，具有统计显著性，验证了创业者乐观的调节作用。通过对创业者乐观的调节作用模型进行层次回归分析之后，可以发现创业者乐观程度的高低会产生不同的调节作用。当创业者保持适度乐观时，对创业者的结网行为、学习行为、创业行为有正向的调节作用，有助于强化学习网与创业能力、学习网与网络学习、网络学习与创业能力间的正向关系；而当创业者过分乐观或悲观时，则可能产生负向的调节作用，创业者乐观程度过高或者过低，都会影响创业者能力提升的效果。因为，当创业者过分乐观时，往往高估自己，无法很好地利用和拓展网络中的资源以获得所需的能力；然而，当创业者乐观程度很低，处于悲观状态时，往往倾向于接收消极信息，放大自身能力的缺陷，总是预想到失败的结果，难以积极地构建社会网络，难以促进自身的网络学习行为，从而阻碍了创业能力的形成与发展。因此，保持适度的乐观非常重要，这也与斯维尼等（2006）的研究结果一致。

第六，内化学习和创业行动学习的多重中介作用。在验证了网络学习与创业能力之间存在正向关系的前提条件下，本章构建了网络学习、内化学习、创业行动学习与创业能力四者之间的多重链式中介模型，并运用 LISREL 8.70 对概念模型进行了拟合分析，验证了内化学习、创业行动学习的多重链式中介作用。实证结果表明内化学习和创业行动学习在网络学习与创业能力之间起到部分中介效应，网络学习通过内化学习影响创业行动学习，进而影响创业能力，H8 得到验证。创业者通过网络学习获取的学习信息，必须经过内在心理加工才能转化为自己的学习成果，然后积极行动起来将所学的成果迁移应用至实践，并通过与创业实践相结合的实践学习加深对相关学习成果的理解、感悟、修正，才能最终形成较为稳定的创业能力，即创业能力的形成是网络学习（获取）—内化学习（转化）—创业行动学习（行动）三者协同作用的结果。

5.6　社会网络与创业能力间的路径解析

本章在理论研究和实证分析的基础上，尝试构建了社会网络—创业能力之间的关系路径（见图5.4），深度剖析从社会网络到创业能力的具体过程。学习网在创业能力的提升中扮演着关键角色，奠定了能力形成与发展的基础。并且，学习网也是创业学习的重要平台，它作为创业资源的输入方，为启动创业学习机制提供了丰富的学习资料。因此，若想充分发挥学习网的价值，打造一个良性的学习网，促进创业能力的持续发展，就需要解析学习网与创业能力之间的具体路径。本章认为学习网与创业能力之间存在着三环链式学习过程，网络学习通过内化学习影响创业行动学习，进而影响创业能力。在学习网平台中，这三种学习方式层层递进，最终促进了创业能力的提升。此外，创业者在学习网中还应注意创业情绪产生的影响，创业者乐观是一种典型的创业情绪，随着乐观程度的变化会对创业者的结网行为、学习行为以及创业能力产生不同的影响。

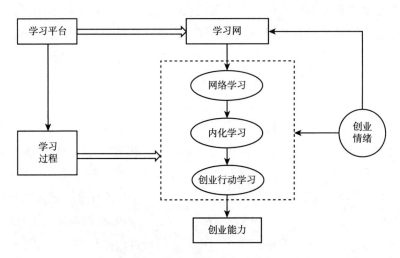

图5.4　社会网络—创业能力间的关系路径

5.6.1　学习网的平台作用

社会网络是开展创业学习和提升创业能力的关键平台。社会网络蕴含着巨大的资源和信息，为创业者提供了丰富的学习来源和资源禀赋，是创业者获得潜在商业机会和知识的主要渠道。在创业过程中，由于时间、精力、资金的制约，创业者获取相关创业信息、资源并进行学习的对象并非社会网络的所有成员，而只是其社会网络的一部分，这些学习对象可以是以血缘、信任为基础的非正式网络中的亲朋好友、以前同事等，也可以是来自基于商务交往和利益关系的正式网络成员，如利益相关者、竞争对手及相关机构等，这些学习对象无形中构成了一张以创业者为中心的学习网，学习网作为社会网络中越来越重要的一个子集，在创业过程中发挥着重要作用并不断演化。

学习网为创业能力的形成与发展奠定基础。学习网是一个庞大的资源聚集平台，能够为创业者传递信息，提供情感支持，还能够影响创业者的认知，弥补个体经验、知识、技能的不足，尤其是对于无经验可循的初次创业者而言，学习网为他们提供了迅速获取经验教训、吸收知识和提高技能的广阔平台，这对于新企业的创建和发展具有至关重要的作用。学习网的规模越大，网络异质性越明显，获取资源的数量和类型越丰富，越有利于创业者识别创业机会，获取更多的融资方式，提高创业的信心和决心，了解外部环境的变化并提高其构想力，进而更好地运营和管理企业。而创业者与学习网成员的关系强度越大，信任程度越高，就越容易从网络关键节点成员中获取创业所需的各种资源和隐性信息，从而为创业能力的提升奠定基础。

学习网对创业者的学习行为和学习效果（创业能力）产生重要的影响。创业者的学习需要依赖强大的资源输入，而作为输入方的学习网，就成为了创业学习的起点和源头。在创业过程中，创业者能够利用网络关系获取学习的内容，网络对学习有重要的推动作用。网络结构的特征和网络关系的强弱会影响学习行为、学习的效率和收益。学习网络节点的数量越多，学习网规模越大，创业者的学习行为空间也越大，学习需求越能得到满足，利于创业者根据自身的需要搭建有效的学习平台，使得基于学习网的创业学习方式能够顺利展开。

学习网的特性与网络学习方式间存在一定的相关性。网络节点的类型越多，学习对象越多元化，创业者运用的网络学习方式就越会产生差异，学习到的内容和获得的学习效果也会不同。当学习网异质性越显著，个体差异性越大时，创业者会更倾向于通过观察、效仿网络成员的行为及活动，或者向网络成员请教等方式来吸收知识，实现个人认知和行为的改变。然而，与网络成员的关系强度越高，信任的水平越高，创业者对从关键节点那里获取知识的价值预期越高，就越倾向于采取交流学习和模仿学习的方式向关键节点学习以获取不同的知识。如果创业者与学习网成员的关系强度越大，情感联系越紧密，熟悉程度越高，就越能促进网络成员隐性知识的转移和共享，越有利于创业者与网络成员间进行交流学习和指导学习。同时，当创业者与学习网成员之间的信任程度较高时，创业者更可能主动地与网络学习成员进行各种形式的交流，或接受网络成员的指导，以获得所需的创业信息、创业知识，甚至情感支持。

因此，学习网是进行创业学习的重要平台，学习网中负载了高强度的信息与知识资本，网络规模越大，异质性越强，关系强度和信任程度越高，越有利于创业者通过观察效仿、互动交流和请教创业"大牛"等方式与正式或非正式网络成员展开模仿学习、交流学习和指导学习，扩大了在网络中进行学习的深度、广度和频度，增强了其识别、评价和吸收知识的能力，从而降低了网络学习的难度，促进了创业者学习的积极性，保证了创业者学习的良好效果。

此外，学习网还能够通过影响网络学习等创业学习方式，进而影响创业能力。基于网络的学习方式，有助于创业者从不同的网络成员身上有效地获取丰富的资源和信息，从而提升创业者发现和捕捉市场机会的能力，以及整合内部资源、提高管理效率的能力。并且，通过网络中的学习，创业者能够更好地运用社交网络的学习成果来重塑自身的知识体系和认知系统，不断地对自己原有的管理风格和领导方式作出调整，这种学习和调整，提高了创业者处理复杂事物的能力，建立了新的自我价值体系，使自身的才能得到质的飞跃。

综上所述，学习网与创业能力之间存在着千丝万缕的联系，学习网有助于创业能力的提升。然而，创业能力的形成和发展是一个非常复杂的过程，需要多种学习方式相互联合才能发挥最大的效用。并且，学习是一个思维和行动协同的过程，既要注重思维层面的学习，也要重视实践层面的学习。因此，为了进一步解析学习网与创业能力之间存在的具体学习过程，在学习网平台中，除了网络学习之外，还引入了内化学习和创业行动学习，构建了"网络学习（获取）—内化学习（转化）—创业行动学习（行动）"的三环链式学习链条，通过这三种创业学习方式之间的联动机制，分析在学习网中究竟是怎样的具体学习过程才能够真正促进创业能力的形成与发展。

5.6.2 三环链式学习的作用

学习网是进行创业学习的重要平台，而创业学习是提升创业能力的有效途径。不同的学习过程会对创业能力产生不同影响，所以，选择合适的创业学习方式是创业能力形成与发展的关键所在。由于创业能力的提升与创业知识的获取、转化和实践密切相关，因此，在创业学习的过程中，主要通过"网络学习（获取）—内化学习（转化）—创业行动学习（行动）"构成的三环链式学习链条，来解析学习网与创业能力之间的具体路径。

网络学习是三环链式学习过程的第一步。在学习网平台中，网络学习所获取的创业知识、技能和资源为开启三环链式学习过程打下了良好的基础。在网络学习的过程中，创业者通过观察、效仿他人行为、行动及其结果进行学习，从而实现知识的获取。在模仿学习中，创业者往往本着"想要像别人一样"的愿望，"拷贝"他人的行为，并在模仿过程中将获取的知识和技能进行内化，使之成为自己内心形象世界和观念世界的一部分。然而，网络学习不能仅靠模仿，还应当与正式或非正式网络成员进行正式交流和合作或者非正式的交流和合作，从而获得技能提升、知识增长和认知重塑，例如：与供应商的生意往来、与创业伙伴共享成功与失败的经验、与家人朋友交流创业的心得、与网络成员讨论关键事件等交流学习方式，都可以激发创业者的思维，满足情感需求，在交流过程中不断将各种信息内化为自身的知识和技能。随着交互程度的深入，创业者逐渐与创业经验丰富的网络成员建立密切的联系，而这些网络成员发挥着创业导师的作用，与创业导师的互动可以促使创业者进行快速有效的学习，得到有效解决问题的方案建议、良好的创业心态的疏导和构建，促进创业者心智模式的转变，发展创业所需的能力，使得创业者在创业过程中少走弯路。

然而，网络学习的主要目的在于从学习网中获取丰富的知识源，尚未触及个体思维模式的深处。因此，在网络学习的基础上需要增加第二种学习方式——内化学习。内化学习是在思维层面进行知识和信息的内化和加工，有助于个体将外部获取的知识在思维层面转化成更有价值的新知识源。在内化学习的过程中，如果创业者想要将网络学习中获取的显性知识和隐性知识转化为自身的知识，就需要对知识进行吸收，然而知识的吸收仅仅是内化的第一步，在获得各种信息和知识之后，个体还要对这些学习源进行内在的心理加工，才能使其真正转化为自身的知识成果。为了更好地将所吸收的知识内化，个体启动了内化学习的第二步：探索—反思学习。探索—反思的学习过程是创业者通过自我探索、分析思考和不断试错的方式，将所吸收的知识与个人在工作中遇到的问题结合起来进行自我探索、分析思考的过程，它往往会触发创业者产生反事实思维，使得创业者在心理上对已发生的事件进行否定，通过心理模拟来建构可能性的假设，从而促使创业者在探索—反思的过程中将所吸收的知识不断扩充和重构，从而真正内化为自己的知识。

因此，内化学习本质上是一个知识重构和内化升华的过程，个体会将网络学习所获得的各种知识、信息与以往工作中使用过的解决方案相互结合以进行反思，探讨有效的工作方法和行为背后的规律和理论，这对于原来的知识体系而言，是一个扩充和重构的过程，最终实现将个体新获取的知识进行内化、升华。内化学习是在网络学习基础上的深度学习，它将观察、思考的过程引申到思维层面，找到隐藏在思维模式深处的问题，进而改善自己的思维模式，并不断重构自身的认知模式。

当内化学习促进了创业知识的内化和升华之后，还需通过创业行动学习的作用，才能最终实现知识向能力的转化。先前学者已经证实了只有那些可以广泛应用和迁移的知识才能转化为能力（王培芳和符太胜，2009）。认知学派的迁移理论也强调要将先前学习任务中获得的特定知识应用于新的任务中，才能实现知识的有效迁移、运用，使得所学的知识达到自动化的熟练程度，从而升华为能力。因此，在内化学习之后，还应增加创业行动学习这一关键环节。

行动学习为能力的生成提供了有效的路径，创业者通过采取相应的行动来解决问题以验证通过内化学习建立的认知、知识体系是否正确，从而引发新一轮的反思。并且，在社会网络中，创业者与网络成员形成了较为宽松、自由的行动学习集，行动学习集能够为创业者提供大量的互动与支持，使得创业者能够源源不断地获得行动—反思的力量，从而更深入地推动批判反思，思考所提供的解决问题的方法的有效性，形成新颖的方法和确定可供选择的视角，使得认知图式不断重建以适应环境的变化，以获得具有说服力的相关假设或结论，并采取合适的方式付诸有效的执行。在行动—反思的螺旋上升式循环中不断将知识内化、巩固、熟练，从而转化为能力。

总而言之，创业能力的形成与发展是由"网络学习（获取）—内化学习（转化）—创业行动学习（行动）"构成的三环链式学习方式协同作用的结果。创业者通过网络学习获取的学习信息，必须经过内在心理加工才能转化为自己的学习成果，然后积极行动起来将所学的成果迁移应用至实践，并通过与创业实践相结合的实践学习加深对相关学习成果的理解、感悟、修正，才能最终形成较为稳定的创业能力。因此，通过网络学习、内化学习和创业行动学习的联动机制，有助于真正促进创业能力的提升。

5.6.3　创业情绪的影响

创业之旅是学习之旅，也是情绪之旅，创业情绪在创业过程中起到重要的影响作用，了解创业者的情绪有助于更加全面地理解社会网络在创业能力提升方面的价值。在创业情绪之中，创业者乐观是创业者经常表现出的一种情绪，而不同的乐观程度会对创业者的结网行为、学习行为以及创业能力产生不同的影响。在创业过程中，适度乐观往往会产生正向影响，而过分乐观和悲观则会产生负向影响。

（1）创业者乐观对结网行为的影响。创业者的乐观程度会影响创业者的结网行为。适度乐观的创业者持有积极向上的创业情绪，能够积极展开结网行为，主动拓展社会网络，从而疏通资源流动的渠道，增加创业者获取创业信息和资源的机会，从而促进创业能力和创业绩效的提升。然而，悲观作为乐观程度较低的一种状态，往往会使创业者缺乏主动性和积极性，难以吸引潜在的关系伙伴和有用的社会网络节点，不利于结网行为的有效实施，从而不利于创业者获取广泛的资源和信息，对创业者的创业能力产生负面影响。但是，过分乐观的创业者可能会处于过度自信的状态，往往容易高估自己的能力而忽视了社会网络的重要性，阻碍了创业者的结网行为，进而降低了创业者从学习网中获取创业资源的能力。因此，唯有保持适度乐观，才能强化创业者在学习网中的结网行为，从而增强学习网对创业能力的促进作用。

（2）创业者乐观对学习行为的影响。创业者乐观也会影响创业者在学习网中的学习行为，乐观会促使个体在学习中更加主动和自信，并能很好地处理学习中遇到的困难（周莉莉，2010）。适度乐观的创业者能够正视自身能力的缺陷与不足，能够正确认识到学习网的重要价值，并积极主动地从网络中进行学习，以便于充分获取学习网中的创业资源和创业知识，从而促进知识的内化和吸收，进而有助于在实践中不断检验和修正自身的认知体系，强化创业者的行动学习效果。与适度乐观的创业者相比，过度乐观的创业者却很少从社会网络中进行学习，因为过度乐观者常常处于过度自信的状态，容易高估自己的能力，拥有不切实际的想法，他们会弱化自身能力的不足，扩大对于学习对象水平不足的认知，且不容易吸收网络成员提供的信息，更难以将知识进行内化加工和实践应用。然而，悲观的创业者倾向于消极的认知，他们会放大自身能力的缺陷，在社会网络中处于消极被动的状态，降低了从网络中进行学习的能力。因此，只有当创业者保持适度乐观时，才有助于创业者进行高效的创业学习。虽然，本章从理论层面论述了情绪对学习行为产生的影响，创业者乐观会影响网络学习、内化学习和创业行动学习，但是本章在实证分析中只验证了创业者对网络学习行为产生的影响，对于内化学习和创业行动学习的影响尚未经过实证检验，有待进一步展开深入研究。

（3）创业者乐观对创业能力的影响。乐观对创业者学习的有效性以及学习的效果（创业能力）有重要的影响。虽然乐观是推动创业者进行学习的强大动力，但是过分乐观很可能会使创业者高估自身的能力，无法正确审视自己，不利于创业者通过观察、互动交流等学习方式来实现创业知识的有效转化，进而阻碍了创业能力的提升。适度乐观的创业者则更加理性，他们能够认识到知识的重要性和有效性，以及可以通过网络学习来掌握相关信息，他们更倾向于用欣赏的眼光和态度来看待、感受周围的刺激，从而拓宽认知范围和提升创业能力。悲观会抑制创业者的主动性，缺少直面困难直至成功的勇气和决心，他们倾向于吸收消极信息，容易产生努力无用的错误认知，从而难以提升创业能力。因此，适度乐观有助于促进学习效果的提升，而过分乐观或悲观往往会阻碍创业能力的提升。

可见，创业情绪在创业过程中的影响不容小觑。在第四章中已经提到了情绪管理对于从失败的悲痛中进行自我修复的重要作用，而本章中主要论述了创业者乐观对于创业学习平台和创业学习过程产生的影响。近年来，创业激情作为一种强烈积极的情绪也愈发受到关注，然而创业激情对于创业过程的影响作用尚未得到明确阐述，有待于后续研究进一步挖掘更多的创业情绪变量，进而综合探讨创业情绪在创业之旅中的重要价值。

5.7 小　结

本章对网络学习的理论进行系统性的回顾，发现网络学习的相关研究还处于发展阶段。基于社会网络的创业学习过程，本章创新性地揭示社会网络背景下创业能力的形成机制，构建了社会网络与创业能力的关系模型，以及"网络学习—内化学习—创业行动学习"三环链式学习模型。实证研究的结果表明两个关系模型均得到支持，创业能力是可以习得的，社会网络是进行创业学习的重要平台，网络学习在学习网和创业能力之间发挥部分中介作用，创业者要适时选择合适的创业学习方式，谋求学习网特性、网络学习方式、创业能力之间的匹配性，注重学习行为的塑造，提高创业学习效率。此外，创业情绪在创业过程中也发挥了重要的调节作用，创业者乐观作为一种较为稳定的情绪，会影响学习网、网络学习和创业能力两两之间的关系。并且，通过进一步的研究验证了内化学习与创业行动学习在网络学习与创业能力之间的多重链式中介作用，网络学习不仅能够对创业能力产生直接的正向影响，还可以通过内化学习影响创业行动学习，进而影响创业能力的形成与发展。在理论分析和实证研究的基础上，本章深度解析了社会网络与创业能力之间的具体路径，阐述了在学习网平台中，多重链式的创业学习过程对提升创业能力发挥的作用以及创业乐观在创业过程中产生的影响，希望有助于创业者通过构建良性的社会网络平台来开展多重学习方式，从而促进创业能力的不断提升和企业的持续发展。

第 6 章

创业能力提升机制

创业者的创业能力水平的高低是企业创建、持续生存与发展的关键，如何提升创业者的创业能力是本书旨在解决的问题，根据创业者的个人和社会属性，本书从个体和社会两个层面提出创业能力的提升策略。其中，个体层面是针对创业者自身的因素，在前面理论和实证研究的指引下提出创业学习机制以及创业情绪管理两大方面的内部驱动策略，并辅以创业教育部门、政府和家庭三个层面的外部支持策略，以便于帮助创业者更好地提升创业能力。

6.1 提升创业能力的学习机制

在能力提升的过程中，知识充当了关键要素。然而，获取知识的主要途径是学习行为。本书第三、第四、第五章的实证结果均表明创业者的学习行为有助于增长创业知识，从而提升创业能力。因此，为了实现创业能力的提升，本章主要从经验学习、失败学习和网络学习角度入手，论述了基于不同创业学习方式的能力提升策略，以期促进创业能力的提升。

6.1.1 基于经验学习的能力提升策略

经验学习作为创业学习的一种方式，通过对创业知识的积累、学习、转化，从而提升创业能力。史坦尼维斯基（2016）的研究表明拥有经验的创业者比那些没有经验的创业者来说能够获得更大的成功。在瞬息万变的市场环境中，对创业能力的要求也在不断提升。在创业过程中，创业者由于自身批判、反思、表达、观察等能力的局限性，甚至是在做决策时由于自身经验和知识储备的不足都会影响到企业的绩效。为了解决创业者在创业过程中由于自身条件的限制而导致的能力不足等问题，本书认为应当注重经验学习的重要作用，汲取自身和他人的经验并将其转化为自身的知识，从而不断突破自身的局限性，提高观察、反思等一系列能力，进而实现创业能力的提升。

基于此，本书从经验学习的具体过程出发，针对经验获取、反思性观察以及抽象概念化等方面，提出创业能力的提升策略；此外，由于在经验学习的过程中直观推断与创业决策密切相关，本书还提出了正确运用直观推断方式进行判断和决策，以便于有效提升创业能力的对策和建议，从而更好地帮助创业者理解如何进行高效的经验学习才能真正实现创业能力的提升。

（1）经验学习的过程控制。经验学习是创业者创业的必备要素之一，充当着转化器的角色，将获得的创业经验经过学习转化为创业知识，对后续的创业行为进行指导。第3章的实证分析结果已经表明：在经验学习过程中，经验获取、反思性观察以及抽象概念化都对创业者创业能力的提升具有正向的影响。从经验的获取到反思性观察，再到抽象概念化是一个环环相扣的过程，唯有把握好经验学习过程中的每一个环节，才能最终实现抽象经验向具体知识的有效转化。因此，创业者要积极主动地对待经验学习的每一个转化环节，做好经验学习的过程控制，最大程度地提升转化水平，从而促进创业能力的形成与发展。

第一，提高经验获取水平。经验的来源多少，决定了创业者经验获取的难易程度。经验的来源越丰富，经验获取得越多，创业者可学到的东西也就越多。经验丰富的企业家比新手企业家更有可能获得成功（波利蒂斯，2005）。经验的获取是创业者创业的开始，提高经验获取的能力是提升创业能力的关键环节，缺失了经验获取环节，反思性观察和抽象概念化等环节就难以顺利进行，经验学习也就无法发挥促进创业能力提升的效用。因此，在经验获取环节中，本章从扩大经验获取的广度，加快经验获取的频率以及提升经验获取的深度这三个层面来论述如何提高创业者的经验获取水平。

其一，扩大经验获取的广度。由于外部因素以及自身条件的局限性，创业者往往难以获取自身所需的经验和信息。因此，拓展经验获取的渠道显得尤为重要。经验获取的广度在源头上保证了经验的丰富性和学习资源的易得性。若想扩大经验获取的广度，可从以下两方面入手：

一方面，要积极参与，丰富阅历。经验学习中最主要的就是个体经验的获取，如何能在生活中获取创业者真正想要的经验，并且在经验的获取中能够深有体会，如何能够在获得经验的过程中真正得到经验的内涵，这就需要创业者积极地参与其中。有些创业者基于性格的原因而不愿意更为深度地参与，或者是其心理承受的原因害怕失败而退缩，只想着以间接的方式从他人的经验中得到一些启发。经验的获得以及运用，要有一个内化的过程，这一个过程就是积极的参与，在参与的过程中丰富创业者的人生阅历，创业是一条具有挑战性的道路，创业者应当摒弃一切心理障碍，积极参与，敢于参与。在参与的过程中才能体会到真正的内涵，创业者不仅可以获得经验而且也可以将别人的经验以自己的思考运用到创业的过程中内化为自己的经验。

另一方面，要扩张人脉关系。人脉关系增加了经验获取的渠道，也是创业者在创业过程中十分关键的社会网络。拥有广阔人脉关系的创业者比没有关系的创业者更容易取得成功。如何去扩大自己的人脉关系，如何通过关系获得自己想要的有效信息，是经验获取的关键所在。在积累经验的过程中，由于关系的存在，创业者可以迅速地获取自己想要的信息，透过人脉关系，间接经验的获得也会变得更加容易。因为在经验交流的过程中，不会因信任、生疏等因素而产生芥蒂，使得学习者不能获得所需要的全面信息。为了拓宽人脉关系，创业者可以通过自己的同事或上司的介绍、同学的介绍或者亲人的介绍，不断编织关系网络。然而，通过原有关系网络扩展出的关系，毕竟是有限的。因此，如何能够在一个不熟悉的领域迅速获得自己所需要的信息，最主要的一点就是沟通能力，良好的沟通能够拉近彼此之间的距离，也可以让创业者获得更多的有效信息。

其二，加快经验获取的频率。一方面，从外部经验的获取频率来讲，在社会环境变化迅速的情况下，如果创业者拥有的还是多年以前的经验，虽然这些经验经过创业者的内化、反思，但没有更新的经验很有可能会过时，无法跟上市场环境的变化；同时，如果只是注重对现有经验的获取而忽略了先前经验，也是不可取的。由于在创业过程中事件的发生都是偶然的，创业者无法预测相似状况是否会重现江湖，这就需要创业者不断积累自己的经验，经验获取频率的不断增加也保证了创业者经验的记忆牢固性，不会因为时间的原因而遗忘经验导致无法顺利地调取相关经验。在以往经验与现有经验之间，获取的频率应保持一种平衡性，创业者不能只专注于以往过去，也应当专注于当下的经验获取，保证所获得的经验的时效性。

另一方面，个人内部经验的获取需要创业者个人的积极参与，在敢于积极参与的条件下不断地创造机会去实践，去获取经验，这样才能获得更多的直接经验。在实践过程中不仅获得了直接的经验，而且也可以将他人的间接经验内化为自己的直接经验。直接经验和间接经验之间不仅需要一种平衡，更重要的是在平衡的基础上将他人经验真正内化为自己的经验。

其三，提升经验获取的深度。在经验获取的过程中，创业者如何能够保证经验获取的深度，而不是简单地停留在表面，这看似是在进行经验的获取，而实质上只是获取了经验的表面性信息，并不能保证能够获取到经验的全部内核信息。这种表面性的知识，即使再进行后面的反思与概念化的过程也是徒劳无功的。经验获取的深度保证了经验内化为知识的可直接实用性，对于在经验学习基础上进行的直观推断也具有一定的影响。因此，创业者在经验学习的过程中应不断提升经验获取的深度，经验的获取无疑是困难的，但是在困难中创业者应当持之以恒、认真对待，不断提升经验获取的深度，深度挖掘经验中的有效信息。

第二，充分发挥反思性观察的效用。经验获取只是经验学习的开端，而创业者所获取的经验并不能直接运用到创业实践当中，还需要经过创业者自身的反思性观察、批判性理解和吸收，才能促进经验向能力的转化。成功的创业者往往将他们过去的经验作为自己的经验基础进行学习（波利蒂斯，2005）。面对同样的经验，有人一辈子重复同一个举措，而有的人则会举一反三，这就是反思的作用。有些创业者学习完默默放在心里，再也不敢轻言创业，而有些人则敢于跨出这一步，这就是反思的驱动，让学习者有了信念和新的想法，支撑创业者走下去。反思的过程是对已有的知识及观念的再认知，学习者通过反思性的自我观察等方式进行学习，对于所获取的经验进行深层次的解剖和加工。

一方面，创业者应当从学习中反思。在创业经验学习的过程中，创业者对所获取的经验进行反思性观察是一个对经验进行深度学习的过程。因此，创业者应当采取怎样的方式进行反思才能真正实现反思的效用成为研究的重点。首先，明确经验的来源。经验的来源决定了该类经验的适用领域，学习者应当根据其适用领域进行归类，方便日后对于经验的调用，毕竟经验的无序性只会增加学习者的茫然性与调取经验的困难性。其次，对获取的经验进行思考。从全局进行思考，考虑经验是否获取全面，是否遗漏关键的方面，从各种角度根据当时的情境找出此类经验发生的条件，此类经验所具有的特征，抓住其适用的环境特征，以便日后更好地加以利用。最后，举一反三。举一反三是经验反思后的升华，决定了创业者进行反思之后能否真正了解经验的实质内容，并将其内化为自己内心的判断标准。根据对经验的理解，当再次发生类似情况时，能够根据具体的环境条件对经验进行适当的调整、修改并加以运用。

另一方面，创业者不仅要从经验学习中进行反思，而且要从实践活动中进行反思，明确学习的积累与实践是可以并行的，学习是为了更好地实践，而在实践的过程中创业者也在进行不间断的学习。因此，在创业实践中，创业者应当要反思为什么不同类型的经验可以运用到当下的创业活动中去，对可能出现的问题加以思考，预测实践中可能会发生的情况。每一次的实践活动都产生了新的经验，根据不断积累的新经验进行学习和反思，才能够不断提升经验学习的效果。

第三，积极推动经验的抽象概念化。抽象概念化的过程是一个将零散的经验抽象为系统性知识的过程。学习者在反思的基础上对经验进行抽象概括，形成一定的知识脉络，以便于更好地进行系统性的创业学习。积极推动抽象概念化，有助于创业者在实践活动中成功准确地构建新的知识；在他人经验的基础上根据自己的理解、反思以及现有的条件抽象概括出合理的概念，以促进创业能力的提升。对经验学习的抽象概念化，是促进创业知识产生的前提条件，只有形成了一定的创业知识储备才能为创业能力的产生和发展奠定基础。因此，在经验学习的过程中，应当积极推动抽象概念化的过程，加快经验向知识转化的速度，从而为创业能力的提升储备丰富的创业知识。

（2）正确运用直观推断。创业者的认知思维模式与其自身的创业能力密切相关。直观推断的认知简化策略作为创业过程中所必需的认知属性，直接影响创业学习的判断模式，进而影响创业能力的积累与创造。通过第三章的实证研究可以发现直观推断在基于经验的创业学习与创业能力之间起到重要的调节作用。在高度不确定的市场环境下，创业者基于直观推断，运用经验学习所积累的知识作出判断与决策，而不同方式的直观推断会对决策产生不同的影响，进而对创业能力的提升产生不同的作用。因此，为了促进创业能力的提升，创业者应当正确地运用不同的直观推断方式，采取有效措施来合理规避直观推断存在的不足和缺陷，最大限度地发挥直观推断对创业决策以及创业能力产生的积极作用。

首先，为了充分发挥直观推断的正面价值，要明晰创业者的直观推断存在的局限性。就代表性直观推断而言，创业者为了简化错综复杂的不确定性信息，可能会采用代表性直观推断进行决策，当创业者认为市场机会所表现的特征与以往经验的相似度很高，就会作出创业决策并实施相应的创业行动。然而，根据表象特征作出判断往往会造成认知偏差，影响决策的准确性和机会识别能力；就易得性直观推断而言，受个体记忆程度的影响，创业者无法回忆起所储备的所有知识，如果一个事件越容易记忆，越有可能被创业者加以利用。一旦创业者认为自己已经获得了足够多的知识用来作出判断，就会选择停止记忆检索过程，根据最容易回忆和调取的先前经验和知识来作出决策，而这往往会导致信息的准确性和完备性欠佳，从而影响创业决策以及创业能力的提升；就锚定和调整性直观推断而言，如果锚定和调整性直观推断越显著，创业者对锚定值的依赖程度越深，越难以调整基于先前经验得到的初始锚定值，就越容易在高度不确定的市场环境中形成思维定式和路径依赖，也就越难以产生创造性的新举措并且易导致决策偏误，从而影响创业能力的提升。

其次，为了克服直观推断存在的局限性并且降低直观推断产生的认知偏差，从而充分发挥直观推断的积极作用，可以采取以下三种措施：一是创业者应当避免被表象特征所迷惑，正确认识整个创业情境所具有的代表性与实际发生的可能性之间的关系，把握好代表性启发式的应用程度；二是创业者要重视信息的收集与分析，保证所学习到的信息的准确性与完备性，避免过多依靠主观经验贸然判断与决策，将易得性启发式的效果发挥到最佳程度；三是创业者在创业决策中要学会质疑初始锚定值，不断通过积累新的经验和知识来修正和调整初始的判断，并从不同视角看待与思考问题，减少路径依赖，提升决策的灵活性、创业者的环境适应能力和机会识别能力，从而降低锚定和调整性直观推断的负面效应，进而促进创业能力的提升。

6.1.2　基于失败学习的能力提升策略

创业是一项高风险、高失败率的活动，失败是成功之母，经历失败是创业者走向成功的关键过程，每一次失败都有可能成为下一次成功的基石，为再次创业提供助益。失败是一种宝贵的历史经验，也是特殊的学习来源。失败学习就是反思内外部的失败经验，并根据变化的外界环境，调整目标、程序和策略等行为方式，以使未来减少遭遇相似失败的可能性，从而提升能力和绩效的过程。然而，从失败中进行学习和修复并不是一件容易的事，创业者需要正确认识失败，践行双环学习，积极开展行动学习以及采取失败复原策略，从而尽快走出失败的阴霾，摆脱失败产生的悲痛情绪，最大化地促进创业能力的提升。

（1）正确认识失败。正确认识失败，是进行失败学习的前提条件。虽然失败常常伴随着痛苦的情绪以及高昂的代价，但是如果能够控制失败的成本，而不是回避失败，就会有助于从失败中进行学习，促进知识的积累（麦格拉思，1999），激发行为的改变，提升学习的效果。与成功相比，从失败中能够学到更多的东西，因为失败蕴含着巨大的成功契机，失败可以提供更多的机会来获得新知识从而帮助未来的活动（谢泼德，2014）。因此，如果创业者对失败的认识不够充分，将很有可能导致学习机会的错失或学习过程浅尝辄止，以及悲痛情绪的加深，不利于创业者迅速回归正常的生活和工作状态。所以，创业者应当正视失败的价值，控制失败的成本，走出失败的阴霾。

创业者面对失败事件要持有"正常化"心态，控制好财务成本和情绪成本。由于创业活动的高度不确定性，创业道路上难免会遇上挫折，创业者要以积极的心态面对失败，鼓起勇气从失败中学习，认真总结失败所获得的经验并吸取教训，及时作出反思和调整，最终获取能力的不断提升。成功往往是从失败境遇中萌芽产生的，创业者要清醒地认识到自己离成功的距离有多远，分辨出自己比其他成功创业者落后的地方在哪里，更加明确地了解到自己的缺陷在哪里；创业者在正视失败的同时，要能终（中）止不能显示出发展前景和需要投入更多资源的项目和行为，终止过程中或多或少会浪费一些资源（比如经济财务方面），情绪会受到伤害（比如失落、内疚、悲痛），因此要尽可能地保持较低的失败学习"学费"，努力控制好失败学习的成本；但是，要意识到时间是治愈"伤口"的良药，会让人淡忘失败创伤，创业者要给自己时间认识失败，认识到失败终会过去，反思自身问题和向外界寻求帮助，平衡财务成本和情绪成本，进而正确地深究失败根源。

（2）践行双环学习。失败学习是一个复杂的学习过程，它有别于一般的单环学习，是一个双环学习的过程，既要亡羊补牢，即个体要能够解决所面对的问题，又要追根究底，即个体还必须能找出导致问题产生的根本原因。所以，创业者要在正视失败的前提下，有意识地进行失败学习，而且给予足够时间去分析导致失败的根源，既要进行单环学习，也要践行双环学习。

单环学习过程中侧重寻找解决问题的方案，但却会忽略掉对问题根源的反思，并未触及个体思维模式的深处，从而没能改善创业者的思维模式进而修正创业行为。因此，在单环学习的基础上增加一个回路从而构成双环学习的链条。创业者应该将识别、解决问题的学习过程延伸到思维层面，通过深入的思考，挖掘导致问题产生的思维深处的原因，从而改善个体的思维模式，进而有针对性地修正行为。在双环学习中，创业者还应该重视反思的重要价值，启动反事实思维，回溯结果产生之前的过程，梳理自己曾经的行为，分析行为的对与错，剖析导致失败的原因，促使创业者改变原有的认知图式，具有更强的信心来恰当地处理类似的失败事件。并且，创业者还可以采用反事实思维进行换位思考，从其他角度挖掘失败事件的积极意义，有助于创业者更好地从失败中学习，刨根究底式地认清失败事实。

践行刨根究底的双环学习，一方面，有助于创业者更加清晰地认识自己，尤其是发现自己与成功者之间存在的差异，从而从根本上对自己所持有的某些认知进行颠覆；另一方面，通过失败学习学到的知识往往是未来再次创业获得成功的保障（于晓宇等，2013），是个体创业能力形成和发展的禀赋基础（巴伦，2004）。因此，在失败学习的过程中，创业者应当努力践行深入思维层面的双环学习，避免重蹈覆辙。

（3）积极开展行动学习。在失败学习的过程中，行动学习发挥着重要作用。经历失败过后，再次行动是验证双环学习中所获得的知识正确与否的重要机会（于晓宇等，2013）。行动是知识转化为能力的主要途径，通过知识的迁移和反复使用，能够提升对知识掌握的熟练程度，在知识自如、娴熟使用的基础上才有可能将知识升华为能力。

行动学习为能力的生成提供了有效的路径（奥比松等，2005），能力生成的前提条件就是要将先前学习任务中获得的特定知识应用于创业情境之中。但是，在具体的创业情境中，创业者渴望达到的目标与目前所具备的条件之间往往存在"认知空隙"（王培芳和符太胜，2009），而行动学习有助于填补创业者的认知空隙，创业者通过采取相应的行动来解决创业中遇到的问题，进而验证在前面的失败学习过程中所构建的认知、知识体系是否正确得当，从而引发新的质疑；并通过与网络成员的互动，获得支持以更深入地推动批判反思，检测所提供的解决问题的方法的有效性，形成新颖的方法和确定可供选择的视角，使得认知图式不断重建，从而促进创业能力的不断提升。

为了实现知识向能力转化的"最后一公里"，创业者应当要采取有效的行动学习来促进创业知识转化为创业能力。创业者面对难题时，要进行斟酌反思，采取新视角看待问题，总结分析原因；社会网络内存在着大量的信息资源，创业者应该通过与网络成员之间的积极互动，实现信息、资源的有效融合，并采取合适的方式进行失败学习，以实现良好的失败学习效果；最终把自身反思和网络学习的知识付诸行动，通过"行动—反思"不断反复地运行，创业者逐渐将失败学习阶段和创业行动学习阶段获得的知识融合、强化和运用以达到熟练的阶段进而升华为创业能力。

（4）采取失败复原策略。失败复原是消除失败不良影响的关键所在，复原是一种回到原始的状态，但是这并不意味着是回到原始的起点，失败复原的原始状态是一个已经移动的点，因此，复原是一种恢复到正常的均衡条件的状态（博斯和西姆斯，2008），不再受到与过去发生的相关事件的困扰。科佩（2011）认为从失败中复原是负面情绪修复、批判性思考和反射动作三个相互关联的学习过程，强调复原是一种高层次的学习，这种高层次的学习不仅重新塑造了学习者，而且从失败中修复后的创业者能够应用学到的知识重整旗鼓，走出失败阴影并再次创业。本书认为创业失败复原是指创业者直面失败，形成应对失败所导致的经济、社会、个人等一系列问题的解决思路，并将该思路落实到位的过程，从而使创业者从失败的"阴霾"中成功地走出来。失败复原是一个渐进的过程，根据失败发生后失败者面对失败所做出的反应或者采取的措施可以将失败复原的过程分为三个阶段，分别是应激响应、批判性反思以及策略构建与执行。应激响应作为创业失败修复的第一步，是指创业失败者面对失败首先采取失败应急管理以尽量挽回失败或者降低失败所带来的损失；批判性反思是创业者在创业失败发生后，对失败进行回顾和深入开展思考的过程，通过深入地反思挖掘导致失败的原因以及发现失败所带来的问题，这是一个不断辩证的过程；策略构建与执行是在面对导致失败的原因以及失败所带来的结果（成本）比较清晰时采取有效的策略，解决创业失败者所面临的问题。

因此，在经历失败之后，创业者首先应当采取应激响应以降低失败所带来的负面影响；其次采取批判性反思以反思失败产生的原因，明确失败所带来的成本；最后通过策略构建与执行运用问题应对策略使失败者从失败中恢复过来，达到创业思维的转变以及创业能力的提升，以下是进行失败复原的具体策略。

首先，失败发生后的第一反应就是采取失败应激响应策略以挽回失败或者尽量降低失败所带来的负面结果。在应激响应阶段往往需要及时对失败作出反应，没有足够的时间进行系统性的思考，在这一阶段更多的是感性的行为而非经过思考后的理性行为。在响应阶段中，创业者应当采用"快 + 准"策略，直接指挥，快速行动，瞄准失败准确出击，尽快解决失败所产生的问题，控制危机的蔓延和所带来的影响，将失败带来的损失降到最低。同时，危机的处理手段也要慎重，在危机尚未失控的时候，要采取一系列相关的明确行动以阻止危机的进一步发展和扩大。

其次，当失败的局面得以控制或失败的结果非常清晰的情况下，创业者拥有足够的时间进行批判性思考，通过批判性反思逐渐去发现导致失败的原因以及对失败所带来的结果进行总结。失败复原的过程也是一个追本溯源的过程，明确找出导致失败的原因是解决失败的根本路径。通过批判性思考，能够针对现有的失败进行"抽丝剥茧"，通过失败所表现出来的特征，根据自身所掌握的信息找出失败的原因，作出正确的推理和判断。同时，面对失败不仅仅是为了找出导致失败的原因，更多的是为了解决失败所带来的问题，从而能够从失败中恢复过来，而解决问题的前提就是对失败所带来的问题进行系统的甄别和归纳，这种甄别和归纳离不开批判性反思的作用。通过批判性反思，对已有的知识和经验进行回顾、反思和质疑，总结失败所导致的结果。

最后，失败复原的第三阶段是策略构建与执行，需要创业者在批判性反思的基础上采取问题应对策略来化解失败的困境，摆脱失败所导致的经济损失、企业发展困境、社会不良影响等各种现实问题。例如，当企业遭遇创新失败时，创业者可以采取以下问题应对策略。在失败的根源上，一是要积极做好创新预算，为创新开展准备好资金，同时为了避免创新因资金的缺失而倒在"最后一公里"，企业要根据自身的财务情况，尽可能地通过网络关系获得外部融资资金，以防止创新"胎死腹中"；二是要优化企业内部管理，做好各部门之间的协调与沟通，促进部门内外的知识共享；三是要根据市场反馈的信息启动技术修复，尽量针对所产生的问题进行优化，以使产品性能、质量等更加完善；四是要努力寻求合作伙伴，通过合作来弥补自身技术上的缺陷。在失败所带来的问题上，面对失败所带来的财务成本，创业者可以通过寻求家人、朋友或者合作伙伴获取财务的支持；面对失败所带来的创新成本，创业者要善于激发员工的自信心，通过营造一个良好的创新氛围来提升员工的自我效能感；面对失败所带来的社会成本（如污名等），创业者要做好危机公关，积极地和媒体以及相关部门沟通，及时发布相关信息，给公众塑造一个负责任的企业形象，降低失败给企业带来的负面影响。

6.1.3　基于网络学习的能力提升策略

社会网络为创业者提供各种资源，是进行创业学习的有效平台。基于社会网络的创业学习行为是实现创业能力提升的重要途径。创业成功与否，取决于创业者创业能力的高低，同样的环境下，创业能力越强的人抓住机遇、成功创业的可能性就越大。创业者若能清晰地认识到自己的创业能力水平情况，并有意识地进行自我的培养与提升，将大大降低创业活动的失败率。在第5章的理论分析和实证研究的指引下，可以发现学习网的特性、创业学习行为（网络学习、内化学习、创业行动学习）均有助于创业能力的形成与发展。因此，有针对性地从学习网的优化治理、学习行为的塑造以及弥补能力的薄弱环节三个方面提出了创业能力提升的内部驱动策略。

（1）学习网的优化治理。创业者要致力于学习网的优化治理。学习网是创业者社会网络中的一个子集，学习网规模、异质性、关系强度、信任程度对创业能力水平有正向影响。很显然，打造优质的学习网成为有效提升创业能力的关键，正如"网络运作效用论"（边燕杰，2010）所认为的个人核心交往圈嵌入的资源要通过人的主观能动性，通过人的谋划以及运作和动员，才能应运而生，否则将处于休眠状态，是无效的。因此，创业者首先要尽可能地积极拓展学习网络，运用规模效应来拓宽学习资源供给广度，这是社会网络能够促进学习，提升绩效的前提条件。另外，创业者要加强网络关系黏性和关系密度，深化与网络成员间的联系，提升学习资源的供给深度，从而确保创业者能够从社会网络中获取稳定和可持续的资源，保证社会网络对创业学习、创业成长的推动力能够稳定、持久。通过人的谋划、运作、动员等目的性行为和过程能够有效地激活网络资源，使得学习网的结构和关系维度得到协调发展，成为创业者能源源不断汲取创业能力的宝库。

第一，拓展学习网络。创业者应当不断拓展学习网络，扩大学习网的规模和范围。网络节点的数量越多，类型越丰富，创业者就能够获得越有价值的资源和信息。在创业初期，创业者拥有的人脉关系较少，学习网络往往是小而密集的，创业者能够从该网络中获取的资源是有限的。因此，创业者需要提升自己的结网能力，不断扩大学习网的范围，运用规模效应来拓宽学习资源供给广度，增加多样化的知识、信息和资源，并避免"过度嵌入"等不良现象的发生。通过发展良好的人脉关系，利用现有的强联结不断发展生成新的弱联结关系，从而依靠不断扩大的学习网络为创业活动提供丰富的信息资源，进而为创业能力的提升创造有利条件。

第二，加强网络关系黏性。创业者还应当加强学习网的关系黏性，与现有的网络节点深化关系，学会运用关系效应来加强与学习网络成员的联系，提高交往密度，从而提升学习资源的供给深度。创业者应当学会有效地去评价学习网络中那些最主要的网络节点对创业发展的长期价值，去评估维持这种有效关系所需要的时间、精力，因为与网络节点的关键成员建立有效的关系需要创业者投入大量的时间、金钱甚至情感，并且创业者还需要考虑如何发展和维持最优的学习网络关系，而终止那些不再存在长期价值的学习网络成员之间的关系，从而在不断的思考和实践中经营好自己的学习网络，不断强化网络关系的黏性，从而确保创业者能够从社会网络中获取稳定和可持续的资源，保证社会网络对创业学习、创业成长的推动力能够稳定、持久。

（2）学习行为的塑造。

第一，发挥学习网的价值，从网络学习中促进能力提升。在社会网络平台中，创业者与网络成员之间的交流与互动往往伴随着潜移默化的学习过程，但是创业者普遍对于从社会网络中进行学习的行为缺乏足够的重视。如果创业者要想从社会网络或其学习网中进行有效的学习，就应该善于发现学习机会并充分利用机会进行主动学习，培养积极的学习意愿和学习理念，充分利用学习网的特性，从与学习网络成员的交流中、模仿中、指导中汲取养分，提升网络学习的效果。此外，创业者还应该对自身创业能力水平有明确认识并在此基础上，充分利用学习网的低成本优势，通过拓展学习网的广度及提升网络异质性，与学习网络成员间建立密切的联系，使学习网络朝着对自身有利的方向发展，进而在创业过程和企业发展过程中不断获取资源、知识和技能，不断积累经验和教训，不断培养将经验转化为知识的能力。

然而，充分利用社会网络进行学习并不意味着盲目滥用和照搬资源信息，而是要结合企业自身的实际情况加以运用。在学习对象的选择上，兼顾能力互补以及网络成员之间在网络性质、类型等方面的互补，尽可能挖掘不同网络成员所在网络中的社会资源，并进行有针对性的网络学习。通过本书第五章的深度访谈和理论研究可以发现，创业者在网络中的学习行为主要表现为模仿学习、交流学习、指导学习，因此，本章主要论述如何有效塑造这三种学习行为，以便于优化网络学习效果以及提升创业能力。

一是塑造模仿学习行为。模仿学习是一种重要的网络学习方式，创业者可以通过观察其他网络成员的行为反应从而达到模仿学习的目的，可以通过以下两个方面来提高模仿学习的效果。一方面，根据自身情况，选择合适的模仿对象。在创业过程中，创业者会遇到各种各样的问题，可以效仿成功解决类似问题的相关企业的管理方式和管理制度，但必须考虑企业自身的发展速度、发展阶段等具体情况，根据不同的具体特征，选择合适的模仿对象，采取相应的管理方式、管理制度，不可盲目照搬其他企业的做法或者其他人的创业行为。另一方面，采用战略性、操作性的标杆管理方法，引导创业者自身的创业行为或企业运营行为。战略性标杆管理是指创业者将自己的企业与所在行业内的领先企业进行比较，通过分析行业内领先企业的竞争战略和发展战略，进一步明确和改进本公司的战略，进而提高公司战略的前瞻性和可行性；而操作性标杆管理是指在明确本公司整体或某个环节上的具体运作的情况下，与行业内领先企业的内部运营方法或流程进行比较，从而在模仿优秀企业的过程中，促进本公司的进步与发展。

二是塑造交流学习行为。创业者要想进行高效的交流学习，不仅需要规划和设计私人订制的学习网络，还需掌握交流的技巧。一方面，学习网络的规划。创业者应该对自身的学习网络进行有针对性的规划。创业者应该认真评估自身的创业能力水平，明确自身需要获取的知识、信息甚至心理支持，从而根据自己的需要，目标明确地寻找能够满足需要的人，进而构建出有利于自身创业能力和创业发展的个人专属学习网，而学习网中的网络成员来自正式或非正式的社会网络，创业者应当与能够提供这些需要的网络成员进行更多的交流和互动，增加彼此的亲密程度，从而更有利于开展交流学习。另一方面，掌握交流的技巧。如果创业者想要在交流中获得有价值的知识和信息，首先，要学会倾听，学会换位思考，真正站在对方的角度来思考问题，进而更加全面、准确地了解和分析先前事件发生的实际情境。其次，在交流过程中要学会反思他人的经验教训，并与自身的实际情况作比较，才能真正促进交流学习的效果。最后，营造良好的交流氛围，激发学习网成员的交流欲望，碰撞出思想火花。

三是塑造指导学习行为。从指导中学习是提升创业能力的有效途径，实证研究结果表明，指导学习相比模仿学习和交流学习对创业能力的影响效果更好。与导师的互动，可以促进经验快速有效地转化为知识。为了更好地进行指导学习，应当主动寻找创业导师并虚心接受他人的指点和建议。一方面，积极主动寻找创业导师。本章的实证研究表明创业者与网络成员关系越密切则越有利于其进行指导学习，如果这种师徒关系或指导关系是创业者自己积极主动寻求而得的，那么双方存在一定的信任和了解，指导者会更加乐意帮助创业者，创业者也更乐意接受指导者的建议和指导，甚至能够从指导者那里获得心理支持，从而取得更好的指导学习效果，进而提升创业者的创业能力。另一方面，创业者要学习虚心接受他人的建议。创业者要想从学习网成员那里获得所需的知识、信息，就要保持虚心的态度，而这恰恰是创业者较为缺乏的。先前研究已经表明，创业者倾向于过度的乐观，甚至过度依赖之前的成功经历，不愿意虚心向他人请教，忽视他人的善意提醒。而且，有些创业者即使认识到这些建议是有益的，在情感方面也难以承认自身的不足。因此，如果创业者想要提升指导学习的效果，就要摆正心态，虚心接受他人的建议。

第二，注重内化学习，在创业行动中实现能力升华。创业者通过网络学习获得的各种知识源，还需经过内化学习，在思维层面进行知识的内化和加工，从而转化成自身的知识体系。若想通过内化学习来提升创业能力，创业者应当不断提升知识吸收能力以及探索反思能力。首先，在获得各种信息和知识之后，个体需要对知识源进行内化吸收和心理加工，才能使其真正转化为自身的知识成果。其次，为了促进所吸收的知识进一步重构和升华，创业者应当启动探索—反思的学习过程，将所吸收的知识与个人在工作中遇到的问题结合起来进行自我探索和分析思考，触发创业者产生反事实思维，使得创业者在心理上对已发生的事件进行否定，通过心理模拟来建构可能性的假设，进入自我反思的学习状态中，不断地思考以往工作或者创业行动中遇到的问题，回顾他们以往的处理方式是否妥当，并且可能考虑下一次如何做得更好，促使创业者在探索—反思的过程中将所吸收的知识不断扩充和重构，从而真正内化为自己的知识。

由于知识只有在实践的基础上才能转化为能力，因此，创业者需要将内化学习的学习成果投入创业实践中，才能检验先前的创业学习行为是否有效。并且，在本书的实证研究中已经验证了创业知识需要通过创业行动学习转化成创业能力，学者也指出行动学习对提升创业能力具有显著作用（亚当斯，2009；索普等，2009；谢雅萍等，2018）。而创业行动学习的有效进行，需要批判性反思、互动支持和执行应用三者之间协作配合。首先，创业者在行动中碰到难题要自身进行反思斟酌，采用新视角回顾问题情境，总结问题产生的各种原因，果断摒弃不合理的观点，保留正确的经验教训；其次，通过与创业网络成员互动交流，挖掘正式网络和非正式网络中的知识资源，进行知识和信息的整合和利用（杨隽萍等，2013），适时选择合适的网络学习方式（模仿学习、交流学习和指导学习）来提升行动学习的效果和效率（谢雅萍和黄美娇，2014），与此同时获得支持性的资源和知识进一步推动批判性反思，接受正确的知识体系，就如派克（2008）

指出通过与成员共享失败和成功的经验，使得创业者少走弯路，有助于提升创业能力；最后，需要把自身反思的和网络学习的知识付诸行动，将问题解决方案应用于真实创业情境以验证其正确性，正确则强化行动学习，错误就修正方案，在行动—反思的螺旋式上升链条中不断地将知识巩固和强化，从而升华为创业能力。

（3）弥补创业能力的薄弱环节。作为创业者，应积极主动辨识自己的能力缺口，有针对性地通过有效途径补足自己的能力短板。从目前样本数据的统计分析来看，创业者对自己创业能力水平的评价并不是十分乐观，创业者整体创业能力水平有待提高，尤其是其中融资能力较低，其次是机会识别能力、承诺能力、构想能力、运营能力，这对企业未来的创建、生存和扩大都是极为不利的。在考虑从整体的角度提升创业能力外，也要有针对性地注重学习方法的选择，不能盲目地"一手抓"。

创业者要适时选择合适的网络学习方式，谋求学习方式与创业能力之间的匹配性，注重学习行为的塑造，提高创业学习效率。本书第5章的实证研究结果表明模仿学习、交流学习、指导学习均对创业能力有积极的促进作用，观察和效仿他人行为、行动及结果进行的模仿学习更有利于提高创业者的运营能力，以正式或非正式的交流和合作进行的交流学习更有利于提高机会能力、融资能力，而接受他人的指点、劝说的指导学习更有利于提高创业者的构想能力和运营能力。因此，创业者应先对自身创业能力情况进行评估，采取有针对性的学习方式，通过对这三种学习行为进行有效塑造来提升创业学习的效果和效率，以补足自己的能力短板。

6.2 创业能力提升的情绪管理策略

综观创业领域的研究文献，可以发现目前学者更多地从理性视角来考察创业行为，对于非理性因素鲜有关注。然而，创业过程是一个不断接受风险和挑战的过程，一些非理性因素常常伴随着创业者。在心理学领域，情绪一直被心理学家认为是影响人类行为的一个重要方面，近年来创业领域的学者也开始关注创业者个体情绪在创业中的作用，创业过程是一个情绪之旅（巴伦，2008），时常伴随着深刻的情绪卷入，情绪在创业过程中发挥着至关重要的作用。

按照情绪的效价将其分为积极情绪与消极情绪得到了学者的广泛认可。本书也根据这一维度划分,认为创业者的情绪是由创业积极情绪和创业消极情绪组合而成的,其中创业积极情绪是指创业者在创业过程中所感受到的愉悦主观体验,创业消极情绪是指创业者在创业过程中所感受到的不愉悦的主观体验。虽然,积极情绪和消极情绪都与创业者的行为和能力密切相关,但是不同的情绪类型以及情绪程度对于创业行为和能力的影响存在显著差异。因此,应当做好情绪管理,从积极情绪的自我培育以及消极情绪的自我修复入手,充分发挥情绪的效用和价值,从而促进创业能力的提升。

6.2.1 积极情绪的自我培育

积极情绪在创业过程中的重要价值越来越受到关注。积极情绪能够扩展注意的广度和灵活性,增加可利用的心理资源以解决问题。情绪对创业学习行为和创业能力的影响是一个十分精密和复杂的过程,可以通过积极情绪与各种认知过程(如注意、记忆、决策、执行控制)相互作用来实现(毛梦钗和黄宇霞,2013),在许多情境下积极情绪可以通过提高认知灵活性来提高创业学习的效率,从而强化对已有知识的提炼和挖掘,对已存在行为和路径的质疑与反思,进而加快问题解决和决策,利于机会的识别与开发,最终实现更高水平的创业能力和创业绩效。在创业情绪中,创业乐观和创业激情是较为常见的积极情绪。因此,本章着重从创业乐观和创业激情入手,阐述如何做好情绪管理,实现对积极情绪的自我培育。

(1)创业乐观层面的情绪管理。从心理学的角度来讲,情绪对于控制一个人的学习效果而言具有决定性的作用,情绪是学习的关键动力机制,积极情绪能够给予学习者动力,激发学习者的激情,提升学习效率和学习效果。积极的情绪体验会促使创业者努力学习,对学习起到推动作用,然而,过于强烈的情绪感受会妨碍创业理性的认知,对学习起到阻碍作用。乐观作为一种积极的情绪,对于创业学习产生重要的影响。适度的乐观有助于提升创业者的学习热情,促使创业者积极主动地开展创业学习行为,然而,过度乐观会对学习行为产生阻碍作用,由于过度乐观者常常处于理想甚至过度自信的状态,容易高估自己的能力,拥有不切实际的想法,他们会弱化自身能力的不足,扩大对于学习对象水平不足的认知,从而阻碍了创业学习行为的顺利开展,也难以从学习中获取有效的知识成果。因此,创业者应当把握好乐观的程度,才能最大限度地发挥创业乐观情绪对创业学习的促进作用。

此外，创业乐观对于创业能力的形成、发展及创业实践活动都具有推动作用。乐观情绪能够通过对创业认知的影响，最终影响到创业者在创业活动中的行为表现，乐观情绪在创业者的行为和绩效方面也发挥着重要的作用（赫米尔斯基和巴伦，2009；雅克巴萨兰等，2010；王转弟等，2020），比如，促进事业成功，发展高质量的社会关系。然而，不同的乐观程度往往存在很大的差异性，适度乐观有助于促进创业者提高创业能力，积极投身于创业实践活动。然而，过度乐观和悲观则会阻碍创业能力的提升以及创业实践活动的开展。所以，乐观并非一直都是积极的影响因素，乐观程度的差异性具体表现在个体看待事物的出发点和方式不同。过度乐观程度是对外部事物或环境的未来状态的积极正面程度的高估程度，乐观程度过高可能会导致一些负面结果（比如，更低的工作绩效、有偏见的信息回忆以及更加冲动的行为表现）。高水平的积极情绪（特别是高水平的效价和行动的双重作用）会使人更加冲动（行动欠考虑、唐突、对于潜在的负面结果没有充分的考虑）（迪扬，2010）。而适度乐观的个体倾向于拥有一个更加平衡的视野，他们对于消极信息会更加敏感，也不会去掩饰负面障碍，也不容易吸收非正面信息（赫米尔斯基和巴伦，2009）；较为悲观的个体则倾向于消极信息，对外部事物或环境的未来状态的积极正面程度的预估偏低。因此，在创业过程中，创业者应当做好乐观情绪的自我管理，把握好乐观的度，充分发挥适度乐观的优势，消除过分乐观带来的负面障碍。

因此，创业者需要做好情绪管理，通过对乐观情绪的感知来更好地管理乐观情绪。在不同的情况下，需要灵活调整自己的乐观情绪，斯维尼（2006）通过对相关文献的回顾，认为为了达到目标，创业者应该通过转变乐观来及时应对挫折和发现机会。但当环境发生变化，事态的发展与预设情形不符或者结果难以控制时，需要及时调整乐观情绪，采取应对措施。而那些过度乐观的人往往盲目自信，没有作出及时的情绪调整，对于未知的结果也没有做好充分的准备，从而阻碍了创业能力的提升以及企业的良性发展。可见，乐观的调节与转变对于创业者而言至关重要。创业者对创业前景过度的悲观或者过度的乐观，都会使创业者在行为和决策上产生误差，创业者应当保持清醒的头脑，在认真分析、反思的基础上，保持一个适度的乐观态度，做好乐观情绪的自我管理。

乐观情绪的管理策略主要包含自我感知、自我调节、自我激励三个基本过程。首先，创业者要清楚地感知、理解和分析自身的乐观情绪，通过自我体验和感受并借助相关测量工具进行理性分析，冷静聆听他人对自己的乐观评价等方式来感知自己的乐观程度，并分析乐观背后的思维和认知。其次，在乐观发生的整个过程中，可以根据自身的条件和境况，采用澄心静默、自我对话、适度宣泄等各种方法进行有效的缓解、调整和控制，通过对乐观的调节和控制来适应外界情境的需要。创业者也可以在自己感到过度乐观的前提下，同他人进行交流，再对自己的想法进行反思，以此防止过高的自我预期，保持适度的乐观情绪。最后，乐观情绪需要维持和保养，所以创业者应当实行有效的自我激励，挖掘自身的优势和潜能，接纳自身的不足，不断地寻求新发展和获取新成长，使得乐观情绪能够长期持续下去。

（2）创业激情层面的情绪管理。创业过程是一个情绪之旅（巴伦，2008），情绪对于支持创业行动而言具有重要意义（卡登等，2012）。创业激情是创业者在参与创业活动的过程中所体验到的非常积极的情绪，这种情绪是可以持续获得的，与创业者身份认同显著相关（卡登等，2009），即当某一活动可以使某人感知到自己创业者的身份时，他就会体验到创业激情，并做出与创业身份相符的行为。创业激情是多维度的，谢雅萍等（2016）基于中国创业情境，经实证检验将创业激情划分为身份认同、愉悦、心流、韧性、冒险五个维度。创业激情能够增强创业者认知的灵活性，提高创业者的风险感知能力和自我效能感。

作为一种重要的情绪体验，创业激情在创业过程中发挥着巨大的作用。创业激情是创业活动的关键驱动力，能够支撑和推动创业活动（多尔伯格和维森特，2015），激发个体克服各种磨难和考验，坚持到底完成挑战；创业激情会激发创业意愿（比拉格利亚和卡迪尔，2016）和创业动机，促进创业行为的发生（索格伦等，2014）；创业激情有助于促进企业成长（德尔诺夫舍克等，2016），有助于提升企业的项目绩效（帕特尔等，2015）和财务绩效（鲁托内尔，2014）。创业激情不仅直接影响创业绩效，还可能通过影响行为而影响创业绩效（穆尼克斯，2012），有助于组织绩效和个人绩效的提升（卡登等，2009），但过低或过高的创业激情也可能导致组织绩效的降低，甚至可能会恶化财务绩效（瓦奥莱特和波拉克，2014；阿斯塔霍娃和波特，2014）。

创业激情是创业能力形成与发展的重要影响因素。创业激情有助于创业者形成对所创立的企业的心理所有权，增加对企业的拥有感和责任感；有助于创业者全神贯注于创业活动中，即使遇到困难挫折甚至是失败，依然能坚持不懈，坚定地执行任务，从而提升创业者的承诺能力。创业激情有助于创业者勇于尝试创造性想法，提升创新性来应对创业挑战，从而提升创业者的构想能力。创业激情有助于创业者提高认知灵活性，激发创业者搜寻机会和促进问题解决，利于机会的识别与开发，从而提升创业者的机会能力。创业激情还会影响到他或她在网络群体中占据核心位置的能力，有助于创业者增强企业外部资源的运作能力以及企业内部网络的管理能力，从而提升创业者的融资能力和运营能力。总而言之，创业激情使得创业者对自己所创立的事业产生强烈的依附感，创业者更愿意在创业过程中牺牲自己的其他需求，投入大量的资源和精力。创业激情有助于提高创业者的认知灵活性，增加创业者搜寻机会，甚至促使创业者无视风险，从而进行更大的机会开发。受到创业激情驱动的创业者，不断产生利于行动的内在动力，面对创业的艰辛甚至痛苦，依然感觉轻松又愉快，可以不断地付出努力，更坚定地执行任务，不断使用更多的创新性来应对创业的各种挑战，有助于提升创业者的创业能力，从而促进企业的创建和未来发展。

情绪是影响学习的关键因素，学习是一项需要知、情、意共同参与的活动，起到根本推动作用的是情绪（毛梦钗和黄宇霞，2013）。创业激情作为一种强烈积极的情绪，与创业者的学习行为密切相关。创业激情渗透于认知和意志之中，对个体的学习活动起着推动或者阻碍的作用。探索式学习和利用式学习是创业学习中常见的两种学习模式。利用式学习，是一种低水平的学习模式，通过筛选、精炼、执行的方式进行的学习行为，强调对已有知识的提炼和挖掘。例如，积累自身和他人的各类经验进行学习，汲取日常生活、职业和创业等方面的失败教训进行学习，挖掘社会网络中的各类资源进行学习等都属于利用式学习的范畴。利用式学习往往是创业学习的第一步，虽然不同类型的创业学习方式，获取资源和知识的渠道有所不同，但是它们都会首先强调对已有知识进行提炼和挖掘，从而为后续的深化学习打下基础。然而，探索式学习是一种高水平的学习形式，是通过搜索、试验、创新的方式进行的学习行为，以创新、创造性为特征，强调对已存在的行为和路径的质疑与反思。例如，经验学习中运用的反思性观察，失败学习和内化学习中采用的反事实思维，创业行动学习中采取的批判反思等都属于探索式学习的范畴。探索式学习通常是创业学习中的关键环节，关乎创业知识能否实现创新与重构，逐步完善以及形成系统化。

创业激情的程度与学习方式的选择间存在一定的匹配性，适度的创业激情有利于创业者进行探索式学习，过高或者过低的创业激情有利于创业者进行利用式学习。积极情绪对认知产生影响，适度的创业激情会使多巴胺水平升高，从而提高思维的灵活性，提升个体应对环境刺激的适应能力，帮助创业者采用新的方式识别、开发常常被他人忽视或者还未被开发的各种信息，使得创业者更可能追求创造性地解决问题的行动路线（刘等，2011），在经验中创造变异，不断追求新知，有效地促进解决问题和制定决策，因而适度的激情有利于创业者进行探索式学习。然而，相对于适度的激情，过高或过低的激情则可能限制创业者的创造性解决问题的能力。太过强烈的激情往往使得创业者沉浸在自我满足的理想状态，反对探索其他的选择，害怕这样做可能削弱或者转移强烈的激情体验，因此减少有用的灵活的问题解决方法，甚至可能导致沉迷反应。过低的激情使得创业者较容易安于现状，害怕风险，习惯使用常规性问题解决方式。过高或者过低的创业激情使得创业者倾向于通过利用旧有的确定方法对既有领域的信息进行深入理解和使用，因而过高或过低的激情有利于创业者进行利用式学习。因此，创业激情的程度与创业学习方式的选择间存在一定的匹配性。激情与学习方式的有效匹配，适时地采用合适的学习方式是提高创业学习效率，进而促进创业能力提升的关键。

创业者能否管理好自己的创业激情成为其是否能走向创业成功的关键。人力资源开发往往比较重视知识、技能的培训，情绪管理一直没有得到应有的关注，但是情绪对人的影响无处不在，情绪是可以根据环境的要求来进行管理的，情绪管理就是调控自己的情绪，使之适时、适地、适度，对于帮助个体取得成功起到有力的助推作用。创业激情作为一种非常强烈的积极情绪，其管理策略可以分为创业激情的评估、创业激情的调节以及创业激情的传染三个阶段。

第一阶段：创业激情的评估。

创业者应当学会评估创业激情，了解创业激情的程度。及时评估和感知创业激情是进行创业激情管理的首要前提。当创业激情过高或过低时，都会对创业者以及企业的发展产生不良的影响。因此，创业者要有意识地关注自身的创业激情，要清楚地了解自身的创业激情状况。

创业者可以通过自我评估法以及他人评估法来实现对创业激情的测量和感知。自我评估法主要通过记录心情日记、冷静思考等自我体验和感受方式，借助相关测量工具进行理性分析，从而帮助创业者实现对创业激情的自我评估，而创业者还可以通过冷静听取他人（包括家人、朋友、员工以及合作伙伴等）对自己的激情评价等方式来评估自身的创业激情程度。当创业者评估完自身的创业激情程度之后，就要对创业激情进行必要的调节和控制，正确定位创业激情，保持适度的激情水平，从而更好地管理创业激情。

第二阶段：创业激情的调节。

由于创业激情并非越高越好，过高或者过低的创业激情均不利于企业的发展，因此，把握好激情的度成为关键。创业者应当做好创业激情的调节，不能被过高的创业激情冲昏头脑，也不应该受过低的创业激情的影响而丧失斗志，应该保持适度的创业激情水平，才能促使创业激情发挥最大的积极效用。

为了达到最佳的激情调节效果，创业者需要选择合适的调节方式。在创业激情发生的整个过程中，创业者可以根据自身的条件和境况，采用自我放松、澄心静默、自我对话、适度宣泄、向人倾诉等各种方法，对创业激情进行有效的缓解、调整和控制。并且通过激情的调节来适应外界情境的需要，在面对挫折和失败时有效地激励自我，不断寻求新的发展和突破。然而，有些创业者会选择比较不理性的方式进行调节，如自闭、酗酒甚至其他更剧烈的发泄方式。然而，这些非理性的调节方式不但无法起到调节激情的作用，而且很可能会使创业者的情绪走向极端，容易导致反作用。因此，选择适合自身情况的调节方式才能起到真正的调节作用，否则会带来严重的负面影响。

第三阶段：创业激情的传染。

当创业者能够很好地评估、感知和调节自己的创业激情之后，还要善于将激情作为一项积极的心理资本加以运用，让他人充分感知到自己的创业激情，将激情传染给员工、投资者等利益相关者，唤起员工的工作激情，赢得投资者的信任和支持，用心去创造和积累企业的情绪资本，从而共同实现创业成功。

第一，情绪传染的效用。一方面，创业激情可以通过情绪感染影响企业员工（布莱戈斯特，2012）。根据情绪传染理论，情绪是可以在社会的相互作用中转移的。先前研究已经表明领导者显示的积极情绪具有普遍的传染性，有助于在工作中唤起员工的积极情绪体验，增强员工的工作意愿，改善合作关系，减少冲突，增加员工执行工作任务的自我效能感。并且，积极的情绪传染还有助于产生积极的成果，如组织公民行为（约翰逊，2008）或者绩效（乔治，1995；于东平等，2020）。

另一方面，创业激情会传染给企业的投资者。米特尼斯等（2012）表明激情在天使投资人评估新企业的投资潜力时起到正向影响。他们认为天使投资人的投资决策更加倾向于直觉，因而更容易受到创业激情的感染。创业激情很可能会激发投资者的投资行为，因为当创业者表现出高度的积极情绪时，他们变得更有说服力（巴伦，2008），更加自信，促使创业激情传染给投资者，使投资者陷入创业者展现的激情中，加强了投资者对创业者的信任和支持。

第二，情绪传染的策略。针对员工的情绪传染方面，卡登（2008）构建了激情从创业者转移到员工的理论模型，论述了创业者能够将自己的激情传染给他人。在其激情传染的概念模型中，他们认为创业激情通过创业者的情感显示以及变革领导而展现出来，经过原始的情感模仿和社会比较而影响雇员的激情。基于此，本书也认为创业者可以通过原始的情绪模仿以及社会比较这两种方式来实现对员工的情绪传染。

原始的情绪模仿（哈特菲尔德等，1994），即通过模仿他人的面部表情，以及他们的身体语言和动作来获取类似的情绪体验。创业者可以通过轻松的面部表情、转变说话的声调，以及丰富的肢体语言和动作等外在的表现方式来传递自身的创业激情，用创业者的领导魅力来促进激情的传染。由于情绪很容易在社会交往中进行传递，所以创业者显示的创业激情很可能会引发员工的情绪模仿，唤起员工的积极情绪（诺伊曼和斯特拉克，2000；朱秀梅等，2019）。随着时间的推移，员工会将受创业者传染的积极情绪逐渐内化为自身的实际情感，从而引发员工自身的激情。

根据社会比较理论，只有当员工认同组织身份时，才会受到创业者创业激情的影响而唤起工作激情。因为，激情与身份认同密切相关，员工激情同样涉及高度的组织身份认同，它是一种认知连接，也是一种高水平的情感联系。只有员工把自己当成是组织的一分子时，才会加深对组织的认知依附强度，与组织建立高度的情感连接，从而更易感知到创业者的创业激情，并引发自身的积极情绪体验。因此，如果创业者希望员工体验到激情，就要用企业的愿景和使命来鼓舞和激励员工，使员工产生强烈的动机和积极情绪。并且，创业者还需要更加努力地开展创业活动并且加强与员工的交流和互动，用实际行动来表明自己与员工共同努力，共同应对挑战的决心和激情，使员工感知到自己是组织的一部分，从而加强与组织的情感依附性，让员工感受到自己与企业发展相联系的身份，从而强化组织身份认同感，促使员工在社会比较中更容易感知到创业者传递出的创业激情，从而唤起员工的创业激情。

针对投资者的情绪传染方面，埃尔斯巴赫和克莱默（2003）认为当风险投资者进行投资决策时，会受到创业者显示的创业激情的影响。陈等（2009）在研究中关注了创业激情的效应，指出创业者的激情通过他们的情绪（情感形式）和已采取的行动（行为形式）而传递给投资者。针对投资者的情绪传染策略而言，创业者可以在展示商业计划的过程中传递积极情绪，包括语言表达、面部表情和肢体语言等形式，如果创业者能够展现出较高水平的积极情绪可能更能打动投资者，表现出更多的自信，也更能得到投资者更多的赞同。此外，卡登等（2009a）检验了创业者表现出的创业激情与风险投资人感知到的激情，以及创业激情是否会影响风险投资人对企业的兴趣和投资。他们认为创业者的创业激情通过情感激情、认知激情、行为激情传递给风险投资者。因此，创业者还可以通过情感激情即创业者对投资者展现出的热情；认知激情即创业者的认知准备，包括商业计划和演说准备；行为激情即创业者对创业的承诺，对企业投入的时间和精力等方式，向投资者传递积极情绪，从而强化投资者对创业者的信任和支持。

总而言之，创业者是否能够管理好创业激情成为其能否获得创业成功的关键。创业激情作为创业者所体验的一种重要的情绪，它同其他情绪一样，是可以进行管理的。并且，为了使得创业者能够更好地获得成功，创业者应该学会管理自己的创业激情。而本书提出的创业激情的评估、调节、传染这三个方面的策略，对于创业者如何有效管理和运用创业激情，发挥创业激情的积极效用，促进创业者个人能力的发展和企业绩效的提升都有着很强的指导作用。

6.2.2 消极情绪的自我修复

创业是一项高风险、高失败率的活动，在创业过程中难免遭受挫折和失败。然而，创业者面对失败难免会产生一定的失望、内疚、抵触、悲痛等消极情绪，从而导致创业者表现出不敢面对失败甚至躲避失败的行为，谈及失败时往往会谈虎色变，而这些消极情绪不利于对失败的归因以及失败结果的总结，从而导致创业者深陷失败泥潭，无法重整旗鼓，甚至从此一蹶不振。为了最大程度地降低消极情绪对创业者造成的负面影响，创业者应当做好消极情绪的自我修复，以一种理性的思维和态度去解剖失败，把失败当作是一次学习，抱定一种只有通过失败才能获得成长和能力提升的信念，从失败中不断汲取前行的能量和动力。

首先，创业者可以采用情绪管理措施，通过心理上的自我修复，平衡自己的失败情绪，寻找一个心灵的寄托点，给自己设定一个美好的未来构想以激励自己突破现在面临的种种挫折和困难；通过与家人、朋友进行沟通交流，倾听他们的分析和观点，获得安慰与支持，通过他们对自己的信任与期望，激励自己，让自己变得更理智，时时提醒自己不能让消极情绪影响到自己的心情；甚至可以抛下一切烦恼，转移注意力，全身心地投入到新活动中。其次，创业者应当保持一个良好的心态，以开放和宽容的心态去面对失败，将自身的失败置身于作为万千失败者的一员，从而减轻自身经历失败所产生的悲痛、焦虑等负面情绪。

最重要的是合理、平衡地交替运用反思取向和恢复取向。在心理创伤修复的过程中，反思取向和恢复取向会对创业能力的提升起到一定的负向调节作用。采取反思取向的创业者往往倾向于沉浸在导致失败的事件中，花大量的时间来思考、寻找出失败的理由。如果长期采取反思取向，会导致创业者持续陷入消极情绪的泥潭中，不仅不能减轻悲痛的症状，甚至会加重悲痛的程度（诺兰·霍克西玛等，1994），反而会弱化学习的意愿和信息处理的能力。采取恢复取向的创业者通常会避免思考失败，让自己尽量地置身失败之外，将注意力从失败中转移出去。然而，通过转移注意力在短期内可能会抑制或者降低悲痛情绪的影响，但是也恰恰是因为逃避而缺乏对失败的反思，使得长期采取恢复取向的创业者减少了难得的学习机会（普瑞格森等，1997）。消极情绪是无法被掩盖的，最终还是会寻找突破口宣泄出来的，而且经过压抑后的情绪宣泄，结果往往更加具有破坏力和杀伤力。所以，一味地采取反思取向或恢复取向都会加剧创业者的消极情绪，阻碍创业者走出失败阴霾，不利于从失败中进行学习和修复，也无法促进创业能力的提升。

为了更好地从失败中复原并且提升创业能力，创业者应当运用交替取向，在反思取向和恢复取向之间进行合理、平衡的钟摆式运动，既不深陷失败的沉思循环，也不一味地逃避失败。当创业者反思失败产生消极情绪的时候，具有交替取向的创业者可以从反思取向顺利转换到恢复取向，打破个人反思的死循环，通过采取一系列转移注意力的行动减少失败所带来的压力，提高自身处理信息的能力（弗雷德里克森，2004），待情绪得到平复后再返回到反思取向，进一步思考导致失败的原因和失败所带来的结果以及识别失败所带来的学习机遇（谢泼德，2009；谢雅萍等，2017）。通过这种钟摆式的情绪调节，一则可以提高创业失败者从失败中学习经验教训的能力，从失败中习得对能力提升和发展有利的知识，帮助创业失败者快速成长；二则可以消除创业失败者对失败的恐惧，将失败学习所获得的知识迁移、运用至新一轮的创业行动中，在迁移和运用的过程中获得对后续创业行动更有帮助的结果。因此，创业过程中灵活利用情绪的动态性特征和对情绪的认知变通，能够更好地面对问题（蒿坡和龙立荣，2015；谢雅萍等，2017），最终促进创业能力的形成与发展。

6.3 创业能力提升的外部支持机制

除了依靠创业者自身的学习行为以及情绪的自我管理之外，外部因素也会对创业者的创业能力产生重要影响。本章主要从教育层面、政府层面和家庭层面入手，探讨了如何充分利用这些外部因素对创业能力的提升产生支持和促进作用。

6.3.1 充分发挥教育层面的积极作用

在竞争激烈的市场环境中，新知识、新技术、新问题以及新事物不断涌现，创业者应当具备创新精神以及创造性地解决问题的能力才能在残酷的市场竞争中取得成功。对创业者进行创业教育具有十分重要的意义，创业教育的好坏将影响创业者创业能力的高低（蒂亚戈等，2015；胡伯等，2012），创业教育有助于引导创业者去开发和促进新企业知识水平的提升。一个没有受过教育的创业者在创业过程中会完全根据自身的经验进行"摸石头过河"式的实验性创业。虽然这样的创业方式对创业者来说具有重要的意义，并能为创业者积累宝贵的财富，但是其失败的概率较高，这无疑会给创业者带来沉重的创伤。

然而，能力可以通过教育和培训得到提高（曼，2005）。在创业教育领域，能力方法得到广泛的运用（贝尔特，2008；乌斯特毕克，2008）。法斯特（2007）通过实证研究指出创业者的创业能力是可以通过创业教育得到提高的，创业能力的教育应该整合到大学课程体系中，由行为来表征的创业能力适合通过创业教育项目来塑造。因此，充分发挥创业教育的重要作用，有助于提高创业能力水平。如各地的青年创业促进会扶持了许多创业公益项目，通过构建公益创业体系，促进创业环境的改善，为缺乏条件启动创业和发展企业的创业青年提供了专业化的公益帮扶。通过对创业者的创业培训，可以优化创业者的创业行为以及创业决策，使创业者的创业能力以及创业成功率大大提升。可见，无论是在高校中针对大学生的创业，还是在社会中针对社会性质的创业，构建创业教育体系都是创业成功的关键，创业教育的过程也是经验的传授以及经验的转化过程，有助于创业者在学习的过程中提升自己的创业能力。本章主要从健全创业课程体系，鼓励自我导向的学习方式，充分发挥创业实践的作用三个方面，对构建创业教育体系提出一些建议与参考，以期从教育层面对创业能力的提升产生积极影响。

（1）建设系统化、多元化的创业课程体系。目前的创业教育培训机构以及高校开展的创业教育主要以创业理论教学为主，而且创业理论课程设置存在分散性、单一性等问题，与创业实践存在明显的脱节，难以对创业实践提供实质性的帮助。因此，为了充分发挥创业教育的积极作用。首先，应当健全和完善创业教育课程设置，建立系统化、多元化的创业理论课程体系，切实提高创业学习者的创业能力。由于国内的创业教育课程体系尚未成熟，而国外的创业教育课程体系已经相当完备，内容丰富而且类型多样，涉及创业意识类、创业知识类、创业能力素质类和创业实务操作类等方面的创业知识。因此，可以借鉴国外创业教育的成功经验，健全和完善创业教育课程体系。

其次，由于目前的创业教育普遍存在"成功偏见"，注重创业成功的作用，却忽视了失败也是创业成功的重要源泉。所以，在健全和完善创业教育课程体系的基础上，应当将失败学习引入创业教育课程体系当中，使得创业者学会正确认识失败以及失败的价值。基于创业失败视角下的创业课程内容应涉及：一是创业知识的传授，即创业动机、企业破产和对创业失败的更深层次的理解；二是创业修复技能传授，讲授管理创业失败的技能，阐释应对突发事件和危机的管理方式，强调创业者如何从创业失败中走出来的过程；三是提高学生从创业失败中进行学习的能力，即引导学生进行有效归因，进行有策略的自我学习。本书将系统地阐述如何将失败学习的内容贯穿于创业意识类、创业知识类、创业能力素质类和创业实务操作类这四种类型的创业课程体系当中，从而建立基于创业失败的系统化、多元化的创业课程体系，具体的课程体系构建策略如下。

第一，创业意识类课程主要包括创意的激发、创造性开发、信息搜索、商业机会判断、机会评估等。因此，在创业失败视角下的创业意识类课程应当采用讲授法和案例分析法，使创业者理性看待创业问题。具体而言，采用讲授法运用大量真实的数据资料，讲授创业的高失败率以及成本损失率等创业失败带来的惨痛后果；采用案例分析法列举创业失败案例，使学生树立理性创业意识和创业风险意识，避免大学生被创业成功案例冲昏头脑，盲目投身于创业浪潮之中而导致"创业大船"搁浅。

第二，创业知识类课程主要包括创业基础课和创业专业课，前者以工商管理为核心的相关课程如管理学、市场营销、生产管理、人力资源管理等，这类课程有助于创业学习者掌握相关的企业经营管理的理论知识；后者是与直接创业密切相关的课程如创业学、新企业创立、创造学、创业心理学、风险投资等，这类课程有助于创业学习者掌握与创业尤其是创业企业过程相关的理论知识。因此，在创业失败视角下的创业课程应当以创业理论知识为主，辅以具体的创业失败案例，使创业学习者打好创业理论知识基础，并且通过接触、分析和总结失败案例，进一步将失败的经验教训内化为自我的创业认知，深化有关创业失败知识的理解和运用。

第三，创业能力素质类课程的主要内容包括新公司的开办、信息搜索与归纳、团队组织、危机处理、沟通协调、产品开发、市场营销等与创业息息相关的各种能力与素质。在创业失败角度下，创业能力素质类课程应当注重分析创业失败的成因，培养大学生面对失败的抗压能力、创业失败修复能力和从失败中学习的能力，以便于重塑创业认知，进一步提升大学生的创业能力与素质。

第四，创业实务操作类课程主要包括商业机会的选择、制定商业计划书、资金筹集、组织创业团队、创业企业的建立、创业经验积累、危机管理等。基于创业失败视角下的创业实务操作课程可采用多样化的教学方式，例如情景教学、角色扮演、讨论法等。创业实务操作类课程强调创业者参与创业模拟实践。通过创建创业情景，学习者自主解决实践中遇到的问题以及大大小小的失败，从亲身体验中感悟失败，树立理性创业意识，学会如何运用创业知识处理失败以及提升心理抗挫能力和创业失败修复能力。由于在实操中创业意识、知识、能力素质都将一一反映，因此，应当更加重视创业实操类课程的设置合理性。

（2）变革传统的教育模式，鼓励自我导向的学习方式。彼尔德（2002）从成人创业能力教育的角度出发，提出一种自我导向的学习方法，即创业者认识到自身创业能力的优势及不足，就不足的方面设定学习契约来提升创业能力。自我导向的学习项目设计及实施主要围绕着创业学习者，并要求教师承担更多的推动者角色。自我导向的学习者要求高度自治、自我管理、独立并能对学习的课程进行控制。创业教育应该转向让学习者进行主动的自我学习、自我发现和自我成长。值得一提的是，构建主义成为了不错的学习选择，因为构建主义脱离了传统的教育，学生成为学习的中心，教师成为了辅助者，而非知识的单一传播者和表现的评估者，学习者可以主动地思考，而不是被动和重复地对知识进行吸收。并且，学习者之间可以相互交流，而教师则充当激励和反馈的角色。构建主义的创业教育对于提升学习者的创业能力是非常有效的。

（3）大力推进创业孵化基地，充分发挥创业实践的作用。在创业教育的过程中，创业孵化基地作为培养创业学习者的地方，有助于学习者从实践中积累创业知识，提升创业能力。通过"干中学""行动学习"，学习者能够更好地积累经验，与传统的特别是说教的课堂经验形式相比时，学习者亲身经历的创业实践活动是一种更好的学习方式。加入创业孵化基地能够大大地增加学习者创业实践的机会。从某种程度来说，通过"干中学"这种学习方式，也有助于增强他们的反思性实践，在实践中不断地犯错误和克服困难，有助于学习者总结经验教训，越挫越勇，为创业成功积蓄力量。

在创业孵化基地中，应当配备创业专家对创业学习者给予指导，对于正在进行的创业项目应当给予优化。由于入驻创业孵化基地的创业实践者往往具有不同的经历，有些创业学习者经历过创业失败，积累了一定的创业经验，他们进行的是创业失败后再次创业，而有些创业学习者是初次创业，完全没有任何创业经验。因此，对于创业指导者而言，就需要在创业教育方法上进行一个多元化的区分，指导者教授的创业知识要有针对性，不能一概而论，更不能将具有一定创业经验的学习者当成初次创业者。一方面，对于具有先前创业经验的创业学习者来说，创业指导者起到引导以及纠正的作用，对于创业实践中出现的问题给予指导和修正，并针对其所具有的短板和优势进行优化。另一方面，对于初次创业的创业学习者来说，创业指导者则起到了指示性的作用，创业指导者不仅仅起到了指导创业者进行创业的一个引导作用，还会影响创业者将来所选择的创业行业，对创业学习者以后的思维导向具有一定的塑造作用。因此，应当根据创业者的不同创业状况予以针对性的指导，使得创业学习者从实践中不断积累经验以及吸收知识，从而最终真正获得创业能力的提升。

6.3.2　重视政府和家庭层面的支持作用

（1）政府层面的积极影响。创业活动的顺利实行是建立在一系列政策体系之下的，没有相对应的政策体系的支持，创业者的创业行为举步维艰，甚至很容易酿成失败的苦果。因此，如果创业者想要充分施展创业能力以实现创业成功，就需要相应的政策体系能够不断完善与改进，为创业活动的顺利开展保驾护航。因此，政府部门应当不断完善政策体系以提升创业者的创业能力，培养其创业技能，为潜在创业者和正在创业的人提供更有效、更具创造性和适应性的管理资源。

第一，完善创业政策体系，打造良好的创业环境。外在的创业环境深深影响着人们的创业动力以及创业成功的可能性。如果没有一个良好的创业环境，则会严重影响到创业者的创业行为，使创业者失去制定高质量创业决策的土壤。而政府作为能够影响创业环境的重要力量，应该出台政府政策为创业者提供社会保障。

首先，政府应该健全"支持创业、保护创业"的政策体系，为创业者营造一个良好的创业环境氛围。其次，政府应当完善一系列的税收、资金、技术、信息等创业优惠政策，为人们创业提供政策保障，减少创办企业的各种复杂程序环节，降低创建企业的成本，提高政府审批创建企业申请的办事效率。并且，定期更新有关专利权保护的法律和政策，有助于满足知识经济时代的创业要求，趋于政策性的吸引，增加创业者的福利，使得创业更加具有吸引力（孔德等，2015）。最后，创业的过程是一个复杂的系统行为，在系统之下创业政策也是一个完整的体系，这就需要创业者从整体的视角去看待创业政策。叶华（2014）认为完善的政策体系至少存在以下六个方面的内容：开展创业教育，促进创业文化，启动资金的支持，减少进入的障碍，商业服务支持以及刺激目标群体。在这六个环节的科学政策设计中，只有其中一个环节执行到位，是难以取得良好的政策效果的，需要六个环节协同作用，共同促进政策体系的健全与完善。

第二，完善创业服务体系。创业者在创业的过程中难免会遇到一些问题，在政策扶持创业的条件下，应当合理构建创业交流平台、培训平台、咨询平台等，形成一个完整的创业能力支撑体系，为创业者提供一系列的创业服务，帮助创业者探寻创业路径及培养创业能力。

完善创业服务体系，不仅意味着政府需要为创业者提供创业培训的机会，而且需要在了解创业者网络学习的基础上，对创业者学习的相关情境加以影响，如企业、行业协会、教育单位等为创业者的学习创造有利的环境。政府可以创设外部条件，如通过官方出面或支持行业交流会的举办，并引导创业者参加和进行学习，让创业者能够较为迅速地了解到相关行业的信息，并增强创业者进行学习的动力；创建有政府性质的创业者论坛，以促进创业者与创业者的交流活动，以及创业者与政府的交流活动，从而促进创业者的学习。政府还可以促使企业与科研、教育单位建立长期合作关系。政府还应该完善基础设施建设，为创业者学习过程中出现的生产、技术、管理、人才、信息等各方面问题提供支持，使创业者的学习更为顺畅，提高学习的效果。除了硬件设施外，政府还要规范创业者学习的"软件"，规范市场秩序，并逐步建立诚信合作的文化氛围，尤其是创业环境中信任机制的构建与维护，进而有效地推动创业者的学习。政府还要提高创业者的社会地位，从经济环境、体制环境、政治环境、市场环境等诸多方面为创业者的学习创造条件，从而促进创业能力的提升。

（2）家庭层面的促进作用。基于本书第 5 章的深度访谈和问卷调查，可以发现家庭成员是创业者创业过程中学习网的重要组成部分，并且父母创业对创业者创业能力的形成和提升有重要的积极影响。可见，家庭成员在创业者创业过程中发挥着重要作用。家庭是社会生活的细胞，是每个创业者情感慰藉的港湾、经济的后盾，对创业者的创业成功有重要影响。

创业者着手创业时需要得到家庭经济支持和情感支持，甚至是人力支持；当创业失败时能够得到家庭成员的鼓励、安慰，这对创业者从失败中走出来有重要作用；同时，当创业成功时也能够与家人分享成功的喜悦。创业者的多数行为与家庭成员紧密相关，并从中获得了多种多样的资源，也可能利用弱联系（远亲朋友）来达到创业的目的，尤其是当创业者的家庭成员中有成员也是创业者时，则对创业者走上创业之路，对创业者的创业行为、创业者创业能力有重要的正向影响。总之，创业者的家庭成员对创业者能否进入创业、对创业者创业能力的形成和发展有重要的影响，应该充分发挥家庭在创业过程中的支持作用，创业者在创业过程中应该多与家庭成员进行互动来获得各方面的支持，尤其是情感方面的支持。作为家庭成员来讲，首先，要做好的就是情感交流。情感之间的交流能够有效减轻创业者所面临的压力，与家庭成员之间分享创业过程中遇到的难题和困境，也有助于解决创业上的困难，获得精神动力；其次，家庭成员之间的网络关系，可以帮助创业者获取丰富的创业资源并且挖掘自身的创业优势，而且，依靠血缘关系以及亲情关系的纽带，更为稳定和牢靠，能为创业者提供稳固而持续的帮助。

6.4　小　结

本章在前面章节研究结果的基础上，从创业者个体和外部支持两个方面提出相应的创业能力提升策略，其中创业者个体层面主要关注创业者如何通过经验学习、失败学习和网络学习等创业学习方式来构建完善的创业学习机制；创业者如何做好创业积极情绪和创业消极情绪的自我管理。而外部支持方面主要关注创业教育、政府以及家庭的重要支持作用。基于内外部的影响因素，提出了相应的对策，以期能够更好地促进创业能力的提升。

第 7 章

结论与展望

在"大众创业，万众创新"浪潮的持续推动下，国内创业者的创业热情空前高涨。创业成功与否，在很大程度上取决于创业者创业能力的高低，创业能力已然成为影响创业成功的关键因素，同时，创业能力也决定了企业在竞争激烈的市场环境中能否快速发展。然而，创业能力的形成过程本质上是一个学习的过程，有效的创业学习才能促进创业能力的提升。

因此，本书以创业学习方式——经验学习、失败学习、网络学习为切入点，尝试性地引入了直观推断、悲痛恢复取向、内化学习和创业行动学习等相关变量，构建了创业学习与创业能力间的关系模型，详细论述了经验学习与创业能力、失败学习与创业能力、网络学习与创业能力间的内在关系，通过实证研究验证了创业学习有助于创业能力的提升。并且，在理论模型和实证研究的基础上，系统解析了三种创业学习方式与创业能力之间的内在路径，构建了创业能力的提升机制，以期充分发挥创业学习的价值，促进创业能力的提升，进而实现企业的迅速成长与持续发展。

7.1　研究结论

7.1.1　学习是创业能力提升的关键途径

本书从学习类型的角度出发，将创业学习分为经验学习、失败学习与网络学习。为了证明学习有助于创业能力的提升，本书构建了学习的三种模型，通过实证检验进行验证。创业能力的形成过程本质上是一个学习的过程，创业学习者通过不同的学习类型积累创业经验、资源和信息，经过自身的观察以及反思，内化为自身的知识并不断重构知识体系，然后，根据自身所处的创业环境，调取相关的内化知识，采取适当的创业行动，在创业实践的过程中不断完善自身创业知识体系，从而不断提升创业者的创业能力。因此，创业学习是创业能力提升的关键途径。

从研究结果来看，对于经验学习来说，人们对其的研究主要是关注于经验获取的来源，而没有关注到经验学习的具体过程，来源固然重要，它决定了学习者有经验可以学习，但是对经验的解剖，没有得到重视，经验学习的过程如何进行决定了学习的质量以及学习者转化为自身知识能力的程度；失败学习作为一种特殊的学习方式，有助于创业学习者正视失败的价值，从失败中获取经验教训，从失败的悲痛中恢复过来，找回创业信心和勇气从而获得成功；网络学习作为一种新型的学习方式，学习者通过家庭成员、亲朋好友和同事等网络关系，获得学习的机会，对获取学习资源具有很大的帮助，也能够从中学习到应有的知识，提升自身的能力。因此，通过学习能够促进创业学习者的知识增长，从而提升创业能力。

7.1.2　创业者创业能力的维度划分

基于先前文献对创业能力的维度划分以及深度访谈的最终结果，本书总结出国内创业情境之下的创业者创业能力，主要包括机会能力、融资能力、承诺能力、构想能力、运营能力五个方面。通过问卷调查收集的数据进行探索性因子分析和验证性因子分析验证了创业能力维度分类的可取性，能够真实反映创业者在创建和发展企业过程中所展现及所需的各种创业能力。其中，将融资能力引入创业能力维度，是对创业者目前所面临的问题的真实再现，其他维度的划分则与现有研究基本一致，再一次证明了曼（2000）等提出的创业能力维度具备有效性。通过对创业能力内部结构的解析，有助于创业者充分认识自身创业能力所存在的具体薄弱环节，利于创业者具体地、有针对性地弥补能力的不足之处，从而提高创业能力的整体水平，最终促进企业的创建和持续发展。

7.1.3　经验学习的划分及指标体系的构建

经验学习作为学习的一种方式，传统的经验学习主要包括成功的经验学习以及中性的经验学习，因为这两方面的经验最易获得，并且学习方式与方法也比较容易。经验学习的提出是基于库伯的学习模式，现阶段对经验学习的研究主要集中在教育教学领域，在创业研究领域开展的经验学习研究比较匮乏。在前人研究的基础上，本书将经验学习划分为经验获取、反思性观察和抽象概念化，突破了以经验来源为依据的传统分类方式。通过实证分析方法，验证了经验学习维度分类的合理性，并且实证分析的结果显示，在经验学习的三个维度中，反思性观察和抽象概念化都对创业能力具有显著的正向影响。然而，虽然经验获取对创业能力也存在正向影响，但是不够显著，这可能是因为创业者通过经验获取的方式难以实现构想能力的明显提升，因而导致正向影响不够显著。

7.1.4　失败学习的划分及指标体系的构建

失败学习是一种特殊的学习方式，然而，失败学习曾一度受到创业学习者的忽视，一方面是因为失败经验难以获得，另一方面是因为有些创业者没有认识到失败的重要价值，认为失败经验会对其产生负面影响。因此，为了挖掘失败学习的重要价值，以及探究失败学习与创业能力之间的内在关系，本书将失败学习分为日常生活失败学习、职业失败学习以及创业失败学习三个层面。从文献中可以发现，现有文献对失败学习的研究较为缺乏。因此，本书在前人的理论研究的基础上，又结合了半结构化的深度访谈，从而构建了失败学习的指标体系，并通过实证方法检验了其指标体系的合理性。经实证检验可以发现，进行失败学习能够显著提升创业者的创业能力，其中，日常生活失败学习以及职业失败学习对创业能力的正向影响不够显著，但是创业失败学习对创业能力具有显著正向影响。

7.1.5　网络学习的划分及指标体系的构建

本书在文献总结和访谈的基础上总结出创业者在社会网络的子集——学习网中最常用的三种学习方式：模仿学习、交流学习、指导学习。创业者与不同的学习网成员进行互动时采用的学习方式有所侧重，有时也有所交融，但是一定程度上展现了创业者在社会网络中的网络学习行为与方式，而之前的研究很少涉及这一领域。本书基于深度访谈的结果对网络学习的三种学习方式进行了指标构建，通过调查问卷得到的数据进行探索性因子分析和验证性因子分析，验证了本书所提出的网络学习维度的合理性。经过实证检验可以发现网络学习能够提升创业者的创业能力，其中，模仿学习对创业能力的正向影响不够显著，指导学习和交流学习对创业能力具有显著的正向影响。

7.1.6 创业学习方式与创业能力的实证检验

以理论模型和样本数据为支撑，本书将创业学习与创业能力间的关系模型付诸检验，实证结果显示：（1）从整体上来讲，创业学习的三种学习方式（经验学习、失败学习和网络学习）对创业能力都具有显著正向影响；（2）将经验学习分为经验获取、反思性观察和抽象概念化，以直观推断作为调节变量，创业行动学习作为中介变量，实证分析结果表明经验学习的三个维度对创业能力各维度基本上都具有正影响，其中，反思性观察和抽象概念化对创业能力产生的正向影响较为显著，并且，直观推断在经验学习与创业能力间具有调节效应，创业行动学习在经验学习与创业能力之间发挥中介效应；（3）将失败学习分为日常生活失败学习、职业失败学习以及创业失败学习三个维度，以创业行动学习作为中介变量，悲痛恢复取向作为调节变量，研究结果表明，失败学习三维度对创业能力各维度显著性具有一定的差异，日常生活失败学习仅对承诺能力具有显著正影响，职业失败学习对机会能力没有显著性影响，对其他几个维度具有显著正影响，创业失败学习对创业能力各维度均具有显著正影响，同时悲痛恢复具有调节效应，创业行动学习的中介效应较为显著；（4）将网络学习方式分为模仿学习、指导学习和交流学习三个维度，构建了学习网、网络学习、创业能力三者之间的关系模型，实证结果验证了网络学习有助于创业能力的提升，并且网络学习在学习网与创业能力之间发挥中介作用，适度的乐观情绪起到正向调节作用。在此基础上，本书还构建了由网络学习、内化学习、创业行动学习构成的三环链式学习模型，通过结构方程模型验证了内化学习和创业行动学习在网络学习与创业能力之间发挥多重中介作用，网络学习通过内化学习影响创业行动学习，进而影响创业能力。

7.1.7 创业学习方式与创业能力间的路径解析

在理论分析与实证研究的基础上，本书对创业学习方式与创业能力间的关系进行了详细的路径解析，以期更加明确创业学习与创业能力之间的内在作用机制。（1）基于经验学习的具体过程，深度解析了经验学习与创业能力之间的内在传导路径，首先，剖析了经验学习过程中经验获取程度、反思性观察和抽象概念化这三个环节在创业能力提升方面起到的环环相扣、层层推进的作用；其次，阐述了创业行动学习促进了经验向能力的最终转化；最后，提出了通过有效手段来尽可能降低直观推断产生的认知偏差，从而充分利用直观推断的积极效应来促进创业能力的提升。（2）基于不同的失败归因方式，深度解析了失败学习与创业能力间的内在路径，论述了不同归因方式会导致不同的失败学习过程，内部归因方式会倾向于反思学习，外部归因方式倾向于外界学习，而一味地采取单一学习方式会影响失败学习的效果以及创业者的情绪，因此，通过情绪管理避免失败者过度自卑或盲目自信，促进创业知识的积累和失败学习的效果。最终，通过行动学习促使知识转化为创业者的创业能力。（3）基于社会网络平台，深度解析了社会网络与创业能力之间的具体路径，阐述了在学习网平台中，多重链式的创业学习过程对提升创业能力发挥的作用以及创业乐观在创业过程中产生的影响，希望有助于创业者通过构建良性的社会网络平台来开展多重学习方式，从而促进创业能力的不断提升和企业的持续发展。

7.1.8　创业能力提升机制的构建

本书从创业者内部和外部支持两个方面构建创业能力的提升机制，其中，创业者内部支持层面主要关注创业者如何通过经验学习、失败学习和网络学习等创业学习方式来构建完善的创业学习机制；创业者如何做好创业积极情绪和创业消极情绪的自我管理。而外部支持方面主要关注创业教育、政府以及家庭因素发挥的重要支持作用。通过对内外部影响因素的分析，提出了相应的能力提升策略，以期为创业者创业能力的提升提供参考与建议。

7.2　研究不足与展望

7.2.1　研究不足

尽管本书系统构建了创业学习与创业能力的概念模型，得出了较为丰富的研究成果，但囿于时间、精力、自身水平等方面的限制，本书仍存在许多局限性，以及需要进一步探讨之处。

（1）时间跨度较长。本书的撰写时间跨度较长，研究的时效性也会产生一定的递延，并且，由于创业环境会随着时间而发生改变，这就导致了本书所研究的情况在研究之后有可能会发生改变，甚至本书所研究的创业者在这么长的时间跨度之后有可能再次失败，或者转而没有勇气再次创业。此外，没有进行有效的持续跟踪，可能会导致较长的时间跨度影响本书研究结果的准确性和时效性。

（2）文献的局限性。由于本书主要围绕多种创业学习方式与创业能力之间的关系进行探究，需要收集和整理创业能力、创业学习、社会网络、创业情绪、创业绩效等多个方面的创业相关文献。然而，相对于国外研究，国内创业研究领域起步较晚，研究成果较少并且较不成熟，难以获取大量相关的国内文献资料。此外，由于需要借鉴和引用大量的国外文献资料，对外国文献的阅读与理解上可能存在偏颇之处。

（3）指标测量的片面性、主观性问题。尽管在本书中相关变量的指标体系构建具备一定的理论根基，并且充分考虑了深度访谈的结果，但是仍不可避免地存在片面性与主观性问题，如由于经验学习、失败学习、网络学习方式、内化学习方式、创业行动学习方式的结构错综复杂、类型繁多，有选择性地挑选一些主要指标进行维度划分，可能会缺乏一定的科学性，存在片面性和主观性的问题。

（4）分批次采样的局限。由于时间跨度问题，本书在研究经验学习、失败学习、网络学习与创业能力间的关系时进行了分批次采样，这就导致了被试者没有统一性，有可能在回答问题时没有统一的标准，被试者看待创业相关问题的思维会有所偏差，在主观因素层面会受到一些影响。

（5）实证数据的静态性问题。创业是一个动态的过程，创业能力的形成与发展会随着创业活动而发生变化。而本书主要采用问卷调查法，从静态层面来获取时点数据，没有持续性地收集周期性数据，未能从动态角度来观察创业者的学习过程、情绪变化过程及其企业的发展过程，缺乏对于创业者及企业成长过程的纵向跟踪性研究，使得研究存在一定的片面性和时滞性，难以系统分析创业能力的形成和发展。

7.2.2 研究展望

（1）扩大研究的地域范围。本书的样本主要来自创业活跃之地，福建省、浙江省、广东省等，未来研究可以着重在不同地区进行样本收集，尽可能同时涵盖创业高水平活跃地区（如上海、北京、广东、天津、浙江、福建）、中高水平活跃地区（如湖北、山东、陕西、重庆、吉林）、中等水平活跃地区（如安徽、辽宁、西藏、河北、青海）、中低水平活跃地区（如四川、宁夏、山西、河南、江西、贵州、海南）、低水平活跃地区（如内蒙古、湖南、广西、甘肃、黑龙江、新疆、云南）（李守伟，2021），并进行地区间的比较研究。

（2）开展跨越时序的纵向研究。本书未能动态跟踪创业者及企业成长过程，未来研究可结合深度案例研究和比较研究，进行跨越时序的纵向研究。为了更加全面地理解创业过程中社会网络、创业学习、创业行动、创业情绪等方面对创业能力发挥的重要影响，以及进一步验证本书研究结论的准确性，未来研究可以开展纵向跟踪调查，在调查期内每隔固定一段时间对选取的调研样本进行电话访谈、问卷调研，建立调查样本成长数据库。或者，还可选取适量代表性企业进行深度案例研究和比较研究，充分了解创业者的创业过程及其企业经营状况，深入探索创业能力形成的动态性，提高研究数据的可信度，从而不断地检验、修正和完善本书构建的理论模型。

（3）进一步拓展研究模型。本书聚焦于创业学习方式对创业能力产生的影响，但是没有明显区分不同创业学习方式之间存在的根本差异及其对创业能力产生的不同影响。因此，未来研究可以针对不同的创业学习方式采取比较性研究。而且，本书将创业学习方式主要划分为经验学习、失败学习和网络学习，未来研究可以继续挖掘新的创业学习方式，将新的学习方式融入研究模型之中，探索其是否也会对创业能力产生影响。此外，本书初步探讨了创业者的情绪特质对其创业能力的影响，在研究模型中主要验证了创业者的乐观情绪对创业能力的影响。然而，创业情绪不仅局限于乐观，本书认为创业者的激情、悲痛等情绪也会对创业能力构成极大的影响，但是尚未进行实证验证，未来研究可将更为丰富多样的创业情绪引入研究模型之中，探究情绪与能力之间的深层关系，从而持续拓展本书的研究模型，不断丰富创业研究的理论成果。

（4）进一步验证能力提升机制的有效性。本书所提出的创业能力提升机制是基于理论分析和实证研究的结果，未来应该与政府相关部门、创业教育机构以及创业促进机构开展深入合作，将本书的一些对策与建议付诸实践，在实践中检验对策与建议的可行性和有效性，进一步修正、深化创业能力的提升机制，以期更有效地提升广大创业者的创业能力水平，从而帮助他们实现创业成功；另外，本书提出的对策与建议是基于当前的时代条件下提出来的，未来研究可能会因为创业环境的改变而使得对策也要作出相应的改变，因此，未来研究应当充分考虑环境因素的影响，从而提出更有针对性的创业能力提升策略。

参考文献

［1］安宁，王宏起．创业者先前经验、学习模式与新技术企业绩效——基于初始条件视角的实证研究［J］．商业经济与管理，2011（9）：34－42．

［2］［美］奥图．人的潜能［M］．北京：世界图书出版公司，1988．

［3］［苏联］彼得·罗夫斯基．普通心理学［M］．北京：人民教育出版社，1981．

［4］边燕杰，张磊．网络脱生：创业过程的社会学分析［J］．社会学研究，2006（6）：74－88．

［5］边燕杰．关系社会学及其学科地位［J］．西安交通大学学报（社会科学版），2010，30（3）：1－6＋48．

［6］蔡莉，单标安．中国情境下的创业研究：回顾与展望［J］．管理世界，2013（12）：160－169．

［7］蔡莉，汤淑琴，马艳丽，等．创业学习，创业能力与新企业绩效的关系研究［J］．科学学研究，2014，32（8）：1189－1197．

［8］蔡莉，单标安，汤淑琴，等．创业学习研究回顾与整合框架构建［J］．外国经济与管理，2012，34（5）：1－8．

［9］常鑫，殷红海．Daniel Kahneman 与行为经济学［J］．心理科学进展，2003（3）：256－261．

［10］陈逢文，付龙望，张露，于晓宇．创业者个体学习、组织学习如何交互影响企业创新行为？——基于整合视角的纵向单案例研究［J］．管理世界，2020，36（3）：142－164．

［11］陈钦约．基于社会网络的企业家创业能力和创业绩效研究［D］．天

津：南开大学商学院，2010.

　　［12］陈权，刘宇．基于情绪智力视角的大学生创业能力培养研究［J］．创新与创业教育，2012，3（4）：86－87＋91.

　　［13］陈权，施国洪．大学生情绪智力与创业能力关系实证研究［J］．高校教育管理，2013，7（3）：109－114.

　　［14］陈书成．培养创业能力提高就业能力［J］．中共郑州市委党校学报，2008（4）：102－103＋106.

　　［15］陈文婷．创业学习与家族企业跨代企业家的创业选择［J］．经济管理，2011，33（8）：38－50.

　　［16］陈燕妮，王重鸣．创业行动学习过程研究——基于新兴产业的多案例分析［J］．科学学研究，2015，33（3）：419－431.

　　［17］陈燕妮．创业行动学习的特征与效能机制研究［D］．杭州：浙江大学，2013.

　　［18］陈佑清．反思学习：涵义、功能与过程［J］．教育学术月刊，2010（5）：5－9.

　　［19］陈佑清．符号学习与经验学习在学生发展中的关联与互动［J］．华东师范大学学报（教育科学版），2010，28（2）：24－32.

　　［20］陈震红，董俊武．创业者与管理者决策方式的比较［J］．武汉理工大学学报（信息与管理工程版），2010，32（5）：820－823.

　　［21］崔瑜，焦豪．企业家学习对动态能力的影响机制研究——基于企业家能力理论的视角［J］．科学学研究，2008，26（S2）：403－410.

　　［22］单标安，蔡莉，陈彪，鲁喜凤．中国情境下创业网络对创业学习的影响研究［J］．科学学研究，2015，33（6）：899－906＋914.

　　［23］单标安，蔡莉，鲁喜凤，刘钊．创业学习的内涵、维度及其测量［J］．科学学研究，2014，32（12）：1867－1875.

　　［24］丁桂凤，李永耀，耿英伟．多维视野中的创业学习［J］．南京师大学报（社会科学版），2010（6）：101－106.

　　［25］董文奇，陈杏禹．谈农业高职学生创业能力的培养［J］．辽宁农业职业技术学院学报，2002，4（2）：40－41.

　　［26］段锦云，陈文平．基于动态评估的取样法：经验取样法［J］．心理科学进展，2012，20（7）：1110－1120.

［27］范黎波，张中元．基于网络的企业学习与治理机制［J］．中国工业经济，2006（10）：106－112.

［28］方世建，杨双胜．国外创业学习研究前沿探析与未来展望［J］．外国经济与管理，2010，32（5）：1－8＋16.

［29］房慧，张九洲．经验学习方法在合作学习中的应用研究［J］．教育教学论坛，2013（49）：64－65.

［30］冯华，杜红．创业胜任力特征与创业绩效的关系分析［J］．技术经济与管理研究，2005（6）：18－19.

［31］傅玲燕．创业导向、创业学习与新创企业绩效之间的关系研究［D］．南京：南京财经大学，2013.

［32］高国武，王吟吟，叶明海，翟庆华．大学生创业能力获取途径研究［J］．经济论坛，2010（7）：14－17.

［33］高宏，章玲．行动学习与大学生创业教育探讨［J］．上海管理科学，2013，35（3）：101－105.

［34］高祥．创业学习对新创企业绩效的作用关系研究［D］．长春：吉林大学，2013.

［35］郭爱芳，陈劲．科学学习和经验学习：概念、特征及理论意义［J］．技术经济，2012，31（6）：16－20＋49.

［36］郭冰，吕巍，周颖．公司治理、经验学习与企业连续并购——基于我国上市公司并购决策的经验证据［J］．财经研究，2011，37（10）：124－134.

［37］郭钢．创业能力对创业绩效影响的实证研究［D］．西安：西北大学，2016.

［38］郭海．监督机制，企业家创业能力与绩效关系研究［J］．商业经济与管理，2010（6）：40－46.

［39］韩朝．大学生群体创业社会网络的运用机理研究［J］．商业时代，2011（30）：103－104.

［40］韩冬．行动学习，精炼问题是高手［J］．人力资源，2014（6）：48－50.

［41］韩庆祥，雷鸣．能力建设与当代中国发展［J］．中国社会科学，2005（1）：22－33.

［42］郝喜玲，张玉利，刘依冉，潘燕萍．创业失败情境下的反事实思维研究框架构建［J］．外国经济与管理，2018，40（4）：3－16；2018，33（1）：

101 – 106.

　［43］何华．创业学习对创业绩效的影响机制研究［D］．南宁：广西大学，2014.

　［44］何万国．论知识向能力转化的机制与策略［J］．教育理论与实践，2003（16）：10 – 12.

　［45］何轩，陈文婷，李青．基于反事实思维视角的创业研究前沿探析与未来展望［J］．外国经济与管理，2013，35（10）：13 – 21.

　［46］何应林，陈丹．大学生创业失败的类型与原因——基于创业失败案例的分析［J］．当代教育科学，2013（5）：52 – 54.

　［47］贺小刚，李新春．企业家能力与企业成长：基于中国经验的实证研究［J］．经济研究，2005（10）：101 – 111.

　［48］贺小刚．企业家能力评测：一个定性研究的方法与框架［J］．中国社会科学院研究生院学报，2005（6）：125 – 131.

　［49］胡洪浩，王重鸣．国外失败学习研究现状探析与未来展望［J］．外国经济与管理，2011，33（11）：39 – 47.

　［50］胡洁，秦虹．试论大学生创业能力的形成［J］．中国轻工教育，2010（6）：19 – 22.

　［51］黄美娇，谢雅萍．学习网与创业者创业能力——创业者乐观的调节作用［J］．天津商业大学学报，2018，38（1）：53 – 59.

　［52］江怡．经验、逻辑与整体论——一种实在论和反实在论的语境［J］．江苏行政学院学报，2003（3）：5 – 11.

　［53］蒋乃平．创业能力形成的动因、前提和基础［J］．职教通讯，1999（2）：35 – 36.

　［54］科尔森，黄雁明．仲裁中决定形成之过程［J］．现代外国哲学社会科学文摘，1991（11）：4 – 6 + 22.

　［55］雷悦．经验学习与企业海外并购绩效及其影响路径研究［D］．武汉：中南财经政法大学，2018.

　［56］李效忠．能力心理学［M］．西安：陕西人民教育出版社，1985.

　［57］李雪灵，范长亮，申佳，万妮娜．创业失败与失败成本：创业者及外部环境的调节作用［J］．吉林大学社会科学学报，2014，54（1）：159 – 166 + 176.

［58］李艳妮，郝喜玲．创业失败情境下反事实思维影响因素的实证研究［J］．中国科技论坛，2020（7）：141-150.

［59］李逸龙．乐观人格与心理健康、工作绩效的关系及其中介、调节机制［D］．天津：天津师范大学，2009.

［60］李运福，傅钢善．网络学习中反思性学习及模型研究［J］．现代教育技术，2012，22（2）：99-102.

［61］梁欣如，王勇．基于工作相关学习的类型与能力提高机理研究［J］．研究与发展管理，2005（3）：83-89.

［62］林剑．社会网络视角下的创业研究评述［J］．河北经贸大学学报，2007（1）：84-89.

［63］刘畅，冉春红，邓铭．黑龙江省农村微型企业创业：创业者社会网络和创业绩效［J］．江苏农业科学，2018，46（2）：277-282.

［64］刘会欣．启发式偏差对房地产主体决策的影响［J］．商场现代化，2008（17）：257.

［65］刘艳春，单玉香．反思性学习在实习前基础护理操作技能培训中的应用［J］．护理学杂志：综合版，2011，26（9）：20-21.

［66］刘预，朱秀梅．创业能力的构建与提升对策［J］．中国职业技术教育，2008（30）：46-47+53.

［67］龙勇，常清华．创业能力、突变创新与风险资本融资关系——基于中国高新技术企业的实证研究［J］．南开管理评论，2008（3）：65-71.

［68］吕强．初创企业知识搜索、创业能力与创业绩效的关系研究［D］．杭州：浙江财经大学，2020.

［69］马鸿佳，董保宝，葛宝山．创业能力、动态能力与企业竞争优势的关系研究［J］．科学学研究，2014，32（3）：431-440.

［70］买忆媛，杨阳，叶竹馨．转型经济体制下创业团队的先前经验、无力感与适应能力［J］．管理学报，2015，12（7）：1028-1037.

［71］买忆媛，甘智龙．我国典型地区创业环境对创业机会与创业能力实现的影响——基于 GEM 数据的实证研究［J］．管理学报，2008，5（2）：274-278.

［72］买忆媛，徐承志．工作经验对社会企业创业资源整合的影响［J］．管理学报，2012，9（1）：82-88.

［73］梅德强，龙勇．不确定性环境下创业能力与创新类型关系研究［J］.

科学学研究，2010，28（9）：1413 – 1421.

［74］苗青，王重鸣．企业家能力：理论、结构与实践［J］．重庆大学学报（社会科学版），2003（1）：129 – 131.

［75］倪锋，胡晓娥．基于认知的创业能力发展理论模型初探［J］．企业经济，2007（10）：36 – 38.

［76］宁德鹏．创业教育对创业行为的影响机理研究［D］．长春：吉林大学，2017.

［77］牛芳，张玉利，田莉．创业者的自信、乐观与新企业绩效——基于145家新企业的实证研究［J］．经济管理，2012，34（1）：83 – 93.

［78］牛芳，张玉利，杨俊．创业团队异质性与新企业绩效：领导者乐观心理的调节作用［J］．管理评论，2011，23（11）：110 – 119.

［79］牛芳，张玉利，杨俊．坚持还是放弃？基于前景理论的新生创业者承诺升级研究［J］．南开管理评论，2012，15（1）：131 – 141.

［80］潘宏亮，管煜．创业失败学习与国际新创企业后续创新绩效［J］．科学学研究，2020，38（9）：1654 – 1661.

［81］庞立君，卢艳秋．失败情境下组织支持感对员工创造力的影响机理［J］．社会科学战线，2018，（3）：255 – 259.

［82］庞维国．论体验式学习［J］．全球教育展望，2011，40（6）：9 – 15.

［83］彭刚．创业教育学［M］．杭州：江苏教育出版社，1995.

［84］钱贤鑫．库伯的经验学习理论及特征分析［J］．现代企业教育，2014（10）：300.

［85］秦双全，李苏南．创业经验与创业能力的关系——学习能力与网络技术的作用［J］．技术经济，2015，34（6）：48 – 54.

［86］任素芳．情绪对学习的影响分析［J］．邢台职业技术学院学报，2012，29（4）：29 – 31.

［87］石伟平．比较职业技术教育［M］．上海：华东师范大学出版社，2001.

［88］石中和．对行动学习的研究［D］．北京：北京交通大学，2007.

［89］［苏联］斯米尔诺夫．心理学［M］．北京：人民教育出版社，1957.

［90］斯皮尔曼．人的能力：人们的性质与量度［M］．杭州：浙江教育出版社，1999.

［91］宋培林．试析企业成长不同阶段的企业家胜任力结构及其自我跃迁机

理 [J]. 经济管理, 2011, 33 (3): 183 – 190.

[92] 宋心畔. 微型企业创业学习、创新能力与创业绩效的关系研究 [D]. 大连: 东北财经大学, 2014.

[93] 苏岚岚, 彭艳玲, 孔荣. 农民创业能力对创业获得感的影响研究——基于创业绩效中介效应与创业动机调节效应的分析 [J]. 农业技术经济, 2016 (12): 63 – 75.

[94] 孙德良, 陈汉辉, 武佩剑, 张献民. 创业教育调节效应下的创业者特质与创业意愿关系的实证研究 [J]. 齐齐哈尔大学学报 (哲学社会科学版), 2019 (11): 181 – 188.

[95] 孙国元, 舒玲燕, 袁丽娟. 材料科学基础中抽象概念具体化的探索与实践 [J]. 河南科技, 2013 (16): 263 + 266.

[96] 孙宁. 社会网络规模对新创企业融资方式影响的实证研究 [J]. 技术经济, 2011, 30 (9): 42 – 44.

[97] 唐朝永, 陈万明, 胡恩华. 心理资本, 心理安全感与失败学习 [J]. 软科学, 2014, 28 (8): 70 – 74.

[98] 唐靖, 姜彦福. 创业能力概念的理论构建及实证检验 [J]. 科学学与科学技术管理, 2008, 29 (8): 52 – 57.

[99] 田莉, 池军. 基于过程视角下的技术创业研究: 兴起、独特性及最新探索 [J]. 技术经济与管理研究, 2009 (6): 31 – 36.

[100] 王华锋, 李生校, 窦军生. 创业失败、失败学习和新创企业绩效 [J]. 科研管理, 2017, 38 (4): 94 – 103.

[101] 王加青, 钟卫. 城市青年创业资本、创业能力与创业绩效的关系——基于 330 个有效样本的分析 [J]. 技术经济与管理研究, 2020 (7): 51 – 56.

[102] 王培芳, 符太胜. 知识向能力转化的条件与策略——基于不同类型知识间的关系 [J]. 四川教育学院学报, 2009, 25 (7): 18 – 20.

[103] 王巧然. 创业者先前经验对创业绩效的影响机理研究 [D]. 昆明: 云南大学, 2015.

[104] 王瑞, 薛红志. 创业经验与新企业绩效: 一个研究综述 [J]. 科学学与科学技术管理, 2010, 31 (6): 80 – 84 + 99.

[105] 王晓钧, 雷晓鸣, 连少贤. 归因取向理论建构及实证 [J]. 心理学报, 2012, 44 (4): 511 – 523.

参考文献上方为页眉。

[106] 王晓丽. 大学生创业能力的特征分析 [J]. 职业技术, 2007 (8): 70.

[107] 王宇露, 邝绍倩. 学习社区网络结构与知识共享效果关系的实证研究 [J]. 上海电机学院学报, 2011 (3): 193 – 197 + 202.

[108] 王玉帅, 黄娟, 尹继东. 创业政策理论框架构建及其完善措施——创业过程的视角 [J]. 科技进步与对策, 2009, 26 (19): 112 – 115.

[109] 王志敏, 马计斌. 浅析批判思考 [J]. 清华大学教育研究, 2006 (1): 114 – 117.

[110] 王转弟, 马红玉, 郭鹏宇. 创业激情、创业学习与农民工创业绩效 [J]. 南方经济, 2020 (5): 111 – 126.

[111] 温忠麟, 侯杰泰, 张雷. 调节效应与中介效应的比较和应用 [J]. 心理学报, 2005 (2): 268 – 274.

[112] 温忠麟, 张雷, 侯杰泰, 等. 中介效应检验程序及其应用 [J]. 心理学报, 2004, 36 (5): 614 – 620.

[113] 巫程成, 梁明辉. 创业者社会网络与创业学习对创业绩效的作用 [J]. 创新与创业教育, 2018, 9 (4): 44 – 50.

[114] 肖红伟, 晏红洁. 对创业能力本质特征的再认识 [J]. 企业经济, 2008 (7): 66 – 68.

[115] 谢雅萍, 陈睿君, 王娟. 直观推断调节作用下的经验学习、创业行动学习与创业能力 [J]. 管理学报, 2018, 15 (1): 57 – 65.

[116] 谢雅萍, 黄美娇. 社会网络, 创业学习与创业能力——基于小微企业创业者的实证研究 [J]. 科学学研究, 2014, 32 (3): 400 – 409 + 453.

[117] 谢雅萍, 黄美娇. 创业学习、创业能力与创业绩效——社会网络研究视角 [J]. 经济经纬, 2016, 33 (1): 101 – 106.

[118] 谢雅萍, 梁素蓉. 失败学习研究回顾与未来展望 [J]. 外国经济与管理, 2016, 38 (1): 42 – 53.

[119] 谢雅萍, 梁素蓉, 陈睿君. 失败学习、创业行动学习与创业能力——悲痛恢复取向的调节作用 [J]. 管理评论, 2017, 29 (4): 47 – 58.

[120] 谢雅萍, 王国林. 家族性资源、创业行动学习与家族创业能力——乐观的调节作用 [J]. 科研管理, 2016, 37 (2): 98 – 106.

[121] 辛晴, 杨蕙馨. 基于社会网络视角的知识转移研究述评 [J]. 图书情报工作, 2009, 53 (14): 92 – 96.

［122］许若兰．大学生情绪管理和情绪教育研究［A］//中国心理卫生协会大学生心理咨询专业委员会．中国心理卫生协会大学生心理咨询专业委员会全国第七届大学生心理健康教育与心理咨询学术交流会暨专业委员会成立十周年纪念大会论文集．中国心理卫生协会大学生心理咨询专业委员会：中国心理卫生协会，2001：4．

［123］杨俊，薛红志，牛芳．先前工作经验、创业机会与新技术企业绩效——一个交互效应模型及启示［J］．管理学报，2011，8（1）：116－125．

［124］杨俊．基于创业行为的企业家能力研究——一个基本分析框架［J］．外国经济与管理，2005，27（4）：28－35．

［125］杨隽萍，唐鲁滨，于晓宇．创业网络，创业学习与新创企业成长［J］．管理评论，2013，25（1）：24－33．

［126］杨克瑞．学校教育贵在知识传授——知识，能力与学校教育关系论［J］．天津市教科院学报，2013（1）：12－14．

［127］叶春霞．个体经营者创业能力的评价指标体系研究——基于温州市603份样本的分析［J］．华东经济管理，2012，26（1）：17－22．

［128］叶伟巍，高树昱，王飞绒．创业领导力与技术创业绩效关系研究——基于浙江省的实证［J］．科研管理，2012，33（8）：9－15．

［129］易朝辉，谢雨柔，张承龙．创业拼凑与科技型小微企业创业绩效研究：基于先前经验的视角［J］．科研管理，2019，40（7）：235－246．

［130］殷洪玲．企业家社会资本对其创业能力的影响研究［D］．长春：吉林大学，2009．

［131］尹苗苗，蔡莉．创业能力研究现状探析与未来展望［J］．外国经济与管理，2012，34（12）：1－11＋19．

［132］尹苗苗，孙鹤，马艳丽．新企业创业能力的跨层面转化机制研究——基于高科技行业的案例分析［J］．外国经济与管理，2018，40（10）：17－30．

［133］于东平，王敬菲，陶文星．管理者创造力与组织绩效：创新机会识别的中介作用与积极情绪的调节作用［J/OL］．科技进步与对策：1－8［2021－01－28］．http：//kns.cnki.net/kcms/detail/42.1224.G3.20201127.0848.016.html．

［134］于晓宇，蔡莉，陈依，等．技术信息获取，失败学习与高科技新创企业创新绩效［J］．科学学与科学技术管理，2012，33（7）：62－67．

［135］于晓宇，蔡莉．失败学习行为，战略决策与创业企业创新绩效［J］．

管理科学学报, 2013, 16 (12): 37 – 56.

[136] 于晓宇, 李厚锐, 杨隽萍. 创业失败归因, 创业失败学习与随后创业意向 [J]. 管理学报, 2013, 10 (8): 1179 – 1184.

[137] 余绍忠. 创业绩效研究述评 [J]. 外国经济与管理, 2013, 35 (2): 34 – 42 + 62.

[138] 余长春, 黄蕾. 构建农民创业能力的提升体系 [J]. 农业考古, 2008 (3): 335 – 337.

[139] 袁振国. 浅论情绪智能对学习的影响 [J]. 教育教学论坛, 2011 (25): 190 – 191.

[140] 张广花, 苏新林. 提升农民创业能力途径的探讨 [J]. 湖南农业科学, 2010 (15): 177 – 179.

[141] 张建琦, 赵文. 学习途径与企业家能力关系实证研究——以广东省中小民营企业为例 [J]. 经济理论与经济管理, 2007 (10): 65 – 69.

[142] 张青, 曹尉. 社会资本对个人网络创业绩效影响的实证研究 [J]. 研究与发展管理, 2010, 22 (1): 34 – 42.

[143] 张涛, 熊晓石. 创业管理大全 [M]. 北京: 清华大学出版社, 2007.

[144] 张婷. 创业网络对创业能力的影响研究——学习模式的中介作用 [J]. 科技创业月刊, 2012, 25 (5): 19 – 20 + 38.

[145] 张文彤. SPSS 统计分析教程 [M]. 北京: 北京希望电子出版社, 2002.

[146] 张霞, 王林雪, 曾兴雯. 基于创业企业成长的创业能力转化机制研究 [J]. 科技进步与对策, 2011, 28 (11): 77 – 80.

[147] 张毅, 张子刚. 企业网络组织间学习过程的二维模型 [J]. 科学学与科学技术管理, 2005 (9): 67 – 71.

[148] 张玉利, 龙丹, 杨俊, 田莉. 新生技术创业者及其创业过程解析——基于 CPSED 微观层次随机抽样调查的证据 [J]. 研究与发展管理, 2011, 23 (5): 1 – 10 + 109 + 135.

[149] 张玉利, 王晓文. 先前经验, 学习风格与创业能力的实证研究 [J]. 管理科学, 2011, 24 (3): 1 – 12.

[150] 张玉明, 赵瑞瑞, 徐凯歌. 突破知识共享困境: 线上社会网络对创新绩效的影响——双元学习的中介作用 [J]. 科学学与科学技术管理, 2019, 40 (10): 97 – 112.

［151］赵荔，丁栋虹. 创业学习实证研究现状探析［J］. 外国经济与管理，2010，32（7）：8－16.

［152］赵文红，孙万清. 创业者的先前经验、创业学习和创业绩效的关系研究［J］. 软科学，2013，27（11）：53－57.

［153］赵晓东，王重鸣. 产业集群背景下创业者社会网络结构演变实证研究［J］. 科学学与科学技术管理，2007（3）：55－57＋103.

［154］甄玉敏，柳荣. 高等学校实施创业教育对策研究［J］. 长春大学学报：社会科学版，2006（9）：77－79.

［155］郑勇军，孙宁. 浙江商业集群中企业家能力提升机制研究［J］. 江苏商论，2010（4）：93－95.

［156］郑振宇，谢文锦，李永耀，丁桂凤. 情绪对于创业者及其创业过程的影响［J］. 科技创业月刊，2010，23（1）：45－47.

［157］周莉莉. 乐观学习：积极心理学对自主学习的启示［J］. 黄冈师范学院学报，2010，30（5）：146－149.

［158］朱秀梅，刘月，李柯，杨红. 创业学习到创业能力：基于主体和过程视角的研究［J］. 外国经济与管理，2019，41（2）：30－43.

［159］朱秀梅，魏泰龙，刘月，李柯. 创业激情传染研究前沿探析及未来展望［J］. 外国经济与管理，2019，41（11）：41－56＋135.

［160］朱秀梅，张婧涵，肖雪. 国外创业学习研究演进探析及未来展望［J］. 外国经济与管理，2013，35（12）：20－30.

［161］朱雪春，陈万明. 知识治理、失败学习与低成本利用式创新和低成本探索式创新［J］. 科学学与科学技术管理，2014，35（9）：78－86.

［162］庄雄生. 创业行为决策理论研究综述［J］. 企业导报，2014（24）：94－95.

［163］Abdelgawad S G, Zahra S A, Svejenova S, ET AL. Strategic leadership and entrepreneurial capability for game change［J］. Journal of leadership & organizational studies, 2013, 20（4）：394－407.

［164］Abdulwahed M, Nagy Z K. Applying Kolb's Experiential Learning Cycle for Laboratory Education［J］. Journal of Engineering Education, 2009, 98（3）：283－294.

［165］Abdullah, F., Hamali J., Deen, A. R., Saban, G., & Abdurahman, A. Z. A. Developing a framework of success of Bumiputera entrepreneurs [J]. Journal of Enterprising Communities: People and Places in the Global Economy, 2009, 3 (1): 8 – 24.

[166] Abe J A A. Positive emotions, emotional intelligence, and successful experiential learning [J]. Personality & Individual Differences, 2011, 51 (51): 817 – 822.

[167] Adams M G. The practical primacy of questions in action learning [M] // Action learning and its applications. Palgrave Macmillan, London, 2010: 119 – 130.

[168] Agbim K C, Ayatse F A, Oriarewo G O. Entrepreneurial learning: a social andexperiential method of entrepreneurship development among indigenous female entrepreneurs in Anambra State, Nigeria [J]. International Journal of Scientific and Research Publications, 2013, 6 (3): 2250 – 3153.

[169] Ahmad N H, Halim H A, Zainal S R M. Is entrepreneurial competency the silver bullet for SME success in a developing nation? [J] . International Business Management, 2010, 4 (2): 67 – 75.

[170] Ahmad N H, Ramayah T, Wilson C, et al. Is entrepreneurial competency and business success relationship contingent upon business environment? A study of Malaysian SMEs [J]. International Journal of Entrepreneurial Behaviour & Research, 2010, 16 (3): 182 – 203.

[171] Ahmad, N. H. & Seet PS. Dissecting behaviours associated with business failure: A qualitative study of SME owners in Malaysia and Australia [J]. Asian Social Science, 2009, 5 (9): 98 – 104.

[172] Akande, A. Coping with entrepreneurial stress: Evidence from Nigeria [J]. Journal of Small Business Management, 1994, 32 (1): 83 – 88.

[173] Almus M, Nerlinger E A. Growth of New Technology – Based Firms: Which Factors Matter? [J]. Small Business Economics, 1999, 13 (2): 141 – 54.

[174] Amankwah – Amoah J. Learning from the failures of others: The effects of post – exit knowledge spillovers on recipient firms [J]. Journal of Workplace Learning, 2011, 23 (6): 358 – 375.

[175] Amason A, C. Mooney A, C. Amason A, et al. The Icarus paradox revisited: how strong performance sows the seeds of dysfunction in future strategic decision –

making [J]. Strategic Organization, 2008, 6 (4): 407 – 434.

[176] Anderson A R, Jack S L, Dodd S D. The role of family members in entre-preneurial networks: beyond the boundaries of the family firm [J]. Family Business Review, 2005, 18 (2): 135 – 154.

[177] Anderson J D M, Aylor M E, Leonard D T. Instructional design dogma: Creating planned learning experiences in simulation [J]. Journal of Critical Care, 2009, 23 (4): 595 – 602.

[178] Argote L, Brooks D, Reagans R. Individual Experience and Experience Working Together: Predicting Learning Rates from Knowing Who Knows What and Knowing How to Work Together. [J]. Management Science, 2005, 51 (6): 869 – 881.

[179] Argyris C, Schön D. Organizational learning II: theory, method, and practice Reading, MA: Addison – Wesley [J]. Asia Pacific Journal of Human Re-sources, 1996, 36 (1), 107 – 109.

[180] Argyris C. A Life Full of Learning [J]. Acoustics Speech & Signal Pro-cessing Newsletter IEEE, 2003, 24 (24): 1178 – 1192.

[181] Aron R A. The cognitive perspective: a valuable tool for answering entre-preneurship's basic "why" questions [J]. Journal of business venturing, 2004, 19 (2): 221 – 239.

[182] Åstebro T, Jeffrey S A, Adomdza G K. Inventor perseverance after being told to quit: The role of cognitive biases [J]. Journal of Behavioral Decision Making, 2007, 20 (3): 253 – 272.

[183] Aubusson P, Brady L, Dinham S. Action learning: What works [J]. NSW: NSW Department of Education And Training, 2005, 1 – 93.

[184] Audretsch DB and Keilbach M. Entrepreneurship capital and regional growth [J]. The Annals of Regional Science, 2005, 39 (3): 457 – 469.

[185] Autio E, George G, Alexy O. International entrepreneurship and capabili-ty development—qualitative evidence and future research directions [J]. Entrepre-neurship Theory and Practice, 2011, 35 (1): 11 – 37.

[186] Bahadori M. The Effect of Emotional Intelligence on Entrepreneurial Behav-ior: A Case Study in a Medical Science University [J]. Asian Journal of Business

Management，2012，4（1）：81－85.

［187］Bandura A. Human agency：The rhetoric and the reality.［J］. American Psychologist，1991（46）：157－162.

［188］Bandura A. Social foundations of thought and action：A social cognitive theory.［J］. Journal of Applied Psychology，1986，12（1）：169.

［189］Bannan R B. An action learning framework for teaching instructional design［J］. Performance Improvement Quarterly，2003，14（2）：37－52.

［190］Barney J. Firm resources and sustained competitive advantage［J］. Journal of management，1991，17（1）：99－120.

［191］Baron R A，Ensley M D. Opportunity Recognition as the Detection of Meaningful Patterns：Evidence from Comparisons of Novice and Experienced Entrepreneurs［J］. Management Science，2006，52（9）：1331－1344.

［192］Baron R A. The cognitive perspective：a valuable tool for answering entrepreneurship's basic "why" questions［J］. Journal of business venturing，2004，19（2）：221－239.

［193］Baron R A. The role of affect in the entrepreneurial process［J］. Academy of Management Review，2008，33（2）：328－340.

［194］Baron R A. Cognitive mechanisms in entrepreneurship：Why and when enterpreneurs think differently than other people［J］. Journal of Business venturing，1998，13（4）：275－294.

［195］Barringer B R，Jones F F，Neubaum D O. A quantitative content analysis of the characteristics of rapid－growth firms and their founders［J］. Journal of Business Venturing，2005，20（5）：663－687.

［196］Basu A，Goswami A. South Asian entrepreneurship in Great Britain：factors influencing growth［J］. International Journal of Entrepreneurial Behaviour & Research，1999，5（5）：251－275.

［197］Baum J A C，Dahlin K B. Aspiration performance and railroads' patterns of learning from train wrecks and crashes［J］. Organization Science，2007，18（3）：368－385.

［198］Baum J A C，Ingram P. Survival－Enhancing Learning in the Manhattan Hotel Industry，1898－1980［J］. Access and download statistics，1998，44（7）：

996 – 1016.

［199］Baum, J. R. The relationship of traits, competencies, motivation, strategy and structure to venture growth ［D］. PhD dissertation University of Maryland, College Park, MD. 1994.

［200］Benjamin James Inyang. Entrepreneurial competencies: The missinglinks to successful entrepreneurship in Nigeria ［J］. International Business Research, 2009 (04): 62 – 72.

［201］Benozzo A, Colley H. Emotion and learning in the workplace: critical perspectives ［J］. Journal of Workplace Learning, 2012, 24 (5): 304 – 316.

［202］Bird B. Towards a theory of entrepreneurial competency ［J］. Advances in entrepreneurship, firm emergence and growth, 1995, 2 (1): 51 – 72.

［203］Boso N, Adeleye I, Donbesuur F, et al. Do entrepreneurs always benefit from business failure experience? ［J］. Journal of Business Research, 2019, 98: 370 – 379.

［204］Boshyk, Y. (Ed.) . Business driven action learning: Global best practices ［M］. Springer, 2016.

［205］Bourner T. Action learning over time: An ipsative enquiry ［J］. Action Learning: Research and Practice, 2011, 8 (1): 43 – 56.

［206］Boussouara M, Deakins D. Trust and the acquisition of knowledge from non – executive directors by high technology entrepreneurs ［J］. International Journal of Entrepreneurial Behaviour & Research, 2000, 6 (4): 204 – 226.

［207］Boyatzis. R E. The Competent Manager: A Model for Effective Performance ［M］. New York: Willey, 1982.

［208］Boydell T, Blantern C. Action learning as relational practice ［J］. Action Learning: Research and Practice, 2007, 4 (1): 95 – 104.

［209］Brinckmann J. Competence of top management teams and success of new technology – based firms ［M］. Springer Fachmedien, 2008.

［210］Brissette I, Scheier M F, Carver C S. The role of optimism in social network development, coping, and psychological adjustment during a life transition ［J］. Journal of Personality and Social Psychology, 2002, 82 (1): 102 – 111.

［211］Brook C, Pedler M, Burgoyne J. A protean practice? Perspectives on the practice of action learning [J]. European Journal of Training and Development, 2013, 37 (8): 728 – 743.

[212] Brown, R. B. Contemplating the emotional component of learning [J]. Management Learning, 2000, 31 (3), 275 – 293.

[213] Bruderl J, Preisendorfer P, Ziegler R. Survival Chances of Newly Founded Business Organization [J]. American Sociological Review, 1992, 57 (2): 305 – 314.

[214] Brüderl J, Preisendörfer P. Network Support and the Success of Newly Founded Business [J]. Small Business Economics, 1998, 10 (3): 213 – 225.

[215] Brundin E, Gustafsson V. Entrepreneurs' decision making under different levels of uncertainty: the role of emotions [J]. International Journal of Entrepreneurial Behaviour & Research, 2013, 19 (6): 568 – 591.

[216] Brunetto Y, Farr – Wharton R. The Moderating Role of Trust in SME Owner/Managers' Decision – Making about Collaboration [J]. Journal of Small Business Management, 2007, 45 (3): 362 – 387.

[217] Bruno A V, Mcquarrie E F, Torgrimson C G. The evolution of new technology ventures over 20 years: Patterns of failure, merger, and survival [J]. Journal of Business Venturing, 1992, 7 (4): 291 – 302.

[218] Cannon M D, Edmondson A C. Confronting failure: Antecedents and consequences of shared beliefs about failure in organizational work groups [J]. Journal of Organizational Behavior, 2001, 22 (2): 161 – 177.

[219] Cannon M D, Edmondson A C. Failing to learn and learning to fail (intelligently): How great organizations put failure to work to innovate and improve [J]. Long Range Planning, 2005, 38 (3): 299 – 319.

[220] Cannon, D. R. Cause or control? The temporal dimension in failure sense – making [J]. The Journal of Applied Behavioral Science, 1999, 35 (4), 416 – 439.

[221] Capaldo G, Iandoli L, Ponsiglione C. Entrepreneurial competencies and training needs of small firms: A methodological approach [C]. 14th Annual IntEnt Conference, Napoli. 2004.

[222] Cardon M S, Foo M D, Shepherd D, et al. Exploring the heart: Entrepreneurial emotion is a hot topic [J]. Entrepreneurship Theory and Practice, 2012,

36 （1）：1 –10.

［223］Cardon M S, Stevens C E, Potter D R. Misfortunes or mistakes? Cultural sensemaking of entrepreneurial failure ［J］. Journal of Business Venturing, 2011, 26 （1）：79 –92.

［224］Cardon M S, Sudek R, Mitteness C. The impact of perceived entrepreneurial passion on angel investing ［J］. Frontiers of entrepreneurship research, 2009a, 29 （2）：1 –15.

［225］Cardon M S, Gregoire D A, Stevens C E, et al. Measuring entrepreneurial passion：Conceptual foundations and scale validation ［J］. Journal of business venturing, 2013, 28 （3）：373 –396.

［226］Carmeli A, Gittell J H. High-quality relationships, psychological safety, and learning from failures in work organizations ［J］. Journal of Organizational Behavior, 2009, 30 （6）：709 –729.

［227］Carmeli A, Schaubroeck J. Organisational crisis – preparedness：The importance of learning from failures ［J］. Long Range Planning, 2008, 41 （2）：177 – 196.

［228］Carmeli A, Sheaffer Z. How learning leadership and organizational learning from failures enhance perceived organizational capacity to adapt to the task environment ［J］. The Journal of Applied Behavioral Science, 2008, 44 （4）：468 –489.

［229］Carmeli A. Social capital, psychological safety and learning behaviours from failure in organizations ［J］. Long Range Planning, 2007, 40 （1）：30 –44.

［230］Carmeli A, Tishler A, Edmondson A C. CEO relational leadership and strategic decision quality in top management teams：The role of team trust and learning from failure ［J］. Strategic Organization, 2012, 10 （1）：31 –54.

［231］Chaganti R, Parasuraman S. A study of the impacts of gender on business performance and management patterns in small businesses ［J］. Entrepreneurship Theory and practice, 1997, 21 （2）：73 –76.

［232］Chandler G N, Hanks S H. Measuring the performance of emerging businesses：A validation study ［J］. Journal of Business venturing, 1993, 8 （5）：391 – 408.

［233］Chandler G N, Honig B, Wiklund J. Antecedents, moderators, and performance consequences of membership change in new venture teams [J]. Journal of Business Venturing, 2005, 20 (5): 705 – 725.

[234] Chandler G N, Jansen E. The founder's self – assessed competence and venture performance [J]. Journal of Business venturing, 1992, 7 (3): 223 – 236.

[235] Chandler G N, Lyon D W. Involvement in Knowledge – Acquisition Activities by Venture Team Members and Venture Performance [J]. Entrepreneurship Theory & Practice, 2009, 33 (3): 571 – 592.

[236] Chandler G N, Hanks S H. Market attractiveness, resource – based capabilities, venture strategies, and venture performance [J]. Journal of business venturing, 1994, 9 (4): 331 – 349.

[237] Chandler G N, Hanks S H. Measuring the performance of emerging businesses: A validation study [J]. Journal of Business venturing, 1993, 8 (5): 391 – 408.

[238] Chandler, G. N., Jansen, E. The founder's self – assessed competence and venture performance [J]. J. Bus. Venturing, 1992, 7 (3), 223 – 236.

[239] Chatterji A K. Spawned with a silver spoon? Entrepreneurial performance and innovation in the medical device industry [J]. Strategic Management Journal, 2009, 30 (2): 185 – 206.

[240] Cho Y, Egan T M. Action learning research: A systematic review and conceptual framework [J]. Human Resource Development Review, 2009, 8 (4): 431 – 462.

[241] Chowdhury S. The role of affect – and cognition – based trust in complex knowledge sharing [J]. Journal of Managerial Issues, 2005, 17 (3): 310 – 326.

[242] Christine V An Alternative Conception of Competence: Implications for Vocational Education [J]. Journal of Vocational Education and Training, 1999, 51 (3): 437 – 456.

[243] Clarke J, Thorpe R, Anderson L, et al. It's all action, it's all learning: action learning in SMEs [J]. Journal of European Industrial Training, 2006, 30 (6): 441 – 455.

[244] Clercq D D, Sapienza H J. When do venture capital firms learn from their portfolio companies? [J]. Entrepreneurship Theory & Practice, 2010, 29 (4): 517 –

535.

[245] Cooper A C, Bruno A V. Success among high – technology firms [J]. Business Horizons, 1977, 20 (2): 16 – 22.

[246] Cooper, A. C. and F. J. G. Gascon. Entrepreneurs, Processes of Founding, and New – firm Performance [J]. The State of the Art of Entrepreneurship, 1992: 301 – 341

[247] Cope J, Down S. I think therefore I learn? Entrepreneurial cognition, learning and knowing in practice [J]. Entrepreneurial Cognition, Learning and Knowing in Practice (April 1, 2010) . Cope, J. and Down, S, 2010: 9 – 12.

[248] Cope J, Watts G. Learning by doing – An exploration of experience, critical incidents and reflection in entrepreneurial learning [J]. International Journal of Entrepreneurial Behaviour & Research, 2000, 6 (3): 104 – 124.

[249] Cope J. Entrepreneurial learning and critical reflection discontinuous events as triggers for 'higher – level' learning [J]. Management Learning, 2003, 34 (4): 429 – 450.

[250] Cope J. Entrepreneurial learning from failure: an interpretative phenomenological analysis [J]. Journal of Business Venturing, 2011, 26 (6): 604 – 623.

[251] Cope J. Toward a dynamic learning perspective of entrepreneurship [J]. Entrepreneurship theory and practice, 2005, 29 (4): 373 – 397.

[252] Corbett A C. Experiential Learning Within the Process of Opportunity Identification and Exploitation [J]. Entrepreneurship Theory & Practice, 2005, 29 (4): 473 – 491.

[253] Coughlan P, Coghlan D, Dromgoole T, et al. Effecting operational improvement through inter – organisational action learning [J]. Integrated Manufacturing Systems, 2013, 13 (3): 131 – 140.

[254] Covin J G, Slevin D P, Heeley M B. Pioneers and followers: Competitive tactics, environment, and firm growth [J]. Journal of Business Venturing, 2000, 15 (2): 175 – 210.

[255] Cusin J. Disillusionment from Failure as a Source of Successful Learning [J]. Canadian Journal of Administrative Sciences/Revue Canadienne des Sciences de l' Administration, 2012, 29 (2): 113 – 123.

[256] Danson M W. New firm formation and regional economic development: An introduction and review of the Scottish experience [J]. Small Business Economics, 1995, 7 (2): 81 –87.

[257] Davidsson P., Paul D. Reynolds: Entrepreneurship Research Innovator, Coordinator, and Disseminator [J]. Small Business Economics, 2005, 24 (4): 351 –358.

[258] Davidsson P, Honig B. The role of social and human capital among nascent entrepreneurs [J]. Journal of business venturing, 2003, 18 (3): 301 –331.

[259] Davis C G, Lehman D R, Wortman C B, et al. The undoing of traumatic life events. [J]. Personality & Social Psychology Bulletin, 1995, 21 (2): 109 – 124.

[260] Deakins D, Freel M. Entrepreneurial learning and the growth process in SMEs [J]. Learning Organization, 1998, 5 (3): 144 –155.

[261] Deakins D, Mileham P. Executive learning in entrepreneurial firms and the role of external directors [J]. Education& Training, 2000, 42 (4/5): 317 –325.

[262] Deakins, D. Entrepreneurship and small firms [M]. Maidenhead: Mc Graw – Hill, 1996.

[263] Desmond B, Jowitt A. Stepping into the unknown: dialogical experiential learning [J]. Journal of Management Development, 2012, 31 (31): 221 –230.

[264] De Young, C. Mpulsivity as a personality trait. In: Vohs, K. D., Baumeister, R. F. (Eds.), Handbook of Self – regulation: Research, Theory, and Applications [M]. The Guilford Press, New York, 2010.

[265] Diwas K C, Staats B R, Gino F. Learning from My Success and from Others' Failure: Evidence from Minimally Invasive Cardiac Surgery [J]. Management Science, 2013, 59 (11): 2435 –2449.

[266] Doern R, Goss D. From barriers to barring: Why emotion matters for entrepreneurial development [J]. International Small Business Journal, 2013, 31 (5): 496 –519.

[267] Dollinger M J. Entrepreneurship: Strategies and resources [M]. (3Ed.). New York: Prentice Hall, 2003.

[268] Dougall A L, Hyman K B, Hayward M C, et al. Optimism and traumatic

stress: The importance of social support and coping [J]. Journal of Applied Social Psychology, 2006, 31 (2): 223 - 245.

[269] Down, S. Owner - manager learning in small firms [J]. Journal of Small Business and Enterprise Development, 1999, 6 (03): 267 - 280.

[270] Earvolino - Ramirez, M. Resilience: A concept analysis [J]. Nursing Forum, 2007, 42 (2), 73 - 82.

[271] Edmondson A C. Learning from mistakes is easier said than done: Group and organizational influences on the detection and correction of human error [J]. The Journal of Applied Behavioral Science, 1996, 32 (1): 5 - 28.

[272] Edmondson A C. Strategies for learning from failure [J]. Harvard business review, 2011, 89 (4): 48 - 55.

[273] Edmonstone J. Action learning and organisation development: overlapping fields of practice [J]. Action Learning: Research and Practice, 2011, 8 (2): 93 - 102.

[274] Entrialgo, M. , Fernandez, E. and Vazquez, C. J. The effect of organizational context on SME's entrepreneurship: some Spanish evidence [J]. Small Business Economics, 2001, 16 (3): 223 - 236.

[275] Epley, N. , Keysar, B. , Van Boven, L. , Gilovich, T. . Perspective taking as egocentric anchoring and adjustment [J]. Journal of Personality and Social Psychology, 2004, 87 (3): 327 - 339.

[276] Erikson T. Towards a taxonomy of entrepreneurial learning experiences among potential entrepreneurs [J]. Journal of Small Business and Enterprise Development, 2003, 10 (1): 106 - 112.

[277] Fletcher, S. Competency - Based Assessment Techniques [M]. London: Kogan Page, 1992.

[278] Foo M D. Emotions and entrepreneurial opportunity evaluation [J]. Entrepreneurship Theory and Practice, 2011, 35 (2): 375 - 393.

[279] Franco M, Haase H. Failure factors in small and medium - sized enterprises: qualitative study from an attributional perspective [J]. International Entrepreneurship and Management Journal, 2010, 6 (4): 503 - 521.

[280] Fraser S, Greene F J. The Effects of Experience on Entrepreneurial Optim-

ism and Uncertainty [J]. Economica, 2006, 73 (290): 169 – 192.

[281] Freiling J, Laudien S M. Explaining new venture failure: A competence – based approach [C]. AIMS 2013 Conference, 2013.

[282] Gabrielsson J, Politis D. Work experience and the generation of new business ideas among entrepreneurs: An integrated learning framework [J]. International Journal of Entrepreneurial Behaviour & Research, 2012, 18 (1): 48 – 74.

[283] Gartner J. America's Manic Entrepreneurs: Energy, Creativity, and Risk – Taking Propensity Have Made Us the Most Successful Nation in the World. You Can Partly Thank the Genes of Our Most Inventive Citizens [J]. American Journal of Surgery, 2005, 62 (1): 288 – 292.

[284] Gartner W B. A conceptual framework for describing the phenomenon of new venture creation [J]. Academy of management review, 1985, 10 (4): 696 – 706.

[285] Gartner, W. B. Who is an entrepreneur? Is the wrong question [J]. American Journal of Small Business, 1988, 12 (4): 11 – 32.

[286] Geers A L, Handley I M, McLarney A R. Discerning the role of optimism in persuasion: the valence – enhancement hypothesis [J]. Journal of Personality and Social Psychology, 2003, 85 (3): 554.

[287] Gerli F, Gubitta P, Tognazzo A. Entrepreneurial competencies and firm performance: an empirical study [C] //VIII International Workshop on Human Resource Management. 2011.

[288] GIBB A. Learning skills for all: the key to success in small business development? [N]. Paper Presented at the International Council for Small Business – 40th World Conference, Sydney, 1995.

[289] Gibb, A A. Small firms' training and competitiveness: Building on the small business as a learning organization [J]. International Small Business Journal, 1997, 15 (3): 13 – 29.

[290] Gibbons F. X. , Blanton H. , Gerrard M. , Buunk B. , Eggleston T. Does social comparison make a difference? Optimism as a moderator or the relationship between comparison level and academic performance [J]. Personality and Social Psychology Bulletin, 2000, 26 (1): 637 – 648.

［291］Gibson S K. Whose best interests are served? The distinction between mentoring and support ［J］. Advances in Developing Human Resources, 2005, 7 (4): 470 – 488.

［292］Gillespie, B. M. , Chaboyer, W. , & Wallis, M. Development of a theoretically derived model of resilience through concept analysis ［J］. Contemporary Nurse: A Journal for the Australian Nursing Profession, 2007, 25 (1/2): 124 – 135.

［293］GIMBUTA A. Entrepreneurial competences from syntegrative perspective ［J］. Journal Plus Education, 2010, 6 (2): 262 – 272.

［294］Gitsham M. Experiential learning for leadership and sustainability at IBM and HSBC ［J］. Journal of Management Development, 2012, 31 (3): 298 – 307.

［295］Gittell, J. H. , Cameron, K. , Lim, S. , & Rivas, V. Relationships, layoffs and organizational resilience ［J］. The Journal of Applied Behavioral Science, 2006, 42 (3), 300 – 329.

［296］Goldstone R L, Day S B. Introduction to "new conceptualizations of transfer of learning" ［J］. Educational Psychologist, 2012, 47 (3): 149 – 152.

［297］Goleman, D. Emotional Intelligence ［J］. Bloomsbury: London Hayek, F. A, 1996, 4 (13), 33 – 54.

［298］Goss D. Enterprise ritual: a theory of entrepreneurial emotion and exchange ［J］. British Journal of Management, 2008, 19 (2): 120 – 137.

［299］Goss D. Schumpeter's legacy? Interaction and emotions in the sociology of entrepreneurship ［J］. Entrepreneurship Theory and Practice, 2005, 29 (2): 205 – 218.

［300］Greet Fastré, Anita Van Gils. Competence development in entrepreuriship: The Role of university education ［J］. The Challenges of Educating People to Lead in a Challenging World, 2007, 10 (3): 385 – 398.

［301］Greve A, Salaff J W. Social networks and entrepreneurship ［J］. Entrepreneurship theory and practice, 2003, 28 (1): 1 – 22.

［302］Gressgård L J, Hansen K. Knowledge exchange and learning from failures in distributed environments: The role of contractor relationship management and work characteristics ［J］. Reliability Engineering & System Safety, 2015, 133: 167 – 175.

[303] Gynawali, D. and Fogel, D. Environments for entrepreneurship development: key dimensions and research implications [J]. Entrepreneurship Theory and Practice, 1994, 18 (4): 43 -62.

[304] Herman B. Enterepreneurship education and training in small business context: insights from the competence – based approach [J]. Journal of Enterprising Culture, 2008, 16 (4): 363 -383.

[305] Haan E, Ridder I. Action learning in practice: how do participants learn? [J]. Consulting Psychology Journal: Practice and Research, 2006, 58 (4): 216.

[306] Hahn V C, Frese M, Binnewies C, et al. Happy and proactive? The role of hedonic and eudaimonic well – being in business owners' personal initiative [J]. Social Science Electronic Publishing, 2012, 36 (1): 97 -114.

[307] Hamilton E. Narratives of enterprise as epic tragedy [J]. Management Decision, 2006, 44 (4): 536 -550.

[308] Hansen E. L. Entrepreneurial networks and new organization growth [J]. Entrepreneurship Theory and Practice, 1995, 19 (4): 7 -19.

[309] Hansen E. L. Entrepreneurial and process in entrepreneurial networks as patial beterminants of initial new venture growth [J]. Entrepreneurship Research, 1991: 437 -456.

[310] Hao Jiao, dt ogilvie, Yu Cui. An empirical study of mechanisms to enhance entrepreneurs' capabilities through entrepreneurial learning in an emerging market [J]. Journal of Chinese Entrepreneurship, 2010, 2 (2): 196 -217.

[311] Harrison, R. T. and Leitch, C. M. Entrepreneurial learning: Researching the interface between learning and the entrepreneurial context [J]. Entrepreneurship: Theory and Practice, 2005, 29 (4), 351 -371.

[312] Hau R, Pleskac T J, Kiefer J, et al. The description – experience gap in risky choice: the role of sample size and experienced probabilities [J]. Journal of Behavioral Decision Making, 2008, 21 (5): 493 -518.

[313] Haynes P J. Differences among entrepreneurs: "Are you experienced?" may be the wrong question [J]. InternationalJournal of Entrepreneurial Behaviour & Research, 2003, 9 (3): 111 -128.

[314] Hayward M L A. When do firms learn from their acquisition experience?

Evidence from 1990 to 1995 [J]. Strategic Management Journal, 2002, 23 (1): 21 – 39.

[315] Hayward M L A, Shepherd D A, Griffin D. A Hubris Theory of Entrepreneurship [J]. Social Science Electronic Publishing, 2006, 52 (2): 160 – 172.

[316] Herron L, Robinson R B. A structural model of the effects of entrepreneurial characteristics on venture performance [J]. Journal of business venturing, 1993, 8 (3): 281 – 294.

[317] Hertwig R, Erev I. Decisions from experience and the effect of rare events in risky choice [J]. Psychological Science, 2004, 15 (8): 534 – 539.

[318] Hill J, McGowan P. Marketing development through networking: a competency based approach for small firm entrepreneurs [J]. Journal of Small Business and Enterprise Development, 1996, 3 (3): 148 – 156.

[319] Hirak R, Peng A C, Carmeli A, et al. Linking leader inclusiveness to work unit performance: The importance of psychological safety and learning from failures [J]. The Leadership Quarterly, 2012, 23 (1): 107 – 117.

[320] Hite J M, Hesterly W S. The evolution of firm networks: From emergence to early growth of the firm [J]. Strategic management journal, 2001, 22 (3): 275 – 286.

[321] Hmieleski K M, Baron R A. Entrepreneurs' optimism and new venture performance: A social cognitive perspective [J]. Academy of Management Journal, 2009, 52 (3): 473 – 488.

[322] Hoang H, Rothaermel F T. The Effect of General and Partner – Specific Alliance Experience on Joint R&D Project Performance [J]. Academy of Management Journal, 2005, 48 (2): 332 – 345.

[323] Hoang H & Antoncic B. Network – based research in entrepreneurship: A critical review [J]. Journal of Business Venturing, 2003, 18 (2), 165 – 187.

[324] Holcomb T R, Ireland R D, Holmes R M, et al. Architecture of Entrepreneurial Learning: Exploring the Link Among Heuristics, Knowledge, and Action [J]. Entrepreneurship Theory & Practice, 2009, 33 (1): 167 – 192.

[325] Holman, D, Pavlica, K, Thorpe, R. Rethinking Kolb's theory of experiential learning: the contribution of social construction and activity theory [J]. Man-

agement Learning, 1996, 28 (2): 135 – 148.

[326] Hoque, Z. A contingency model of the association between strategy, environmental uncertainty and performance measurement: impact on organizational performance [J]. International Business Review, 2004, 13 (4): 485 – 502.

[327] Hora M, Klassen R D. Learning from others' misfortune: Factors influencing knowledge acquisition to reduce operational risk [J]. Journal of Operations Management, 2013, 31 (1): 52 – 61.

[328] Huovinen J, Tihula S. Entrepreneurial learning in the context of portfolio entrepreneurship [J]. International Journal of Entrepreneurial Behavior & Research, 1995, 14 (3): 152 – 171.

[329] Hurley R F, Hult G T M. Innovation, Market Orientation, and Organizational Learning: An Integration and Empirical Examination [J]. Social Science Electronic Publishing, 1998, 62 (3): 42 – 54.

[330] Hynes B, Costin Y, Birdthistle N. Practice – based learning in entrepreneurship education: A means of connecting knowledge producers and users [J]. Higher Education, Skills and Work – based Learning, 2010, 1 (1): 16 – 28.

[331] Inyang B J, Enuoh R O. Entrepreneurial competencies: The missing links to successful entrepreneurship in Nigeria [J]. International business research, 2009, 2 (2): 62 – 71.

[332] J. Robert Baum, Edwin A. Locke. The relationship of entrepreneurial traits, skill, and motivation to subsequent venture growth [J]. Journal of Applied Psychology, 2004, 89 (4): 587 – 598.

[333] Jenkins A S, Wiklund J, Brundin E. Individual responses to firm failure: Appraisals, grief, and the influence of prior failure experience [J]. Journal of Business Venturing, 2014, 29 (1): 17 – 33.

[334] Jesper B. Sørensen, and Damon J. Phillips. Competence and commitment: employer size and entrepreneurial endurance [J]. Industrial and Corporate Change, 2011, 20 (5): 1277 – 1304.

[335] Jiao H, Cui Y. An empirical study of mechanisms to enhance entrepreneurs' capabilities through entrepreneurial learning in an emerging market [J]. Journal of Chinese Entrepreneurship, 2010, 2 (2): 196 – 217.

[336] Johannisson B. Entrepreneurial competence and learning strategies [J]. Research in Strategic Chang, 1993, 77 - 99.

[337] Johannisson B. Networking and entrepreneurial growth [J]. Handbook of Entrepreneurship, 2000: 368 - 386.

[338] Johnson C, Spicer D P. A case study of action learning in an MBA program [J]. Education + Training, 2006, 48 (1): 39 - 54.

[339] Jones C R, Ferreday D, Hodgson V. Networked learning a relational approach: weak and strong ties [J]. Journal of Computer Assisted Learning, 2008, 24 (2): 90 - 102.

[340] Jones O, Macpherson A, Thorpe R, et al. The evolution of business knowledge in SMEs: conceptualizing strategic space [J]. Strategic Change, 2007, 16 (6): 281 - 294.

[341] Jones O, Macpherson A. Inter - organizational learning and strategic renewal in SMEs: extending the 4I framework [J]. Long Range Planning, 2006, 39 (2): 155 - 175.

[342] Kahneman D, Miller D T. Norm theory: Comparing reality to its alternatives [J]. Psychological review, 1986, 93 (2): 136.

[343] Karra N, Phillips N, Tracey P. Building the born global firm: developing entrepreneurial capabilities for international new venture success [J]. Long Range Planning, 2008, 41 (4): 440 - 458.

[344] Kempster S, Cope J. Learning to lead in the entrepreneurial context [J]. International Journal of Entrepreneurial Behaviour & Research, 2010, 16 (1): 5 - 34.

[345] Kiggundu M N. Entrepreneurs and entrepreneurship in Africa: What is known and what needs to be done [J]. Journal of developmental entrepreneurship, 2002, 7 (3): 239 - 258.

[346] Kim J Y, Miner A S. Crash Test Without Dummies: A Longitudinal Study of Interorganizational Learning from Failure Experience in The US Commercial Banking Industry, 1984 - 1998 [C] //Academy of Management Proceedings. Briarcliff Manor, NY 10510: Academy of Management, 2000, 2000 (1): G1 - G6.

[347] Kim J Y J, Miner A S. Vicarious learning from the failures and near - fail-

ures of others: Evidence from the US commercial banking industry [J]. Academy of Management Journal, 2007, 50 (3): 687 - 714.

[348] Klein G A. Sources of Power: How People Make Decisions [J]. Leadership & Management in Engineering, 2008, 1 (1): 21 - 21.

[349] Koehler D J, Brenner L A, Griffin D. Heuristics and Biases: The Psychology of Intuitive Judgment [M]. The calibration of expert judgement: heuristics and biases beyond the laboratory, 2002.

[350] Kolb A Y, Kolb D A. Learning Styles and Learning Spaces: Enhancing Experiential Learning in Higher Education [J]. Academy of Management Learning & Education, 2005, 4 (2): 193 - 212.

[351] Kolb A Y, Kolb D A. Experiential learning theory: A dynamic, holistic approach to management learning, education and development [J]. The SAGE handbook of management learning, education and development, 2009, 42: 68.

[352] Kolb D. Experiential Learning: Experience as the Source of Learning and Development [J]. Pearson Schweiz Ag, 1983, 1 (3): 16 - 17.

[353] Konno T. Evolutionary social learning through networks [J]. Available at SSRN 2012.

[354] Koster S. Entrepreneurial capabilities inherited from previous employment [C] // ERSA conference papers. European Regional Science Association, 2005.

[355] Kotey B, Folker C. Employee training in SMEs: Effect of size and firm type—Family and nonfamily [J]. Journal of Small Business Management, 2007, 45 (2): 214 - 238.

[356] Krueger Jr N F, Reilly M D, Carsrud A L. Competing models of entrepreneurial intentions [J]. Journal of business venturing, 2000, 15 (5 - 6): 411 - 432.

[357] Kuratko D F, Hornsby J S, Naffziger D W. An examination of owner's goals in sustaining entrepreneurship [J]. Journal of small business management, 1997, 35 (1): 24.

[358] Labib A, Read M. Not just rearranging the deckchairs on the Titanic: Learning from failures through Risk and Reliability Analysis [J]. Safety Science, 2013, 51 (1): 397 - 413.

［359］Lamb D. Learning about events through involvement and participation ［J］. International Journal of Event & Festival Management, 2015, 6 (1): 73 -91.

［360］Lans T, Biemans H, Mulder M, et al. Self - awareness of mastery and improvability of entrepreneurial competence in small businesses in the agrifood sector ［J］. Human Resource Development Quarterly, 2010, 21 (2): 147 -168.

［361］Lans T, Verstegen J, Mulder M. Analysing, pursuing and networking: Towards a validated three - factor framework for entrepreneurial competence from a small firm perspective ［J］. International Small Business Journal, 2011, 29 (6): 695 - 713.

［362］Lans T, Wesselink R, Biemans H J A, et al. Work - related lifelong learning for entrepreneurs in the agri - food sector ［J］. International Journal of Training and Development, 2004, 8 (1): 73 -89.

［363］Lapré MA, Nembhard IM. Inside the organizational learning curve: Understanding the organizational learning process. foundations and trends in tech. , inform. oper ［J］. Management 2010, 4 (1): 1 -103.

［364］Leitch C M, McMullan C, Harrison R T. Leadership development in SMEs: an action learning approach ［J］. Action Learning: Research and Practice, 2009, 6 (3): 243 -263.

［365］Leonard H S, Lang F. Leadership development via action learning ［J］. Advances in Developing Human Resources, 2010, 12 (2): 225 -240.

［366］Lepoutre J, Heene A. Investigating the impact of firm size on small business social responsibility: a critical review ［J］. Journal of Business Ethics, 2006, 67 (3): 257 -273.

［367］Leskiw S L, Singh P. Leadership development: learning from best practices ［J］. Leadership & Organization Development Journal, 2007, 28 (5): 444 - 464.

［368］Levitt B, March J G. Organizational learning ［J］. Annual review of sociology, 1988, 14 (1): 319 -338.

［369］Lewis H. A model of entrepreneurial capability based on a holistic review of the literature from three academic domains ［J］. Industry and Higher Education, 2011, 25 (6): 429 -440.

[370] Lewis L H, Williams C J. Experiential learning: Past and present [J]. New Directions for Adult & Continuing Education, 2006, 1994 (62): 5 – 16.

[371] Li M, Armstrong S J. The relationship between Kolb's experiential learning styles and Big Five personality traits in international managers [J]. Personality & Individual Differences, 2015, 86: 422 – 426.

[372] Li P S and Ding D H. The match between entrepreneur cpabilities and their function [J]. Economic Management, 2006, 23 (1): 13 – 18.

[373] Litt A, Eliasmith C, Thagard P. Neural affective decision theory: Choices, brains, and emotions [J]. Cognitive Systems Research, 2008, 9 (4): 252 – 273.

[374] Lowe R A, Ziedonis A. Overoptimism and the performance of entrepreneurial firms [J]. Management Science, 2006, 52 (2): 173 – 186.

[375] Luke Pittaway, Elena Rodriguez – Falcon, Olaojo Aiyegbayo, Amanda King. The role of entrepreneurship clubs and societies in entrepreneurial learning [J]. International Small Business Journal, 2010, 29 (1): 37 – 57.

[376] Macpherson A. Network learning in a high – tech SME: expanding entrepreneurial capabilities [D]. Manchester Metropolitan University, 2002.

[377] Madsen P M, Desai V. Failing to learn? The effects of failure and success on organizational learning in the global orbital launch vehicle industry [J]. Academy of Management Journal, 2010, 53 (3): 451 – 476.

[378] Man T W Y, Lau T, Chan K F. The competitiveness of small and medium enterprises: A conceptualization with focus on entrepreneurial competencies [J]. Journal of Business Venturing, 2002, 17 (2): 123 – 142.

[379] Man T W Y. Developing a behaviour – centred model of entrepreneurial learning [J]. Journal of Small Business and Enterprise Development, 2012, 19 (3): 549 – 566.

[380] Man T W Y. Exploring the behavioural patterns of entrepreneurial learning: A competency approach [J]. Education and Training, 2006, 48 (5): 309 – 321.

[381] Man T, Lan T, Snape E. Entrepreneurial competencies and the performance of small and medium enterprises: an investigation through a framework of competitiveness [J]. Journal of Small Business and Entrepreneurship, 2008, 21 (3): 690 – 708.

［382］Man，Thomas W. Y.，Lau，Theresa. Entrepreneurial competencies and the performance of small and medium enterprises: an investigation through a framework of competitiveness［J］. Journal of Small Business and Entrepreneurship，2008，21 (3): 257 – 276.

［383］Man W T. Entrepreneurial competencies and the performance of small and medium enterprises in the Hong Kong services sector［D］. The Hong Kong Polytechnic University，2001.

［384］Man，Thomas W Y，Lau，Theresa. The context of entrepreneurship in Hong Kong: An investigation through the patterns of entrepreneurs［J］. Journal of Small Business and Enterprise Development，2005，12 (4): 464 – 482.

［385］Manolova T S，Gyoshev B S，Manev I M. The role of interpersonal trust for entrepreneurial exchange in a transition economy［J］. International Journal of Emerging Markets，2007，2 (2): 107 – 122 (16).

［386］Markman G D. Entrepreneurs' competencies［J］. The Psychology of Entrepreneurship，2007: 67 – 92.

［387］Markman G D，Baron R A. Person – entrepreneurship fit: why some people are more successful as entrepreneurs than others［J］. Human resource management review，2003，13 (2): 281 – 301.

［388］Markman G D，Balkin D B，Baron R A. Inventors and New Venture Formation: the Effects of General Self – Efficacy and Regretful Thinking［J］. Entrepreneurship Theory & Practice，2010，27 (2): 149 – 165.

［389］Marquardt M. J. Action learning and leadership［J］. The Learning Organization，2000，7 (5): 233 – 240.

［390］Marquardt M J，Marquardt M J. Action learning in action: Transforming problems and people for world – class organizational learning［M］. Davies – Black Pub. ，1999.

［391］Marquardt M J. Optimizing the power of action learning［M］. Boston，MA: Nicholas Brealey Publishing，2011.

［392］Marquardt M J，Leonard H S，Freedman A M，et al. Action learning for developing leaders and organizations: Principles，strategies，and cases［J］. Reference & Research Book News，2009: 155 – 170.

［393］Marquardt M. , Deborah Waddill. The power of learning in action learning: a conceptual analysis of how the five schools of adult learning theories are incorporated within the practice of action learning ［J］. Action Learning Research & Practice, 2004, 1 (2): 185 – 202.

［394］Marquardt M. Action learning in action: Transforming problems and people for world – class organizational learning ［J］. Training & Development, 2001, 52 (4): 1100 – 1101.

［395］Mithelmore S, Rowley J. Entrepreneurial competencies of women entrepreneurs pursuing business growth ［J］. Journal of Small Business and Enterprise Development, 2013, 20 (1): 125 – 142.

［396］Martin Obschonka, Rainer K. Silbereisen, Eva Schmitt – Rodermund. Explaining entrepreneurial behavior: Dispositional personality traits, growth of personal entrepreneurial resources, and business idea generation ［J］. The Career Development, 2012, 60 (2): 178 – 190.

［397］McGrath R G. Falling forward: Real options reasoning and entrepreneurial failure ［J］. Academy of Management review, 1999, 24 (1): 13 – 30.

［398］Mcgregor J, Tweed D. Profiling a New Generation of Female Small Business Owners in New Zealand: Networking, Mentoring and Growth ［J］. Gender Work & Organization, 2002, 9 (4): 420 – 438.

［399］McMullen J S, Shepherd D A. Entrepreneurial action and the role of uncertainty in the theory of the entrepreneur ［J］. Academy of Management Review, 2006, 31 (1): 132 – 152.

［400］Medin D L, Bazerman M H. Broadening behavioral decision research: Multiple levels of cognitive processing ［J］. Psychonomic Bulletin & Review, 2010, 6 (4): 533 – 46.

［401］Mezirow J. Transformative dimensions of adult learning ［M］. Jossey – Bass, 350 Sansome Street, San Francisco, CA 94104 – 1310, 1991.

［402］Miller D, Shamsie J. The Resource – Based View of the Firm in Two Environments: The Hollywood Film Studios From 1936 to 1965 ［J］. Academy of Management Journal, 1996, 39 (3): 519 – 543.

［403］Minniti M, Bygrave W. A dynamic model of entrepreneurial learning ［J］.

Entrepreneurship theory and practice, 2001, 25 (3): 5 – 16.

[404] Mitchelmore S, Rowley J. Entrepreneurial competencies: a literature review and development agenda [J]. International Journal of Entrepreneurial Behavior & Research, 2010, 16 (2): 92 – 111.

[405] Mojab F, Zaefarian R, Azizi A H D. Applying competency based approach for entrepreneurship education [J]. Procedia – Social and Behavioral Sciences, 2011, 12 (12): 436 – 447.

[406] Moon J A. A Handbook of Reflective and Experiential Learning: Theory and Practice [M]. Routledge Falmer, 2004.

[407] Muehlfeld K, Rao Sahib P, Van Witteloostuijn A. A contextual theory of organizational learning from failures and successes: A study of acquisition completion in the global newspaper industry, 1981 – 2008 [J]. Strategic Management Journal, 2012, 33 (8): 938 – 964.

[408] Mulder M, Lans T, Verstegen J, et al. Competence development of entrepreneurs in innovative horticulture [J]. Journal of Workplace Learning, 2007, 19 (1): 32 – 44.

[409] Mumford A. Action learning: nothing so practical as a good theory [J]. Action Learning: Research and Practice, 2006, 3 (1): 69 – 75.

[410] Murphy, G. B. , J. W. Trailer and R. C. Hill. Measuring Performance in Entrepreneurship [J]. Journal of Business Research, 1996, 36 (1): 15 – 23.

[411] Murray G. A synthesis of six exploratory, European case studies of successfully exited, venture capital – financed, new technology – based firms [J]. Entrepreneurship Theory and Practice, 1996, 20 (4): 41 – 60.

[412] Nadler J, Thompson L, Van Boven L. Learning negotiation skills: Four models of knowledge creation and transfer [J]. Management Science, 2003, 49 (4): 529 – 540.

[413] Nakhata, Chinintorn. The Effects of Human Capital and Entrepreneurial Competencies on the Career Success of SME Entrepreneurs in Tailand [J]. The Business Review, Cambridge, 2007, 9 (1): 62 – 69.

[414] Naman J L, Slevin D P. Entrepreneurship and the concept of fit: A model and empirical tests [J]. Strategic management journal, 1993, 14 (2): 137 – 153.

［415］Neqabi S, Bahadori M. Relationship between emotional intelligence and entrepreneurial behavior ［J］. MilMed Journal, 2012, 14 (2): 123 –128.

［416］Nohria N, Eccles R G. Networks and organizations: Structure, form, and action ［J］. Systems Man & Cybernetics Part C Applications & Reviews IEEE Transactions on, 1992, 28 (2): 173 –193.

［417］Noor Hazlina Ahmad, T. Ramayah. Is entrepreneurial competency and business success relationship contingent upon business environment? A study of Malaysian SMEs ［J］. International Journal of Entrepreneurial Behaviour & Research, 2010, 16 (3): 182 –203.

［418］Obschonka M, Silbereisen R K, Schmitt – Rodermund E. Entrepreneurial intention as developmental outcome ［J］. Journal of Vocational Behavior, 2010, 77 (1): 63 –72.

［419］Obschonka M, Silbereisen R K, Schmittrodermund E. Successful entrepreneurship as developmental outcome: A path model from a lifespan perspective of human development. ［J］. European Psychologist, 2011, 16 (3): 174 –186.

［420］Obschonka M, Silbereisen R K, Schmitt – Rodermund E, et al. Nascent entrepreneurship and the developing individual: Early entrepreneurial competence in adolescence and venture creation success during the career ［J］. Journal of Vocational Behavior, 2011, 79 (1): 121 –133.

［421］Olson P D, Bosserman D A. Attributes of the entrepreneurial type ［J］. Business Horizons, 1984, 27 (3): 53 –56.

［422］Olsson A. Experiential learning in retrospect: A future organizational challenge? ［J］. Journal of Workplace Learning, 1997, 20 (20): 431 –442.

［423］Oosterbeek H, Van Praag M, Ijsselstein A. The Impact of Entrepreneurship Education on Entrepreneurship Competencies and Intentions: An Evaluation of the Junior Achievement Student Mini – Company Program ［J］. European Economic Review, 2008, 54 (3): 442 –454.

［424］Ozgen E, Baron R A. Social sources of information in opportunity recognition: Effects of mentors, industry networks, and professional forums ［J］. Journal of Business Venturing, 2007, 22 (2): 174 –192.

［425］Parker S C. The economics of formal business networks ［J］. Journal of

Business Venturing, 2008, 23 (6): 627 – 640.

[426] Park S H & Luo Y. Guanxi and organizational dynamics: organizational networking in chinese firms [J]. Strategic Management Journal, 2001, 22 (5), 455 – 477.

[427] Pauleen D J, Yoong P, Corbitt B. Discovering and articulating what is not yet known: Using action learning and grounded theory as a knowledge management strategy [J]. Learning Organization, 2010, 14 (3): 222 – 240.

[428] Pech R J, Cameron A. An entrepreneurial decision process model describing opportunity recognition [J]. European Journal of Innovation Management, 2006, 9 (1): 61 – 78.

[429] Petkova A P. A theory of entrepreneurial learning from performance errors [J]. International Entrepreneurship and Management Journal, 2009, 5 (4): 345 – 367.

[430] Podoynitsyna K, Van der Bij H, Song M. The role of mixed emotions in the risk perception of novice and serial entrepreneurs [J]. Entrepreneurship Theory and Practice, 2012, 36 (1): 115 – 140.

[431] Politis D, Gabrielsson J. Entrepreneurs' Attitudes Towards Failure: An Experiential Learning Approach [J]. International Journal of Entrepreneurial Behaviour & Research, 2009, 15 (4): 364 – 383.

[432] Politis D. The Process of Entrepreneurial Learning: A Conceptual Framework [J]. Entrepreneurship Theory & Practice, 2005, 29 (4): 399 – 424.

[433] Politis D. Does prior start – up experience matter for entrepreneurs' learning? A comparison between novice and habitual entrepreneurs [J]. Journal of Small Business and Enterprise Development, 2008, 15 (3): 472 – 489.

[434] Politis D., Gabrielsson J. Entrepreneurs' attitudes towards failure – An experiential learning approach [J]. International Journal of Entrepreneurial Behaviour & Research, 2009, 15 (4): 364 – 383.

[435] Portes A, Sensenbrenner J. Embeddedness and immigration: Notes on the social determinants of economic action [J]. American Journal of Sociology, 1993: 1320 – 1350.

[436] Powley, E. H. Reclaiming resilience and safety: Resilience activation in

the critical period of crisis [J]. Human Relations, 2009, 62 (9), 1289 – 1326.

[437] Priyanto S H l. Relationship between entrepreneurial learning, entrepreneurial competencies and venture success: empirical study on SMEs [J]. International Journal of Entrepreneurship & Innovation Management, 2005, 5 (5/6): 454 – 468.

[438] Quy Nguyen Huy. Emotional Balancing of Organizational Continuity and Radical Change: The Contribution of Middle Managers [J]. Administrative Science Quartly, 2002, 47 (1): 31 – 69.

[439] Rae D, Carswell M. Towards a conceptual understanding of entrepreneurial learning [J]. Journal Of Small Business And Enterprise Development, 2001, 8 (2): 150 – 158.

[440] Rae D, Carswell M. Using a life – story approach in researching entrepreneurial learning: the development of a conceptual model and its implications in the design of learning experiences [J]. Education & Training, 2000, 42 (4/5): 220 – 228.

[441] Rae D. Action learning in new creative ventures [J]. International Journal of Entrepreneurial Behaviour & Research, 2012, 18 (5): 603 – 623.

[442] Rae D, Carswell, M. Towards a conceptual understanding of entrepreneurial learning [J]. Journal of Small Business and Enterprise Development, 2001, 8 (2): 150 – 158.

[443] Rae D. Entrepreneurial learning: A practical model from the creative industries [J]. Education & Training, 2004, 46 (8/9): 492 – 500.

[444] Ramayah T, Ahmad N H, Lo M. The role of quality factors in intention to continue using an e – learning system in Malaysia [J]. Procedia – Social and Behavioral Sciences, 2010, 2 (2): 5422 – 5426.

[445] Rand J. Action learning and constructivist grounded theory: Powerfully overlapping fields of practice [J]. Action Learning: Research and Practice, 2013, 10 (3): 230 – 243.

[446] Rasmussen E A, Sørheim R. Action – based entrepreneurship education [J]. Technovation, 2006, 26 (2): 185 – 194.

[447] Rasmussen E, Mosey S, Wright M. The Evolution of entrepreneurial com-

petencies: A longitudinal study of university spin – off venture emergence [J]. Journal of Management Studies, 2011, 48 (6): 1314 – 1345.

[448] Ravasi D, Turati C. Exploring entrepreneurial learning: A comparative study of technology development projects [J]. Journal of Business Venturing, 2005, 20 (1): 137 – 164.

[449] Raymond W Smilor. Entrepreneurship: Reflections on a subversive activity [J]. Journal of Business Venturing, 1997, 12 (5): 341 – 346.

[450] Reagans R, Zuckerman E, McEvily B. How to make the team: Social networks vs demography as criteria for designing effective teams [J]. Administrative Science Quarterly, 2004, 49 (1): 101 – 133.

[451] Reese S. 'Knowing is not enough; we must apply': reflections on a failed action learning application [J]. Action Learning: Research and Practice, 2015, 12 (1): 78 – 84.

[452] Rejeb – Khachlouf N, Mezghani L, Quélin B. Personal networks and knowledge transfer in inter – organizational networks [J]. Journal of Small Business and Enterprise Development, 2011, 18 (2): 278 – 297.

[453] René Díaz – Pichardo, Nicolás Gutiérrez – Garza, & Juan Arriaga – Múzquiz. Improving entrepreneurial competency in low – income segments [J]. The Impact of Entrepreneurial Development Agencies, 2010, 29: 221 – 237.

[454] Renzulli, L. A. District segregation, race legislation, and black enrollment in charter schools [J]. Social Science Quarterly, 2006, 87 (3), 618 – 637.

[455] Rerup C. Learning from past experience: Footnotes on mindfulness and habitual entrepreneurship [J]. Scandinavian Journal of Management, 2005, 21 (4): 451 – 472.

[456] Revans R W. The sequence of managerial learning [N]. MCB University Press, Bradford, 1984.

[457] Richardson G E. The metatheory of resilience and resiliency [J]. Journal of clinical psychology, 2002, 58 (3): 307 – 321.

[458] Robert A. Baron, Keith M. Hmieleski, Rebecca A. Henry. Entrepreneurs' dispositional positive affect: The potential benefits and potential costs of being "up" [J]. Journal of Business Venturing, 2012 (27): 310 – 324.

［459］Robinson P B, Sexton E A. The effect of education and experience on self - employment success ［J］. Journal of Business Venturing, 1994, 9 (2): 141 - 156.

［460］Rodan S. More than network structure: How knowledge heterogeneity influences managerial performance and innovationes ［J］. Strategic Management Journal, 2004, 25 (6): 541 - 562.

［461］Rooke J, Altounyan C, Young A, et al. Doers of the word? An enquiry into the nature of action in action learning ［J］. Action Learning: Research and Practice, 2007, 4 (2): 119 - 135.

［462］Russo J E, Schoemaker P J H. Decision traps: Ten barriers to brilliant decision - making and how to overcome them ［J］. Journal of Behavioral Decision Making, 1991, 4 (1): 75 - 78.

［463］Rutter M. Resilience reconsidered: Conceptual considerations, empirical findings, and policy implications ［J］. Handbook of early childhood intervention, 2000: 651 - 682.

［464］Salomo S, Hans Georg Gemünden, Leifer R. Research on corporate radical innovation systems - A dynamic capabilities perspective: An introduction ［J］. Journal of Engineering & Technology Management, 2007, 24 (1 - 2): 1 - 10.

［465］Sánchez J C. University training for entrepreneurial competencies: Its impact on intention of venture creation ［J］. International Entrepreneurship and Management Journal, 2011, 7 (2): 239 - 254.

［466］Sarah Jack, Sarah Dodd. An entrepreneurial network evolving: Patterns of change ［J］. International Small Business Journal, 2010, 28 (4): 315 - 337.

［467］Sarasvathy S D. Effectual Reasoning in Entrepreneurial Decision Making: Existence and Bounds ［J］. Academy of Management Annual Meeting Proceedings, 2001 (1): D1 - D6.

［468］Sardana D. , Scott - Kemmis D. Who Learns What? —A Study Based on Entrepreneurs from Biotechnology New Ventures ［J］. Journal of Small Business Management, 2010, 48 (3): 441 - 468.

［469］Scheier M F, Carver C S. Optimism, coping, and health: assessment and implications of generalized outcome expectancies. ［J］. Health Psychology Official Journal of the Division of Health Psychology American Psychological Association, 1984,

4 (3): 219 –47.

[470] Schmitt Rodermund, E. The long way to entrepreneurship: Personality, parenting, early interests, and competencies as precursors for entrepreneurial activity among the 'Termites' [M] //R. K. Silbereisen & R. M. Lerner (Eds.), Approaches to positive youth development, 2007: 205 –224.

[471] Schmitt – Rodermund E. Pathways to successful entrepreneurship: Parenting, personality, early entrepreneurial competence, and interests [J]. Journal of vocational behavior, 2004, 65 (3): 498 –518

[472] Schoonhoven C B, Romanelli E. The entrepreneurship dynamic: Origins of entrepreneurship and the evolution of industries [M]. Stanford University Press, 2001.

[473] Schroder H M. Managerial competence: the key to excellence [J]. The Academy of Management Review, 1989, 15 (4): 713 –715.

[474] Schunk D H. Self – efficacy and achievement behaviors [J]. Educational Psychology Review, 1989, 1 (3): 173 –208.

[475] Seet P S and Seet I. Changing entrepreneurial perceptions and developing entrepreneurial competencies through experiential learning: Evidence Irom entrepreneurship education in Singapore' tertiary education institutions [J]. Journal of Asia Entrepreneurship and Sustainability, 2006, 2 (2): 162 –191.

[476] Shane S, Locke E A, Collins C J. Entrepreneurial motivation [J]. Human resource management review, 2003, 13 (2): 257 –279.

[477] Sheffi Y. , & Rice J. B. A supply chain view of the resilient enterprise [J]. MIT Sloan Management Review, 2005, 47 (1), 41 –48.

[478] Shepherd D A, Cardon M S. Negative Emotional Reactions to Project Failure and the Self – Compassion to Learn from the Experience [J]. Journal of Management Studies, 2009, 46 (6): 923 –949.

[479] Shepherd D A, Patzelt H, Williams T A, et al. How does project termination impact project team members? Rapid termination, 'creeping death', and learning from failure [J]. Journal of Management Studies, 2014, 51 (4): 513 –546.

[480] Shepherd D A, Patzelt H, Wolfe M. Moving forward from project failure: Negative emotions, affective commitment, and learning from the experience [J]. Academy of Management Journal, 2011, 54 (6): 1229 –1259.

［481］Shepherd D A. Educating entrepreneurship students about emotion and learning from failure ［J］. Academy of Management Learning & Education, 2004, 3 (3): 274 – 287.

［482］Shepherd D A. Grief recovery from the loss of a family business: A multi – and meso – level theory ［J］. Journal of Business Venturing, 2009, 24 (1): 81 – 97.

［483］Shepherd D A. Learning from Business Failure: Propositions of Grief Recovery for the Self – Employed ［J］. Academy of Management Review, 2003, 28 (2): 318 – 328.

［484］Shepherd D A. Practical advice on learning the most from project failure ［J］. DA Shepherd Practical Advice for Entrepreneurs, Indiana University, Bloomington IN, 2014: 31 – 35.

［485］Shepherd D A. Learning from business failure: Propositions of grief recovery for the self – employed ［J］. The Academy of Management Review, 2003, 28 (2), 318 – 328.

［486］Shipton H, Sillince J. Organizational learning and emotion: Constructing collective meaning in support of strategic themes ［J］. Management Learning, 2013, 44 (5): 493 – 510.

［487］Siegel R, Siegel E, Macmillan I C. Characteristics distinguishing high – growth ventures ［J］. Journal of Business Venturing, 1993, 8 (2): 169 – 180.

［488］Simon M, Houghton S M. The Relationship between over confidence and the introduction of risky products: Evidence from a Field Study ［J］. Academy of Management Journal, 2003, 46 (2): 139 – 149.

［489］Singh S, Corner P D, Pavlovich K. Failed, not finished: A narrative approach to understanding venture failure stigmatization ［J］. Journal of Business Venturing, 2015, 30 (1): 150 – 166.

［490］Singh S, Corner P, Pavlovich K. Coping with entrepreneurial failure ［J］. Journal of Management and Organization, 2007, 13 (4): 331 – 344.

［491］Singh S. Experiencing and Learning from Entrepreneurial Failure ［D］. University of Waikato, 2011.

［492］Sirmon D G, Hitt M A. Managing resources: Linking unique resources, management, and wealth creation in family firms [J]. Entrepreneurship Theory and Practice, 2003, 27 (4): 339 – 358.

[493] Sitkin S B, Pablo A L. Reconceptualizing the determinants of risk behavior [J]. Academy Of Management Review, 1992, 17 (1): 9 – 38.

[494] Siwan Mitchelmore, Jennifer Rowley. Entrepreneurial competencies: a literature review and development agenda [J]. International Journal of Entrepreneurial Behaviour & Research, 2010, 16 (2): 92 – 111.

[495] Slotte – Kock S, Coviello N. Entrepreneurship research on network processes: A review and ways forward [J]. Entrepreneurship Theory and Practice, 2010, 34 (1): 31 – 57.

[496] Smilor R W. Entrepreneurship: Reflections on a subversive activity [J]. Journal of Business Venturing, 2011, 12 (5): 341 – 346.

[497] Smith K G, Baum J R, Locke E A. A multidimensional model of venture growth [J]. Academy of Management Journal, 2001, 44 (2): 292 – 303.

[498] Smith M L. Social capital and intentional change: Exploring the role of social networks on individual change efforts [J]. Journal of Management Development, 2006, 25 (7): 718 – 731.

[499] Smith R, Mcelwee G. After the fall: Developing a conceptual script – based model of shame in narratives of entrepreneurs in crisis! [J]. International Journal of Sociology & Social Policy, 2011, 31 (1/2): 91 – 109.

[500] Soffe S M, Marquardt M J, Hale E. Action learning and critical thinking: a synthesis of two models [J]. Action Learning: Research and Practice, 2011, 8 (3): 211 – 230.

[501] Sousa F, Monteiro I, Walton A, et al. Learning from Failure: A Case Study on Creative Problem Solving [J]. Procedia – Social and Behavioral Sciences, 2013, 75 (1): 570 – 580.

[502] Spencer L M, Spencer S M. Competence at work: models for superior performance [M]. Wiley, 1993.

[503] Stewart J A. Evaluation of an action learning programme for leadership development of SME leaders in the UK [J]. Action Learning Research & Practice, 2009, 6 (2): 131 – 148.

［504］St – Jean E, Audet J. The role of mentoring in the learning development of the novice entrepreneur ［J］. International Entrepreneurship and Management Journal, 2012, 8 (1): 119 – 140.

［505］Sullivan R. Entrepreneurial learning and mentoring ［J］. International journal of entrepreneurial behaviour & research, 2000, 6 (3): 160 – 175.

［506］Sweeny K, Carroll P J, Shepperd J A. Is optimism always best? Future outlooks and preparedness ［J］. Current directions in psychological science, 2006, 15 (6): 302 – 306.

［507］Tan, Yang, J, and Veliyath, R. Particularistic and system trust among small and Business enterprises: A comparative study in China's transition economy ［J］. Journal of Venturing, 2009, 24 (6): 544 – 55.

［508］Taylor D W, Thorpe R. Entrepreneurial learning: A process of co – participation ［J］. Journal of Small Business and Enterprise Development, 2004, 11 (2): 203 – 211.

［509］Teal E J, Hofer C W. The Determinants of New Venture Success: Strategy, Industry Structure, and the Founding Entrepreneurial Team ［J］. Journal of Private Equity, 2003, 6 (4): 38 – 51.

［510］Thomas L, Hulsink W, Baert H, et al. Entrepreneurship education and training in a small business context: Insights from the competence – based approach ［J］. Journal of Enterprising Culture, 2008, 16 (04): 363 – 383.

［511］Thomas Lans, Harm Biemans, Martin Mulder, Jos Verstegen. Self – awareness of mastery and improvability of entrepreneurial competence in small businesses in the agrifood sector ［J］. Human Resource Developmengt Quarterly, 2010, 21 (2): 147 – 168.

［512］Thomas Lans, Jos Verstegen, Martin Mulder. Analysing, pursuing and networking: Towards a validated three – factor framework for entrepreneurial competence from a small firm perspective ［J］. International Small Business Journal, 2011, 29 (6): 695 – 713.

［513］Thomas Lans, Harm Biemans. The influence of the work environment on entrepreneurial, learning of small – business owners ［J］. Management Learning, 2008, 39 (5): 597 – 613.

［514］Thomas W. Y. Man，Theresa Lau. Entrepreneurial Capability of SME Own-er/Managers in the Hong Kong Services Sector：A Qualitative Analysis ［J］. Journal of Entreprising Culture，2000，8（3）：235－254.

［515］Thomas Wing Yan Man，Theresa Lau，K. F. Chan. Home－Grown and abroad－berd enterepreneurs in china：A study of the influences of external context on entrepreurial competencies ［J］. Journal of Enterprising Culture，2008，16（2）：113－132.

［516］Thorpe R，Cope J，Ram M，et al. Leadership development in small－and medium－sized enterprises：the case for action learning ［J］. Action Learning Re-search & Practice，2013，6（3）：201－208.

［517］Tornikoski E T，Newbert S L. Exploring the determinants of organizational emergence：A legitimacy perspective ［J］. Journal of Business Venturing，2007，22（2）：311－335.

［518］Trehan C R K. Reflections on working with critical action learning ［J］. Action Learning：Research and Practice，2010，1（2）：149－165.

［519］Trehan K，Pedler M. Animating critical action learning：Process－based leadership and management development ［J］. Action Learning：Research and Prac-tice，2009，6（1）：35－49.

［520］Trish Boyles. 21st century knowledge，skills，and abilities and entrepre-neurial competencies：A model for undergraduate entrepreneurship education ［J］. Journal of Entrepreneurship Education，2012，15：41－55.

［521］Tucker A L，Edmondson A C. Why hospitals don't learn from failures ［J］. California Management Review，2003，45（2）：55－72.

［522］Tversky A，Fox C R. Weighing Risk and Uncertainty ［J］. Psychological Review，1995，102（2）：269－283.

［523］Tversky A，Kahneman D. Availability：A heuristic for judging frequency and probability ［J］. Cognitive psychology，1973，5（2）：207－232.

［524］Tversky A，Kahneman D. Judgment under Uncertainty：Heuristics and Bi-ases ［J］. Science，1974，185（1）：141－162.

［525］Ucbasaran D，Shepherd D A，Lockett A，et al. Life After Business Fail-ure The Process and Consequences of Business Failure for Entrepreneurs ［J］. Journal of Management, 2013, 39 (1): 163 – 202.

[526] Ucbasaran D, Westhead P, Wright M, et al. The nature of entrepreneurial experience, business failure and comparative optimism [J]. Journal of Business Venturing, 2010, 25 (6): 541 – 555.

[527] Ucbasaran D, Westhead P, Wright M. The extent and nature of opportunity identification by experienced entrepreneurs [J]. Journal of Business Venturing, 2009, 24 (2): 99 – 115.

[528] Ucbasaran, D., Alsos, G. A., Westhead, P., & Wright, M. Habitual entrepreneurs [J]. Foundations and Trends in Entrepreneurship, 2008, 4 (4): 309 – 450.

[529] Van Gelderen M. Country of origin as a source of business opportunities [J]. International Journal of Entrepreneurship and Small Business, 2007, 4 (4): 419 – 430.

[530] Van Gelderen M. Research based yet action oriented: Developing individual level enterprising competencies [R]. Massey University Institutional Repository, 2007.

[531] Warren, L. A systemic approach to entrepreneurial learning [J]. Systems, Research and Behavioural Science, 2004, 21 (1): 3 – 16.

[532] Watson W. An emotional business: The role of emotional intelligence in entrepreneurial success [D]. University of North Texas, 2012.

[533] Willmott H. Making learning critical: Identity, emotion, and power in processes of management development [J]. Systemic Practice and Action Research, 1997, 10 (6): 749 – 771.

[534] Wilson K E, Vyakarnam S, Volkmann C, et al. Educating the next wave of entrepreneurs: Unlocking entrepreneurial capabilities to meet the global challenges of the 21st century [C] //World Economic Forum: A Report of the Global Education Initiative. 2009.

[535] Winterton J. Entrepreneurship: Towards a competence framework for developing SME managers [C]. United States Association for Small Business and Entrepreneurship Conference Proceedings. Reno, Nevada. 2002.

[536] Wolfe M T, Shepherd D A. "Bouncing back" from a loss: Entrepreneurial orientation, emotions, and failure narratives [J]. Entrepreneurship Theory and

Practice, 2015, 39 (3): 675 – 700.

[537] Wolfe M T, Shepherd D A. What do you have to say about that? Performance events and narratives' positive and negative emotional content [J]. Entrepreneurship Theory and Practice, 2015, 39 (4): 895 – 925.

[538] Xie Y, Zhang J, Zhuo X. Learning from errors and learning from failures: A study on the model of organizational learning from errors [J]. Frontier and Future Development of Information Technology in Medicine and Education. Springer Netherlands, 2014: 1833 – 1840.

[539] Yamakawa Y, Peng M W, Deeds D L. Rising from the ashes: Cognitive determinants of venture growth after entrepreneurial failure [J]. Entrepreneurship Theory and Practice, 2015, 39 (2): 209 – 236.

[540] Yeo R K, Marquardt M J. Problems as building blocks for organizational learning: A roadmap for experiential inquiry [J]. Group & Organization Management, 2010, 35 (3): 243 – 275.

[541] Yeo R K, Nation U E. Optimizing the action in action learning: Urgent problems, diversified group membership, and commitment to action [J]. Advances in Developing Human Resources, 2010, 12 (2): 181 – 204.

[542] Young J E, Donald L S. Entrepreneurial learning: A conceptual framework [J]. Journal of Enterprising Culture, 1997, 5 (03): 223 – 248.

[543] Zacharakis A L, Meyer G D, De Castro J. Differing perceptions of new venture failure: A matched exploratory study of venture capitalists and entrepreneurs [J]. Journal of Small Business Management, 1999, 37 (3): 1 – 14.

[544] Zaleha Mohamad. Entrepreneurial competencies and sustainability of Malaysian small medium enterprise (SMES) [J]. 3rd International conference on business and economic research, 2012 (3): 1 – 6.

[545] Zampetakis L A, Kafetsios K, Bouranta N, et al. On the relationship between emotional intelligence and entrepreneurial attitudes and intentions [J]. International Journal of Entrepreneurial Behaviour & Research, 2009, 15 (6): 595 – 618.

[546] Zampier M A, Takahashi A R W. Entrepreneurial competencies and processes of entrepreneurial learning: a conceptual research model [J]. Cadernos EBAPE. BR, 2011, 9 (SPE1): 564 – 585.

[547] Zhang J, Hamilton E. Entrepreneurship education for owner – managers: The process of trust building for an effective learning community [J]. Journal of Small Business & Entrepreneurship, 2010, 23 (2): 249 – 270.

[548] Zhao B. Learning from errors: The role of context, emotion, and personality [J]. Journal of Organizational Behavior, 2011, 32 (3): 435 – 463.